최 진연 제1에세이집

길을 묻는 영혼들을 위하여

2019

좋은글배달부

최 진연의 문학 사이트
https://blog.naver.com/poetchoi(국내)
http://www.authorsden.com/
choipaulyearn(미국)

최 진연 시인 · 목사 약력

예천에서 출생('41) 성장. 대창중고 대구교육대학 명지대국문과 대한신학 장신대대학학원 수학. 은퇴목사 <보혈문서 전도회>대표. <敎壇詩>동인으로 시 발표 시작('67), <시문학>지 추천등단 ('73). <하이퍼시클럽>(국내) Anthology <Literature Today>(국제)동인. IWA종신회원. 국제펜클럽한국본부 및 한국기독시인협회 자문위원 한국현대시인협회 지도위원. <새벗>복간 편집장 <선교와 세계> 편집위원장 한국문인협회 이사 역임. 국민훈장 석류장(교육공로) 서울시장 표창(시민봉사공로 한적총재 표창(청소년선도공로) 한국크리스천문학상 <시문학>문학상 월산문학상 수상. **시집**『龍浦洞 一泊』『幻像集』『이 가을에도』『송파구 잠실동』『풀꽃들의 누설』『사랑이 찾아온 뒤에야』『렌즈 속의 풍경』『눈빛 반짝이며 사랑하기에도』『별을 만든 시인과 아이스크림』『하나님 할아버지와 환상여행』『내 사랑 뮤즈에게』『사랑의 설화집』『선유도 산책』『바디, 초록별에게』『수난의 긴 그림자』『의사도 메스도 없는 병원』『최 진연 서정 시집』『최 진연 신앙 시집』『위기의 대한민국』등 19권 영역시집『AUTUMN PRAYER』 장편 서사시『동아시아 평화를 위한 노래』『평화를 위한 새 사랑 노래』, **에세이집**『길을 묻는 영혼들을 위하여』(3쇄)『예수께서 말씀하시는 세계3차대전, 핵폭발 직전의 때』(공저)『지하철에서 일어난 일들』『죽음보다 강한 사랑』**문학평론집**『상상력과 시, 환상시와 허구시』출간.

이 책을 펴는 분들에게

-3쇄에 부쳐

이 책을 펴는 그대에게 우선 축하를 드립니다. 그대가 누군지 모르지만, 나는 이 책을 사랑하는 마음으로 그대를 위해 썼으며, 또 그대를 아끼고 사랑하는 분이 이 책을 소개한 것이라고 생각하면, 그대는 아름다운 사랑의 주인공으로서 축하받을 만하다고 생각되기 때문입니다. 숱하게 쏟아져 나오는 많은 책들 가운데 이 책을 읽게 된 것은, 그대에게 신의 은총이 함께 하심이라 생각할 때 더욱 그러합니다.

필자는, 이 책을 읽는 동안 신과 인간, 자연에 대한 기독교적 이해의 폭을 넓게 해드리고, 자신도 모르게 신의 지성소 안으로 들어가서 머리를 숙이고 있는 그대 자신을 발견하게 해드리기를 기원하면서 이 책을 집필하였다. 이에 따라서 기독교란 무엇인가를 아주 알기 쉽게 산골짝에서 샘물이 흘러내리듯이 잘 읽히도록 쓰려고 노력했습니다.

또 이 책을 읽어나가는 사색思索의 오솔길에 공간이 있는 모퉁이 군데군데 자작시自作詩 가운데서 읽기에 무난한 작품들로 아름다운 정경이 바라보이는 시의 벤치를 놓아 쉬어가게 했습니다.

지금까지도 이 책에 의해서 죄와 사망의 캄캄한 동굴에 갇힌 많은 영혼들을 구출하신 영광의 빛이 그대를 놀라운 환희의 대명천지大明天地로 인도해 내리라는 믿음으로 다시 3쇄를 합니다.

부디 이 책을 읽는 동안에 예수님을 만나게 되기를 기원합니다.

2019. 11. 20

지은이 씀

『길을 묻는 영혼들을 위하여』 목차

『길을 묻는 영혼들을 위하여 』목차

『길을 묻는 영혼들을 위하여 』목차

『길을 묻는 영혼들을 위하여 』목차

1. 잘못 탄 버스

나는 여러 해 전 어느 무더운 여름날 급한 일로 서울의 잠실에서 천호동으로 가는 버스를 탔다. 그런데, 이 차가 두어 정거장 가더니 다른 방향으로 길을 꺾어드는 게 아닌가! 아차, 차를 잘못 탄 것이다. 어쩌겠는가, 꺾어 든 첫 정거장에서 황급히 내릴 수밖에….

그대에게는 이런 경험이 없는가? 이 경우 갈 곳을 알고 있으므로 갈아타면 되지만, 만일 그 탄 차가 부산을 가는지 목포를 가는지 행선지도 모른 채 타고 가는 사람이 있다면, 그대는 그를 어떻게 생각하겠는가? 아마, 참 어리석은 사람, 어딘가 좀 모자라는 사람, 그래서 가엾고 안타까운 사람이라 생각할 것이다.

그런데, 우리가 타고 가는 인생이란 차는 어디서 출발하여 어디로 가고 있는 것일까? 그대에게는 그대의 인생이란 차가 달리는 향방을 알려고 하는 갈급한 마음이 있는가? 만일 자신도 모르는 사이에 파멸의 나락을 향해 질주하고 있다면 어찌 하겠는가?

이런 갈급한 물음을 가진 사람은 복된 사람이다. 이런 사람은 반드시 인생의 돌이킬 수 없는 영원한 파멸에서 구원받을 길을 찾을 수 있기 때문이다. 예수님은 이런 사람을 가리켜,

"심령이 가난한 자는 복이 있나니, 천국이 저희들의 것이다(마5:3)."

라고 말씀하신다. 자기가 어디서 와서 어디로 가고 있는지에 대한 물음은, 너무나 중대한 것이다. 그런데도, 많은 사람들이 '그런 건 골치 아픈 일', '나와는 상관이 없는, 종가들과 철학자들이나

관심 둘 일'로 치부하고 이를 외면한 채 살아간다. 우리에게 그 이상의 근본적이고 중대한 일은 없는데도 말이다.

인생의 참된 가치는 어디에 있으며, 어떻게 살아가야 하는 것일까? 또 죽음은 무엇이고 그 다음은 어찌 되는가? 인생도 결국 한 마리의 벌레나 짐승처럼 죽음으로 모든 게 끝나고 마는 것일까?

그대는 이런 근본적인 물음을 외면한 채, 달려가야 할 향방도 정해지지 않은 상태에서 확신에 찬 역동적인 삶을 살아갈 수 있다고 생각하는가? 우리가 그렇게 역동적으로 살려면 인생의 근본적인 이 물음에 대한 바른 해답을 가져야 하지 않겠는가?

사람은, 벌레나 짐승과는 전혀 다른 존재이다. 성경은, "한 생명사람이 천하보다 귀하다(마16:26)"라고 한다. 한문에도 唯人而最貴유인이최귀라 했다. 만물 중에 오직 사람이 가장 귀한 존재임을 부인할 사람은 아무도 없을 것이다.

사실 이 귀한 인간의 인생에 관한 근본적인 물음을 품어보지 않은 사람도 없을 것이다. 종교가나 철학자가 아니라 해도, 적극적으로 그 해답을 캐려들지 않고 살지라도, '인생은 어디서 와서 어디로 가는 것일까?'란 처연한 물음이 영혼 깊은 곳에서 불현듯 일어나는 것을 경험하지 않은 사람은 아무도 없을 것이다.

또 이 처연한 물음 끝에는 죽음이란 어쩔 수 없는 절망을 만나게 되며, 그로부터 구원받아 영생하기를 갈망하는 생의 본능이 없는 사람도 없을 것이다. 이 영적 본능 때문에 삶의 고난과 죽음의 두려운 문제를 해결해줄 신을 찾아 섬김으로 이 땅에서 복된 삶을 살다가 영생을 누리려는 것은, 인류 아닌 어떤 고등동물에서도 찾아볼 수 없는 현상이다. 이 영적 본능은 인간에게만 있다는 것은 인간이 특별한 존재로 지음 받았다는 증거이다.

진화론을 운운하는 사람들은 원숭이를 자기네 할아버지(조상)라고 한다지만, 그것은 분명 잘못된 생각이다. 어떤 종류의 원숭이도 까마득한 옛날이나 지금이나 죽음의 문제로 고뇌하거나 영생의 길을 찾고 신을 섬기는 존재가 아니기 때문이다. 그대는, 어떤 고등동물이 사람처럼 교회당, 사당, 절집 등을 지어놓고 신이나 우상을 섬기거나 하다못해 자연물을 숭배한다는 말을 들어본 적이 있는가? 이는 오직 인간만이 신을 찾는 유일한 존재임을 뜻한다. 신을 찾아 섬기려는 이 원초적 종교본능은, 인간이 벌레나 짐승들과 근본적으로 전혀 다른 영적 존재임을 잘 말해주는 증거이다.

그대에게는, 사람만이 신을 찾는 존재란 사실이 놀랍지 않은가?

인류는 까마득한 옛날부터 문명한 오늘날까지 변함없이 자기보다 강하고 만물을 다스리는 어떤 존재가 있음을 본능으로 알고 섬겨온 것이다. 지금도 아프리카나 동남아 오지에서 원시상태로 살고 있는 사람들은 해와 달, 큰 강과 호수, 나무, 바위나 화산, 번개 천둥 치는 하늘 등을 자신들의 보호자요, 두려움과 섬김의 대상으로 삼고 살아간다고 한다.

그것은 먼데 이야기가 아니다. 지금도 사람들은 새해맞이를 가서 해에게 소원을 빌고 있으며, 돌아가신 내 어머니께서도 하나님을 만나기 전에 그렇게 사셨다. 외아들인 남편의 첫아들 곧 내 큰형님이 태어났을 때 그를 끊임없이 흘러나오는 샘물처럼 목숨이 끊어지지 않고 살게 해달라고 '돌잇샘'이란 샘의 아들로 파셨다. 의술과 의료시설이 열악한 옛날 영유아기의 흔한 죽음으로부터 아들을 지키려고 그 샘을 대모代母로 삼으신 것이다. 해마다 정월대보름 밤에 의관을 차린 할아버지, 아버지와 형이 그 샘 앞에 붉은 떡을 한 시루 차려놓고 절하시며, 할머니는 그 옆에 앉아 손바닥을 비비면서 가족의 건강과 평안, 풍년을 비시던 모습이 지금도 눈에 선하다.

내 어릴 때 고향에서는 당산나무나 동구의 큰 느티나무를 마을 수호신으로 섬겨왔다. 큰 바위를 섬기는 집도 있고, 절에도 다니며, 조상 제사도 지내고, 집안 곳곳에 신이 있다고 믿는 범신론적 신앙생활을 해온 것이었다.

이런 현상은, 인류는 원래부터 인간 능력을 초월한 어떤 존재가 있음을 본능으로 알고 있다는 것을 말해준다. 인간은 그(신)를 섬기지 않으면 불안을 느끼게 되어 인간을 돕고 어려움으로부터 지켜줄 절대적 힘을 가진 어떤 존재가 있음을 본능적으로 믿었던 것이다. 그대는 인간이 아닌 어떤 고등동물이 이렇게 신을 찾고 섬긴다는 말을 듣거나 글을 읽어본 적이 있는가? 앞에 예를 든 원시적 신앙현상들이 오직 인간만이 신을 찾도록 지음 받은 유일한 영적 존재임을 말해준다.

여기서 인류의 큰 스승인 공자와 제자의 대화를 들어보자.

"선생님, 이 세상에서는 선생님께서 가르치시는 인仁의 윤리 도덕을 지켜 살면 되겠습니다만, 사람이 죽은 다음에는 어떻게 되겠습니까?"라는 물음에 스승은, "아침에 (그) 길을 듣고 알게 된다면 저녁에 죽어도 좋겠다 朝聞道夕死可矣."라고 대답했다.

절망에 찬 공자의 이 대답이 우리에게 시사示唆하는 바가 무엇인가? 인류의 대표적인 도덕군자요 지식인인 공자 역시 죽음과 내세에 대한 해답을 갈망하는 영적 존재임을 잘 말해주는 게 아닌가? 우리는 이렇게 유무식有無識과 현우賢愚를 막론한 모든 사람에게 영적 본능이 있음을 잘 알 수 있다.

그런데 많은 사람들이 신을 찾고 그에게로 나아가려는 영적 본능, 종교본능을 외면한 채 살아간다. 하지만, 종교본능으로서 죽음에 대한 불안과 내세에 대한 공포는 우리 안에서 끊임없이 머리를 쳐들고 일어난다. 그것은 인간 내면에 뚫린 깊이를 모를 공허空虛와도 같다. 하나님께서 함께하시는 신자들에겐 없는 이 불안과 공포가 찾아올까봐 불신자들은 조용히 혼자 있기조차 본능적으로 두려워한다. 그들은 그 근본 원인을 제거하려 하지 않고, 그 어둠의 그림자로부터 벗어나기 위해 현실에 몰두함으로써 영적 가사假死상태에서 살아가고 있다. 돈 명예 권력 등을 얻거나 지나치게 생업에 몰두하는 것이 그 모습이다. 혼자 있는 게 두려워 틈만 나면 누구와 담소를 나누거나, TV시청, 각종 오락, 스포츠, 술, 도박, 마약, 섹스 등으로 자신에게 인생을 사색할 기회조차 주지 않는다. 등산, 낚시, 여행, 영화, 노래, 댄스, 꽃꽂이, 각종 아마추어 예술 활동 등 취미생활에 정신을 팔거나, 친목회, 동창회, 향우회, 00단체 등 각종 모임에 나가 함께 먹고 마시고 떠들며 시간을 보내기도 한다. 심지어 자의식의 망각 상태에 들기 위해 명상과 참선에 몰입하기도 한다. 이 모두가 조용한 시간이면 신을 향해 나아가려는 영적 본능과 갈망, 죽음과 내세에 대한 공포와 불안이 고개를 쳐들므로 이를 피하기 위한 무의식적인 처절한 도피행위라 할 것이다.

또 영적 본능으로 신을 찾되 잘못 찾아 엉뚱한 것들을 신인 줄 알고 섬기거나, 금욕고행을 하거나, 정신수양을 하거나, 철학 등 학문적 지식을 많이 쌓거나, 적선積善을 많이 하거나, 그 밖의 어떤 노력을 하지만, 세상의 그 무엇으로도 영적 갈망과 공허, 죽음과 내세에 대한 불안과 공포를 채우거나 없앨 수 없다. 예수님은 죽음의 사막에서 생명수를 찾아 헐떡이는 영혼들에게 말씀하신다.

"이 물(세상 모든 것)은 마시는 자마다 다시 목마르려니와 내가 주는 물을 마시는 자는 영원히 목마르지 않고 그 속에서 영생하도록 솟아나는 샘물이 되리라(요4:14)."

인간은 오직 참 신God 하나님을 만나 사겨야 영적 공허, 불안과 공포가 사라진다. 파스칼이 『팡세』에서 말한 대로, 우리 안의 그 구멍은 하나님으로만 메울 수 있다. 거룩한 영靈이신 하나님만이 인간의 근본 문제인 영적 갈망을 채워줄 수 있다. 인간은, 벌레나 짐승과 달리, 신을 찾아 섬기며 도움 받기를 갈망하는 영적 본능을 가지고 태어난 때문이다. 그것을 성경은 이렇게 말씀한다.

"하나님께서 때를 따라 모든 것을 아름답게 만드시고 또한 사람에게 영원을 생각하는 마음을 주셨으나 사람이...(전3:11)"

여기 '영원을 생각하는 마음'은 영원한 삶을 소원한다는 뜻이다.

따라서 진정한 인생 성공의 비결도, 영적 존재로서 영생을 갈망하는 인간의 정체성正體性을 알고 그에 따라 사는 데 있다. 그것은 참 신 곧 하나님을 바르게 찾아 만나서 믿고 섬김으로써 시작된다. 독실한 신자인 러시아의 문호 톨스토이는,

"하나님을 믿는다는 것, 인간의 행복은 이 한마디로 족하다."

고 했다. 온 세상을 몽땅 주고도 살 수 없이 존귀한 그대여, 그대 인생의 차는 어디를 향해 달려가고 있는가? 바른 방향으로 가고 있는가? 엉뚱한 방향으로 가고 있다면 어느 여름날의 나처럼 황급히 갈아타야 되지 않겠는가?

인생에 관한 근본적인 물음의 해답을 찾기 위해, 에세이 끝에 놓인 시의 벤치에 앉아 쉬어 가면서, 이 글들을 끝까지 읽어주시기 바란다.

 시의 벤치

사랑하기에도 짧은 인생
미워하지 마라./ 혼례마당의 신랑 신부
마주보며 두근거리는/ 그 마음으로 살아가기에도
너무 짧은 우리 인생/ 미워하지 마라.
늘 꽃들 화사한 봄날/ 신방 차린 듯이 살아가라.
　　　　　　　　　- 최 진연, 「미워하지 마라」

2. 양심이란 신의 음성

우리는 방금 영적 존재로서 인간을 생각해보았다. 이제 양심에 관해 이야기를 나눠보자.

19세기의 독일 철학자 칸트Kant는 "하늘에는 별이 있고 사람의 마음속에는 도덕적 의식이 있다."는 명언을 남겼다. 사람들은 이 도덕적 의식을 양심이라 부른다.

양심은 사람에게만 있다. 종교본능처럼 다른 어떤 동물에서도 찾아볼 수 없다. 그대는 소, 말, 침팬지 같은 고등동물에게 양심이 있다는 말을 들어본 적이 있는가?

사람만은, 양심에 의해 이런 생각이나 행동은 나쁘고 저런 생각이나 행동은 옳다고 선악을 분별할 수 있으며, 양심의 명령에 따라 도덕적인 행동을 하게 되고, 불의와 불법을 저지르지 않게 된다. 그래서 결백을 주장할 때 "양심을 걸고 맹세한다."고 하며, "양심선언"이란 것도 한다. 부도덕, 불의, 불법한 행동은 양심이란 인간 내면의 법을 범한 다음에 나타나게 된다.

우리는 종종 '양심불량'인 사람들을 직·간접으로 겪으며 살고 있다. 그러나 아무리 철면피 같은 사람일지라도 악을 저지를 때 마음 한 구석에서 양심이 신음하는 소리마저 듣지 못하지는 않을 것이다. 그 소리를 묵살한 채 불의와 불법을 저지를 뿐이다.

또 우리의 마음에는 양심과 함께 죄를 지으려는 성품이 있다. 추악한 언행은 죄로 오염된 마음에서 나온다. 터키 땅 소아시아의 다소 사람으로 예루살렘에 유학한 당대 최고의 지성인 바울의 고뇌를 들어보자.

"내가 원하는 선은 하지 아니하고 원치 아니하는 악을 행하는구나. 내가 원치 않는 것을 행하는 자는 내가 아니요 내 속에 있는 죄이다. 그러므로 내가 선을 행하기 원하는 내 안에 악이 함께 있음을 깨닫는다....하나님의 법을 즐거워하는 내 지체 속에서 한 다른 법이 내 마음의 법과 싸워 나를 내 지체 속에 있는 죄의 법 아래로 사로잡아 오는구나(롬 7:19~23)."

이렇게 우리의 마음은 하나님의 법인 양심과 죄의 법 곧 비양심의 싸움터이다. 비양심의 죄 악을 도모하려 할 때 양심은 우리에게 그것을 하지 말라고 명령한다. 양심을 저버리고 행동할 때는 보는 사람이 없어도 떳떳하지 못한 행위에 따른 부끄러움으로 얼굴이 화끈거리면서 붉어지고, 두려움으로 가슴이 두근거리게 된다. 한편 선한 일, 좋은 일을 할 때 양심은 기뻐하며, 그 칭찬하고 격려한다.

아주 오래 전 두 돌짜리 내 손녀에게도 양심이 있음을 보았다. 어미가 그 아기의 행동에 대해서 선악을 알고 판단하도록 말해주니 그걸 알아듣고 "잘못 했어요."라고 발음도 잘 되지 않는 혀로 말하는 것이었다.

이런 아기를 포함한 모든 사람에게 있는 양심은 창조주께서 주신 생래生來의 선물이다. 어떤 사람들은 양심을 천부天賦의 생래 것이 아니라, "환경의 산물이다.", "교양의 산물이다.", "한 종족의 유전적 산물이다."라고 주장한다. 물론 국가와 민족, 가정, 시대에 따른 교육 환경의 차이가 양심에 다소간의 다른 음영陰影을 드리우는 것은 사실이다. 교육 환경이 바뀜에 따라 가치관도 다소 변하기 때문이다.

그러나 그런 후천적 영향이 인류 공통의 양심을 근본적으로 변질시키지는 못한다. 후천적 음영을 다 제거한다면, 천부의 양심은 마치 바람에 구름이 걷힌 밤하늘의 별처럼 더욱 선명한 빛을 반짝이게 될 것이다.

내 어린 손녀의 도덕적 의식이 결코 교육이나 그 환경에 의해 후천적으로 형성된 게 아니다. 양심은 배워서 만들어지는 게 아니라, 인간과 우주 만물을 창조하신 신이 종교본능과 함께 우리 인간에게만 인간답게 살아가도록 하려고 주신 특별한 선물이다.

짐승과 달리, 사람만이 나쁜 마음을 먹거나 행동을 할 때 부끄럽고 두려워지는 것은 양심을 통해서 하나님께서 우리를 지켜보고 계시다는 증거라 할 것이다.

한 경직 목사님은 양심을 일컬어 "우리 안에 있는 하나님의 음성"이라 했으며, 고대 그리스의 희극작가 메난드로스Menandros는 그의 일행시집—行詩集에서, "양심은 우리 내면에 있는 하나님의 음성"이라 하였다. 프랑스의 사상가 루소 J. J. Rousseau는 양심을 "선에 대한 올바른 심판자이며, 불편한 하나님의 소리"라 했다.

"하나님의 음성"은 하나님을 믿건 믿지 않건 모든 사람 속에 있다는 사실이 중요하다. 그래서 성경은 양심을 이렇게 말씀하고 있다.

"양심은 ... 마음에 새긴 하나님의 율법으로...(롬2:15)."

하나님께서 인간을 영적 존재로 만드셨을 뿐만 아니라, 그 속에 올바르게 살아가도록 양심이란 법을 새겨 넣어주신 것이다. 이 말씀은, 전도를 받지 못한 시대나 지역의 사람들에게 사후死後 심판의 기준이 될 것으로 해석된다.

그러므로 우리는 양심이 명령하고 인도하는 대로 살아가야 한다. 비록 신의 존재를 부인하는 사람도 양심을 짓밟는 죄의 포로가 되지 말고 양심 법을 지키며 살아가야 한다. 그렇지 않으면 인간 사회는 불의와 불법으로 무질서해져서 살아가기 힘들게 되기 때문이다.

19세기 영국의 미술평론가이며 철학자였던 러스킨R .Ruskin은, "신을 부정하는 사람도 인간 본래의 심정과 양심은 부정하지 못할 것이다. 인간 본래의 심정과 양심은 신에 속해 있는 것이다. 이 점에서 사람은 누구나 자기 속에 신의 모습을 나타내고 있다. 사랑할 때 기쁘고, 화낼 때 괴롭고, 부정한 일을 볼 때에 분개하며, 자기를 희생하였을 때 행복을 느끼는 점에 있어서 사람은 누구나 신과 일체가 된다는 것을 의심할 수 없다."고 하였다.

그러나 죄를 짓지 않고 살기란 불가능하다. 앞에서 보았듯이 우리 안에 양심과 함께 죄의 성질이 있기 때문이다. 그래서 누구에게나 신의 도우심이 절실히 필요한 것이다. 양심에 관한 성경말씀을 좀 더 살펴보자.

"하나님의 진노震怒가 불의로 진리를 막는 사람들의 모든 경건치 않음과 불의에 대하여 하늘로 좇아 나타날 것인데, 이는 하나님을 알만한 것이 저희 속에 보임이라. 하나님께서 이를 저희에게 보이셨느니라(롬 1:18, 19)."

여기 "하나님을 알만한 것"은 앞서 말한 종교본능과 양심을 가리킨다. 하나님께서 종교본능과 양심을 주어 "저희에게 보이심으로써" 당신의 존재를 알게, 부인할 수 없게 하셨다는 말씀이다. 그런데도 고의로 그 존재를 부인하는 "불의不義"를 범하면서 당신의 뜻을 거스르며 사는 자들에게 "진노"하신다는 것이다. 누구든지 이 진노를 면하려면, 자기 안에 있는 종교본능과 양심을 보고 하나님의 존재를 알고 그분을 섬기며 그 뜻대로 경건하고 바르게 살아야 한다는 말씀이다.

이렇게 하나님께서 당신의 존재를 알고 섬기며, 진리이신 당신의 뜻대로 경건하고 바르게 살아가도록 하시려고 누구에게나 동등하게 주신 양심이, 자기의 이기심을 포함한 죄와의 싸움에서 지게 해서는 안 된다. 그리고 우리는, 고드윈W. Godwin의 말대로, 양심을 인간이 만든 모든 법률이나 제도의 우위에 두고, 어떤 권력에게도 침해받지 않고 그 명령에 따라 행동해야 할 것이다.

또 성경은, 하나님의 존재를 알 수 있는 증거로 그분의 '신성神性과 능력'을 말씀하고 있다.

"창세로부터 그(하나님)의 보이지 아니하는 것들 곧 그의 영원하신 신성과 능력이 그 만드신 만물에 분명히 보여 알게 되나니, 그러므로 저희가 핑계치 못할지니라(롬1:20)."

"신성과 능력"에 관한 이야기는 차후에 더 나누겠지만, 신이 만드신 만물의 하나인 인간에게 신의 성품 곧 진실하고 선하며 아름답고 거룩하며 의롭고 공정하며 사랑하는 등 신의 여러 가지 성품과 창조력, 사고력, 기술력(재능) 등 다른 동물에게 없는 많은 능력을 주셨다는 말씀이다. 하나님께서 당신의 신성과 능력을 "분명히 보여"주셨기 때문에 그걸 보면 당신의 존재를 "알게 되므로" 몰라서 섬기지 않고 산다는 "핑계를 댈 수 없다."는 것이다. 우리 인류가 다른 동물과 견줄 수 없는 창조력을 가진 것은 우주 만물의 창조주의 자녀인 영적 존재로서 그 재능을 유일하게 물려받은 존재이기 때문이다. 우리 인간에게만 있는 고귀한 성품들 역시 신의 성품을 우리가 받고 있기 때문이다.

그대는, 그대 안에 주신 양심과 종교본능, 신성과 능력을 보고 신의 존재를 인정하라는 말씀에 동의하는가? 아니면, 하나님께서 당신의 존재에 대한 증거들을 분명히 보여주어서 핑계 댈 수 없게 하시는데도 고의로 그분의 존재를 부인하는 불의를 계속 범함으로써 그분의 진노를 쌓으며 살아가기를 원하는가?

하나님의 진노를 면할 뿐 아니라, 죄를 이기며 평안과 기쁨, 영생의 소망이란 영적 본능을 충족함으로 행복하게 살려면, 그리고 그대 자신은 물론 가족과 후손 대대로 아버지 하나님께서 주시는 영적 신령한 복과 육적인 기름진 복을 누리기를 원한다면, 우선 하나님이 우리 인간에게만 주신 종교성과 양심, 그리고 신성과 능력 등을 보고 그분의 존재를 알고 그분께로 돌이켜야(u-turn) 한다.

사람이 천하보다 존귀하나 하나님의 존재를 부인하며 그 뜻을 거역하면 늘 공허감과 불안 속에 살다가 장차 무서운 진노를 받게 되기 때문이다. 성경에 이렇게 명하신다.

"믿음과 착한 양심을 가지라(딤전1:19)."

 시의 벤치

아빠, 아빠가
'하나님 아버지'라면, 난
'하나님 할아버지'라고 해야 되지.

기도하는 아빠 귀에 작은 입을 대고
속삭이는 네 살 아들
그 말끝에 확신의 마침표가 찍혀 있었다.

아니야, 너도 아빠처럼
'하나님 아버지.'라고 불러야 돼.
사람은 모두 하나님의 아들딸이니까.

         - 최 진연, 「하나님 할아버지」

3. 행복한 삶, 영원한 삶을 위하여

우리 인간의 영적인 면을 좀 더 생각해보자.

하나님은 인간을 당신의 형상대로(창1:27), 생령生靈으로 창조하셨다(창2:7). "하나님의 형상대로"란, '하나님을 닮은 모양'으로 곧 영적 존재인 하나님의 자녀로 지었다는 말이다. 닮은 존재는 자녀밖에 없기 때문이다. "생령"이란 '살아 있는 영적 존재'란 말이다. 하나님께서 인간을 당신을 닮은 영적 존재인 자녀로 지으셨다는 말씀이다. 육체는 영혼이 사는 집에 불과하다(고후5:1). 그러므로 사람이 진정 행복하려면, 하나님을 아버지라 부르고 부자유친父子有親해야 한다. 부모와 불화하는 자식이 결코 행복할 수 없다.

인생의 모든 비극은 아버지 하나님과의 사랑의 관계 단절에서 시작되었다(창3장). 불신자不信者의 욕망 충족은, 프로이드의 말대로, 죽기 전에는 불가능하다. 혼魂 곧 마음뿐만 아니라 혼을 지배하는 영靈이 충족되어야 하는데, 영의 충족은 세상 무엇으로도 되지 않고 오직 아버지 하나님과의 교제로만 되기 때문이다. 하나님만이 우리 영혼의 충족을 주실 수 있다. 하나님과 불화불목不和不睦 상태로 살면 영혼 깊은 데서 오는 자신도 모를 막연한 불안을 떨치지 못한다. 하나님과의 사랑의 관계를 복원해야 하나님만이 주실 수 있는 영혼의 만족과 기쁨, 평안을 얻게 된다. 하나님과의 사랑의 관계 회복이라는 묘약妙藥을 먹어야 언제 다가올지 모를 죽음의 공포와 내세에 대한 두려움의 천병天病을 고칠 수 있다.

"세상이 주는 것들은 마시고 마셔도 목이 마른 물과 같다(요4:13, 14)."

하나님만이 죽음과 내세에 대한 공포와 불안을 벗어나 영생의 소망이 주는 기쁨과 평안의 만족을 주신다는 말씀이다. 세상이 주는 부귀공명이나 그 무엇도 이 천병을 고칠 수 없다는 말씀이다.

그러므로 인생에 최우선해야 할 근본적인 중대한 일은 하나님과의 사랑의 관계 복원이다.

부모의 자녀 사랑은, 하나님께서 자녀인 인간을 얼마나 사랑하시는가를 보여주는 거울과 같다. 부모가 자녀의 공경과 사랑을 받으며 살기를 바라는 것도, 하나님께서 그런 기대로 사람을 지으셨음을 보여준다. 하나님도 자녀들의 사랑의 경배와 찬양 받기를 원하고 기뻐하신다.

하나님께서 아담과 함께 에덴동산을 거닐면서 그에게 온갖 동물의 이름을 짓게 하시는 모습은(창2장) 인자한 아버지 모습의 원형原型이다. 부모님이 우리를 얼마나 사랑하시며, 또 우리가 부모라면 자녀를 얼마나 사랑하는가! 그런데, 만일 그 자녀가 어느 날,

"당신, 누구야? 뭐, 당신이 내 아버지라고? 내겐 그런 거 없어."라고 한다면, 그 아버지는 얼마나 황당할까. 아마 그는,

"야, 이놈아. 간밤에 잠을 잘못 잤느냐. 정신 차려라."고 호통을 칠 것이다. 계속 정신 나간 소리를 한다면, 병원에 데려갈 것이다. 진단 결과 정신이 멀쩡하면서도, 제 아비를 아비라 부르지 않는다는 사실을 알게 된다면, 그 아버지가 아들을 어떻게 할까?

그대가 그 아버지라면 어떻게 하겠는가? 나라면 틀림없이,

"천하에 불효막심한 이런 놈은 내 자식이 아니다."라며 당장 집에서 내쫓을 게다. 세상에 이보다 더 큰 죄가 없기 때문이다.

이와 같이, 사람이 자기의 창조주 하나님을 부인하여 원수관계로 산다면 천부의 진노를 면치 못함을 이렇게 말씀하신다.

"그 마음에 하나님 모시기를 싫어하므로 하나님께서 그 상실한 가운데

버려두니...불의, 추악, 악의가 가득한 자요, 사기, 살인, 분쟁 … 이 같은 죄를 행하는 자는 사형에 해당한다(롬1:28~32)."

이 말씀은, 하나님께서 당신을 그 마음에 모시고 살기 싫어하는 자에게, "그럼 나 없이 네 마음대로 살아봐라"하고 내버려두시니, 죄의 본성을 다스리지 못해 단순한 불의와 불법에서 살인에 이르는 온갖 죄를 지으며 파멸의 삶을 살게 된다는 말씀을 요약한 것이다. 즉 자기의 창조주이신 아버지 하나님을 마음에 모시고 그 뜻대로 살아가지 않으면, 하나님을 부인한 죄와 살면서 짓는 온갖 죄 값에 하나님의 진노로 사형을 받게 된다는 말씀이다. 여기 '사형'이란 지옥형벌을 뜻한다.

또 흙으로 빚은 인간의 육체(창2:7)는 영혼이 사는 집(고후5:1)에 불과하므로, 하나님께서 그 목숨을 거두시면 영혼은 하나님께로 돌아가 심판을 받게 되고(창2:7), 육체는 흙으로 돌아가게 된다(창3:19). 그러므로 우리는 인생의 무게중심을 영생불멸하는 영혼에 두고 살아가야 하고, 하나님을 마음에 모시고 살아야 하는 것이다.

그런데 세상에는 "종교는 다 같다."는 사람들, 우상 잡신을 섬기며 금욕 고행에 온갖 정성을 다 쏟는 이들, 죄가 전혀 없는 의인인 양 '선하게 살면 좋은 데 가리라.'는 사람들, 이상한 집단에 빠져 재산까지 다 바치고 사는 사람들, 심지어 자기를 믿는다는 사람들도 없지 않다. 이런 사람들을 보노라면, 행선지도 알아보지 않고 아무 차나 타고 엉뚱한 방향으로 가고 있는 사람 같아 너무나 안타깝다.

하나님은 당신을 마음에 모시고 살기를 싫어하거나, 위와 같은 어리석고 안타까운 사람들을 향해,

"사람이 존귀하나 깨닫지 못하면 멸망하는 짐승 같다(시49:20)."

고 하신다. 종교본능은 하나님 만나기를 갈망하는데, 이를 묵살

하거나 신 아닌 엉뚱한 것들을 신으로 잘못 알고 섬기느라 진노를 쌓으며 사는 사람에게 경고하신 말씀이다. 앞서 언급했듯이 사람들이 이런 미망迷妄에 빠져 사는 것은, 종교본능으로 신이 있음을 알지만 죄로 영적 분별력이 흐려져 바르게 알지 못하기 때문이다.

하나님을 바로 알고 만나려면, 도움을 받아야 한다. 그래서 예수님은 먼저 돌아온 자녀들에게 세상에 나가서 아직 돌아오지 않은 자녀들을 교회로 불러들여 하나님을 만나도록 도와주라고 명하셨다(마28:18~20). 그 하나님은 창조주 유일신唯一神이시다.

"나는 여호와라. 나 외에 다른 이가 없나니, 나밖에 신이 없느니라(사45:5)." "나는 공의를 행하며 구원을 베푸는 하나님이니, 나 외에 다른 이(신)가 없느니라(사45:21)."

여기서 하나님에 관한 시비의 종지부가 될 한 사건 현장으로 가보자. 구약성경 중 이조실록과 비슷한 역사책에 나오는 사건이다(왕상18장). 하나님은 이스라엘 민족이 다른 민족과의 혼인을 금하셨다. 그들이 섬기는 우상偶像이나 신 아닌 것들을 섬기게 됨을 막기 위해서이다. 그러나 유대 나라의 아합 왕은 이세벨이란 타민족 여인을 왕비로 맞았다. 그 여자가 세상을 지배하는 남자를 지배함으로써, 하나님의 우려대로, 왕가는 물론 신료, 관리를 비롯한 많은 백성이 바알과 아세라 우상을 섬기는 죄악에 빠지게 했다. 십계명 중

"나 아닌 다른 신을 섬기지 말라. 어떤 우상도 만들거나 그 앞에 절하며 섬기지 말라(출20:3~5)."

고 하는 첫째와 둘째 계명에 반역하게 한 것이다. 하나님은 당신을 배반한 그 땅에 3년 반 동안 비 한 방울 내리지 않으셨다. 그러나 그 자녀들을 여전히 사랑하는 하나님은, 미혹에 빠진 그들을 돌이키려고 당신의 유일한 선지자先知者-하나님의 말씀을 먼저 듣

고 그 말씀을 왕이나 백성들에게 전해주는 사람. 엘리야에게,

"나 여호와 바알 중에 어느 쪽이 참 신인가를 판단하게 하라."

고 말씀하셨다. 엘리야의 도전을 받은 왕이 바알과 아세라 선지자 850명과 많은 백성들을 이끌고 엘리야가 사는 갈멜 산으로 올라왔다. 양측은 친히 불을 내려 제물을 살라 그 제사를 받는 쪽이 참 신이라 판단하기로 했다. 그때 엘리야가 백성들을 향하여

"너희들이 언제까지 둘 사이에서 머뭇머뭇 하려느냐. 여호와가 하나님이면 그를 섬기고, 만일 바알이 하나님이면 그를 섬겨라."

고 외쳤다. 이것은 오고 오는 모든 세대 사람들을 향해 바른 신앙의 선택을 촉구하시는 하나님의 말씀이다.

수가 많은 바알의 선지자들이 먼저 아침부터 저녁 무렵까지 몸에 상처를 내어 피를 흘리면서 "바알이여, 우리에게 응답하소서."라 부르짖었으나 아무 응답이 없었다. 흙 돌 나무 쇠붙이 따위를 재료로 해서 사람의 손으로 만든 우상이 무슨 응답을 하겠는가.

엘리야는, "너희 신이 잠들었나 보다. 더 크게 불러라."고 호통을 쳤다. 저녁 무렵에야 하나님을 찾게 된 그는, 이스라엘 12지파를 상징하는 큰 돌 열두 개를 가져다 놓고 그 위에 장작더미를 쌓게 했다. 그 둘레에 도랑을 파고 물을 여러 번 길러와 불이 잘 붙지 않도록 장작더미 위에 부어 밑동이 흥건히 잠기게 했다. 소를 잡아 그 위에 얹게 한 뒤 그가 잠깐, "여호와여, 이 백성들로 주 여호와는 하나님이신 것과 내가 주의 종 됨을 알게 하소서."라고 기도하자, 하늘에서 불줄기가 내려 순식간에 장작더미와 제물, 도랑의 흙까지 바싹 태워 제사를 받으셨다. 엘리야는 하나님의 이 놀라운 역사役事에 무서워서 머리를 땅에 처박고 벌벌 떨고 있는 백성들에게 일어나 바알의 제사장들을 모조리 잡아 처형하게 했다.

그대가 이 사건 현장에 있었다면, 어느 쪽이 참 신, 하나님이라

고 판단했겠는가? 우상*숭배Idol worship나 자아숭배Self-worship에 빠지지 말고, 그대를 자녀로 지으신 하나님 아버지께 돌아와야 하지 않겠는가? 참 평안과 기쁨의 행복한 삶과 장차 영생복락을 누리기 위해서 말이다. *레19:4, 사41:24–'아무것도 아닌 것', 시115:4, 135:15–'사람의 수공품'이란 뜻

『행복론』의 저자 칼 힐티의 말대로, 인생 최대의 행복은 하나님 곁에 있는 것이다. 하나님이 인간을 영적 존재인 자녀로 지으셨기 때문이다. 하나님은, 당신만이 참 신이심을 거듭거듭 말씀하신다.

"땅 끝의 모든 백성아, 나를 앙망하라. 그리하면 구원을 얻으리라. 나는 하나님이니, 다른 이가 없느니라(사45:22)."

하나님의 사랑하시는 자녀인 그대여, 그대 영혼이 갈망하는 대로 하나님께 나아가라. 성경은, 하나님을 떠나는 것이 악(렘2:19)이라고 말씀하고 있다. 그대에게 생명을 주신 하나님과 불화불목 상태로 살면, 그대에게 영생은 물론, 그분이 주시는 참 평안과 기쁨의 행복한 삶도 누리지 못하게 되기 때문이다.

 *시의 벤치*

우리 언제 다시
별들 총총한 하늘을 볼 수 있는/
그런 곳에 살게 되랴//
댓돌을 내려서면/ 쏴– 쏟아지는 골짝 물소리/
그대는 향긋한/ 바람으로 숨쉬고//
창문을 열면/ 쏟아져 들어오는 별빛으로/
하늘에 닿는 나의 방/ 우리 언제 다시/
멍석자리에 누어서라도 별 총총한/
하늘을 보며 살게 되랴/
　　　　　　– 최 진연, 「별을 그리며」

4. 만든 이 없는 존재는 없다

　그대가 본 가장 큰 시계는 어떤 것인가? 서울의 롯데월드 백화점 입구에 걸린 것이라고? 어린이대공원에 있는 꽃시계도 크지만 그것과 견줄 수 없이 큰 시계를 그대는 날마다 보면서 살고 있다. 만들어진 이후 단 한 번도 고장 나거나 잘못 간 적이 없는 우주라는 참으로 거대한 시계, 좀 작은 것으로는 태양계라는 시계가 그것이다.

　그대는 태양이 언제 단 한 번이라도 11시쯤 뜨는 걸 봤는가? 언제 중천쯤 와서 북쪽 하늘로 지는 일이 있던가? 우주는 창조 이래로 전혀 변함없이 일정한 법칙대로 운행하고 있다. 우주는 사람이 만든 어떤 시계와 견줄 수 없이 너무나 거대하면서도 정확하기 이를 데 없이 일정하게 움직이는 시계라 할 것이다.

　그런데 어떤 사람들은, 우주 만물이 우연히 저절로 생겨서 지금처럼 존재하고 운행하는 것이라고 한다. 그러나 그 주장은 옳지 않다. 생각해보라. 그대의 조그만 손목시계가 만든 이도 없이 어느 날 저절로 생겨났다면 말이 될까? 책, 옷, 숟가락, 컴퓨터 등 세상의 모든 물건마다 반드시 그것을 만든 사람이 있다. 만든 이 없는 존재는 단 하나도 없다. 우주에 있는 만물 곧 해, 달, 별, 땅, 바다, 거기 사는 각종 생물과 무생물, 물, 공기 등 우주 만물도 우리가 쓰는 물건들처럼 반드시 만든 이가 있다는 것이다. 만든 이도 없이 저절로 생겨서 존재한다는 것은 논리상 있을 수 없는 일이기도 하다.

그대는 어떻게 생각하는가? 우주 만물도 반드시 만든 이가 있기 때문에 존재한다고 생각하지 않는가? 보잘것없는 손목시계 하나도 지식과 지혜를 다해서 설계도를 그리고, 그에 따라 일정한 크기와 모양을 가진 많은 부품들을 만들고 조립하는 등 여러 사람들이 많은 수고를 해서 만들어야 존재한다. 하물며 거대하고 정확하기 이를 데 없는 태양계 또는 우주라는 시계가 만든 이도 없이 우연히 저절로 생겨서, 또 그것이 일정하게 운행할 수 있겠는가?

중국 선교에 생애를 바친 워치만 니Watchman Nee 목사님의 말을 빌지 않더라도, 우연에는 질서 정연하고 일정한 규칙적 반복이 없다는 것은 누구나 다 아는 사실이다. 우주가 계획적 창조가 아닌 우연의 소산이라면, 그 운행에 정확한 규칙과 질서가 요구되는 똑같은 반복이 절대로 있을 수 없다. 그대는 해가 뜨고 지는 것이나, 계절이 어김없이 규칙적으로 변하는 등 천체의 운행이 우연히 그렇게 꼭 같이 되풀이될 수 있다고 생각하는가? 마치 우리의 시계처럼 규칙적으로 질서 있게 운행되도록 만들어졌기 때문이라고 생각하는 게 합리적이지 않는가?

우주는, 하나의 빅뱅이론Big bang theory대로 대폭발에 의해 우연히 생긴 게 아니라, 어떤 무한한 지혜와 능력을 가진 존재에 의하여 치밀한 계획 아래 의도적으로 창조되었음이 분명하다. 미국의 저명한 물리학자요 수학자인 포터 D. H. Poter 박사는, 대폭발설을 인정한다고 하더라도 대폭발을 가져온 굉장한 밀도의 압축에 가해진 압력과 10억도 이상 되는 그 에너지의 제공자로서 창조자는 불가결不可缺한 존재라고 말했다. 그의 말대로 우주가 창조되었음은 물론, 그 질서 정연한 반복 운행도 우연에 의해서가 아니라 시계처럼 그렇게 운행되도록 의도적으로 창조되었기 때문이다.

다만, 우주의 계속되는 폭발과 생성, 소멸의 현상 역시 생물이 종
種 안에서 소진화가 계속되는 것이나 지각이 끊임없이 변화하듯이
온 우주 만물에 적용되는 변환變換의 법칙이란 창조주의 프로그램
에 의해 일어나는 것일 뿐이다. 성경은 그 맨 첫머리에 이렇게 선
포함으로 그 놀라운 말씀을 선포하고 있다.

"태초에 하나님이 천지를 창조하시니라(창1:1)!"

온 우주를 뒤흔드는 이런 굉장한 선언은 성경 아닌 어떤 경전에
서도 볼 수 없는 창조주의 말씀이다. 하나님은 지금도 그 만드신
체제System와 프로그램에 의해 그것을 운행하고 계신다(히1:3).

하나님이 우주 만물을 창조 섭리하신다는 성경은 창세기 1, 2장
을 비롯하여 다 인용할 수 없이 많다. 신자들은 성경뿐만 아니라
하나님께서 행하시는 놀라운 기적의 역사役事를 보고 그분의 존재
를 너무나 잘 안다. 그 역사하심을 알려거든 이 책 47~55번 글부
터 읽어보시기 바란다.

여기서 신의 존재를 입증한 키르허A. Kircher 1601. 5. 2~1680. 11.
27 박사의 일화 하나를 나누자. 그는 독일 출신의 독실한 신자로
서 물리학, 천문학, 수학, 철학, 의학, 고고학 등 다방면에 뛰어난
박물학자博物學者였다. 이집트의 상형문자를 최초로 판독함으로써
'이집트학Egyptology'을 가능하게 하였으며, 현미경을 최초로 발명
하여 전염병의 원인이 병균 때문이란 학설을 세우는 등 인류 문화
발전에 크게 공헌하였다. 로마대학에는 그의 위대한 학문적 공적
을 기리는 기념박물관이 그의 이름으로 세워져 있다고 한다.

그런데, 그에게는 하나님을 믿지 않는 한 친구가 있었다. 그 친
구를 신앙의 길로 인도하려고 했으나 도무지 말을 듣지 않았다.
"뭐? 하나님이 우주를 창조했다고? 농담 말게나. 우주는 우연하게
불쑥 생겨난 것일세. 창조신 같은 게 있을 리 없네."라고 말하곤

했다. 우리 주변에도 그의 친구 같은 사람들이 적지 않다.

창조에 관한 설득이 전혀 먹혀들지 않음을 안 키르허 박사는 이성이란 껍질로 덮인 그 친구의 눈을 뜨게 하자면, 이성적 납득이 가능한 실물교육이 상책이라 생각했다.

그는 천문학과 수학 등의 지식과 제자들의 도움으로 크고 정교한 천구의天球儀 하나를 만든 후 그 친구를 초대했다. 서재를 들어선 그 친구는, "야, 이거 굉장한 천구의로군! 대체 이 놀라운 것을 누가 만들었지?"라고 감탄했다. 이에 키르허는 시침을 뚝 뗀 채, 그 친구가 자기의 무신론을 주장할 때의 말투로 대답했다.

"아니, 누가 만든 게 아니고 뜻밖에 저절로 이렇게 된 걸세." 물론 그 친구는 수긍하지 않았다. "이 친구 농담도 대단하시군. 뜻밖에 이렇게 되어졌다니, 말도 안 되는 소리 말게. 절대로 이렇게 될 수 없지...." "아니, 사실 누구도 이렇게 만든 사람은 없네. 그저 우연스레 이곳에 있어진 거라니까."

"원 그, 그런 어리석은 소리가 어디 있어. 당치 않는 소리 말게. 절대로 그럴 수가...."라며 감탄어린 눈으로 살펴보고 있었다.

그제야 키르허는 그에게 단호하게 말했다.

"그래, 자네 말대로 절대로 그럴 수 없지. 그런데, 이 멍텅구리 같은 친구야, 이 작은 천구의도 누가 만들지 않는 한 우연히 생겨날 수 없다는 것은 알면서, 어째서 그 원형인 천체를 만든 이가 없다고 말하는가? 이 조그만 모형을 만든 이가 있다면서, 그 원형을 만든 이가 없다는 게 말이 되는가. 그 크기를 알 수 없는 우주가 어찌 만든 이도 없이 존재할 수 있단 말인가. 저 질서 정연하게 운행하는 천체가 만든 이도 없이 불쑥 저절로 생겨나서 규칙적으로 계속 운행한다는 것은 상상도 할 수 없는 일이 아닌가."

이렇게 해서 키르허 박사의 그 친구는 장님이 눈을 뜨듯이 하나님을 바라보는 믿음의 눈을 뜨게 되었다고 한다.

아이젠하워 대통령은 장군시절에 "무신론자로 산다는 것은 골통을 빼어버리는 것과 같다."고 했다.

시인 H. W. 롱펠로는 "자연은 신의 묵시黙示이다"라는 말로 질서 정연한 자연을 보면 하나님의 존재와 그 섭리하심을 알 수 있다고 했다.

행여 그대는 키르허 박사의 그 친구처럼 죽음으로부터가 아니라 먼저 편견과 무지로부터, 또는 어리석은 자기 고집으로부터 구원받아야 할 사람이 아니기를 바란다. 성경은 그런 사람을 향해 이렇게 말씀하신다.

"완악한 고집은 사신邪神 우상偶像에게 절하는 죄와 같다(삼15: 23). "

"다만 너의 고집과 회개치 않는 마음 때문에 진노의 날 곧 하나님의 의로운 심판이 나타날 그날에 너에게 내릴 진노를 쌓고 있다(롬2:5)."

예수님은 하나님을 믿되 어린아이같이 믿어야 함을 말씀하셨다.

"천국은 어린아이 같은 사람이 들어간다(마18:3)."

하나님을 어린아이처럼 순진하게 믿고 따라야 구원받는다는 것이다. 엄마 품에 안긴 어린아이가 어머니를 믿고 의지하듯이 그대가 하나님을 믿고 의지하며 완전한 평안 속에 살라는 말씀이다.

하나님께서 우주 만물을 창조하셨음을 창세기1, 2, 3장을 읽어보면 잘 알 수 있지만, 다른 성경 곳곳에서도 말씀하고 있다.

"너희는 눈을 높이 들어 누가 이 모든 것을 창조하였나 보라(사40: 26)."

"모태에서 너를 조성한 나 여호와가 말한다. 나는 만물을 지은 여호와라....홀로 하늘을 폈으며 땅을 베풀었다(사4:24)."

"내가 땅을 만들고 그 위에 사람을 창조하였으며, 내가 친수親手로 하늘을 펴고 만상萬象을 명정命定하였다(사45:12)."

식물학의 아버지라 불리는 스웨덴의 석학 린네Carl Von Line는 꽃이 피어나는 것을 보고 이렇게 말했다.

"나는 하나님께서 영광 가운데 내 곁을 지나가시는 것을 보았다. 그리고 나는 하나님을 경배하기 위해 머리를 숙였다."

그대가 믿음의 신령한 눈을 뜨게 되면, 린네처럼 보잘것없는 풀꽃 한 송이를 통해서도 창조주 하나님을 만나기란 그리 어렵지 않다. 거듭 말하지만, 만든 이 없는 존재는 없다.

 시의 벤치

빌딩의 숲 속에서/ 뜻밖에 만난 작은 꽃집
그 자체가 한 송이 꽃이었네./ 분홍 장미와 백합의 순결이
소곤대는 아가씨들의 미소를 받으며
신부의 부케로 뽑혀 나가고/ 아직 눈뜨지 못한 빨간 장미들
안개꽃들의 몽롱한 꿈속에/ 소녀의 수줍음으로 남아 있었네.
금박 물린 붉은 리본을 늘어뜨린/
삼층의 크고 화려한 꽃꽂이는/ 입을 헤벌린 채 어디로 실려 가고.
30대 중년의 가게 아줌마 같은/ 희고 부드러운 살결의 국화들
일부는 검은 리본을 맨/ 한 바구니의 슬픔으로 꽂혀서
찾아갈 주인을 기다리고 있었네.
꼿꼿한 기상을 펼쳐 든 소철들과/
잎을 번들거리는 공작종려 몇 그루/
긴 목을 뽑고 창밖을 내다보는/ 창백한 칼라꽃들.
몇 개의 분재들도 지루해서/ 몸을 비비 꼬고 앉았는데, 한 청년이
회복된 혈색의 얼굴을 눈빛으로 그리면서
진홍 장미랑 나리꽃 한 다발 사 들고
콧노래 부르며 병원 쪽으로 뛰어가는
꽃집은 숲 속에서 만난 한 송이 꽃/ 웃음과 눈물로 이슬 젖어 있었네.
　　　– 최 진연, 「꽃집」 전문

5. 자연이란 그림책이 보여주는 것

우리는 정밀하고 질서 정연한 천체와 그 운행을 보고 창조주 하나님의 존재를 시인하지 않을 수 없다는 점을 생각해보았다.

"오직 주는 여호와시라. 하늘과 하늘들의 하늘과 일월성신과 땅과 땅 위의 만물과 바다와 그 가운데 모든 것을 지으시고 보존하시니 모든 천군이 주께 경배합니다(느9:6)."

하나님께서 이와 같이 지으신 자연을 통해서 그분에 관해 좀 다른 각도에서 생각해보려 한다. 독일의 문호 J. W. 괴테의 말대로, "신과 자연을 떠난 행동은 곤란하며 위험하다. 왜냐하면 우리는 자연을 통해서 신을 인식할 수 있기 때문이다."

이 말은 자연을 통해서 하나님의 존재와 그분이 어떤 분임을 알 수 있다는 것이다. 그렇다. 자연은, 한마디로 말해서, 하나님의 신성神性과 무한한 지혜와 능력을 알게 해주는 살아 있는 그림책이라 할 수 있다.

정신과의사이며 심리학자 칼 메닝어 박사는 산과 호수 등 자연에는 현대인의 초조와 불안을 치유해주는 큰 효능이 있다고 했다.

우리는 심리학을 몰라도 등산을 하면 스트레스가 해소되고 새로운 활력을 얻는다는 것을 잘 안다. 산을 오르노라면, 울창한 나무들과 기암괴석은 물론, 이름 모를 잡목과 풀, 산꽃들, 아무렇게나 생긴 바위 등 자연의 모든 것이 우리 기분을 상쾌하게 해준다. 그래서 주말이면 모두들 야외로, 야외로 자연을 찾아 나들이를 떠난다. 주일이면 서울의 지하철 7호선이 도봉산, 수락산을 찾아가는 등산객들로 만원을 이루는 것도 그 때문이다.

그런데, 신자들에게는 하나님의 선물인 자연을 즐길 기회가 불신자들에 비해 적다는 게 아이러니 같다. 그러나 그들은 공휴일과 직장의 여행, 연월차 휴가 등을 이용하여 갑절의 진한 기쁨과 감사함으로 자연을 즐기는 것으로 만족한다.

"안식일을 기억하여 거룩히 지키라(출20:8)."고 하신 말씀대로 주일에는 교회에 나가 사랑으로 늘 함께해주시는 아버지 하나님께 감사와 찬양의 경배를 드리며, 믿음의 형제자매들과 만나 친교親交하기를 자연을 즐기기보다 더 소중하게 여긴다. 이제는 토요 휴무제가 널리 시행되므로 우리 성도聖徒('거룩한 무리' 돌아온 하나님의 자녀들)들에게도 자연을 즐길 기회가 많아져 다행이라 생각한다.

여기서 우리가 가장 쉽게 자연과 접하는 등산을 예로 들어 이야기해보자. 등산은 삶에서 입은 심신의 피로와 상처를 씻어준다.

J. J. 루소는 자연주의 교육사상과 인생철학으로서, "자연을 따라가라. 자연이 가르치는 길을 따라 가라."고 하였는데, 우리가 자연의 산길을 오르다 보면 자신도 모르는 사이에 심신이 산처럼 물처럼 맑고 깨끗해지고 생기발랄하게 됨을 느낀다. 산 아래서 생존경쟁으로 때로는 시기질투하고 증오하며, 거짓되고 선하지 못하며, 더러는 야비하고 교활해지며, 육체도 피로에 찌들게 되는데, 등산을 하면 자연은 그런 추악하고 찌든 심신을 아주 새로워지게 한다. 산길에서 처음 만나는 사람과도 친지처럼 다정히 대하게 우리를 변화시켜준다. 벼랑길에서는 처음 만난 사람에게도 스스럼없이 손을 내밀고 잡아주는 등 자신도 모르게 친절한 사람으로 변하게 된다. 이런 변화는 자연이 일으킨 것이라 볼 수밖에 없다.

그런데 자연이 어떻게 우리에게 이런 변화를 일으킬 수 있는 것일까? 자연의 산이 어떻게 추악하고 찌든 우리들의 마음속의 때를 깨끗이 씻어주며, 온갖 방어기재와 긴장의 중무장을 완전 해제시키고, 산을 오르기 전과 전혀 딴판인 사람으로 변화시키는 것일까? 심신이 걸레처럼 찌들고 구겨진 우리를 어떻게 그리도 새롭게 변화시켜줄 수 있는 것일까, 자연이?

자연에는 우리를 변화시키는 굉장한 힘이 있음이 분명하다. 사실이 그렇다. 파란 하늘 속으로 치솟은 산봉우리들이 희망과 용기를 가지라고 속삭일 때 우리에게 새로운 희망과 용기가 솟아나지 않던가? 우거진 나무와 풀, 꽃들이 내뿜는 숲의 향기, 골짝의 맑은 물과 지저귀는 새소리, 눈싸움을 걸다가 달아나는 다람쥐, 한 줄기 불어오는 상큼한 바람, 그 모두가 우리 영육의 갈피갈피를 깨끗이 씻어내고 새로운 생명력으로 차고 넘치게 해주지 않던가? 벙글거리며 떠가는 흰 구름이 마음의 여유를 가지고 사라면서 넌지시 눈짓할 때 그대 마음은 넉넉해졌으리라. 그래서 저절로 '으야~!' 힘차게 외치고 싶어졌으리라.

이렇게 자연에는 분명히 삶에 지친 우리를 생기발랄하게 변화시키는 놀라운 능력이 있는 것을 누구도 부인하지 못하리라.

산뿐만이 아니라 청정한 바다나 호수, 별이 총총한 밤하늘 등 천연天然 그대로의 자연에는 우리를 새롭게 만들어주는 굉장한 능력이 들어 있음을 우리는 시인하지 않을 수 없다.

그대에게는, 우리를 생기발랄하게 변화시켜주는 이런 엄청난 능력이 자연 속에 깃들어 있다는 사실이 놀랍지 않은가?

여기서 잠시 화제를 예술 작품 쪽으로 바꿔보자.

'글은 곧 사람'이란 말이 있다. 이는 지은이의 인격과 사상, 감정이 그 글 속에 스며들어 나타나게 된다는 말이다. 나는 시를 쓰는 사람으로서 내 작품 속에 나의 사상이나 미적 감정, 정신적 특질들이 자연스럽게 배여들게 된다는 것을 잘 안다. 글뿐 아니라 모든 창작품에는 작가의 사상이나 감정, 인격과 성품이 담기게 마련이다. 그래서 좋은 시나 소설, 에세이, 동화 등의 문학작품이나 음악, 그림, 조각, 건축 등을 감상하노라면, 그 작품의 영향으로 우리 마음이 아름답고 즐거워지며, 때로는 교훈을 얻고 격정을 느끼게 되기도 한다. 또 작품에 몰입될수록 그만큼의 큰 감동을 받게 된다.

자연의 경우도 마찬가지다. 자연 만물에도 예술품의 경우와 같이 그것을 지으신 창조주의 성품과 능력이 베여 있다고 봐야 한다. 또 앞에서 보았듯이 성경도 그렇게 말씀하고 있다(롬1:20). 우리가 자연 속에 들어가면, 거기에 스며든 창조주의 신성과 능력에 감화를 받게 된다는 점에서 예술 작품의 경우와 다를 게 없다.

'자연은 예술의 어머니', '예술은 자연의 모방'이란 말이 있듯이, 창조주 하나님의 작품인 자연은 인류 역사상 인간이 만든 모든 작품이 지닌 아름다움보다 더 놀라운 아름다움을 무한히 지니고 있다. 또 자연에도 그것을 지으신 작가로서 하나님의 무한한 능력과 지혜, 그분의 모든 거룩한 성품이 스며있다고 보는 게 당연하다.

우리가 등산을 하는 등 자연 속에 들어가는 행위는, 자연이란 신의 거대한 작품 속에 심신을 완전히 던져 넣는 몰입의 상태가 되는 것이다. 자연은 우리의 육신과 영혼 전부를 받아들여서 그 속에 깃든 창조주의 신성과 능력으로 조용히 그러나 강력하게 우리를 변화시켜주는 것이다. 자연은 그 아름다움으로 우리에게 기쁨을 줄 뿐만 아니라, 우리의 심령에서 미움, 시기, 질투, 추잡함과 더러움, 분노, 탐욕, 음탕함, 위선과 사기, 불의와 불법, 잔인함과 악독함, 무정하고 냉담함, 조급함과 완고함 등 우리의 영혼을 더럽히고 아프게 하는 온갖 독소들을 다 씻어내고, 그 대신 자연에 깃든 신의 성품인 선함과 거룩함, 진실함과 성실함, 정직함과 의로움, 관용과 긍휼, 참고 견딤과 온유함, 사랑과 자비, 기쁨과 평화, 아름다움의 생명력으로 채워준다. 이렇게 자연이 우리에게서 죄의 오물들을 깨끗이 씻어주고, 신의 자녀로 지으신 우리에게 주신 신의 성품을 회복시켜주는 것은 자연 속에 베여 있는 창조주의 신성과 능력 때문이다. 자연은 우리의 심령을 소성蘇醒시켜줄 뿐 아니라 육체의 피로도 하얀 빨래처럼 깨끗이 씻어준다.

일반적으로 예술 작품 가운데도 가령 밀레의 「만종晩種」이나 「이삭줍기」등과 같은 자연주의적 사실성寫實性이 짙은 작품들이 작가의 자의恣意에 의한 조작적操作的인 작품보다 우리 마음을 더 평안하고 아름답게 해준다. 그러나 자연의 모방이란 인간의 어떤 작품도 자연처럼 우리의 영육 전부를 그 속에 수용하여 전적으로 변화시켜주지는 못 한다. 인간의 어떤 위대한 작품이 자연만큼 우리의 영육을 깨끗하고 약동하는 꿈과 희망의 새로운 생명력으로 충만하게 소성시켜 주던가? 전능하신 하나님의 작품인 자연만이 그 속에 녹아든 그분의 무한한 능력과 신성으로 인간에게서 오염된 모든 것을 씻어주고 우리 안에 묻힌 신성과 능력을 회복시켜 생명력이 넘치도록 우리를 변화시켜준다. 그래서 누구나 자연을 좋아하고 즐겨 찾는 것이다.

우리는 심한 공해로 인해 어느 시대 사람들보다 자연의 소중함을 절감하며, 자연을 주신 신께 감사하며 살아야 할 것이다. 그러나 많은 사람들은 이 위대한 선물을 즐기면서도 감사할 줄 모른다. 웬만큼 철이 든 아이라면 작은 선물에도 감사의 인사부터 하는 게 보통이다. 그런데, 사람들은 자연이란 엄청난 선물을 받고도 감사는커녕 누가 준 것인지 알려고도 하지 않고 즐기기나 하니, 참으로 민망하고 안타까운 일이 아닌가? 이는, 사람이 하나님을 떠나 삶으로 인해서 그 속에 주신 그분의 신성 곧 영력靈力이 흐려져서, 영적으로 몽롱한 가사假死상태로 살아서 그렇다. 그 잠에서 속히 깨어나야 한다.

이스라엘의 성군 다윗은 목동시절 가축 떼를 먹일 때 많은 시를 지어 만돌린 같은 수금竪琴을 타하면서 하늘을 쳐다보며 창조주 하나님을 찬양하였다. 그 한 구절을 보자.

"하늘이 하나님의 영광을 선포하고, 궁창이 그 손으로 하신 일을 나타낸다(시19:1)."

청명한 밤하늘에 반짝이는 무수한 별들을 바라보면서 이 시구를 읊는다면 누군들 하나님을 찬양하지 않을 수 있으랴! 도시인들은 불행하게도 하늘의 신비神秘를 반짝이는 뭇 별들을 보지 못해서 신의 존재를 잊고 사는지도 모를 일이다. 그대가 자연이라는 그림책을 신앙의 눈으로 바라본다면, 하나님의 존재와 그 신성과 능력을 알게 될 것이다.

하나님의 자녀인 나의 형제(자매)여, 그분의 다음 말씀을 명심하고 아버지를 공경하는 자녀로서 그분의 사랑 가운데 살기 바란다.

"나를 존중히 여기는 자를 내가 존중히 여기고 나를 멸시하는 자를 내가 경멸輕蔑하리라(삼상2:30)."

 *시의 벤치*

어디서 박하 냄새가 난다/
분통 뚜껑이 열린 듯도 하고//
나무들의 등뼈 마디에 동침을 꽂는 바람/
늑골마다 이슬처럼 맺혀 떨어지는 눈물//
도공은 일그러진 항아리들을 깨뜨리고/
하늘에서 들려오는 유리 구두 소리//
책갈피 속 깊이 잠들었던 단풍잎/
소녀의 하얀 손이 보인다//

        – 최 진연, 「가을 현상現像 · 1」

6. 그대를 사랑하시는 하나님

이번엔 자연과 인간의 관계를 좀 더 자세히 생각해보자.

자연은 창조주의 신성과 능력으로 우리의 영육을 소성케 할 뿐 아니라, 생명의 원천이 되어주고, 삶의 터전이 되어준다. 그 한 예로, 식물이 광합성작용 때 우리에게 필요한 산소를 배출하며, 우리가 내쉬는 탄산가스를 흡수하여 영양분을 만들어 자신이 자라고, 열매들을 맺어 인간과 동물의 먹이가 되게 하는 것이다.

그런데, 자연의 채소 과일 곡식뿐만 아니라 동물까지도 누가 마지막으로 이용하는가? 먹이 피라미드의 맨 꼭대기에 누가 있는가? 산이 누구를 위해 있으며, 바다와 하늘은 누구를 위해 존재하는가? 산의 나무를 비롯한 모든 임산물이나 들판의 곡식, 채소, 과일은 물론, 풀까지 인간을 위해 존재한다. 풀을 먹고 들짐승과 가축들이 자라며, 사람은 그 고기, 젖, 알 등을 이용하니 풀까지도 인간을 위한 게 아닌가. 먹이사슬이란 놀라운 관계망을 통해서 거의 무진장으로 양육되고 있는 바다의 각종 물고기를 비롯한 해산물도 그 마지막 포식자는 사람이다. 하늘조차 인간이 비행기를 날리는 등의 공간으로 사람이 활용하고 있다.

왜 그럴까? 왜 사람이 자연 만물 위에 존재하며, 그것들을 다 이용하는 것일까? 하나님께서 자녀로 지으신 인간을 만물보다 더 사랑하사 축복하신 때문이다. 하나님은 인간을 지으신 뒤,

"생육하고 번성하여 땅에 충만하여라. 땅을 정복하여라. 바다의 고기와 공중의 새와 땅에 움직이는 모든 생물을 다스려라(창(1:28)."

고 축복하셨다. 사람이 만물을 지배 이용하는 게 이 때문이다.

그런데, 성경에 "정복하라" "다스려라"는 말은 독일어성경처럼 "보호하라" "관리하라"로도 번역할 수 있다니, 우리는 자연 만물도 사랑하시는 하나님의 뜻대로 그들을 잘 보호 관리하면서 이용해야 한다. 번역에 문제가 있어 보이는 이 두 낱말 때문에 기독교의 자연관을 오해하는 사람도 보았는데, 그가 하나님을 알려고도 하지 않고 믿지 않아서 그렇다.

하나님은 우리 인간에게 자연을 우리의 삶의 터전으로 주셨고, 생명을 유지하고 번성하게 하는 자원으로 주셨기 때문에 인류는 하나님으로부터 자연 만물의 관리자로 세움을 입은 뜻대로 저들도 번성하도록 잘 보호 관리하면서 이용해야 한다.

하나님께서 생물뿐 아니라 흙, 자갈, 바위, 온갖 지하 및 해저 자원, 모든 액체, 기체까지 다 주셨기에 우리가 이용하는 것이다.

에너지원源인 태양도 생명체들과 이들을 이용하는 인류를 위해 주신 것이다. 지구의 지축이 23.5도 기울어진 채 도는 것이나, 바다가 육지보다 넓은 것에도 지구 생명체를 위한 신의 사랑이 베여 있다고 한다.

지구의 지축이 수직 상태로 운행한다면 남북 양극에 가까운 대부분의 유럽과 중국북부, 우리나라, 남반구의 오세아니아, 남아프리카와 남미의 중남부 등지가 겨울만 계속되어 얼음으로 뒤덮여 생물이 못 살게 된다. 적도지역도 해가 남북회귀선까지 비껴 지나지 않고 1년 내내 정수리를 지나게 되어 고온으로 생물이 못 살게 된다. 지축이 기울어져 돌아 태양이 지구를 골고루 데워주어 사계절이 생겨 생물 생육에 좋다는 것이다.

지구의 ⅔ 이상인 바다는 태양으로 데워진 열을 오래 보존하여 지구의 온도를 거의 일정하게 유지해주지만, 육지는 금방 식어버리므로 그런 작용을 못한다. 그러므로 육지와 바다의 비율이 지금과 반대로 되었다면 밤과 낮, 여름과 겨울의 심한 기온 차 때문에 지구는 모든 생명체의 무덤이 되고 말았을 것이라 한다.

또 지구와 태양과의 거리도 지금보다 더 가깝거나 멀면, 너무 뜨겁거나 너무 추워서 생물이 못 사므로 지금이 이상적이라 한다.

이런 예를 얼마든지 열거할 수 있지만, 그대는 이런 경이에 찬 천체와 지구생물의 관계를 볼 때, 하나님께서 이 천지 만물을 창조 섭리하고 사랑하신다는 것과 우리 인간을 만물보다 한층 더 사랑하심으로 그들 위에 두어 그들을 이용하며 살아가게 하신다는 사실을 잘 알 수 있지 않는가?

J. C. 몬스마 박사는 미주지역 자연과학계의 세계적 석학들로부터 48편의 논문을 받아 펴낸 『광대한 우주에 편만하신 하나님The Evid ence of God in the Expanding Universe』이란 책의 서문에, "자연의 사실들을 편견 없이 관찰하고 우리의 지성을 십분 발휘하여 논증할 때, 과학이야말로 초인간적인 능력이 이 우주에 실재實 在한다는 것을 입증해줄 수 있는 학문이다."라고 썼다.

하나님은 선지자를 통해서 이렇게 말씀하셨다.

"여호와는 하늘을 창조하신 하나님이시며 땅도 조성하시고 견고케 하시되 헛되이 창조치 아니하시고 사람이 거주하게 지으신 자이시다(사 45:18)."

몬스마 박사는 전기 책에 세계적인 화학 및 물리학자 M. 파라데이를 임종 무렵에 방문한 친구와의 대화를 인용하고 있다.

"파라데이 군, 오늘 그대의 추리推理는 무엇인가?"라는 물음에, 이 위대한 과학자가 신앙을 고백하기를, "추리?"라 반문하더니,

"추리가 무언가, 하나님께 찬송할 일일세! 이 죽어가는 나의 머리가 기대고 있는 건 추리가 아니라 확신이야! '나의 의뢰한 분을 내가 알고, 또 나의 의탁한 것을 그가 능히 그날까지 지키실 줄 확신한다(딤후1:12).'는 말일세."라고 했다.

그대는, 하나님께서 이런 석학들의 입을 통해서 그대를 포함한 사랑하는 그 자녀들을 부르시는 간절한 음성을 듣고 있는가?

"너희는 귀를 기울이고 내게 나아와 들으라. 그리하면 너희 영혼이 살리라.(사55:3)."

여기서 별이 없는 밤하늘을 가상해보자. 그 칠흑 같은 하늘을 쳐다볼 때 모든 생물들이 얼마나 큰 절망과 무서움을 느끼게 될까. 그러나 하나님은 아름다운 별들을 달아놓아 밤하늘을 쳐다보는 자녀들이 별처럼 영롱한 꿈을 꾸게 하시고, 신비에 젖어 당신을 찬양하게 하시며, 만물의 잠자리를 은은히 비쳐주는 침등寢燈으로 사용하시는 게 아닌가!

하나님은, 믿음의 조상 아브라함에게(롬4:16) "네 자손이 저 별처럼 많게 하리라(창15:5)."고 희망을 주신 일도 있다.

하나님은 아브라함을 사랑하시듯이 그대를 사랑하신다. 나는, 그대가 당신의 존재를 알게 하시고, 우리의 풍성한 삶의 터전인 자연을 주신 사랑에 깊은 감사를 느끼게 되기를 기원한다. 대체로 성경을 끝까지 정독해보지도 않은 사람들이 뭘 다 아는 듯이 하나님께 감사는커녕 악담으로 그 영광을 모독하거나 냉담함으로 진노를 쌓고 있는 걸 보면, 그 어리석음이 두렵고 안타깝다.

30여 년 전 어떤 분이 태백시(황지)에 살 때 부처 만드는 것을 보았다고 말했다. 각목을 얽어 못질한 뒤 가느다란 새끼로 감고 찰흙을 발라 사람 형태를 만든다. 그것을 원탄 덩이를 지핀 뜨거운 온돌방에서 갈라진 곳이 없게 찰흙으로 계속 매우면서 잘 말린 후 백회白灰를 바르고 금색을 칠해서 완성하는데, 작은 것은 2만 원, 큰 것은 팔만 원 내지 십만 원에 팔았다. 이런 수공품手工品이 우리에게 이 땅의 복된 삶과 내세의 영생을 보장해줄 수 있을까?

인도인은 소를, 태국인은 원숭이나 그 조각품을, 이집트인들은 태양과 뱀을 섬기지만, 하나님은 자녀와 사랑나누기를 기뻐하고 원하신다. 하나님은 사람을 지으신 목적을 이렇게 말씀하신다.

"무릇 내 이름으로 일컫는 자 곧 내가 내 영광을 위해 창조한 자를 오게 하라. 내가 그들을 지었고 만들었다. … 내가 나를 위하여 찬송을 부르게 하려 그들을 지었다(사43:7~9)."

그러나 하나님께 영광과 찬송을 드리기는커녕 그 존재를 부인하고, 피조물들을 신으로 섬긴다면 그분께서 그 사람을 기뻐하실까?

"하나님을 알만한 것을 저희 속에 주셨음을 알면서도 영화롭게도 아니하고 감사치도 아니하며, 스스로 지혜 있다 하나 꿈틀거리는 벌레처럼 어리석어져서 하나님의 영광을 썩어질 사람과 금수와 버러지 형상의 우상으로 바꾸어 섬기는 사람들은 진노 받을 자들이다(롬1:18~23)."

그러나 하나님 아버지께서는 사랑하시는 자녀인 인간 누구도,

"멸망치 않고 다 회개*에 이르기를 원하신다(벧후3:9)."

*죄를 깊이 뉘우치고 하나님께 돌아옴으로 구원받기를 원하신다는 말씀.

한편 하나님은 만물을 창조하시되, 지구상에 인간의 생육조건을 완벽하게 갖춰놓은 마지막에 인간을 지으셨다(창1, 2장). 이 창조 순서 역시 하나님이 인간을 특별한 사랑의 대상으로 지으셨음을 말해준다. 만물을 지으신 다음 매번 "좋구나!"라고 하셨지만, 사람을 지은 다음에는 "참으로 좋구나!"(창1:31)라고 감탄하신 말씀도 인간을 특별한 사랑의 대상으로 지으셨음을 보여준다.

"내가 너를 지명하여 불렀나니, 너는 내 것이다(사43:1)."

고 말씀하신 하나님은 이 땅에 오신 목적을 이렇게 말씀하셨다.

"잃어버린 자를 찾아 구원하러 이 땅에 왔다(눅19:10)."

이런 말씀을 통해서 그대는, 하나님께서 그대가 드리는 영광과 찬양 받으시기를 얼마나 원하시고 기뻐하시는가를 알게 되었을 것이다. 나는, 그대가 진작 이런 하나님을 알았다면 벌써 그 품으로 돌아왔을 듯하다. 이제 지체하지 말고 돌아와야 되지 않겠는가?

7. 생명의 신비와 인간 창조 · 1

흔히들 인간을 소우주라고 한다. 인간의 신체 조직과 그 활동이 소우주와 같이 오묘하고 신비하며, 하나님이 그 몸을 지었을 뿐만 아니라 우주를 운행하듯이 섭리하신다는 뜻에서 한 말일 것이다.

과학자들의 말에 따르면, 생명은 신비하고 놀라운 점이 한두 가지가 아니다. 현대과학은 인조인간Human Robot을 만들고, 70여 년 전에 헉슬리A. Huxley가 그의 소설 『멋진 신세계Brave new World』에서 예언한 대로 인간을 복제하는 단계에 이르렀다지만, 생명의 신비는 과학의 발달로 그 진상이 자세히 밝혀질수록 더 큰 감탄을 불러일으킨다고 한다.

이제 우리 인체의 신비와 아울러 인체를 통해서 하나님의 존재와 그 섭리하심을 구체적으로 살펴보기로 하자.

생명체의 기본 단위인 세포는 막, 핵, 핵 둘레의 질과 그 질 안에 산재한 여러 소기관들로 구성되어 있다고 한다. 그 소기관에는 미토콘드리아, 소포체, 리보솜 등이 있다. 미토콘드리아는 ATP란 에너지를 만들어 세포에 공급하는 발전소이며, 호흡에도 관계한다. 소포체는 세포막에 연결되어 글리코겐의 분해와 해독작용, 비단백질의 운반 등 여러 역할을 한다. 또 리보솜은 여러 가지 단백질을 만드는 공장이다. 이 소기관들이 유기적으로 활동하는 모습이 너무나 놀랍다는 것이다.

'콩 심은 데 콩 나고 팥 심은 데 팥 난다'는 속담과 같이 생물이 그 종류대로 유전이 이루어지는 것은 세포핵에 담겨 있는 DNA에 의해서라 한다. DNA 하나가 자신과 똑같은 DNA를 복제하는 데 필요한 70여 가지의 특별한 기능을 가진 단백질 분자들이 리보솜에서 만들어진다는 것도 알려졌다. 이러한 생명과학의 발전은 DNA를 인위적으로 조작할 수 있게 하였다. DNA는 핵산의 일종으로서 뉴클레오티드라는 구성단위가 수없이 많이 연쇄된 고분자 물질이다. 뉴클레오티드의 구성 물질 네 가지 중 Thymine은 Uraci로 바뀌면 RNA가 된다. 이 RNA는 단백질 합성의 정보를 DNA로부터 받아서 그 합성 공장인 리보솜에 전달하자마자 자동 분해 되어버리기도 한다. 이와 같은 RNA를 mRNA라고 하는데, 이런 소기관들의 일련의 활동 과정을 통해서 새로운 DNA가 만들어지고, 유전이 이루어진다고 한다.

이제 과학은, DNA 조작 등의 방법으로 동식물의 품종개량을 하고, 나아가 인간복제도 가능하다고 한다. 그러나 인체의 각종 단백질이 어떻게 DNA와 상호 의존적 유기적 작용으로 생명의 특질을 나타내는지, 그 자체는 아직은 신비神秘에 속한다고 한다.

또 인간의 경우, 정밀하고 오묘한 세포의 소기관들의 생성과 그 활동이 신체 기관과 기능에 따라 인체를 이루고 있는 약 100조 개나 되는 세포에서 헤아릴 수 없이 다양하고도 일사불란하게 이루어지고 있으리라 추측될 뿐, 실제로 어떤 체계에 의해 어떻게 이루어지고 유전되는가를 규명하기란 거의 불가능하다고 한다.

하나의 세포핵으로 된 대장균의 DNA 조작을 통해 발전한 생명공학이 인간복제도 가능케 하고 있다지만, 100조에 가까운 세포에 60억 개의 염기와 10만 종이 넘는 단백질을 가진 인간의 복제가 그리 쉽지 않을 것이라 한다. 설령 복제가 기계적으로 가능하다고 해도 그 수많은 세포의 유전자가 염색체의 구조로 존재하고 있어 이것들이 어떤 방법으로 인체 생리에 전체적으로 조절 통제되고 있는가 하는 생명의 신비는 창조주만 알 것이라 한다.

그래서 인체를 하나님이 창조한 소우주와 같다는 것이 아니겠는가. 각 조직에 따라 저마다 특질을 가진 그 많은 세포로 이루어진 인체가 아메바와 같은 단세포 생명체의 진화로 생겨났다는 것은 상상조차 할 수 없다고 한다.

생물마다 고유한 염색체 수가 있는데, 이것이 생물의 각 종種마다 고유한 기원을 가지고 유전되고 있다는 증거라고 한다.

이미 1983년 10월 시카고에 모인 진화론자들의 학술대회가 선언한 바와 같이, 같은 종 안에서의 소진화는 가능하나 한 종이 다른 종으로 바뀌는 대진화란 불가능하다는 사실이 과학의 발달로 명백해지고 있다. 예컨대, 물고기가 새가 되고, 원숭이가 인간이 되었다는 등 종의 경계를 뛰어넘는 대진화란 있을 수 없다는 것을 진화론자들이 스스로 선언한 것이다.

성경은, 하나님께서 인간과 동식물을 포함한 만물을 만드실 때 그때마다,

"그 종류대로 만들었다"는 말씀을 반복하고 있다(창1:11~28). 또,

"집마다 지은이가 있으니, 만물을 지으신 이는 하나님이시다(히3:4)."

라고 밝히고 있다. 여기 '집'은 생물의 종을 뜻한다.

종에 관한 질서의 파괴는 용납될 수 없음을 보여주신 말씀이다.

말과 당나귀의 잡종인 노새 버새나, 사자와 호랑이의 잡종인 라이거 타이곤에 번식 기능이 없는 것이 그 증거가 될 것이다. 종은 다르지만 같은 과課에 속한 비슷한 동물끼리 강제 교배시켜 생겨난 잡종은 생식기가 없거나 있다 해도 기능하지 못하기 때문이다. 이런 현상으로 우리는, 창조주께서 종의 경계를 넘는 변종을 막아 종이 유지되게 하시는 자연계의 질서를 분명히 알 수 있다.

인류의 기원에 관해서도 과학의 발달로 성경말씀이 진리란 것이 밝혀지고 있다고 한다.

세포의 미토콘드리아는 여성의 난자로부터 제공되어 수정란으로 옮겨지는데, 여러 인종간의 미토콘드리아 DNA를 비교 분석한 결과 상동성相同性Homology이 발견되었다고 한다. 과학자들은 이 사실에 근거하여, 인류가 지구 각처에서 진화에 의해 동시 다발적으로 생겨난 것이 아니라, 한 어머니로부터 혈통이 이어져 번식해왔음이 분명하다고 말한다.

성경은, 하나님이 아담과 하와를 지어 에덴동산에 살게 했다(창 1:27, 2:7, 8)고 한다. 에덴동산은 아프리카 어느 지역일 것이란 설說이 유력하나, 메소포타미아 지역이란 설도 있다. 수메르 족이 인류문명을 최초로 일으킨 곳이 메소포타미아지역인데, 인류 발상지인 에덴동산과 동일한 곳으로 봐야 할 것 같다는 주장이다.

하나님께서 죄악이 가득 찬 세상의 인류를 대홍수로 멸망시키실 때, 노아와 그 세 아들인 셈, 함, 야벳 그리고 그들의 네 부인들이 들어가 목숨을 구한 방주가 카스피 해 서쪽인 아르메니아의 아라랏 산에 닿았다. 홍수가 끝났을 때 인류의 조상이 된 그들의 자손이 번성하면서 동남쪽으로 옮겨 오늘날의 이라크 땅인 시날 평야에 정착했다. 그 곳은 수메르와 같은 메소포타미아지역이다.

그들은 거기서 벽돌을 구워 만들어서 꼭대기가 하늘에 닿게 탑을 쌓아 우리 이름을 높이고 온 지면에 흩어짐을 면하자고 하다가 하나님의 진노로 그 언어가 혼잡(바벨)하게 되고 사방으로 흩어짐을 당했다(창11:1~9).

그래서 노아의 후손인 인류가 세계 각처로 퍼진 것으로 보인다. 그때 우리 민족이 중앙아시아와 몽고지방을 거쳐 한반도로 옮겨왔듯이 다른 민족들도 거기서 사방으로 퍼져나갔을 것이다. 이것은 앞에 말한 상동성과 함께 인류의 조상이 성경말씀대로 아담과 하와라는 사실을 받아들이게 한다.

또 전혀 영향을 주고받을 수 없는 먼 지역의 인종 사이에도 그 심성이나 생활 방식이 원시 시대로 올라갈수록 서로 같거나 너무나 흡사하다는 점을 주목한다. 가령 맷돌이나 절구 등을 우리와 함께 이스라엘, 이집트, 동남아 원주민과 미주의 인디오 등 세계 각지에서 사용하고 있다는 것이다. 세계의 고대 인류가 같은 모양의 석기와 토기를 거쳐 청동기를 사용하였다.

이런 여러 종족간의 유사성 내지 동일성도 인류의 조상이 같다는 근거가 된다는 것이다.

세계 모든 종족의 언어에도 공통점이 많다고 한다. 인도·게르만어Indo·Germanic에는 공통으로 산스크리트Sanskrit의 흔적이 많이 남이 있으며, 인도· 구라파어Indo·European와 샘어Samitic 사이에도 연결 고리가 많다고 한다. 우리와 같은 우랄·알타이어Ural·Altaic계에 속한 민족으로 헝가리 등 지역적으로 먼 나라들도 있다. 이와 같이 먼 지역에 사는 종족의 언어에 공통점이 많다는 것도 인류의 조상이 하나임을 보여주는 증거라 한다.

전술한 인류의 도구나 언어 및 생명과학이 밝힌 증거들이 인류의 뿌리가 성경말씀대로 동일함을 시인하지 않을 수 없게 한다. 그대는 어떻게 생각하는가? 나는, 그대가 소우주와 같이 오묘하고 신비한 인체의 조직과 그 기능을 밝히는 자연과학의 증거들이나 인문과학적 증거들이 창조주가 한 쌍의 남녀 곧 아담과 하와를 창조하여 번성케 했다는 성경말씀을 뒷받침하는 사실에 공감하는가?

솔로몬은 13년에 걸쳐 건축한 화려하고 웅대한 궁전에서 1200여 비빈들을 거느리고 온갖 영화를 누렸던 유대나라의 지혜로운 왕이었다. 그는 모든 영화를 다 누려본 후 기록한 그의 인생론의 결론을 이렇게 내렸다.

"헛되고 헛되며 헛되고 헛되니 모든 것이 헛되다.(전1:2)."

그 맨 마지막에 이런 말을 덧붙였다.

"하나님을 경외하고 그 명령을 지킬지어다. 이것이 사람의 본분이니라(전12:13)."

그대는 이 순간에도 쉼 없이 뛰는 심장으로써 생명의 창조주가 그대의 몸을 섭리하고 계시다는 사실을 깨닫고, 솔로몬의 인생 결론의 권고를 받아들여야 하지 않겠는가? 그게 더 없이 복된 삶을 그대에게 가져다줄 것이기 때문이다.

시의 벤치

오늘 새벽에도
이 작은 예배당이
우주로 연이어져 넓습니다.
드릴 것이 없는 아들을 위해
무르익은 들판을 주시고
보석의 별 밭 앞에 세우심이여.
한 알의 능금처럼
당신의 사람들을 익어가게 하심이여.
하늘을 뼘으로 재는 자
바닷물을 홉으로 되는 자
동녘 하늘 별들처럼 사라지고.
오늘 새벽에도 떠오르는
해 같은 당신으로
내 안과 밖은
새벽 바다처럼 출렁입니다.

　　　　　- 최 진연, 「새벽기도 · 1」

8. 생명의 신비와 인간 창조 · 2

이번엔 오묘한 인체의 수정受精을 통해서 하나님께서 인간을 창조하신 사실을 알아보자.

체내 수정의 경우 1회 사정된 약 4억 개의 정자 중 난관팽대부에 이른 300~500개 중 가장 튼튼한 하나가 난자에 최종 접근하여 투명대를 뚫고 들어가 수정이 이루어진다.

수정 과정에서 이종異種 정자의 투명대 통과가 절대로 일어나지 않는다. 인위적으로 효소처리를 하거나 투명대를 제거해서 이종 정자를 통과시키면, 동물의 종에 따라 차이는 있지만, 수정란의 활성화가 일어나지 않는다. 일시적으로 일어나기도 하나 더 이상 자라지 않는다고 한다. 이것을 종의 특이성Species-specificity이라고 한다. 이것은, 생물계에는 철저하게 그 종의 특성을 유지 보존하려는 자연법칙이 있다는 것을 말해준다. 이로써 우리는, 창조주가 인간을 비롯한 모든 생물을 "그 종류대로 지었다(창1:24,25)."고 하신 말씀이 진리임을 확인할 수 있다.

하나님은, 사람이 짐승과 교접하면 돌로 쳐 죽이라고 말씀하셨다(레18:23, 22:19). 가령 한 여인이 개와 교접해서 어떤 것을 낳을 수 있을까? 앞의 말씀과 종의 특이성으로 볼 때, 그야말로 음담패설에 불과한 것이다. 어떤 사람은 자기네 할아버지(조상)가 원숭이라 한다지만, 종의 특이성이 그것을 용납하지 않는다.

다음엔 눈의 구조와 기능에 대해 간략히 알아보자.

눈은, 그 경이로운 설계와 기능 때문에 진화론자들조차 고개를 갸우뚱거리게 한다. 눈은 한 개의 렌즈를 통하여 외부에서 들어오는 빛을 망막에 집중시켜 그 빛에너지를 전기에너지로 바꿔 시신경을 통하여 대뇌에 전달함으로써 물체를 감지토록 되어 있다.

눈동자를 싸고 있는 공막鞏膜 층의 앞부분에 빛을 1차로 집중시키는 각막이 있고, 공막 층 바로 안쪽에 모세혈관이 많이 분포된 맥락막이 있다. 맥락脈絡막은 앞부분에서 두꺼워져 모양체를 이루고, 일부는 더 뻗어나가 홍채에 이어진다. 홍채紅彩는 근육이 발달하여 그 내부의 까만 동공의 크기를 달리함으로써 그 속으로 들어가는 빛의 양을 조절한다.

수정체Lens가 집중한 빛을 안구의 안쪽 벽을 이루는 망막網膜이 흡수하는데, 그것은 간상세포Rod Cell와 추상세포Cone Cell라 부르는 세포들로 구성되어 있다. 전자는 명암을 식별하고, 후자는 밝은 곳이 아니면 작용하지 못하나 세포 종류에 따라 빛의 파장Spectrum에 대한 민감도가 다른 세 가지 최고의 흡수대를 이룬다. 즉 청색, 녹색, 적색에 대한 최고 흡수대를 가지고 있는데, 이를 통해서 우리는 아름다운 색의 세계를 볼 수 있다.

망막 6.25cm^2 안에는 약 1억 3천만 개의 세포가 있으며, 추상세포는 약 700만 개로 망막 중심부에 있는 직경 2mm 정도 크기의 황반*에 모여 있다고 한다. 망막에 빛이 들어오면 간상세포로 된 레코드판을 꽂아놓은 듯한 약 1천 개의 원반형의 막 층에 이른다. 그 곳엔 비타민 A가 산화하여 된 레티날이 단백질 옵신과 결합된 시홍視紅이란 많은 감광색소가 있다. 붉은색을 띠며 구부러진 분자구조를 가진 레티날이 빛을 받으면 곧은 모양으로 바뀌면서 옵신과 분리되는데, 이 때 탈색이 되면서 약한 전기가 발생하여 시신경을 거쳐 대뇌에 전달되고, 그 전파로 사물을 인식하게 된다고 한다. *황갈색 둥근 모양

요컨대 빛이 망막을 거쳐 대뇌에 전달되어 판단 명령하기까지 0.002초밖에 안 걸린다고 하니, 눈의 정교한 구조와 신속한 작동의 오묘하고 신비함에는 감탄하지 않을 수 없다. 이런 눈을 가진 인간이 진화에 의해서 단세포에서 원숭이를 거쳐 만들어졌다니, 믿어지는가?

또 망막이 적색인 까닭은 매우 의미심장하다. 앞에서 보았듯이 간상세포 내의 시홍의 분자구조의 변화에 따라 붉은색을 띠었다가 탈색되는 변화가 주기적으로 반복되는데, 이 때 시홍이 흡수한 빛의 스펙트럼을 실험해본 결과 녹색과 청색을 가장 잘 흡수하며, 그로 인해 시홍이 그 보색인 적색으로 보인다는 것이다.

이것은 하나님께서 식물이나 하늘과 바다 등 거의가 녹색이거나 청색인 자연을 먼저 만든 뒤 그것을 보기에 알맞도록 보색인 적색 망막의 눈을 가진 사람을 나중에 만들었다는 확실한 증거가 된다고 과학자들은 말한다. 자연 만물을 다 만든 다음 사람을 만들었다는 성경말씀(창1장)이 진리라는 것이다.

우리가 회색 도시를 벗어나 녹색 들판이나 숲, 푸른 하늘이나 바다를 바라볼 때 눈에 시원함을 느끼게 된다든지, 독서나 컴퓨터 사용, TV시청을 오래 하다가 창밖의 녹색 나무나 푸른 하늘을 바라보면 눈의 피로감을 덜게 되는 까닭도 여기에 있다.

도시에 사는 사람들이 농어촌 사람들보다 시력이 나빠져서 안경을 많이 끼는 것도 매연 등의 공해 탓도 있겠지만, 푸른 자연을 보면서 살도록 지으신 눈이 회색만 보고 살기 때문일 듯하다. 시민들의 시력 보호를 위해서도, 매연을 줄이는 것은 물론, 녹지 조성과 녹색 청색 계통의 채색을 하는 등의 방법으로 도시를 창조 섭리에 맞게 가꿔나가야 할 것이다.

그밖에도 눈에 땀, 빗물 따위가 들어가지 않도록 두둑하게 제방을 쌓고 잔디까지 입혀놓은 듯한 눈두덩과 눈썹, 이물질이 못 들어가게 둘레를 에워싸고 나 있는 속눈썹, 위급 시 반사적으로 감게 되어 있는 눈꺼풀, 이 모두가 놀라운 눈 보호 장치들이다. 그래도 어쩌다가 이물질이 들어가면 즉시 눈물이 흘러나와 씻어내게 된다. 놀랍고 과학적인 제작이라 아니 할 수 없다.

우리는 눈을 통해서 하나님께서 사랑하시는 인류의 조상인 아담과 하와를 당신의 무한한 지혜와 능력으로 창조하셨고, 지금도 우리 몸을 섭리하신다는 사실을 알 수 있다.

뇌의 경우는 더 말할 나위가 없다. 뇌는 몸무게의 약 2%인 1.36kg에 불과하나, 산소 소비와 혈액 사용량은 각각 20%나 되는 것만 봐도 그 기능의 중요성을 알 수 있다. 500억 개의 신경세포 중 어떤 것은 6만 개의 다른 세포와 연결되어 있는 등 뇌수는 구조나 기능이 너무나 복잡하고 정교해서 척수만큼 잘 규명되지 못한 상태라고 한다. 특히 대뇌의 경우, 다른 척추동물보다 월등히 크며, 개구리는 이를 제거해도 여전히 뛰어다니고 새도 별 지장 없이 날아다니나 인간은 즉사하고 만다.

두께가 3,4mm인 대뇌피질Cerebral cortex 안에는 주柱Column라는 정보처리 단위가 약 150만 개나 있고, 그 각 주에 약 5만 개의 신경세포들이 서로 연결되어 있다고 한다. 소뇌를 비롯한 수많은 소기관들로 적절하게 구성되어 그 기능을 분할 수행하며, 대뇌도 그 기능에 따라 세분되지만, 이들이 동시에 종합적인 사고를 수행하여 기억과 논리, 통찰력, 나아가 창조력까지 발휘한다. 하나님의 형상대로 만드셨기 때문에 인간만이 영적 존재로서 창조적 능력과 지혜의 특별한 신체 구조를 가진 것이다.

뉴욕과학협회장을 지낸 A. 크레시 모리슨 박사가 하나님을 믿는 7가지 이유를 설명하는 글 『Man does not stand alone』 가운데 우연설偶然說을 부정하는 재미있는 예가 있다. "10개의 동전에 각기 표를 한 뒤 주머니 속에 넣고 꺼낼 때 1번 동전을 꺼낼 확률은 10분의 1이다. 1번과 2번을 연속해서 꺼낼 확률은 100분의 1, 1과 2와 3을 연속해서 꺼낼 확률은 1000분의 1이다. 이런 식으로 1에서 10까지 연속해서 꺼낼 확률은 100억분의 1이다. 이런 추론에 의하면, 생명체에 필요한 수많은 어려운 조건들이 우연에 의하여 적절한 관계로 존재할 수 있는 가능성은 없다."고 단언했다.

그대는 어떻게 생각하는가? 이 소우주에 비유될 만큼 정교하고 과학적이기 이를 데 없는 눈을 비롯한 인체의 각 기관이 우연에 의해서 만들어지고 또 우연히 일정한 목적 아래 유기적으로 작동될 수 있다고 생각하는가? 이런 글을 통해서 인간이 우연 또는 진화로 이루어진 것이 아니라, 지혜와 생명의 근원이신 하나님이 창조하신 존재임을 알게 되었으리라 믿는다. 사실 인간이 우연 또는 진화에 의한 존재가 아니라 창조의 소산이라는 것을 아는 데는, 긴 글을 여러 편 읽을 필요가 없을 것이다. 인간만이 창조주를 닮은 자녀로서 그 지혜와 창조적 능력으로 이룩한 문화와 문명만 보아도 족하리라. 인류 아닌 어떤 영장류를 비롯한 고등동물도 인류처럼 문화와 문명을 이루고 살지 않는다는 것이, 인류만이 창조주를 닮은 창조능력을 가진 영적 존재로 창조되었음을 입증해주기 때문이다. 이렇게 오묘한 존재로 창조된 인간으로서 참으로 지혜로운 자는 어떤 사람일까? 성경은 이렇게 대답하고 있다.

"여호와를 경외하는 것이 지혜의 근본이요, 거룩하신 자를 아는 것이 명철이다(잠9:10)." 이 말씀에서 "거룩하신 자"도 여호와 곧 하나님을 가리키는 말로, 강조를 위한 반복어법의 표현을 쓰인 것이다.

필자는 교단에서, 어린이들은 대체로 다 그러하지만, 특히 똑똑하고 지혜로운 어린이들은 겸손하고 남의 말을 잘 들으며, 그런 어린이들은 믿음도 잘 받아들이는 것을 보아왔다.

성경말씀에서 '지혜롭고 명철한 사람'은, 꼭 두뇌가 명석하고 공부를 많이 한 사람을 뜻하지는 않겠지만, 하나님께서 주신 신성을 많이 간직하여서 마치 어린아이처럼 순결한 마음으로 믿음을 잘 받아들이는 사람이라 생각된다. 지능지수IQ: Intelligence quotient, 정서지수EQ: Emotion quotient가 있듯이 신앙지수BQ: Belief quotient 또는 JQ: Jesus quotient가 있다고 하면, 참으로 '지혜롭고 명철한 사람'이란 신앙지수가 높은 사람일 것이다. 나는, 그대가 형의 축복을 가로챌 만큼 하나님의 축복을 사모하고 갈망한 야곱(창27) 같은 사람, 신앙지수가 높은 사람이 되기를 바란다.

하나님께서 당신의 자녀로 창조하신 그대를 그분의 '성도'聖徒:* 곧 '존귀한 자'로 돌아오라고 부르신다. *'거룩한 무리' 기독교 신자를 높여 부르는 말

"땅에 있는 모든 성도는 존귀한 자이니, 나의 모든 즐거움이 저희에게 있다(시17:7)."

시의 벤치

동트기 전 빛으로 나아간다./ 신령한 산을 향한 발걸음
금방이라도 삼킬 듯이/ 어둠은 사방에서 몰려들고
사람들의 하루는 잠들어 있다./
그러나 산정의 새벽별을 바라보며
아침빛을 맞으러 오르는 사람들
어름처럼 찬 이슬이 맺힌/ 거미줄이 얼굴에 걸리는 길을
잠든 영혼을 깨우러 간다./
코를 고는 육신들이 깨지 않게
가만가만 부르는 입속 노래/ 소리 나지 않게 조심조심
아침빛을 맞으러 산을 오른다.
　　　　　-최 진연, 「아침빛을 맞으러」

9. 인간복제와 인류의 멸망

　우리는 앞에서 인체의 조직과 그 기능의 오묘함을 통해서 인간을 창조하신 창조주의 존재를 부인할 수 없음을 살펴보았다. 지금 인류는 양과 소, 개, 원숭이 등 동물복제를 거쳐 인간복제를 하기에 이르렀음을 기뻐하고 있다. 확인되지 않았으나, 매스컴들은 이미 한 사이비 종교집단의 인간복제 소식을 전하기도 했다. 이 순간에도 지구의 어느 곳에서 인간복제가 실험되고 있는지 모른다. 얼마 전 이탈리아에 3명의 복제인간이 살고 있다는 외신도 있었다.

　최근에는 황 우석 박사 팀이 세계 최초로 체세포와 난자만으로 배아줄기세포를 만들었으며, 한일 학자─한국 서 정선 교수─는 공동으로 유전자조작으로 정자 없이 최초로 쥐를 탄생시켰다는 보도가 있었다. 실험이 거짓으로 탄로 나 국제적 망신을 당하기도 했지만, 아무튼 난치병 치료용 연구라는 단서를 달고 있는 생명공학기술은 앞으로도 계속 발전을 거듭할 것이다.

　그런데, 인간복제는 창조주의 자리를 넘보는, 인류가 저지를 수 있는 최대의 죄악이란 사실을 알아야 한다. 인간복제를 연구하는 과학자라는 사람들은 그들이 저지르고 있는 죄악의 심각성을 모르는 것 같다. 그들이 밤낮 눈을 실험기구나 차트에만 박고 사느라 하나님의 표정을 살펴보지 않아서 그럴까?

　인류의 조상은, 창조주의 권위의 상징인 금단의 과실을 따먹으면 지혜로워져서 하나님과 같이 된다는 사탄의 말에 속아 죄를 범했다. 그 결과 하나님의 경고대로 인간 세상에 죄와 죽음이 들어왔고, 죄악의 씨는 바로 다음 대에 형 가인이 동생 아벨을 죽이는 끔찍한 살인을 불러왔다. 죄악은 잡초처럼 인간의 수보다 억세게 퍼져나가 노아시대에는 온 세상에 가득 차게 되었다. 하나님은 이 때 당신의 말씀을 유일하게 순종하여 의롭게 살아온 노아 가족에게 120년에 걸쳐 오늘날의 교회를 상징하는 방주를 짓고 거기 들어가게 한 후 죄악에서 돌이킬 줄 모르는 인류를 대홍수로 멸망시키셨다(창2~7장). 이것이 첫 범죄로 인한 인류 멸망의 사건이다.

노아가족으로 다시 시작된 인류는 하나님의 축복으로 번성하게 되었다, 그러나 인류는 하나님의 축복에 감사하기보다 다시 그분의 권위를 넘보는 어리석은 교만에 빠지게 되었다. 그래서 앞서 잠깐 언급한 바벨 탑 사건으로 징벌을 자초하게 된다. 탑을 높이 쌓아 우리 이름을 내고 하늘에 닿게 하여 하나님과 겨루겠다는 것이었다. 이 때 인류가 말이 같고 한데 모여 살아서 이런 죄를 저지른다고 생각하신 하나님은, 각 족속이 서로 알아듣지 못하도록 언어를 혼잡(바벨)하게 하고, 사방으로 흩으셨다(창11장). 하나님께서 인류를 멸망시키지 않고 그 정도로 그친 것은, 홍수 심판 끝에 노아를 축복할 때 그 후손을 다시는 멸하지 아니하리라고 언약하셨기 때문이다(창9장). 그것은 비록 멸망을 면했으나 그에 준한 인류적 징벌을 부른 제2의 큰 죄악 사건이었다.

그런데, 지금 인류는 엄위하신 하남님께 멸망당할 수밖에 없는 제3의 죄악을 감행하고 있다. 하나님께서 사랑의 대상인 자녀로 지으신 인류가, 그들에게 주신 지혜와 능력을 악용하여 스스로 인간을 만들겠다니, 이것은 생명의 근원이신 창조주의 자리를 빼앗으려는 무서운 죄악이다.

과학의 발달로, 비록 심한 격차가 있기는 하나, 인류가 보다 편리하고 풍요롭게 살게 된 것은 사실이다. 그러나 이제는 그 과학문명으로 인류는 자멸을 부르고 있는 것이다. 지금은 난치병 치료 목적으로만 이용한다는 배아 상태의 줄기세포를 인간생명으로 보지 않는다 하드라도, 노벨이 평화 목적으로 다이너마이트를 발명하였으나 살상의 폭탄 제조에 악용된 경우처럼 그 기술을 인간 복제를 하는 데 악용하는 자들이 조만간 나올 것을 생각하면 정신이 아찔해진다.

인류의 과학적 호기심에는 제동장치가 없다. 끝장을 보지 않으면 멈추지 않는 관성이 있다. 인류의 호기심 내지 탐구심은 결국 A. 헉슬리가 예언한 대로 인간을 용도에 따라 크고 작은 소모품으로 양산하기에 이를지 모른다. 인류는 유전자조작을 통해 콩, 옥수수 등 변종 생물을 양산함으로써 이미 하나님의 고유한 생명 창조 영역을 침범하는 최악의 죄악을 저지르고 있는 것이다.

이 세 번째 도전은 앞선 두 번과는 차원이 다르다. 먼저 두 번은 피조물로서 창조주와 같이 되겠다는, 그 권위에 대한 단순한 도전이라 할 수 있다. 이번 경우는 인간이 하나님을 밀쳐내고 자신들이 창조자의 자리를 차지하겠다는 것이다. 그러므로 인류는 이 악에서 돌이키지 않으면 하나님의 멸망당할 진노를 면할 수 없다.

21세기를 '제2의 창세기'라 규정한 미국의 기술비평가 제레미 레프킨은, 생물공학 혁명이 우리가 먹는 것, 결혼과 출산, 교육과 노동은 물론 우리의 신념 체계와 생각까지 바꿔놓을 것이라고 한다. 그러나 많은 논문들이, 유전자조작기술의 획기적인 변화는 슈퍼 잡초, 슈퍼 해충, 슈퍼 바이러스 등의 발생을 가져와 인류를 파국에 이르게 할 수 있다고 유전자 오염의 위험성을 경고하고 있다.

실제로 지구 곳곳에서 에이즈, 사스, 에스아이, 조류독감, 에볼라, 광우병, 신종 플루, 변종 바이러스 등 과거에 없던 전염병과 희귀병이 많이 발생하고 있다. 병명이 알려진 것보다 알려지지 않은 종류가 훨씬 더 많다고 한다. 유전자조작이나 인공으로 신물질을 많이 만들어낼수록, 그것이 원인 물질이 되어 새로운 바이러스도 더 많이 생겨나게 해서 질병을 일으킬 것이라 한다. 하나님께서 창조하신 생명질서를 파괴하는 것이기 때문이다. 하나님은 3500여 년 전에 자연교잡조차 금하셨다.

　"너희는...네 육축을 다른 종류와 교합시키지 말며, 네 밭에 두 종자를 섞어 뿌리지 말라(레19:19)."

　이런 말씀에 비춰볼 때 유전자조작으로 농축산물을 생산하는 것은 하나님의 뜻에 근본적으로 위배 되므로 그런 악을 저지르지 말아야 하고, 유전자변형농산물GMO(Genetically Modified Organism)을 먹지 말아야 한다. 하나님의 생명질서를 어기고 생산한 것이므로 반드시 부작용을 불러올 것이기 때문이다. 하나님께서 금하시는 것을 행할 때 반드시 징벌이 따른다. 복제 동물들을 보면 그런 추정이 가능하다. 복제양 돌리가 비만증을 비롯한 비정상적인 질병에 시달리다가 죽었으며, 다른 복제동물들도 질병 또는 이상을 일으키고 있음이 보고되고 있다. GMO식품을 먹는 사람에게도 예측할 수 없는 부작용이 나타날 것이 염려되므로 그것을 먹어서는 안 된다.

　미국의 수입농산물 중 80%이상이 유전자조작에 오염되었다는데, 우리 정부는 GMO 표시조차 하지 않아 큰 문제이다.

　돌리를 만들 때 277 개의 생명을 죽이고야 성공했다고 한다. 하물며 1백조 개에 가까운 세포를 가진 소우주라는 인간을 복제하자면, 얼마나 많은 인간 생명을 죽이게 될지 모른다. 이것은 또 다른 끔찍한 범죄이다. 사정이 이러한데도 인간복제라니!

　인류는 더 늦기 전에 이 마지막 죄악에서 돌이켜야 한다. 창조주의 자리에서 하나님을 밀쳐내려는 죄악 때문에 이미 인류 멸망

의 날은 다가오고 있다고 본다. 예수님은,

"멸망의 가증한 것이 거룩한 자리에 선 것을 보거든...창세 이래로 전무후무한 큰 환난이 닥칠 줄 알라(마24:15~21)."고 말씀하셨다. 인류는 멸망당하는 무서운 파멸의 환난(계8:1, 2, 7~12, 9:1~10, 11:15~19, 16:3~21)을 자초하고 있는 것이다.

"멸망의 가증한 것"이 무엇이겠는가? 과학을 힘입어 하나님의 자리를 차지하려는 인간 집단이 바로 "멸망의 가증한 것"이 틀림없다. 감히 하나님의 자리에 앉으려는 자는 인류밖에 없기 때문이다.

고대 이스라엘 사학자 요세푸스에 의하면, 이스라엘을 쳐들어와서 예루살렘 성전에 시리아 왕 안티오쿠스는 제우스 신상을, 로마황제 티투스는 깃발을 세우고 거기에 절하게 하는 등의 죄악을 행했는데, 그것은 오늘날 과학을 앞세운 인간 집단이 하나님의 자리에 앉는 것의 예표豫表라는 게 성경연구가들의 공통된 견해이다. 그 인간 집단은, 국가를 상징하는 짐승 가운데서 "다른 짐승보다 심히 무섭고, 철 이빨과 놋 발톱으로 먹고 부스러뜨리며 발로 밟으며 성도들과 싸워 이기는(단7:19~22)" 존재로 표현되어 있다. '철 이빨, 놋 발톱'이란 강하고 무서운 무력을 가진 초강대국을 상징하는 것인데, 그게 어느 나라일까? 과학문명을 선도하는 미국으로 보인다.

그런데, 하나님께서 인류를 멸망시키실 날을 성경은 '마지막 날', 또는 '마지막 때'라 한다. "다니엘아, 마지막 때까지 이 말을 간수하고 이 글을 봉함하라. 많은 사람이 빨리 왕래하며 지식이 더하리라(단12:4)." 하나님의 이 예언에 의하면, "마지막 때"는 바로 오늘날이다. 왜냐하면, 오늘날의 극도로 발달한 교통과 통신은 많은 사람이 빨리 왕래하고 빠른 의사소통을 가능하게 하고 있으며, 또 지식이 폭발적으로 늘어나고, 인터넷은 지식의 바다를 이룸으로써 "많은 사람이 빨리 왕래하며 지식이 더하리라."는 마지막 때의 특징을 여실히 보여주고 있기 때문이다.

주전 600년경 다니엘 당시는 물론, IT(Information Technology) 산업을 비롯한 지식산업사회가 도래하기 전 최근까지도 사람들은, "많은 사람이 빨리 왕래하며 지식이 더하리라."는 말씀의 뜻을 몰랐을 것이다. 그 말씀이 봉해진 것과 같았다. 오늘날의 빠른 교통과 통신, 폭발하는 지식 정보의 교류가 이루어지고 있는 인터넷 시대를 상상도 못했을 것이기 때문이다. 그러나 오늘날은 이 예언의 뜻을 모를 사람이 없으니, '간수하고 봉함한' 예언이 열린 것이다. 그러므로 "마지막 때"가 이른 것으로 보아야 한다. 이 예언말씀이 인간복제란 멸망의 죄악이 저질러지는 같은 시대에 함께 성취되고 있다는 점이 "마지막 때"가 되었음을 더욱 부인할 수 없게한다. 심판주로 다시 오실 예수님은, "세상 끝이 오기 전에 그 날이 가까움을 알 수 있는 징조가 나타나고 재난이 시작된다(마 24:3)."고 예언하셨다.

그 이야긴 뒤에 더 나누기로 하자. 다만, 하나님은 소돔과 고모라성의 멸망에 앞서 하나님의 백성인 롯과 그 가족을 구하려고 황급히 불러내셨듯이 사단이 지배하는 세상으로부터 당신의 세상으로 나오라고 "내 백성아 거기서 나와 그의 죄악에 참예하지 말고 그의 받을 재앙들을 받지 말라(계17:4)"고 그대를 불러내고 있음을 알아야 한다. 세상으로부터 불러냄을 받은 사람들의 모임이 교회이다. 나는 성경말씀과 시대적 상황을 통해서 인류의 심판이 임박한 것을 확신하여 전도에 나서 생명구원에 최선을 다하고 있다.

10. '어떻게'와 '어째서'

과학이란 무엇인가? 미네소타대학에서 화학, 물리학, 수학 등을 교수한 J. C. 고트란 박사가 말한 대로, 과학이란 우주의 모든 현상이 제멋대로 우연히 일어나는 게 아니라 철두철미 법칙에 따라 질서 정연하게 발생하고 진행된다는 것을 증명하는 학문이다. 우연에 의하여 생겨날 수 있다는 그 어떤 가능성이라도 갖가지 실험을 통하여 찾아내어 그것을 배제하고 거기에 작용하는 법칙과 질서를 발견해내는 것이 과학이다. 고트란 박사는, "과학은 과거에도 그랬고 현재에도 그렇지만, 무감각한 물체까지도 자연 법칙에 순종한다는 것을 가려내었고, 되는 대로가 아님을 천명해 보이고 있다."고 한다.

우주 만물은, 영혼과 생명을 제외하면 일차적으로 물질이라 말할 수 있다. 과학은 물질들이 '어떻게how' 변화 또는 유지되는가 하는 그 질서와 법칙을 찾아내는 학문이다. 그러나 과학은 '어째서, 왜why' 그 법칙과 질서가 있게 되었는가 하는, 보다 근본적인 문제는 아예 그 대상으로 삼지도 않는다.

가령 두 물체가 어떻게 서로 끌어당기는가를 뉴-톤I. Newton이 만유인력의 법칙 발견으로 제시했다. 이 인력 때문에 우리가 지구에서 떨어져 나가지 않고 붙어 있으며, 지구가 태양을 정확하게 공전하는 것도 알게 되었다. 그러나 어째서 두 물체 사이에 인력이 작용하느냐 하는 물음에는 과학이 대답하지 못한다. 과학은 이 '어째서'를 그의 유일한 방법인 실험 관찰로 증명할 수 없기 때문이다. '어떻게' 보다 근원적인 '어째서'는 과학의 범주 밖에 있다. 다만 과학자들은 자연에 작용 지배하는 법칙들을 발견할 때 논리상 그 법칙을 있게 한 어떤 존재가 있어야 한다는 것을 깨닫게 된다고 말한다.

성경은, 창조주 하나님은 혼잡의 하나님이 아니고 질서의 하나님이심(고전14:33)을 선언하고 있다. 앞에서 언급한 우주 만물의 창조 순서나 그 질서 정연하게 운행하는 것만 보아도 질서의 창조주이심을 잘 알 수 있다. 과학자들은, 만유인력이 작용하게 된 이유를 하나님께서 그 창조하신 우주를 질서 있게 운행하기 위해 그 법칙을 만들어 적용하고 있는 것이라는 데 동의하지 않을 수 없다고 한다. 그 법칙이 있게 된 까닭을 과학적으로 증명할 수 없기 때문이다. 결국 과학이 만유인력이란 법칙의 발견으로 하나님께서

"그 만드신 만물을 능력의 말씀으로 붙드시며(히1:3)."

라는 성경말씀이 진리임을 밝혀준 셈이다. 이런 점에서 신학에 속할 '어째서'가 과학의 '어떻게'보다 상위 개념이란 것을 알 수 있다.

캐나다의 생물리학자生物理學者 프랑크 알렌 박사가 "우연이냐, 창조냐"는 글에서 생물의 세포를 예로 들어 창조주의 존재를 증명하였다. 단백질은 살아 있는 모든 세포를 이루는 요소이다. 탄소, 수소, 질소, 산소, 유황으로 돼 있는 단백질 한 분자 속에는 4만개가량의 원자가 있다. 자연계에는 공인된 원소들만도 108*가지가 있다. 아시다시피 원자란 같은 원소가 둘 이상 손잡고 모여 있는 것이며, 다른 원소와의 결합은 원소 상태로 한다. *S대 화학과에 문의한 결과, 새로운 원소들이 여러 개 더 발견되었다고 함.

그런데, 이들 108가지의 원소를 계속 흔들어 섞어서 위의 5가지 원소를 우연히 결합하여 단백질 한 분자를 이룰 수 있는 가능성

은, 스위스의 수학자 궤이C. E. Guye의 계산에 따르면 10의 160자승 분의 1이라고 한다. 그것은 로또복권 1등 당첨과 비교할 수 없는, 거의 일어날 수 없는 확률이라 한다.

또 단백질 분자 하나가 우연히 만들어질 수 있도록 계속 흔들어 섞어야 할 물질의 양은 전 우주 내의 모든 물질의 수백만 갑절이 있어야 하며, 그렇게 하는 데 물경 10의 243자승 년이 걸린다고 한다.

단백질은 아미노산이란 연쇄連鎖들로 기다랗게 구성되어 있다고 한다. 그 고리들이 붙는 모양에 따라 생명을 지탱하기는커녕 유해 독물이 될 수도 있는데, 영국의 수학자 래디스J. B. Leathes의 계산에 의하면, 단 하나의 단백질의 고리들이 연결되는 방법에는 10의 48자승 가지가 있다.

이상의 모든 것이 우연히 일치되어 단 한 개의 분자를 만드는 것은 사실상 불가능하다는 것이 알렌 박사의 결론이다.

하물며 인간을 포함한 모든 생물이 원소들의 우연한 결합으로 이루어질 수 있겠는가? 원소들이 우연하게 결합된다고 가정하더라도 생명체의 경우 거기에 생명이 있을 수 있겠는가? 과학은 겨우 위의 5개 원소를 결합하면 한 분자가 된다는 법칙을 발견했을 뿐, 그 속에 들어 있는 생명에 관해서는 대답하지 못하므로 생명을 넣어준 창조자의 존재를 인정하지 않을 수 없다는 것이다.

만유인력의 법칙의 경우, 분자 하나도 합성하지 못할 무생명無生命, 무의지無意志의 물질이 그 법칙을 만들어 세울 수 없음이 분명한 이상 그 법칙을 세운 초인간, 초과학적 지혜와 능력을 가진 존재가 있어야 하고, 그 법칙을 세운 이유가 있어야 한다는 것이다.

상대성원리로 유명한 아인슈타인이, "자연의 변화 작용과 현상들은 초자연적인 지혜와 능력의 표현"이라고 한 말이나, "충분히, 그리고 깊이 생각하라. 그리하면 하나님이 계신 것을 과학적인 입장에서 아니 믿지 못하리라."고 갈파한 세계적 물리학자 켈빈L. Kelvin의 말을 과학을 운운하면서 신의 존재를 부인하는 사람들은 경청해야 할 것이다. D. H. 포터 박사는, "하나님을 시인하지 않고는 우주를 설명할 도리가 없다. 나의 이성이, 그리고 논리가 이 사실을 나에게 강요하고 있다."고 설파했다.

하나님께서 자연 만물을 얼마나 사랑하시는가를 보여주는 한 예로서 물을 들 수 있다. 자연에는 순환의 원리가 전체적으로 적용되고 있지만, 물의 순환은 지구의 기온, 습도 조절, 생물의 생장 등에 결정적 역할을 하는 체계이다.

지표면에서 생긴 수증기가 복사열에 의한 기류를 타고 상승하여 찬 공기를 만나 물방울인 구름이 되었다가 비로 내려 뭇 생물을 키우는 데 절대적 요소가 됨을 우리는 잘 안다. 지상의 모든 먼지나 병균 따위를 깨끗이 씻은 빗물은 강을 거쳐 내려가는 동안 정화되고 햇빛에 살균되며, 최종적으로 짠 바닷물에 들어가 소독된 뒤 수증기로 다시 증발되는 놀라운 체계로 순환하고 있다. 이 순환 법칙이 만든 이 없이 우연히 그렇게 존재하고 작용할 수 있겠는가?

물은 공식무게formula weight가 18로, 17인 암모니아가 −33℃가 되어야 기화하는데 반해서, 평상 기온과 기압에서도 기화하여 순환하는 특성을 가지고 있다. 또, 다른 물체는 얼면 무거워지는데, 물은 오히려 가벼워져서 수면에 뜨는 특성도 있다.

과학은 물의 이런 특성을 밝혔지만, 어째서 그런 특성(법칙)을 가지게 되었는지는 실험으로 입증하지 못한다. 그래서 과학자들은, 창조주가 물에 그런 특성을 넣어주었기 때문이라고 볼 수밖에 없다고 한다. 물의 순환을 통해 생물들을 생장하게 하며, 수면을 얼게 함으로써 영하 수십 도의 찬 대기를 차단하여 수온의 저하를 막아 수중 생물이 영상에서 살아가게 하려고 물에 그런 놀라운 특성을 넣어주었다고 유추한다. 이 유추는 과학이 아니라 신앙에 속한다. 수소 둘(H_2)이 산소 하나(O)와 결합한 물 분자(H_2O)가 그런 특성을 스스로 만들어 지닐 수 없다면, 그런 특성과 순환의 시스템을 고도의 지혜와 능력을 가진 존재자가 자연계 특히 생물계에 유익하도록 설계해서 실행되게 프로그램을 짜서 물에 넣어준 것으로 볼 수밖에 없다는 것이다. 그 존재자가 창조주 하나님이시다.

그러므로 우주 만물을 창조하고(창1:6~9), 다스리시는 하나님(출 14:16~21, 수3:15~17, 마8:26, 요6:19)이 계신다는 사실과 성경상의 기적들을 비과학적이라고 해서는 안 된다. 예컨대 인류를 구원하기 위해 이 땅에 오신 하나님-예수 그리스도께서 행하신 온갖 표적*은 초과학적인 전능자의 역사役事로 받아들여야 한다. 과학이 설명할 수 없는 일이라고 해서 비과학적이라는 것은 초과학의 세계를 모르는 어리석은 주장일 뿐이다. 인간의 과학은 하나님께서 하신 무수한 일 가운데 극히 일부를 법칙이란 이름으로 밝히고 있을 뿐이다. *'예수님이 그리스도임을 표시하는 기적'이란 의미.

종래에는 우주와 만물의 생성과 존재에 관해 철학만이 논의해왔다. 그러나 20세기부터 지금까지 천재 물리학자 아인슈타인을 비롯한 많은 과학자들의 연구에 의해 급속도로 발달한 과학이, 그 발견한 자연의 법칙과 질서에 관한 많은 자료들을 근거로 그 문제에 관해 보다 확실히 발언하기에 이르렀다. 그것은 곧 과학의 '어떻게'가 신학의 '어째서'를 뒷받침해 줌으로써 이루어지고 있다.

여기서 성부 성자 성령에 대해 설명하는 게 앞으로 글을 읽어나가는 데 도움이 될 듯하다. 우주 만물을 창조 섭리하시는 성부 하나님, 인류 구원을 위해 이 땅에 인간의 몸으로 오신 성자 하나님

(예수), 부활 승천하신 예수님을 대신하여 신자들과 늘 함께 하시는 성령 하나님, 이 3위는 한 분이시다. 성삼위 하나님은 태초부터 함께 하신 하나님이시다. 비유가 적절할지 모르겠으나, 내가 학교에 있을 때, 학생들은 나를 선생님, 교회에서는 목사님, 집에서는 아버지라 불렀다. 동일인이지만, 역할이 다르기 때문에 이름도 달리 불리듯이 하나님도 하시는 일에 따라 다르게 부른 것에 비유될 수 있을 듯하다. 다만, 하나님은 인간과 달리 성자로 이 땅에 오셨을 때나 성령님으로 모든 그리스도인 심령에 내주하시면서도 우주에 편만하신 분이시다. 또 성삼위께서 함께 계실 경우도 있다. 하나님의 존재 양식과 사역은 인간이 다 이해할 수 없는 신비에 속한다. 과학을 맹신盲信하는 사람들은, 이 세상에는 호레이쇼의 철학으로 설명할 수 없는 많은 일들이 있듯이(햄릿), 과학으로 설명하지 못할 일들이 허다하다는 사실을 알고, 하나님께서 행하시는 현실에서 기적을 보거나 성경에서 기적의 기록을 볼 때 오로지 만물 위에 계신 그분을 찬양할 일이다.

 시의 벤치

세레나데를 듣는다./ 하늘의 창문이 열리는 시간/ 도시 사람들이 볼 수 없는 나라/ 별을 헤는 애인들의 호수에는/ 그들 숨결의 산들바람에도/ 왕관의 金잎사귀들 부딪는 소리/ 보다 여리게/ 흔들리고 부서지는 별빛/ 천만리里 머나먼 밖에서 찾아와/ 그대 영혼의 집 문 앞에서/ 임이 부르시는 부드러운 음성/ 귀먹은 사랑을 향해/ 눈먼 사랑이 부르는 노래/ 놀란 가슴으로 다가가서/ 귀대고 엿듣는 감미로운 속삭임/ 어둠 속에서도 잘 보이는/ 목련꽃 미소/ 하늘의 창문이 열리는 시간에/ 영혼의 집 문을 여는/ 세레나데를 듣는다.
- 최 진연, 「밤비 소리」

11. 하나님과 인간의 과학

　지금까지 우리는, 창조주가 계심을 과학의 입장에서 살펴보았
다. 그러나 이는 무수한 사실事實의 백사장에서 모래 몇 알을 주
워 보인 것에 불과할 것이다. 나는 문학을 전공한다고 할 수 있겠
지만, 실상 이 분야에서도 아는 것보다 모르는 게 너무나 많은 사
람이다. 이런 내가 감히 과학적 논증의 글을 쓴다는 게 당치 않은
일일지도 모른다. 그러나 나는, 그대가 하나님을 만나는 데 이 글
로써 조금이나마 도움을 드리려는 내 충정만은 이해하여 주리라
믿는다.

　사실 자연과학을 전공하는 사람일지라도 지극히 좁고 한정된 분
야에 관해서만 연구하는 것이므로 그 지식도 창해일속滄海一粟에
불과하다 할 것이다. 인문과학은 접어두고 자연과학에만도 얼마나
많은 분야가 있는가. 의학, 물리학, 화학, 공학, 생물학, 천문학,
지학 등등 여러 갈래가 있고, 가령 생물학에도 동물학, 식물학,
미생물학 등으로 대별할 수 있겠지만, 이들 각 분야도 더욱 세분
화를 거듭해서 좁게 들어갈 수 있을 것이다. 가령 동물학에도 척
주동물, 조류, 곤충류, 어류, 조개류, 파충류 등등 전공자가 아니
면 분류조차 하지 못할 만큼 많은 동물류에 관한 학문분야가 있을
것이다. 이렇게 수많은 자연과학분야 가운데서 어느 지극히 작은
한 가지를 전공할 뿐 다른 분야에 대해서는 거의 알지 못하는 게
우리 인간 지식의 한계이다.

　예를 들어, 슈퍼 옥수수 재배로 아프리카 여러 나라와 북한을

크게 돕고 있는 김 순권 박사(장로. 경북대 석좌교수)님의 경우를 생각해보자. 그분은 육종학자로서 노벨상 후보에 오를 만큼 그 업적을 인정받고 있다. 그러나 그는 자연과학의 수많은 갈래 가운데 하나인 농학, 거기도 많은 전문 분야가 있을 텐데, 그 중 한 분야인 육종학의 학자로서 그가 필생에 씨름하는 것은 옥수수 한 가지라고 한다. 좀 더 수확이 많고 영양이 풍부하며, 각 지역의 기후 풍토에 잘 자라면서 맛이 우수한 슈퍼 옥수수 품종을 만들어내는데 연구가 매우 깊다고 한다. 그러나 그는 다만 옥수수박사일 뿐, 쌀박사나 밀, 토마토, 감자박사는 아닐 것이다.

육종분야만 해도 이러한데, 농학 전반, 자연과학 전반, 인문 사회 각 분야 학문 전반을 생각할 때 그가 가진 지식도 보잘것없다고 해야 되지 않겠는가?

하버드대 천문대장 S. 새플리 박사에 의하면, 은하계란 소우주는 직경이 약 10만 광년*이고, 그 안에 태양 정도의 큰 별만도 1천억 개쯤 있으며, 대우주에는 이런 소유주가 또 1천억 개쯤 있으리라고 추정된다고 했다. *1광년: 30만km/초인 빛 1년간의 거리.

이 무한대라고 할 대우주라는 천체와 소우주라는 오묘한 인체를 지으시고 운행 섭리하시는 "광대하신 하나님(시104:1, 108:4)"에 관해서 인간이 그 지식으로 왈가왈부하는 것은 가당치 않다.

인류의 조상 이름인 '아담'은 '사람', '먼지'란 의미를 가진 말이다. 무한대의 우주에 비하면 인간은, 전자현미경으로 봐야 보일 바이러스 같은 존재가 아닌가. 하나님은 그런 인간을 가리켜서, "벌레인 사람, 구더기인 인생(욥25:6)"이라 하시고, "지렁이 같은 이스라엘아(사41:14),"라고 부르신다. 이런 말씀은, 인간을 천하게 여겨서 하신 게 아니다. 하나님의 광대하고 존귀하심에 비해 보잘것없는 인간이 하나님의 피조물인 자기의 미약한 정체성正體性을 바로 알고, 특히 우주에 편만하신 당신 앞에서 '교만하지 말라, 겸손하라.'는 뜻으로 하신 표현이다.

"교만은 패망의 선봉이다(잠16:18)."

하나님의 말씀을 좀 더 들어보자.

"누가 손바닥으로 바닷물을 헤아렸으며, 뼘으로 하늘을 재었느냐? 누가 땅의 티끌을 홉으로 되어보았으며, 접시저울로 산들을 달고, 막대저울로 언덕들을 달아 보았느냐?(사40:12요약)"

벌레 같은 사람이 당신에 관해 이러쿵저러쿵 헤아리는 것은, 마치 홉되로 땅의 모든 흙과 바닷물을 되어 측량하려고 하는 것이나 뼘으로 우주(하늘)를 재려는 것과 같고, 저울로 한라산 같은 작은 산이나, 에베레스트 같은 큰 산을 달려는 것처럼 어리석은 짓이니 그만두라는 말씀이다. 하나님의 세계를 과학으로 밝히기에는 인간 능력이 너무나 미약함을 아시기 때문이다. 과학이 하는 일은 신의 무한한 섭리 중 지극히 작고 적은 일부를 "자연 법칙"이란 이름으로 발견하는 것에 불과하다.

혹자는 하나님의 성경말씀과 그 하신 일을 비과학적이라고 하지만 과학의 발전이 그에 미치지 못하거나 초과학적인 사실이기 때문에 그렇게 말할 뿐이다. 믿음으로 받아들여야 할 신앙적 진리를 과학이란 잣대로 재려는 것은, 마치 라일락 향기를 눈으로 보려는 것처럼 어리석은 일이다. 그래서 성경말씀에 이렇게 말씀하신다.

"이 세상이 자기의 지혜로는 하나님을 알지 못하기 때문에 하나님께서 전도라는 미련해 보이는 방법으로 믿는 자들을 구원하시기를 기뻐하신다(고전1:21)." "생명을 건지게 하는 경계警戒를 받아들이는 사람은 지혜로운 자 가운데 영구히 산다(잠15:31)."

나는, 그대가 지혜롭고 현명한 사람이리라 생각한다. 하나님은 지혜에 관해 솔로몬 왕의 입을 통해서 이렇게 말씀하신다.

"여호와를 경외하는 것이 지식의 시작(기본)이나, 어리석은 자들은 지혜와 훈계를 멸시한다(잠1:7)."

나는, 1923년에 최초의 전자현상 발표로 노벨물리학상을 받은 과학자 밀리칸R. A. Millikan 박사의 말대로, 세계 일류一流의 과학자들은 모두 하나님을 섬기는 유신론자란 사실만은 꼭 부언하고 싶다. 케플러의 법칙과 케플러식 망원경을 발견·발명한 독일의 천문학자 J. Kepler, "불경건한 천문학자는 미치광이에 불과하다"는 명언을 남긴 박물학자 A. Kircher, 만유인력의 발견자 I. Newton 경, 원적외선을 발견한 천문학자 F. W. Herschel 경, 물질 속에 전기력電氣力이 있음을 발견했을 때 신앙을 고백하지 않을 수 없었다는 발전기의 발명가 M. Faraday, 전자기電磁氣의 이론을 정립한 스코틀랜드의 물리학자 J. C. Maxwell, 파라데이와 맥스웰의 감화를 받아 늘 기도하는 사람으로 발명왕이 된 T. Edison, 식물학의 아버지라 불리는 스웨덴의 C. V. Linne, 파리대학 물리학 교수이며 루이16세의 후손인 L. D. Brogile, 양자론陽子論의 창시자인 독일의 M. Pranck, 상대성원리를 밝힌 A. Einstein 등 헤아릴 수 없이 많은 세계 일류의 과학자들은 모두 독실한 신앙인이다. 진화론의 원조 C. R. Darwin 역시 신자였다면 그대는 더욱 놀랄 것이다. 그가 죽기 몇 주 전에 그를 찾은 호프 부인의 말*을 들어보자. *C. E. Cowman, <Mountain trail ways for youth>중에서.

"그를 방문했을 때 그는 히브리서*를 열심히 읽고 있었다. *신약성경의 일부. 그는 그 책을「존귀의 책」이라고 말했다. 그는, '창조에 대해서 어떻게 생각하느냐?'는 나의 질문을 받자, 얼굴에 고뇌의 빛을 짙게 띠더니 두 손으로 심하게 문지르면서 말했다. '나는 어렸습니다. 미숙한 사고思考를 하고 있었습니다. 나는 모든 것에 대하여 언제나 의문을 품고 질문하기도 하며, 시사示唆를 주기도 했습니다. 그런데, 사람들은 내 말을 그들의 종교로 만들었습니다. 아, 내가 한 일을 다시 본래대로 돌이킬 수 있다면....'라고 독백처럼 말했다."

한국에도 NASA 연구원으로, 신물질을 발명한 KAIST 교수로, 지금은 대학교육의 새로운 모델을 제시해서 주목받았던 고 김 영 길 한동대 총장이나 서울대환경대학원 교수로 우리의 환경문제를 위해 공헌하다가 퇴직한 김 정욱 박사를 비롯한 1천여 명의 자연 과학자들이 <한국창조과학회>를 만들어 신앙을 기초로 학문을 연 구하며 복음을 전하고 있다. 이 글에 원용한 자료의 하나인 『자연 과학』이란 명저도 이분들 중 27명이 공동 집필한 책이다.

그대는, 하나님께서 창조하신 무한대의 우주에 비해 전자현미경 으로나 보일 바이러스 같은 인간이 그 과학이란 걸 들먹이면서 신 의 존재를 왈가왈부하는 자체를 한심스러운 일이라 생각하지 않는 가?

원래, "믿음은 믿음으로만 얻어지는 것(롬1:17)"이지 과학으로 이해 되는 게 아니다. 그대는 사과 맛을 설명할 수 있겠는가? 또 설명 으로 그 맛을 알 수 있겠는가? 그 맛은 오직 먹어봐야 안다. 믿음 역시 어떤 설명으로도 다 이해할 수 없다. 믿음생활을 상당 기간 해봐야 알 수 있다.

우주보다 광대하신 하나님의 세계를 왈가왈부하는 어리석음을 범하지 말고, 저 과학의 석학들처럼 그분 앞에 겸허해야 한다. 참 행복과 영생의 소망을 얻으려면 하나님의 사랑 안에 살아야 한다.

나는, 그대가 행여나 어떤 사람들처럼 과학을 운운하면서 무한 대의 우주와 소우주라는 그대 자신을 창조 섭리하고 계시는 하나 님을 부인하는 어리석음을 범하지 않기를 바라마지 않는다.

하나님의 말씀을 더 들어보고, 참으로 지혜로운 사람으로 그분 을 찬양하게 되기를 간절히 바란다.

"여호와께서 말씀하시기를, 내 생각은 너희 생각과 다르며, 내 길은 너 희 길과 달라서 하늘이 땅보다 높음같이 내 길은 너희 길보다 높으며,

내 생각은 너희 생각보다 높으니라(사55:8)." "깊도다! 하나님의 지혜와 지식의 부요함이여! 그분의 판단은 측량할 수 없으며, 그분의 길은 알아낼 수 없도다! ...만물이 그분에게서 나오고, 그분으로 말미암았으며, 그분께로 돌아간다. 영광이 그분에게 세세에 있기를 기원한다(롬11:33,36)."

나는, 하나님께서 그대를 비롯하여 아직도 돌아오지 않고 있는 형제자매님들을 얼마나 사랑하시며 당신 품으로 돌아오기를 학수고대하고 계신가를 너무나 잘 알기 때문에 그분의 부르심을 골백 번이라도 들려드리지 않을 수 없음을 양해하시기 바란다. 내 안에 계신 하나님의 성령께서 이 글을 쓰도록 하셨듯이 당신의 이 말씀들을 외치라고 나에게 명령하신다.

"전능하신 분 여호와 하나님께서 말씀하시며 해 돋는 데서부터 해 지는 데까지 세상(사람)을 부르신다(시91:1)."

시의 벤치

오늘도 빵을 구우시군요.
기도의 화덕 위에 뉘어/ 잘 뒤집으면서 노릇노릇
새벽마다 자기를 굽는 당신.
말씀과 눈물로 반죽하고
생명의 크림을 넣어서
부드럽고 고소하게/ 날마다 굽는 사랑의 빵
돈으로 못 사는 생명의 빵을
사람마다 배불리 먹게
말랑말랑하고 따끈따끈한
속에서 솟아나는 기쁨/ 향긋한 미소를 바르고
친절도 발라 나눠주시군요.
　　　　　- 최 진연, 「빵 굽는 사람」

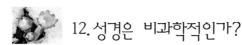

12. 성경은 비과학적인가?

　성경을 보면 하나님께서 홍해를 갈라 길을 내고, 요단강이 댐을 쌓은 듯이 그 흐름을 멈추고 상류로 차오르게 하심으로 이스라엘 백성이 바다와 강을 마른 땅같이 건너게 하셨다. 또 히스기아왕의 기도를 들으시고 아시리아 침략군 18만 5천 명을 밤새 다 죽이셨다. 이 기적의 사건들은 세종대왕의 한글창제나 이 충무공의 한산대첩처럼 기록된 이스라엘의 역사적 사실들이다(출14장, 수3장, 왕하19장). 이 외에도 허다한 구약성경의 기적뿐만 아니라 신약성경도 예수 그리스도 자신이나 사도들을 통해서 하신 수많은 기적들로 점철되어 있다. 예수님께서 풍랑의 바다 위를 걸어가서 제자들에게 이르러 바람과 파도를 꾸짖어 잔잔하게 하고 그들을 구출하셨다. 죽은 지 나흘 된 나사로를 말씀 한마디로 살려내셨고, 장님들을 눈뜨게 하셨다. 문둥병자, 손 마른 사람, 중풍병자들, 귀머거리, 벙어리, 38년 된 불치병자, 귀신들린 자, 열병 환자, 혈루증 환자 등등 고침받기를 원하는 자들을 다 고쳐주셨다. 또 보리빵 5덩이와 물고기 2마리로 장정 5천 명을, 7개로 장정 4천 명을 포함한 수만 명씩을 배불리 먹이고도 12바구니, 7광주리씩 남게 하셨다. 신구약 성경은 이런 기사이적奇事異蹟의 기록들로 가득하다. 기적 중에 기적은, 예수님께서 장사된 지 사흘 만에 부활하신 일이다. 예수님께서 행하신 이런 기적을 성경은 특별히 표적表蹟Miraculous sign이라고 한다. 예수님이 구세주이심을 표시해주는 기적이란 의미이다.

그런데 혹자는, 이런 놀라운 기적들을 통해서 하나님의 무한한 능력과 영광을 발견하지 못하고, 그것들을 있을 수 없는 비과학적인 이야기, 신화처럼 꾸며낸 일이라고까지 말한다.

　그러나 나는, 하나님의 이런 놀라운 역사役事를 '비과학적인, 있을 수 없는 일'이라는 태도에 놀라지 않을 수 없다. 말씀으로 우주 만물을 창조하신 전지전능하신 하나님께서 하신 일을 인간의 과학으로 이해할 수 없다고 하여 비과학적이라면서 못 믿겠다는 것을 이해할 수 없기 때문이다. 하나님이 인간의 작은 두뇌로 이해할 수 있는 범주의 일만 할 수 있다면 인간보다 나을 게 무엇인가? 지혜와 능력이 인간보다 나을 게 없다면 누가 그분을 인생을 돕고 영생을 주시는 신으로 믿겠는가? 그대는, 지혜와 능력 등에 있어서 인간 이해의 범주를 벗어난 초인간적, 초과학적 전능성 때문에 그분을 신으로 믿는다는 것이 논리적 당위當爲Sollen라고 생각하지 않는가? 하나님의 기적, 예수님의 표적의 기록들을 보고 성경이 비과학적이어서 믿지 못 하겠다는 사람은 하나님을 몰라 그렇다.

　"하나님의 미련한 것이 사람보다 지혜 있고, 하나님의 약한 것이 사람보다 강하다(고전1:25)."

　우리가 기적이라는 일도 전능하신 신에게는 아무것도 아닌 일이 아니겠는가? 가령 그대가 방바닥을 기어가는 벌레를 집어 창밖에 버릴 때 그 행위가 사람에겐 아무것도 아닐지라도 그 벌레는 도저히 이해할 수 없는 기적일 것이다. 우주를 지으신 광대하신 창조주에 비할 때 인간이 벌레 같은 존재라는 사실을 인정한다면, 하나님께서 하신 일을 인간이 이해할 수 없다고 해서 비과학적이라고 말하는 것은 불합리하다. 오히려 그 기적의 사건들이 부인할 수 없는 역사적 사실이므로 이를 보고 신의 존재를 믿는 게 피조물인 인간이 취할 이성적인 바른 태도라 할 것이다.

여기서 성경말씀이 얼마나 과학적인가를 증명해주는 실화 몇 가지를 나누려고 한다. 『현대의학과 성서』란 책에 소개된 내용을 중심으로 성경이 얼마나 과학적이란 사실을 함께 생각해보자.

현대의학은, 고혈압이나 동맥경화 등 각종 성인병의 원인이 과다한 동물의 지방 섭취로 몸에 나쁜 콜레스테롤이 많기 때문이라고 하는데, 하나님은 이 사실을 이미 3천 5백여 년 전에 모세를 통해서 말씀해주셨다.

원래 인간은 채소와 식물의 열매를, 동물은 풀을 먹게 창조되었다(창1:29, 30). 사자와 사슴이 함께 풀을 뜯고, 인간도 그들 곁에서 식물의 소산을 먹으며 평화롭게 살아가는 것이 에덴동산의 모습이다. 하나님은 죄악이 세상에 가득했을 때 홍수로 심판하실 무렵 인간수명을 120세로 정한 때부터 고기를 먹게 하셨다(창6:1~9:29). 그러나 그 기름은 절대로 먹지 말고 다 불살라 당신께 드리라는 말씀을 누누이 하셨다(민18:17, 레3:3, 4, 10;4:8, 9, 19;출29:13, 22). 그런데 인류는, 하나님께서 왜 동물의 지방을 먹지 못하게 하셨는지를 모르다가 의학의 발달로 이제야 겨우 우리의 건강에 나쁜 콜레스테롤을 증가시키기 때문에 먹지 말라는 것임을 알게 되었다. 이 사실은, 불신자들이 인간의 과학적 지력知力이 못 미쳐서 성경의 기사記事 내용들을 이해하지 못하거나, 원래 과학적인 방법으로는 밝혀낼 수 없는 초과학적인 사실들이기 때문에 터무니없이 '비과학적'이라고 하는 것임을 말해주는 좋은 증거가 될 것이다.

그대는 사랑하는 아내 또는 남편과 아름다운 운우雲雨의 정을 나누기 전에 그 귀물을 깨끗이 씻는가? 아니라면, 지금부터라도 먼저 씻고 즐기는 것이 좋을 것이다. 그 이유를 들어보라.

오래 전 미국의 저명한 대학병원 부인병 의사들이 자궁암 발생에 관해 연구하다가 커다란 의문을 만났다. 그것은 자궁암이, 미국의 같은 지역에서 비슷한 음식을 먹고, 비슷한 생활을 하는 부인들 가운데서 유독 유대인 여성들에게는 거의 발생하지 않는 점이었다. 또 '위생적인 생활의 차이'란 관점에서 조사해봤더니, 비위생적인 파키스탄이나 아랍 빈민 부인들에게도 거의 발생하지 않으나, 위생적인 생활을 하는 구미 각국의 부인들 가운데서는 많이 발생하는 것이었다. 여러 관점의 연구 끝에 '종교적인 차이 때문'라는 가설 아래 조사 연구한 결과, 유대교나 회교 신자들은 암 발생이 거의 없는 것을 발견하게 되었고, 그 원인을 남성의 할례에서 찾게 되었다. 할례割禮란, 하나님께서 이스라엘과 아랍인의 조상인 아브라함에게 처음 명령하여 실시하게 되었는데(창17:9~14, 23~27), 남자 성기의 끝 부분을 덮고 있는 표피를 잘라버리는, 오늘날의 포경 수술을 말한다. 의사들은, 아브라함의 자손들이 하나님의 말씀대로 할례를 행하여 그 부인들에게 자궁암이 발생하지 않는 반면, 할례하지 않은 남성의 경우, 성기의 표피 아래 붙어 있는 이물질이나 세균 등의 발암 물질들이 삽입 때 여성의 질膣 속에 들어가 암을 일으킨다는 사실을 밝혀낸 것이다. 이렇게 해서 하나님께서 할례를 하라는 이유를 모르던 인류는, 그 말씀 위에 덮어씌워 놓은 '비과학적'이란 이름의 무지無知의 베일을 벗겨냄으로써 성경이 얼마나 과학적인가를 새삼스레 깨닫게 되었다.

또 하나님께서 왜 할례를 생후 제8일에 실시하라(창17:12)고 하시는 까닭을 몰랐으나, 그 이유도 그 의사들이 임상실험으로 그 무렵에야 밝혀냈다. 즉 생후 7일 이전에 수술을 하면 아기가 견딜 수 있는 생명력이 약해서 위험하고, 생후 9일 이후에 하면 통증을 느끼는 정도가 8일에 하는 것보다 심하며, 무엇보다 표피를 잘랐을 때 흐르는 피의 응고 속도가 8일째에 하는 게 그 전후의 어느 날보다 현저히 빠르다는 것을 알게 되었다고 한다. 이 두 연구에 참여한 의사들은 물론, 세계의 의학계가 성경말씀이 참으로 과학적이란 걸 깊이 깨닫게 되었다고 한다.

이런 일로 볼 때, 일류의 과학자라면 신의 존재를 인정하고 믿지만, 상식 수준의 지식을 가진 사람들이 비과학적 운운하면서 하나님의 신성과 영광을 모독하는 말로 죄를 범하는 것은 두렵고 안타까운 일이다. 거듭 말하지만, 우리는 하나님께서 하시는 일을 과학으로 도저히 풀 수 없는 것도 허다하다는 것을 알아야 한다.

앞에서 본 기름은 먹지 말라는 이유나 할례의 경우 그 이유를 밝혀냈으나, 가령 예수님께서 풍랑이 크게 이는 갈릴리 바다를 꾸짖어 잔잔하라고 하셨을 때 그 거친 물결이 잔잔해진 것(마8:22~27)이나 예수님이 바다 위를 걸어서 제자들에게 가신 것 등을 과학이 무슨 수로 규명하겠는가? 예수님이 하나님과 다름없는 메시아란 사실을 나타내는 초과학적인 기적의 기록을 보고 성경이 비과학적이라는 사람은 과학과 초과학도 구별하지 못하는 사람일 뿐이다. 무한대의 우주에 비해 바이러스 같은 존재인 우주보다 크신 신의 세계를 다 안다는 것은 벌레가 인간을 다 아는 것보다 더 불가능한 일이라 할 것이 아니겠는가?

의사이며 수필가인 홈즈 O. W. Holmes의 말대로, 앞으로 과학이 발달할수록 하나님의 말씀이 진리임이 더 광범위하게 입증되고, 그에 따라 하나님의 존재는 더욱 많은 사람들에게 쉽게 이해될 것이다. 나는, 그대가 다윗 왕처럼, "어리석은 자는 그 마음에 이르기를 '하나님이 없다' 하는구나!(시14:1)"라면서, "내 눈을 열어 주의 법의 기이한 것을 보게 하소서(시119:18)."라고 기도하게 되기를 기원해 마지않는다.

13.그대는 선짓국을 좋아하는가?

그대는 선지를 넣어 만든 순대를 좋아하는가? 선지를 넣어 끓인 선짓국(해장국)은 어떤가? 사슴의 뿔을 자를 때 흐르는 피를 즉석에서 받아 마시면 건강에 좋다고들 하는데, 그게 사실일까? 포수들이 사냥을 하여 노루를 잡으면 멱을 따서 뜨끈뜨끈한 피를 마신다고 한다. 과연 그렇게 마시는 피가 우리 몸에 좋을까?

우리는 동물의 기름을 먹지 말라는 것을 알았는데, 피에 관해 살펴보자. 먼저 고기를 먹게 하신 이유부터 생각해보자.

신학자들은 대홍수 이후 죄악으로 인해서 인체에 어떤 결정적인 연약함이 생겨 생명이 120년으로 단축되고 고기를 먹지 않으면 안될 필요가 있었을 것이라고 한다. 범죄 전에는 하나님의 형상대로 창조된 인간에게 하나님처럼 죽음이 없었다. 인류초기의 수명이 9백세 이상이었으나 죄악이 늘어나면서 인간 수명이 점점 줄어들었음을 성경에서 볼 수 있다. 그런데, 대홍수 이전에는 지구상의 바다를 가리키는 '궁창 아래의 물'과 같이 대기권 둘레에도 띠처럼 두껍게 두른 '궁창 위의 물'이 있었다(창1:7). 이것이 대홍수 때 다 쏟아짐으로써 우주로부터 오는 유해 광선이나 물질들이 그대로 지구에 미치게 되어 인간 수명이 짧아지게 될 것을 아시고, 그 피해를 줄이기 위해 고기를 먹게 하신 것이란 견해가 있다.

또 하나님께서 대홍수 이후부터 동물을 잡아먹게 하신 것은, 사람이 동물들에게 무서운 존재가 되게 하려함이라는 견해도 있다.

인간이 하나님께 불순종하여 죄를 범하니까 자연도 그 관리자인 인간에게 반역하게 되었다(창3). 그래서 인간에게 순종하도록 창조된 짐승들이 인간을 해치는 무서운 존재가 되고 짐승들의 먹이로 주어진 산과 들의 풀에도 독초와 가시가 생겨나고, 육식 동물이 생기게 되어 서로 잡아먹고 먹히는 등 자연이 무질서해졌다. 특히 인류의 수가 적고 무기도 없던 시대에 사나운 짐승들은 사람들에게 큰 피해를 주는 공포의 대상이었을 것이다. "인왕산 호랑이가 종로에 내려와서 아이를 물어갔다."는 이야기가 전해 내려오는 것 하나만 봐도, 사람들이 사나운 들짐승들에게 얼마나 많이 시달렸던가를 알 수 있다.

하나님께서 이런 일을 보시고, 사람이 저들을 잡아먹게 함으로써 저들이 사람을 무서워하게 하셨다는 것이다. 이 주장은 성경말씀과도 일치한다(창9:2). 짐승을 잡아먹게 하신 이 새로운 법은, 하나님께서 인간의 범죄로 말미암은 자연의 무질서 속에서 인류를 보호하기 위해 세우신 것으로 인간에 대한 그분의 사랑을 잘 보여주는 것이기도 하다. 아무튼 사람이 이렇게 고기를 먹게 되었다.

그러나 하나님은 피는 절대로 먹지 말라고 누누이 말씀하셨다.
"고기를 먹되 그 생명 되는 피 채 먹지 말라(창9:4)."
"피는 회막會幕(하나님의 옛 천막 성전) 앞 번제단燔祭壇 밑에 전부 쏟으라." "피는 먹지 말라(출29:14,레3:17, 4:7,18,30,34, 7:27, 17:10)." "고기를 피 채 먹지 말라(레19: 26)." 또 하나님은,
"너희가 피 있는 고기를 먹으며(겔33:25),"
라는 책망도 하셨다. 신약성경에도,
"목매달아 죽인 것과 피를 멀리하라(행15:20; 21:25)."
고 하셨다. '목매달아 죽인 것', '피 있는 고기', '피 채 먹지 말라'는 모두 피를 빼지 않은 고기를 뜻하는데, 이런 고기를 금함도

피를 먹지 말라는 말씀과 같은 뜻에서 하신 것이다.

하나님께서 피를 절대 먹지 못하게 명하시는 이유가 무엇일까?

*"피는 먹지 말라."고 하신 첫째 이유*는, 생명의 주권이 하나님께 있음을 말씀하심에 있다. 그 근거를 "피는 곧 생명(창9:3~6)"이라는 말씀에서 찾을 수 있다. 피가 생명이기 때문에 먹지 말라는 것이다. 생명은 창조주 하나님의 것이기 때문이다. 마치 에덴동산의 선악을 알게 하는 나무가 하나님의 것임과 같은 이치이다. 하나님의 것을 침범하지 못하게 하신 것이다. 하나님은 모든 생명체의 창조주로서 생명의 주권이 당신에게 있음을 알리시고, 그 주권을 침범하지 말라는 뜻에서 "피는 먹지 말라."고 하신 것이다.

생명의 주권자께서 이런 말씀도 하셨다.

"대대로 너희는 기름과 피는 먹지 말라. 이는 영원한 규례니(레3:17)"

이 말씀 역시, 자연 만물을 우리 인간에게 관리 이용하도록 맡기셨으나, 모든 생명의 주권이 하나님께 있음을 인정하고 이를 영원히 지키라는 것이다.

하나님으로부터 받은 모든 생명은 먹이사슬로 이어진 하나이다. 풀이 못 자라는 곳에 벌레나 어떤 동물도 살지 못 한다. 동식물이 못 사는 곳이면 사람도 못 산다. 사막의 동물도, 다른 곳에서 바람에 날려 온 먹이를 먹을 수 있기에 가능하다고 한다. 이것은 모든 생명의 근원이 하나님 한 분이심을 보여주는 것이다.

이런 사실로써 우리는, 모든 생물에게 생명을 주신 하나님께서 그 생명의 주권이 당신에게 있음을 알리기 위해 "피는 먹지 말라"고 하신 것임을 알 수 있다. 우리는 여기서도 GMO식품 생산이나 인간복제가 생명의 주권자이신 창조주에게 도전하는 파멸의 죄악임을 알 수 있다.

*"피를 먹지 말라."*는 *둘째 이유*는, 생명의 존엄성을 지키도록 하기 위해서이다. 생명경외敬畏를 외친 생생철학자요 의사인 아프리카의 성자 슈바이처는 풀을 베어 가축의 먹이로 주는 것은 하나님의 뜻에 합당하나 그 한 포기라도 의미 없이 짓밟는 것은 죄악이라고 말한 바 있다.

"피는 먹지 말라."는 말씀은, 하나님께서 주신 생명의 고귀함을 알고 그 생명을 함부로 해치지 못하게 하시려는 경고의 표현이다. 하나님으로부터 자연의 관리자란 특권을 받은 인간일지라도 그분의 창조물인 짐승의 생명을 함부로 해쳐서는 안 된다. 하나님은 당신의 창조물인 그들도 생육 번성하기를 원하신다(창1:22).

그러므로 우리의 먹이로 허락하셨을지라도 그 생명의 존엄성을 기억하여 그들을 번성하게 보호하면서 이용해야 한다. 동물을 번식 시기에 잡아서는 안 되며, 밀엽 남획하는 것은 현실 법에 위배되는 행위일 뿐 아니라, 그 이전에 생명 존엄을 지키라고 하시는 하나님의 뜻에도 어긋난다. 더구나 주린 배를 채우기 위해서가 아니라, 오직 저 오래 살 욕심으로 목숨이 펄떡거리는 짐승의 피를 빨아먹는 짓은 생명의 존엄성을 짓밟는 잔인한 범죄 행위이다.

우리가 알아야 할 것은 성경에서 '피 흘리다'라는 말은 '죽이다'는 뜻이란 점이다. 그 예를, "피 흘림이 없이는 죄 용서함도 없다(히 9:22)."는 말씀에서 볼 수 있다. 하나님께서 유일한 아들 예수님에게 인류의 죄 값으로 피 흘려 죽게 하셨다. 그대와 나를 포함한 이 땅의 오고 오는 세대의 모든 사람의 죄 값으로 전 인류를 대신하여 십자가에 못 박혀서 피를 흘리게 하셨으며, 하나님께서 이 은혜를 감사함으로 받아들이는 사람의 죄를 다 용서해주신다. 이렇게 성경에서 '피 흘린다'는 말은 죽음을 뜻한다. 우리가 생각하기로는, 생명이 뇌에 있는 것 같지만 그렇지 않다. 뇌를 크게 다친 사람도 심장만 정상이면 뇌사 상태로 죽지 않는다. 그러나 출혈이 심하든지 심장이 멎으면 곧 죽고 만다. 그러므로 우리는, '피가 생명'이란 성경말씀이 조금도 과장이 아니라는 것을 알 수 있다.

*궁극의 목적*은, 짐승의 피를 먹거나 함부로 흘리면 인류 자신들의 생명의 존엄성을 지키게 하려 함에서이다. 인간이 짐승의 생명을 가볍게 여기다보면 자신들의 생명도 경홀히 여기게 될 것이기 때문이다. 하나님은,

"무고히 피를 흘린 자에게는 반드시 너희 생명의 피를 찾을 것이니,... 누구든지 사람의 피를 흘리면 다른 사람에 의해 그의 피를 흘리게 될 것이니, 하나님께서 사람을 자기 형상대로 지으신 때문이다(창9:5)." "살인한 자는 반드시 죽이라(민35:21,30)."

고 말씀하셨다. 여기 '살인자'는, 고의적 살인자를 말한다. 불의의 사고로 살인한 자는 피해자 측의 보복 살해를 막기 위해 '도피성'이란 국가가 정한 거주지에서 안전하게 살 수 있게 하라고 성경에 10회 이상 강조하셨다(민33:6, 12, 15, 25, 수21:4, 27).

또 하나님께서 고의로 살해한 살인자는 죽이라고 말씀하신 것은, 인간생명을 가볍게 보심에서가 아니라 일벌백계로 고의적인 살인을 막기 위해서이다. 이런 주님의 뜻으로 볼 때, 살인자의 사형제도는 마땅하다고 할 것이다. 살인자를 살려두는 것은 또 다른 살인자를 양산할 우려가 있기 때문이다. 하나님께서 도피성 제도나 사형 제도를 두신 것은 자녀인 인간의 생명이 얼마나 고귀한가를 잘 보여주는 것이다. 이렇게 고귀한 인간의 생명을 존중히 여기도록 하려고 짐승의 생명까지도 귀히 여기게 하신 것이다. 그 때문에 생명인 그 피는 먹지 못하게 하신 것이다.

그런데 '몸에 좋다'면 뱀, 개구리 등 가릴 것 없이 먹는 사람들이 적지 않다. 내 동료였던 한 사람은 동호인들과 함께 종종 뱀을

요리해 파는 집에 가서 뱀탕이나 뱀 불고기를 먹는다고 하였다. 아마 그런 자들이 외국에 나가 곰쓸개니 뭐니 사들이다가 나라 망신을 시킬 것이다. 밀렵성행의 이유도 흙으로 돌아갈 육체를 지나치게 위하는 수요자들과 돈벌이만 아는 밀렵꾼들 때문일 것이다.

원래 사람의 먹이는 채소와 열매가 중심이고, 고기는 보조식품 격으로 먹게 하신 것이다. 육식동물이 초식동물보다 잔인한 것처럼 사람도 육식을 많이 하면 그 심성이 더 강퍅해지고, 생명을 경시하는 풍조가 심해져서 자신들의 생명까지 경시하게 되고 있는 것 같다. 우리의 식생활이 육식을 많이 하게 된 오늘날 옛날에 비해 걸핏하면 살해, 상해, 자살을 하고, 각종 사고나 재해로 피를 많이 흘리는 현실을 보노라면 그런 생각이 든다. 우리가 농사를 지어서 거의 곡식과 채소만 먹고 살던 농경시대에는 살인이란 것을 거의 모르고 살았는데, 도시산업화를 통해서 식생활이 점점 육식 위주의 서구화되어가고, 생존경쟁이 치열한 자본주의사회가 되고부터 생명을 헤치는 온갖 형태의 죄악이 자행되고 있다.

한때 인터넷의 자살사이트나 안티자살사이트를 통한 자살이 큰 사회 문제가 되었고, 자살자는 계속 생기는데, 그들이 하나님을 믿었다면, 그 고귀한 생명을 스스로 끊지 않을 것이다. 자살도 하나님의 생명 주권을 침해하는 살인 행위로 큰 죄임을 알았을 것이기 때문이다. 더구나 부모가 그 자녀를 자신의 소유물처럼 여겨서 무고한 생명들까지 함께 끊도록 하는 동반자살의 비극을 접할 때 참으로 안타까운 마음을 갖게 된다. 그런 사람들이 하나님의 사랑과 그 보호하심을 참으로 알았다면, 아무리 살기 힘들거나 어려운 문제가 있어도 하나님께 기도함으로써 주님이 주시는 평안과 새로운 소망으로 인내할 수 있으므로 그런 어리석은 죄악은 범하지 않게 될 것이다. 날로 늘어나는 살인과 자살을 방지하려면 인간의 한 생명을 천하보다 귀히 여기는 신앙을 가지기를 강조하지 않을 수 없다.

피를 먹지 못하게 하신 또 다른 이유는 없을까?

현대의학이 아직 밝히지 못했으나, 기름을 먹지 못하게 하심과 같이 인체에 해롭기 때문일 것이다. 동물이 죽임을 당할 때 몸에서 많은 독을 내뿜는다는데, 사람이 그 독을 먹어서 좋을 게 없을 것이다. 그것이 고기에 남지 않도록 하자면 피를 통해 밖으로 흘려버리는 게 상책일 것이며, 많은 독을 품고 있는 피를 먹지 말아야 함은 물론일 것이다. 하나님께서 피를 먹지 못하게 엄히 금하시는 것을 보면, 피가 동물성 지방의 경우처럼 분명히 우리 몸에 좋지 않기 때문일 것이라 생각된다.

나는, 하나님께서 엄금하시는 그 말씀들을 읽고부터 위와 같은 이유들을 생각하면서 순대와 선짓국을 먹지 않는다. 나는, 이 글을 읽는 그대도 그렇게 하는 게 좋을 것이라 생각한다.

 *시의 벤치*

가만가만 문 두드리는 소리
들리지 않는가, 저 소리/ 어둡고 깊은 이 밤/
문 밖에 서서/ 누가 부르는 소리/
갈 곳 없는 나그네인가./ 바람소리인 듯/
바람에 구르는 낙엽들의/ 신음소리인 듯/
옷자락 하늘거리는 소리 같은/ 저 세미한 소리/
가만가만 문 두드리면서/ 열어주도록/
그대를 부르는 간절한 음성/
오랜 기다림에 지친/ 저 사랑의 부름/
그대 귀에는 들리지 않는가.
　　　　- 최 진연, 「누가 부르는 소리」

14. 뜨겁고 뜨거운 사랑의 편지

벌써 여름 더위가 기승을 부린다. 이제 수박, 참외가 제 맛을 낼 때가 되었다. 요즘은 겨울에도 수박, 참외를 먹을 수 있는 세상이지만, 겨울 수박 맛은 아무래도 제 맛이 아닌 것 같다. 제 철에 나는 수박보다 맛이 떨어질 수도 있겠으나, 수분이 많이 필요치 않은 겨울에 먹으면 생리상 우리 몸이 그리 좋아하지 않기 때문일 것이다.

딸기, 수박, 참외, 복숭아, 살구, 자두, 메론, 파인애플, 열무, 상추, 부추, 오이, 토마토, 가지 등 여름 과일과 채소는 물기가 많아 수분 보충에 좋다. 땀을 많이 내어 그 기화열 발산으로 체온을 낮추는 인체의 메카니즘도 놀랍지만, 그 수분 보충을 위해 물기가 많은 먹을거리를 주시는 하나님의 섭리가 얼마나 놀라운가! 물기가 적어 장기저장에 좋은 밤, 잣, 호두, 도토리, 땅콩 등 견과류를 비롯한 가을철 과일과 곡식, 배추 무 등 김장채소를 여름의 그것들과 견주어보면, 아무 생각 없이 먹는 식품에서도 하나님의 깊은 사랑을 깨닫게 되어 감사드리지 않을 수 없다.

성경에, "하나님은 사랑이시다(요1서4:8,5:16)."라고 말씀하신다.

하나님은 당신을 경외하는 사람이나 부인하는 사람에게 차별 없는 사랑을 베풀어주신다. 인간에게 가장 중요한 생명, 부모, 가정, 국가 그리고 시간과 자연이란 사랑의 선물을 악인과 선인을 가리지 않고 공평하게 공짜로 주시는데, 성경은 햇빛과 비를 그 예로 들고 있다(마5:45). 돈을 내야 공기를 마실 수 있다면, 숨 쉬는 데 어려움을 겪을 사람이 많을 것이다. 식수도 원래 공짜로 주신 것이다. 인간이 더럽혀서 깨끗한 물을 사서 마시게 된 것이다. 이 무상無償의 자연이란 선물을 일반은총一般恩寵이라 하고, 하나님의 자녀로서 그분을 찾도록 창조된 종교본능과 양심을 포함한 자연을 보고 신의 존재를 알 수 있게 하심을 일반계시一般啓示라 한다.

특히 우리민족은 기독교가 들어오기 전부터 범신론적 토속신앙을 가졌으면서도 그 모든 신을 초월한 권능權能의 천신天神을 숭배해 왔다. 단군신화나 마니산, 태백산 등지의 천신제단들이나, "하늘이 무섭지 않으냐!" "하늘도 무심하시지!" 등의 말도 우리민족의 천신신앙을 보여주고 있다. 이 초월적 유일신唯一神인 천신신앙은, 일반계시에 의해서뿐만 아니라, 우리 민족이 원래 신앙심이 깊은 셈*의 후예로서 물려받은 오랜 유전遺傳에 의해서 하나님의 존재를 옛날부터 알고 있었다는 증거이다. *창9:20~27내용; 노아의 장자로 아비의 하체를 보고 낄낄거리는 함(흑인의 조상)과 달리, 야벳(백인의 조상)과 함께 하체를 보지 않으려고 뒷걸음으로 다가가 옷으로 덮어드림으로써 아버지 노아의 축복대로 하나님의 복을 받아 그 후손이 잘 됨.

그러나 일반계시 또는 유전에 의한 선험先驗으로 하나님의 존재를 아는 것은, 안개 속의 물체를 보는 것처럼 희미하다. 신 아닌 것들을 신으로 섬기게 됨도 이 때문이다. 하나님의 존재와 그 성품까지 구체적으로 자세히 알려면 자연이란 그림책만으로는 부족하다. 그래서 하나님은 당신의 말씀을 기록하게 한 성경을 주셨다. 신구약성경을 특별계시라 한다. 우리는 성경으로 생명의 근원이시며, 우주만물을 창조 섭리하시고 사랑하시며, 거룩하고 선하시며, 참되시고, 스스로 계신, 완전한 분이시며, 지혜와 능력이 무한하시고, 영원불변하시며, 무소부재無所不在하시고, 공정하고 올바르시며公義, 오래 참고 관대하되 죄를 용납하지 않으시며, 악과 거짓 및 변개를 못하시고, 특히 인류를 자녀로 지으시고 사랑하며, 구원하시기를 원하시는 등의 하나님의 신성神性을 자세히 알 수 있다. 창조 섭리하시는 성부뿐만 아니라, 성부의 뜻에 따라 우리의 구원을 위해 이 땅에 와서 복음을 전한 뒤 고난당하시고 부활 승천하셨다가 장차 심판주로 재림하실 성자, 그리고 성부와 성자의 영으로서 모든 신자들의 각 심령 안에 내주(內住 indwelling)하여 천국에 가는 날까지 보호인도해주시는 성령 하나님에 관해서도 성경을 통해서 잘 알 수 있다.

성경은 그밖에도 사탄과 그 졸개인 악한 귀신들, 죄와 죽음, 사후 세계, 구원과 하나님의 뜻에 따른 삶의 도리, 재림심판 때 일어날 일 등등 인생에 근본적인 가치를 제공하는 수많은 정보들을 담고 있다. 성경을 읽어보면 온갖 유형의 인간과 인생, 사회 및 국가들을 통해서 하나님께서 인생과 역사*를 주장하신다는 사실과 그분이 좋아하고 싫어하시는 것들에 대해서도 잘 알 수 있다. *History는 His story의 합성어. 그래서 오늘날까지 해마다 세계의 베스트셀러가 되어 온 성경은, '하나님의 도서관', '출판된 모든 책을 합한 것보다 큰 책', '지혜의 보고'라고 회자膾炙되어 오고 있는 것이다.

그대는 아내나 남편 또는 애인으로서 어느 이성을 사랑하고 있는가? 좋은 사람과 진실한 사랑을 나누기 바란다. 그것은 인생에 하나님을 섬기는 것 다음으로 중요하고도 아름다운 일일 것이다.

그런데 하나님의 인간에 대한 사랑은 남녀 간의 그것에 비할 바가 아니다. 하나님은 우리를 구속救贖*하려고 당신의 외아들을 우리 대신 죽음에 내어주실 만큼 우리를 사랑하신다. 성경은 인간을 향해 쏟으시는 하나님의 이 절대적 사랑-아가페의 뜨거운 편지라 할 수 있다. *죄 값-속전贖錢을 치르고 죄인을 죽음에서 구해냄. 주님께서 죽음으로 인류의 죄 값을 대신 치르셨다는 뜻으로 대속代贖이라고도 함.

"인간의 사랑은 일종의 교전交戰"이란 P. N. 오비디우스의 말대로, 남녀의 사랑은 상대적이며 변하기 쉽다. 인간의 사랑이 마음에서 나오는 데, "만물보다 거짓되고 부패한 것이 사람의 마음(렘 17:9)."이기 때문이다. 부모의 자식 사랑은 어느 정도 절대적이라지만 하나님의 인간 사랑에 견줄 수 없다. 구약성경의 요약이라 할 십계명의 제4계명까지는 인간의 신에 대한 사랑을, 제5계명 '네 부모를 공경하라'부터 제10계명까지는 인간 상호간의 사랑을 가르치고 있다(출20:3~17). 한마디로 성경은 경천애인敬天愛人의 사랑 법을 담고 있다. 자녀인 인류 구원을 위해 그리스도를 보내시겠다는 하나님의 언약이 구약성경이고, 그에 따라 오신 예수님의 복음사역, 고난, 부활과 재림의 언약 등을 그의 피로 쓰신, 인간 사랑의 순애보殉愛譜가 신약성경이다.

"하나님은, 우리가 아직 죄인 되었을 때에 예수 그리스도가 인류 구원을 위해 죽게 하심으로써 인간에 대한 당신의 사랑이 얼마나 큰지를 확실히 증명해 보이셨다(롬5:8)."

성경은 예수님께서 이 땅에 오신 이유를 이렇게 말씀하고 있다.

"하나님이 세상을 이처럼 사랑하사 독생자를 주셨으니 이는 저(예수)를 믿는 자마다 멸망치 않고 영생을 얻게 하려 함이다(요3:16)."

성경의 핵심 곧 기독교의 핵심은, 그리스도(메시아)이신 예수님을 자기의 구주救主로 믿으면 구원받는다는 것이다.

예수님을 인류의 구주로 주신 하나님의 사랑을 **특별은총**이라 한다. 하나님께서 인류 최대의 고귀한 선물로서 예수님을 누구에게나 똑같이 주셨지만, 자기의 구주로 영접하지 않는 사람과는 아무 상관이 없다. 우리의 죄 값에 십자가에서 죽음을 당하셨다가 부활하신 "예수님을 구주로 마음에 영접하는 사람만이 하나님의 자녀(요 1:12)"로서 풍성한 새 삶을 누리게 된다. 예수를 구주로 믿으면 지옥 갈 사람이 사죄 받고 천국 가게 된다는 게 "구원받는다."는 말이다. 이것이 인생 최대의 빅뉴스, 복음福音이다. 예수님은, 당신이 이 땅에 오신 목적을 이렇게 말씀하셨다.

"내가 온 것은 양으로 생명을 얻게 하고 더 풍성히 얻게 하려 함이다....나는 선한 목자라...나는 양을 위하여 목숨을 버린다(요10:10~15)."

여기 '목자'는 예수님 자신을, '양'은 당신을 구주로 믿고 따르는 신자를 가리킨다. 예수님이 오셨을 당시 목축업을 한 유대인들에게 이 비유는 잘 이해되었을 것이다. 목자와 양은 생명관계이다. 양은 전적으로 목자의 인도함을 따라 풀을 뜯고 물을 마시며 살아가고, 목자는 목숨을 걸고 사자 등 짐승들로부터 자기의 양을 지킨다. 우리의 목자로 오신 예수님은 우리를 살리려고 목숨을 바치셨다. 그러나 하나님은 인생에서 가장 중대한 일인 예수님을 구주로 받아들이는 여부조차 각자의 자유에 맡기실 만큼 우리를 사랑하신다. 인간에게 자유의 고귀함이 여기서 연유하고 있다.

홀맨 헌터의 명화 <세상의 빛>에는 계시록3장20절 내용대로 등불을 든 예수님이 문을 두드리며 문밖에 서 계신다. 그 그림의 문에는 밖에서 잡고 열 수 있는 손잡이가 없다. 안에서 문고리를 벗기고 열어주지 않으면 주님이라도 열 수 없음을 나타낸 그림이다.

복음을 전하는 글을 많이 쓴 김 형석 교수(장로. 전 연세대 철학과)님의 말대로, 하나님은 자기 아들을 죽일지언정 우리의 자유에는 털끝만큼도 손대지 않으신다. 하나님은 문을 부수고 들어가서 구원하지는 않는 분이시다. 그대의 자유 선택을 기다리신다. 그만큼 그대를 존중하신다. 인간의 자유존중사상이 하나님의 이 절대사랑—아가페에서 나왔다. 하나님께서 선지자나 사도들을 통해서 주신 말씀의 기록인,

"성경은 그리스도 예수 안에 있는 믿음으로 말미암아 구원에 이르게 하는 지혜가 있게 하며,...교훈과 책망과 바르게 함과 의로 교육하기에 유익하다(딤후3:15-16)." 또 성경은, 이렇게 표현하고 있다.

"주님의 말씀은 내 발에 등이요, 내 길에 빛이십니다.(시119:105)."

이 말씀은, 하나님의 말씀이 인생길의 등불과 같다는 것이다.

"하나님의 말씀은 살았고 운동력이 있어 좌우에 날선 어떤 칼보다 예리하여 혼과 영과 관절과 골수를 찔러 쪼개기까지 하며 마음의 생각과 의도를 분별한다(히4:12)."

하나님은 병든 영혼을 수술하여 깨끗케 하는 당신의 능력이 있는 말씀을(시19:7) 성경을 통해서 이렇게도 비유로 표현하고 있다.

"내 말이 불같지 아니하냐? 바위를 부수는 방망이 같지 아니 하냐? 여호와의 말이다(렘23:29)."

하나님께서 그리스도의 보혈寶血로 쓴 사랑과 생명의 뜨거운 편지인 이런 성경말씀들을 읽고 그대로 믿을 때 그 절대적인 무한한 사랑과 십자가 은혜가 얼마나 귀중한 것임을 깨달아 알게 된다.

시의 벤치

당신을 향해/ 이글거리는 불꽃으로/ 나는 조용히
타오르고 있습니다. // 죽음보다 강한 사랑/
당신이 십자가 불길로 타오르듯
그 사랑으로 타오르는/ 나는 한 작은 불꽃입니다. //
죽음보다 강한 생명/
 내 가슴에 솟아나는 향 기름 같은
그 생명으로 타오르는/ 나는 한 작은 불꽃입니다. //
당신의 미소가 화인된 내 가슴/
그 사랑의 한 노예가 된 것을
아, 꽃구름 위에서 손잡고 춤추듯이
환희의 불꽃이 되어 타오르고 있습니다.
                    - 최 진연, 「불꽃」

15.공의公義로우신 하나님

부정부패不正腐敗는 세계적인 문제인 것 같다. 세계는 한 때 UN을 통해서 뇌물 수수 등 부정행위를 규제할 움직임마저 보였다.

"부정을 다 들추면 지구는 독액毒液으로 그득 찬다."는 D. A. 바크디의 시구가 실감나는 시대가 된 듯하다.

그 중에서도 우리나라의 청렴도는 세계 43위로 미개국 수준이라 한다. 작금의 상황은 도산 안 창호 선생께서 우리 민족에게 남긴 유언인 "우리의 적은 일본이 아니다. 우리의 거짓과 부정이다. 모두가 정직해야 산다."는 말이 생각나게 한다.

몇 해 전 한 조사에 의하면, 가장 부패한 집단은 정치인들과 세무공무원, 경찰관들이라고 하였다. 그러나 온갖 비리와 부정부패는 사회 전반에 만연한 것 같다. 지방의 어느 군수가 부하들의 승진 뇌물로 7억을 받은 죄로 수감되는 등 공무원들의 부정행위도 끊임없이 드러난다. 뇌물수수로 중도하차한 각급 의회 의원들, 장차관, 지방자치단체장들이 허다하다. 부패방지법을 만든 김대중 전 대통령은 두 아들이 부정으로 감옥살이를 하게 되었으며, 그의 오른팔이란 사람 역시 200억 외에도 거액을 받았다는 검찰의 혐의 사실이 보도되었다. 한나라당은 대선 자금을 8백 수십억 원을 차떼기로 받았음이 백일하에 드러났다. 노무현 대통령도 선거공약 첫째를 부정부패 일소라 했지만, 측근 비리와 연루되어 자살로 생을 마감했다. 그 무렵 보도에 의하면 국회의원 30명 이상이 부정부패와 연루되어 형사 처벌되리라 했다. 몇 해 전, 양심의 보루가 되고 청렴의 표상이 되어야 할 대학의 음악 및 토건 관계 교수 수십 명이 수뢰죄로 입건되더니, 그 뒤에도 음대 교수들이 한 시간에 몇 십만 원짜리 교습을 해준다든가, 사악한 교수들이 국고지원 연구비를 학생들의 인건비까지 가로챘다는 게 보도되고 있다. 이 나라 장래가 암담하다는 허탈한 마음이 드는 국민이 필자뿐만이 아닐 것이다. 국회의원들은 도둑처럼 국민 몰래 세비를 거의 해마다 인상하며, 많은 의원들이 부정을 저질러왔다.

예수님 당시의 그 나라 지도층도 엔간히 썩었던 모양이다. 주님께서, 사소한 선행을 선전하면서 백성들 몰래 엄청난 부정을 자행하는 자들을 향해, "하루살이는 걸러내고 낙타는 삼키는 자들(마 23:24)"이라고 호되게 책망하신 걸 보면….

사실 우리는 그에 비할 바가 아니다. 대통령이란 자가 매월 단돈 1천 원을 장애인 시설에 기부하면서 국민 몰래 줄잡아 7천억 원을 도둑질했다는 나라가 아닌가. 군사독재의 쌍생아란 더 교활한 다른 한 자는, 제 집 수리비로 20억 원을 쓰고, 나랏돈으로 아방궁을 지어 호사를 부리려다가 들통이 나서 절간으로 쫓겨 가기도 했다. 그 자는 수천억 원의 부정축재를 하고도 통장에 있는 기십만 원이 그가 소유한 재산의 전부라 하면서 부정축재한 자금의 국고 환수 명령을 외면하고 있다.

현 공산주의 정부도 부정한 방법으로 권력을 찬탈하여 온갖 부정부패한 방법으로 주사파들이 이권을 챙기며, 반자유민주주의 반자본주의시장경제 정책을 펴서 국가를 총체적으로 망치고 있어 국민의 큰 저항에 부딪치고 있다. 박근혜 대통령을 무고히 탄핵 파면한 뒤, 대통령 선거에서 김경수, 드루킹 등 문재인 일당의 여론조작과 부정투표 등 부정한 방법으로 만든 가짜 대통령이란 게 국민에게 널리 알려졌으며, 당선 후에도 나라를 패망시키는 정책만 전개하면서 공산화 직전까지 몰아가고 있다. 그 때문에 8.15광복절을 기점으로 수백만 국민들이 전 광훈 한국기독교총연합회 회장 목사님을 중심으로 광화문 이승만 광장에 개천절, 한글날을 거쳐 지금까지 매주 토요일마다 모여 퇴진을 외치고 있으나 악정을 계속하고 있다. 청와대 앞에는 거리교회가 열려 벌써 두 달 이상 이 엄동에도 성도들이 철야 노숙기도를 하고 있다. 국민들은 정의와 진실을 실종시킨 부정부패 공산주의 정부가 무너지기를 기원한다.

2016년 통계에 의하면 우리나라 국가청정도는 176개 국가 중 청정도가 53점으로 52위를 찍고 있다. 참으로 부끄러운 일이다. 아마 문재인 정부의 청정도를 조사한다면 더 떨어졌을 것이다.

오래 전 대학생 상대로 설문 조사한 통계에 따르면, 내세와 심판이 있다고 믿는 사람이 한국은 약 34%, 구미 각국은 82~95%였다. 이 통계만 보아도 지난날부터 우리의 심각한 부정부패 원인이, 내세의 심판을 믿는 구미 사회와 달리 이를 부인하는 데 있다고 생각된다. 그러나 "하나님은 영존하시며, 사람은 살았을 때 행한 대로 심판을 받게 된다(요5:29,롬2:17)."

공의公義의 하나님은(사30:18) 우리에게 이렇게 명령하신다.

"오직 공법을 물같이, 정의를 하수같이 흐르게 하라(암5:24)."

"같지 않은 저울추를 사용하지 말고, 네 집에 같지 않은 되 곧 큰 것과 작은 것을 두지 말며...공정한 저울추와 되를 두라(신25:13~15)."

"속이는 저울은 여호와의 미워하는 것(잠11:1)"

"재판은 하나님께 속한 것이므로, 너희는 재판에 외모를 보지 말고, 귀천을 일반으로 듣고, 사람의 낯을 두려워 말 것이며(신1:17; 16:18),"

또 뇌물에 관해서도 경고하신다.

"너는 뇌물을 받지 말라, 뇌물은 밝은 자의 눈을 흐리게 한다(출23:8)."

"뇌물을 싫어하는 자는 살고(잠15:27),"

"뇌물이 사람의 명철을 망하게 한다(전7:7)."

예수님은, 온전한 몸으로 지옥 가기보다 불구의 몸으로 천국 가는 것이 더 복되니, 악을 저지르는 지체肢體를 자르고, 빼어버리라(마5:29~30)고 말씀하신다. 죄악을 절대로 범하지 말라는 말씀이다. 사람들의 눈과 귀를 속이며 부정과 불의를 은밀히 저지르는 자들은, 눈과 귀를 지으신 하나님, 우주에 편만하신 그분의 눈과 귀를 속이지는 못한다(시93:9)는 사실을 알아야 할 것이다.

우리나라는 기독교인이 1천만이 넘는다고 한다. 로마교 신자까지 기독교인으로 간주한다면 국민의 4명 중 1명은 신자라는 게 빈말이 아닐 듯하다. 그래서인지 R&R사의 통계(1999. 1)에 의하면, 우리 국민 중 내세와 심판을 믿는다는 비율이 58%로 전기 통계보다 크게 높아졌다.

그런데도, 왜 이 사회는 부패하고 있는가? 여기에 문제가 있다. 이 많은 교인들이 부정과 무관하고, 또 적극적으로 부정부패를 막으려고 힘썼다면, 우리 사회가 '총체적 부패'라고 할 만큼 썩지 않았을 것이다. 예수님은, 신자들에게 공의의 삶을 통한 사회적 책임을, "너희는 세상의 소금과 빛이 되라(마5:13~16요약)"는 말씀으로 강조하셨다. 그러나 오늘날 우리 사회는 부패하지 않은 곳이 없어 보인다. 교인들이 부패를 막는 소금과 불의의 어둠을 몰아내는 빛의 구실을 다하지 못할 뿐 아니라, 그들 가운데도 부패한 자들이 없지 않기 때문이다. 가끔 매스컴에 보도되는 교회와 교인의 부정비리 때문에 지하철 문서전도자로서 나는 욕을 먹거나 곤욕을 치르기도 했다. 교인이란 저명인사가 부패에 연루되어 매스컴에 오르내리는 걸 볼 때 '저 사람이 참 신자일까?'하는 의심을 갖게 된다. 특히 정치인들 가운데 선거철에만 철새처럼 나타나 '나도 교인'이란 자들이 적지 않으며, 교회의 문은 제한 없이 열려 있으므로 사기꾼들도 자유로이 드나들기 때문이다. 죄인들을 불러들이는 곳인 교회보다 문이 넓은 곳은 없을 것이다. 혹 신자가 돈 때문에 부정행위로 하나님의 영광을 가리게 된다면, 그것은 우리 사회에 만연한 배금주의拜金主義 mammonism을 배격하지 못한 탓일 것이다. 심판이 있음을 믿는 성도라면 하나님보다 재물을 더 섬기는 (마6:24) 배금주의에 빠질 수 없다. 성도는 하나님 앞에서 돈을 정당하게 벌어 바르게 쓴다. 믿음 있는 지혜로운 자는, "많은 재물보다 명예를 택할 것이요, 은이나 금보다 은총을 택할 것(잠22:1)"이기 때문이다. 교회의 성도이라면 빛과 소금의 사명 각성을 새로이 함은 물론, 주변 이웃들에게 좋은 영향을 끼쳐야 할 것이다.

지금도 개개의 교회 성도들은 나라와 사회 정화를 위해 눈물로 기도하고 있으니 다행한 일이다. 사실 우리 사회가 이만큼이라도 지탱되는 것은, 부정적으로 비쳐지는 교회나 신자들이 더러 있으나, 그에 비할 수 없이 많은, 거의 모든 교회와 성도들의 경건하고 올바른 삶이 우리사회의 흙탕물을 맑히는 샘물 같은 구실을 하고 있기 때문이라 생각한다.

그대는 어떻게 생각하는지 모르겠으나 나는, 성도들이 불꽃같은 눈으로 우리의 언행심사言行心思까지 감찰하시는 하나님 앞에서 그분의 존재를 부인하는 자들에 비하면 훨씬 바르게 산다고 본다. 빛과 소금의 역할을 다하지 못한 부끄러운 점은 있겠으나, 이 나라의 대부분의 범죄와 부정부패는 믿지 않는 사람들에 의해 저질러지고 있다고 생각한다. 4명 중 3명이나 되는 그들은 엄위하신 하나님의 심판을 두려워하지 않기 때문이다. 다만, 교회에서 물질적 축복과 평안의 복음만 들려주면서(렘28장), 성도들의 의식을 배금주의에 빠뜨리는 자들과 돈을 하나님보다 사랑하는(딤후3:2) 자들은 회개해야 한다. 모든 신자들은, "나는 너를 도무지 모른다. 이 불법을 행하는 자들아 나를 떠나라(마7:22~23)."고 하시는 주님의 호령을 들으면서 살아야 한다. 특히 신의 존재와 심판을 믿지 않음으로 불법을 자행하는 자들은, 통렬히 후회해도 소용없는 날이 온다(마24:51)는 경고를 들어야 할 것이다. 여호와는 사랑의 하나님인 동시에 공의의 하나님이시며, 우리가 다 심판대 앞에 서서 반드시 행위대로 그분의 심판을 받게 된다(고후5:10).

하나님께서 우리에게 선하게 쓰라고 재물을 맡기신 주님의 것으로 알고 주님의 기뻐하시는 일을 위해 쓰면서 검소하게 살아야 할 것이다. 내 주위에는 그렇게 살아가는 형제자매들이 적지 않음을 보며, 그들을 축복하게 된다. 자기를 위해서는 검소하고 인색하면서도 하나님께서 기뻐하시는 선교와 구제에는 부유한 사람들이 그들이다.

 시의 벤치

가끔은 팔당 쪽으로 나가 보라./
벌렁 누워서 하늘을 유혹하는 호수/
아득한 저쪽 안개 휘장 가리고/
은밀히 배를 붙이는 그들의 정사에 볼 수 없어도/
한 주 분의 매연을 토해내면서/ 막히는 숨통을 트기 위해서/
 가끔은 저 호수의 관능에 빠져 보라./
오늘 같이 우중충히 비인 듯 안개인 듯/
호수보다 깊은 스모그 속에/ 남산 꼭대기가 잠기는 서울/
우리의 가슴이 우수로 젖는 날엔/ 신비한 귀를 달고 나가 보라./
수면 가득히 성에 낀 어스름/ 수런거리는 호수의 말을 들으면서/
강 건너 어슴푸레한 동화의 나라/ 이마에 불을 단 장난감 기차가/
보물을 싣고 어디로 떠나는지/ 나무에 기대어 나무처럼 서서/
기적소리에 실려 가는 그대 꿈도 보러/ 소음과 매연의 늪을 헤치고/
가끔은 팔당 쪽으로 나가 보라.
                    - 최 진연, 「팔당호」

16. 인생은 고해인가?

    불가佛家에서는 인생을 고해苦海라고 한다. 무신론적 실존주의자 하이데거는 인간을 불안과 번민, 죽음에 대면對面한 존재라고 했다. 청년기 13년간 폐결핵으로 죽음의 그림자가 어른거리는 두려움과 고통 속에 살 때 내게도 인생은 고해였다. 그 병으로 죽는 사람이 부지기수였던 그 시절, 나는 그 병고와 죽음의 공포 때문에 일찍이 인생에 대한 강한 의문을 품고, 그 해답을 찾아 헤매게 되었다. 그러나 철학도 일반 종교도 '인생은 어디서 와서 어디로 가는 것이며, 죽음과 질병은 왜 있게 된 것인가?' 등의 근본적인 물음에 아무 해답을 주지 못했다. 공자는 죽음과 내세에 대한 길을 모른다고 했고, 석가모니는 죽음을 어쩔 수 없는 인간의 숙명으로 받아들이라는 체념諦念을 가르쳤다.

    여기서 먼저 생명과 구원이 어디에 있는가를 알아보자.

    불경에는 한 과부의 외아들 청년이 죽는 사건이 나온다. 아들의 죽음을 자신의 죽음처럼 여기는 그 과부가 제자들과 함께 구시라성 사다림 숲을 걷는 석가모니를 만나 아들을 살려달라고 애소한다. 아들에 대한 욕심을 버리라는 석가모니의 말이 귀에 들어올 리 없는 그미가 계속 애원하자, "네가 사는 성에 들어가서 사람이 죽어 나오지 않은 집을 찾아 쌀을 얻어 떡을 해 오면, 내가 그 떡을 먹고 네 아들을 살려주마."라고 한다. 그러나 빈손으로 돌아온 그미에게, "그것 봐라. 죽음은 인간이 어쩔 수 없는 것이 아니냐."

라고 절망과 체념을 가르쳤다.

그런데, 성경에도 이와 아주 흡사한 사건이 나온다. 예수님이 제자들과 나인 성(도시)을 향해 들어가다가 상여를 잡고 몸부림치면서 통곡하는 한 과부를 만난다. 아들의 죽음을 자신의 죽음처럼 여겼을 과부였을 것이다. 그 과부를 불쌍히 여기신 예수님께서 상여를 멈추게 하여 시체에 손을 얹고, "청년아, 내가 네게 말하니 일어나라." 하시니 잠자다가 깨어나듯이 살아났다. 이를 본 사람들이 놀라며, 예수님을 구주로 믿고, 절망과 죽음의 행렬이 환희와 생명의 행렬이 되어 예수님 일행과 함께 성으로 되돌아오게 되었다.

그대는, 위의 두 사건에서 생명의 주권이 누구에게 있는지 알 수 있을 것이다. 예수님은 소위 4대 성인 중의 한 사람 이상이다. 예수님은 창조주 하나님이면서 사람으로 오신 분(빌2:6)이다.

어느 큰 불교 종단에서 포교국장, 교육국장, 해외홍보국장 등을 지낸 한 스님은, 성경의 위 대목을 읽고 하나님 앞에 무릎을 꿇었다고 한다. 그는, 지금은 망해버린 대구의 어느 불자로부터 30만 평의 대지를 희사 받고, 일본의 불교자금 10억 엔을 지원받아 승가대학을 세워 신라, 고려의 불교를 재현하여 기독교의 기세를 꺾겠다고 벼르며 일을 추진하던 사람이다. 그는, 삼 대째 주지의 아들로서, 일반 대학을 졸업한 뒤 불교공부를 하고, 큰스님으로 행세하면서도 참 생명의 길을 찾지 못해서 헤매었다고 고백했다.

불교계의 분규로 독방에 수감되었을 때 그를 담당한 한 의경이 제대하여 떠나던 날, "불경을 구하지 못했으니 이거나 읽어보십시오."라면서 조그만 성경을 던져주었다. 그걸 노려보다가, 적을 알아야 이길 수 있다는 마음으로 그 성경을 읽게 되었다. 그는, 성경을 읽을수록 진리에 깊이 빠져 들다가 불경과 유사한 사건의 대조되는 결말에 이른 대목(눅7:11~17))을 읽다가 불교식으로 말하자면 해탈解脫하게 된 것이다. 생명의 길을 찾았을 때 말할 수 없는 기쁨을 느꼈다는 그는, 개종하여 전통 있는 한 신학대학에서 비교종교학을 강의하면서 영혼 구원에 힘쓰고 있다고 했다. 그는 생불生佛 대접을 받으면서 법조계 인사 등 오십만여 명을 불가로 인도한 죄를 통회하며 예수 그리스도를 전한다고 『극락의 불나비』 『나는 이렇게 예수를 믿게 되었다』 등에서 밝히고 있다.

　　이쯤에서 내가 하나님을 믿게 된 이야기를 나누는 것도 좋을 듯하다. 19세에 고교를 입학한 만학晚學의 나는 2학년 때 심한 폐결핵과 결핵성 늑막염 환자가 되어 있었다. 나는 밤새 기침을 하면서 각혈한 것을 자취방 주인에게 들켜 그 날 바로 쫓겨났다. 읍내에서 십여 리 되는 암자로 들어간 나는, 허두에 적은 대로, 인생에 대한 의문과 절망의 나날을 보내면서 책을 구해 읽으면서 인생에 대한 탐구를 시작했다.

　　나이가 네 살 이상 어린 사람들과 동급생이 된 교육대학에 다닐 때도 각혈로 하숙집에서 쫓겨나 두어 달 동안 학우들의 자취방을 전전하면서 오직 삶과 죽음에 대한 의문을 풀기 위해 독서에만 열중했다. 대학을 꽤 우수한 성적으로 입학했지만, 인생이 무엇인지도 모른 채 살아간다는 게 용납되지 않아 책읽기에만 빠져서 졸업을 간신히 했다. 고향에서 교편을 잡으면서 두 아이의 아버지가 되어서도 지병은 장맛비처럼 자주 도졌다. 아이나, 파스, 나이트라지드 등 독한 약의 장기 복용으로 위궤양까지 생겼다. 방학 때는 팔도 본산 중의 하나인 문경의 금룡사에 가서 스님들과 인생에 관한 담론을 하며 새벽 예불 때 108배도 해보았지만, 내 갈망은 채워지지 않았다. 병고에 지친 나는 고통스런 삶의 의미를 찾지 못해 서른한 살에 인생을 마감하려 했다. 단칸방에 네 식구가 살면서 신춘문예에 응모해서 양자택일 단계까지 올라 낙방하는(70년도 서울신문) 등 더 버틸 소망을 잃었기 때문이었다.

예천읍에 살던 1971년 1월 초순 나는 강둑에 앉아 눈 덮인 평야를 바라보며 하염없이 눈물을 흘리다가 한 마리 장끼처럼 죽어버리려고 꿩을 잡을 때 사용하는 청산가리 덩어리를 고개를 들고 막 입에 넣으려는 순간이었다. 우리 네 살 난 큰아들의 얼굴이 들판 위 공중에서 삽시간에 클로즈업되어 나를 확 덮쳤다. 나는 깜짝 놀라 뒤로 벌렁 넘어지면서 나도 모르게 약을 떨어뜨렸다. 한순간의 일이었다. 그와 거의 동시에 나만 바라보는 아내와 두 아이의 아버지란 의식이 엄습하면서 정신이 확 들었다.

그날 어둠살이 들 때 나는 그 이상한 일로 뜻을 이루지 못한 채 가슴이 떨리고 허탈해진 상태로 전등불이 켜진 읍내로 힘없이 걸어 들어오고 있었다. 그때 전봇대에 붙은 교회의 부흥회 포스터를 보게 되었는데, 갑자기 '저기 한번 가 보자. 살 길을 찾는다면서도 여태 교회엔 가보지 않았지 않느냐.'는 생각이 불 일 듯했다.

교회당은 이미 만원이었다. 어느 분의 안내로 겨우 뒤쪽의 한 의자에 앉아 예배에 참여하게 되었다. 초등학교 1학년 때 어느 봄날 친구를 따라 이웃마을에 있는 교회당에 가서 밥과 떡을 얻어먹은 적은 있지만, 예배참석은 생전 처음이었다.

나는 그 집회에서 구원을 얻었다. 설교를 듣고 나니, 마치 목이 탈 때 냉수를 실컷 들이켠 것 같고, 어깨를 짓누르는 무거운 돌짐을 벗어던진 듯했다. 지금까지 어디서도 찾지 못한 인생에 대한 해답을 찾았다는 확신이 나를 사로잡았다. 그것은 어떤 사상이나 이론이 아닌 강렬한 힘이 역동하는 생명의 실재實在인 그 무엇이었다. 나는 교회에 들어갈 때와는 완전히 다르게 형언할 수 없는 기쁨으로 가슴이 벅차올랐다. 몇 시간 전 자살을 기도하던 나라고는 전혀 믿기지 않는 상태가 되어버렸다. 그런 나는 자신의 그 변화에 놀랄 지경이었다. 밤11시 무렵에야 집에 돌아온 나는, 어디에 갔다가 이제 오느냐는 아내의 근심스런 물음에 대답을 미룬 채, 십년 넘게 먹어온 그 지긋지긋한 약들을 통째로 하수구에 내다버렸다. 하나님이 고쳐주지 않으면 죽으리라는 각오에서였다.

그런데, 그 이튿날 새벽, 내 육신의 아버지께서 우리가 사는 방의 창문 밖에서 내 이름을 벼락 치듯 부르셨다. 아버지의 괄괄하신 성격에 화가 잔뜩 하신 음성이었다. 나는 깜짝 놀라 일어나 전등을 켜면서, "여보, 아부지 오셨어. 빨리 일어나요."라고 아내를 발로 툭툭 건드려 깨우면서 전등을 켜고 창밖을 내다봤다. 아무도 없었다. 급히 외투를 걸치고 대문 밖을 나와 사방을 살펴보았다. 아버지는 보이지 않았다. '참 이상하다. 분명히 부르셨는데...' 라면서 두리번거리고 있을 때, 통행금지해제 사이렌이 울렸다. 그 소리에 새벽 집회 시간임을 알고 예배에 참석할 수 있었다.

그런데, 그 집회가 마칠 때까지 한 주 내내 새벽마다 그런 일이 계속 일어났다. 나는 하도 이상해서 사흘짼가 되는 날 5일장에 오셨다가 우리 집에 들르신 아버지께 여쭈었더니, "야가 무신 소릴 하노. 내가 밤중에 여길 왜 오노."라고 말씀하셨다.

내가 믿음의 눈을 뜨고 보니, 내 어리석은 짓을 막으셨으며, 발걸음을 교회로 인도하여 구원해주시고, 새벽마다 깨워 집회에 참석하게 하신 분이 바로 하나님이시란 것을 깨달았을 때, 얼마나 감사했던지! 그 집회 1주 만에 폐결핵환자의 증상인 식욕부진이 사라졌다. 타박만 하던 깨죽, 잣죽이 아니라, 무엇이든 걸신들린 듯이 입에 당기면서 건강이 회복되었다. 휴식 시간마다 교단에 쓰러져 누어야 했고, 퇴근 후 방에 들어서면 쓰러져 요가 축축하도록 진땀을 흘리게 하던 그 지긋지긋한 병마가 어느 새 떠났다. 나는 그것이 하도 감사해서 교회 나간 지 한 달도 안 되어 자원해서 교회학교 교사가 되었고, 어느 주일 오후에는 어린이 예배를 마친 뒤 혼자서 감사의 눈물을 흘리면서 교회 유리창을 다 닦은 적도 있다. 그 후 몇 해 동안 내 뜨거운 감사의 눈물은 그칠 줄을 몰랐다. 기도할 때는 물론, 성가대원으로 성가를 부르다가도, 심지어 예배 때 대표기도를 할 때도 복받치는 감사한 마음을 억제하지 못하여 눈물을 흘릴 때가 한두 번이 아니었다. 그 병마가 떠난 뒤 나는 지금까지 폐나 위는 물론 온 몸이 아주 건강하다.

하나님은 내 생활에도 복을 주셨다. 그해 가을에 세례를 받은 나는, 이듬해 경북대학의 어느 저명한 교수님이 내가 신자라는 사실 하나만을 믿고 써준 편지 한 통으로 그분의 친구가 설립한 서울의 명문 사립학교로 전근하게 되었다. 하나님은, 그 이듬해('73) <시문학>지 추천으로 문단에 등단시켜 주셨으며, 고향에서 "벽이 셋인 방이라도 하나만 더 쓰게 해 달라"고 한 나의 첫 기도를 들으신 하나님께서 대청마루와 방 4개인 집에 내 이름의 문패를 달게 해주셨다. 내 나이 33세 때의 일이다. 이렇게 예수님을 나의 구주로 믿은 뒤부터 내 인생은 고해가 아니라 환희의 바다로 변했다. 죄와 죽음의 굴레를 벗어던지고 만복의 근원이신 하나님 아버지의 품에서 평안과 기쁨의 자유를 만끽하며 살게 되었으니 그렇지 않겠는가.

 시의 벤치

운달산 금룡사/ 만 리 밖의 종소리/ 투병의 나날 갈잎은 지고/
잠든 바람을 묻으며/ 눈 쌓이는 밤/ 연시 두엇 내오는/
千古의 木쟁반빛 인정/ 발자국도 묻히고/
산골짝보다 깊어가는 밤/ 촛불 깜박이는 휘휘한 객방/
솔가지 찢어지는 소리/ 눈 속에 묻히는데/ 삶은 무엇이고/
죽음은 무엇인지/ 각혈보다 진한 절망에/ 병통보다 아픈 물음/
스님도 대불도 대답이 없는/ 운달산 금룡사/ 만 리 밖의 종소리/
          - 최 진연, 「눈 쌓이는 밤」

17. 복락원復樂園의 새로운 인생

성경에 의하면, 원래 인간에게 죽음은 없었다. 인생도 처음부터 고해였던 게 아니다. 하나님은 인간을 창조하여 에덴동산에서 살게 하실 때 이렇게 말씀하셨다.

"동산의 각종 나무의 실과는 네가 마음대로 따먹되, 그 중앙에 있는 선악을 알게 하는 과실은 따먹지 마라. 그것을 따먹는 날에는 반드시 죽게 된다(창2:16,17)."

이 말씀을 보면 그 열매를 따먹지 않았다면 인간에게 죽음은 없었다. 늙고 병 드는 것은 죽음의 과정일 뿐, 근본적인 문제인 죽음은 하나님의 이 경고를 무시한 인간의 범죄 때문에 왔다.

그런데, 하나님께서 그 동산의 온갖 과실나무를 다 주셨는데, 왜 인간이 단 한 그루, 그분의 권위의 상징인 그 나무의 열매에 손을 댔을까? 그것은, 하나님께서 선하게 쓰라고 주신 자유의지를 그분의 경고를 무시한 채 악하게 썼기 때문이다. 하와가,

"그 실과를 따먹어도 절대로 죽지 않아. 너희가 그것을 먹으면 눈이 밝아져서 너희 하나님과 같이 되기 때문에 못 따먹게 하는 거야. 따먹어, 따먹어 괜찮아 (창3:4)."

라는 사탄(뱀)의 간교한 말에 속아 '하나님과 같이 되겠다.'는 교만에 빠졌기 때문이다. 피조물이 창조주와 같이 되겠다는 교만심을 부추기는 사탄의 유혹에 넘어가 그 열매를 따먹었던 것이다.

하나님을 배반하고 도전하도록 하는 사탄의 속임은, 그 이후 인간으로 하여금 바벨탑을 세우게 하는 등 오늘날까지 계속되고 있

다. 그래서 미국의 유명한 신학자 하비 콕스는, 『뱀이 하는 대로 버려두지 말라』는 책을 써서 충고한다. 그는, 하와가 사탄에게 유혹하도록 의식이 잠든 것이 더 큰 죄라고 했다. 또 그는, 지금도 사람이 신을 찾아 나아가려는 자기 영혼을 사탄의 간교한 방해로부터 지키는 일에 책임을 다하지 못하는 영적 나태함을 죄라고 했다. 사탄은 사람이 그 지배를 벗어나 하나님께로 돌아감을 가장 싫어한다. 탑을 높이 쌓아 하늘에 닿게 하자는 죄악을 저지르도록 집단적으로 속이기도 하지만, 개인들이 하나님의 사랑의 품으로 돌아가지 못하도록 계속 속이며 방해하는 것이다. 심지어 돌아온 자녀들마저 경계하지 않는 틈을 타서 빼앗아가려 안간힘을 쓰며 유혹하고 있다. 인류의 조상이, "따먹는 날엔 반드시 죽는다."라는 하나님의 말씀으로 깨어 있었다면 그 범죄를 저지르지 않았을 것이다. 지금도 성경말씀을 늘 읽고 기도하여 영적으로 깨어 있지 않으면 하나님을 반역하는 사탄의 유혹에 빠지게 된다.

하나님이 우리에게 주신 자유의지를 올바르게 사용해야 한다.

하나님은 죄를 직접 범한 하와에게 임산의 고통과 가사의 수고와 남편을 사모하고 다스림을 받게 했고, 하와를 맡기신 아담에게는 가장으로서 가족을 위해 땀 흘려 일하는 벌을 내리셨다. 특히 그들에게 "너희는 흙에서 왔으니 흙으로 돌아가라."는 죽음의 징벌을 내리셨다. 이렇게 죄 때문에 죽음이 들어오게 된 것이다. 나는 어디서도 성경에서 말씀하시는 바와 같은 인간의 근본문제인 늙고 병들어 죽는 것과 그 구원에 관한 명쾌한 해명을 만나지 못했다.

죄와 함께 하실 수 없는 하나님은 죄로 오염된 인간을 에덴동산에서 추방하셨다. 인간의 거역으로 그들에게 맡기신 자연도 인간에게 거역하여 가시와 독초, 독충을 내고 살상이 일어나게 되었다. 죄로 인해 세상과 자연은 처음의 아름다운 질서가 파괴되어 살기 힘들어져 갔다(창3~6장). 하나님과의 사랑의 관계 파괴 후 아담의 아들 대에 가인이 동생 아벨을 죽이는 살인죄를 낳은 이후 죄는, 인류의 수효만큼이나 번성해갔다. 하나님의 자녀인 인간에게도 죽음이 없었음은, 인류 초기에 930세를 산 아담, 969세의 무드셀라를 비롯하여 모두가 9백 세 이상 산 것만 봐도 알 수 있다(창5장). 세월과 함께 죄의 증식에 반비례적으로 인간수명이 줄어들다가 대홍수 무렵 하나님께서 120살로 한정하셨다(창6:3). 인간은 아담의 범죄 이래 죄의 부패한 성품을 지니고 태어나서 온갖 죄를 지으며 살게 되었다. 죄로 인해 죽음과 온갖 고통의 형틀을 지고 살게 된 것이다. 그 점을 성경에서 이렇게 말씀하고 있다.

"한 사람으로 말미암아 죄가 세상에 들어오고 죄로 말미암아 사망이 왔나니, 이와 같이 모든 사람이 죄를 지었으므로 사망이 모든 사람에게 이르렀으며(롬5:12)," "모든 사람이 죄를 범하였기에 하나님의 영광에 이르지 못하고(롬3:23)," "죄 값은 죽음이다(롬6:23)."

혹 그대는 자신이 아무 죄도 없다고 생각하지는 않는가?

하나님은 모든 사람이 죄인임을 거듭 말씀하신다.

"의인은 없나니 하나도 없다(롬3:10)." "죄가 없다는 사람은 하나님을 거짓말쟁이로 만드는 것이다.(요한1서1:10)."

예수님은 모든 사람이 죄인이란 의미에서 이런 말씀도 하셨다.

"나는 의인을 부르러 온 것이 아니라 죄인을 부르러 왔다(마9:13)."

만일 자기를 죄가 전혀 없는 의인이라고 생각하는 사람이 있다면, 그것이 바로 그가 죄인이란 증거임을 알아야 할 것이다.

성군聖君 다윗은 하나님께 자기가 죄인임을 이렇게 고백했다.

"내 죄가 항상 내 앞에 있습니다. ...내 모친이 죄 중에 나를 잉태하였습니다(시51:3~5)." 시몬 베드로는 예수님을 처음 만났을 때 그분을 '선생'이라고 불렀으나, 주님의 말씀대로 그물을 던져 배가 가라앉을 만큼 물고기가 많이 잡히는 걸 보고는 주님을 구주로, 자신을 죄인으로 발견하게 되어 "주主여"라면서 그분 앞에 무릎을 꿇고, 제자로 따라 나서게 되었다(눅5장).

여기서 실제 사건을 통해서 모든 사람이 죄인임을 알아보자.

돌을 하나씩 든 한 무리의 군중이 간음하다가 현장에서 잡혔다는 한 여인의 머리채를 잡아끌고 복음福音을 들려주고 계신 예수님 앞에 몰려왔다. 그 앞잡이 바리세인과 서기관들 중의 하나가,

"예수 선생이여, 이 여인을 모세의 율법대로 돌로 쳐 죽여야 하겠소, 아니면 당신이 늘 말하는 사랑으로 용서해 주어야 하겠소?"

라는 말을 했다. 예수님께서 용서해주라고 하시면 '모세의 율법을 어긴다.'고 할 것이고, 율법대로 돌로 치라고 하시면 "흥, 당신의 사랑은 어찌했소?" 라고 티를 잡으려는 저들의 간계를 아신 예수님께서 우선 침묵하셨다. 금방이라도 일을 저지를 듯이 목에 핏대를 세운 군중의 흥분을 가라앉히기 위해 땅에 앉아 뭔가를 한참 쓰셨다. 인류 역사상 가장 위대한 낙서의 가장 긴 시간이었을 것이다. 이윽고 주님께서 일어나 돌 하나를 높이 쳐들고 숨을 죽이고 지켜보는 군중을 둘러보시면서 엄숙히 외치셨다.

"너희 중에 죄 없는 자가 먼저 이 돌로 이 여인을 쳐라."

전혀 예상치 못한 말씀에 양심이 찔린 군중은 뒤통수를 긁적거리면서 하나 둘 돌을 버리고 다 사라졌다. 사방에 돌들이 흩어져 있고, 주님은 발 앞에 엎드려 죽음의 위기에서 구원받은 감사로 흐느끼는 여인에게 "다시는 죄를 짓지 말라."고 용서하셨다(요8장).

그대가 이 사건 현장의 군중 속에 있었다면 이 여인을 돌로 칠수 있었을까? 누구도 그럴 수 없었을 것이다. 예수님은 이 사건을통해서 오고 오는 세대의 모든 사람이 다 죄인임을 실증적으로 가르쳐주고 계신다.

죄는 먼저 마음으로 짓고 기회가 주어지면 감행하는 것이므로 이런 말씀도 하셨다. "여자를 보고 음욕을 품는 자마다 이미 마음으로 간음했다(마5:28)." 또 이런 말씀도 하셨다.

"형제에게 노하는 자마다 심판을 받을 것이요, 라가라(욕설) 하는 자는 공회에 잡히고, 미련한 놈이라고 하는 자는 지옥 불에 들어가게 된다(마5:22)."

주님의 이런 말씀의 거울에 비춰볼 때, '나는 죄가 없다'고 말할 수 있는 사람이 있을까? 영국의 철학자 칼 라일의 말대로, 가장 치명적인 죄는 자기가 죄인임을 깨닫지 못하는 죄이다. 아담의 범죄 이후 인간은 누구나, 자기 뜻과 상관없이 어느 가문의 성씨를 가지고 태어나듯이 죄를 짓는 성품을 지니고 태어나므로 죄를 짓지 않고 살 수 없게 되어 있다. 사도 바울의 고백을 들어보자.

"내가 원하는 선은 행치 아니하고 도리어 원치 아니하는 악을 행함이여!(롬7:19) ...오호라 나는 곤고한 자이다! 이 사망의 몸에서 누가 나를 건져내랴!(롬7:24)."

이것이 인간실존의 모습이다. 이렇게 인간 자신으로서는 해결할 수 없는 죄 문제를 해결해주시기 위해, 인류를 죄와 그 형벌인 죽음으로부터 구원해주시기 위해 예수님께서 이 땅에 와서 우리의 죄 값에 대신 죽으셨다. 하나님은 그 외아들의 죽음으로 우리의 죄 값을 받아 당신의 공의公義를 충족시키시고 우리에게 구원받을 수 있는 길을 열어주셨다. 그러므로 이제는 누구든지 자기의 죄 값으로 대신 죽었다가 부활하신 예수님을 구주로 믿기만 하면 하나님 아버지의 사죄赦罪의 은총을 받아 죄 때문에 쫓겨났던 에덴의 삶을 회복하게 된다. 하나님이 함께하시는 복락원의 새 삶을 누리게 된다. 13평 아파트에서도 운동장 같이 넓은 아파트가 부럽지 않은 '기쁨의 동산' 곧 '에덴동산'의 삶을 살게 된다.

"누구든지 내 말을 듣고 나 보내신 분을 믿는 자는 심판에 이르지 아니 하고, 사망(지옥영벌)에서 생명(천국영생)으로 옮겨졌다(요5:24)."

과거시제로 되어 있는 이 말씀은, 예수님을 구주로 영접하고, 하나님을 아버지로 믿으면 천국영생이 확정됨을 뜻한다.

"그런즉 누구든지 그리스도 안에 있으면 새로운 피조물이다. 이전 것은 지나갔으니, 보아라, 새것이 되었다(고후5:17)."

예수를 구주로 믿음으로 사죄의 은총을 입은 사람은 복락원의 새로운 삶을 살게 된다는 말씀이다. 믿음으로 영생이란 소망의 돛을 높이 올리고 주님과 함께 인생을 항해하는 사람에게는 역경이든 순경이든 인생은 항상 환희의 바다가 된다. 그래서 사도 바울이 음습한 로마의 지하 감옥에서도 신자들에게 이런 편지를 썼다.

"주 안에서 항상 기뻐하라, 내가 다시 말하지만, 기뻐하라(빌4:4)."

가슴속에 구원의 기쁨과 영생의 소망이 넘치기 때문에 전혀 기뻐할 수 없는 상황에서도 기쁨에 차서 이런 편지를 썼던 것이다. 나는 자다가 깨어서 영생복락을 보장받게 되었다는 생각이 나면 말할 수 없이 기뻐서, 저절로 가만가만 찬송가를 부를 때가 있다.

그대도 이런 기쁨이 넘치는 복락원의 새 삶을 사시기 바란다.

시의 벤치/

주여, 나에게 언제나/ 나뭇잎 같은 부드러움과/
그 위에 햇살 반짝임을 주소서./ 당신의 미풍에도 라일락 꽃잎처럼/
늘 살랑거리며 향기 풍기게 하소서.// 당신의 자녀들이 생명 잃은/
나무꼬챙이처럼 딱딱하지 않고/ 돌처럼 차지 않게 하소서./
돌처럼 나무꼬챙이처럼/ 차고 모질지 않게 하소서.//
주여, 당신의 사랑하시는 자녀들이/ 심사와 말, 얼굴, 손발까지도/
가슴속 당신이 내뿜는 생명으로/ 쑥밭처럼 쑥밭에 내리는
햇살처럼 늘 부드럽고 따뜻하게 하소서.

― 최 진연, 「새벽기도 · IV」

18. 싱글벙글 인생

하나님은, 자녀인 그대가 행복한 삶을 누리기를 원하신다. 이 글을 통해 당신의 품으로 돌아오라고 권고하심도 그 때문이다.

그런데, 행복하게 사려면 근심 걱정의 포로가 되면 안 된다.

"마음의 즐거움은 양약良藥이라도 심령의 근심은 뼈를 마르게 하고(잠17:22)," "마음의 즐거움은 얼굴을 빛나게 하여도 마음의 근심은 심령을 상하게 한다(잠15:13)."

영국의 시인 소설가인 월터 스코트는『적敵』이란 소설에서

"기쁨이 없는 인생은 기름 없는 램프와 같다."고 했다.

하나님은 사도 바울을 통해서 이렇게 말씀하셨다.

"항상 기뻐하라. 쉬지 말고 기도하라. 범사에 감사하라. 이는 그리스도 예수 안에서 너희를 향하신 하나님의 뜻이다(살전5:16~18)."

그대는, "사람이 어떻게 모든 일에 감사하고, 항상 기뻐할 수 있단 말인가? 슬픈 일, 울화가 치미는 상황에서도 감사하고 기뻐하란 말인가?"고 항변할지 모르겠다. 그렇다. 믿음이 없이는 불가능한 일이다. 그러나 주님께서 우리에게,

"내가 세상 끝 날까지 너희와 항상 함께 하리라(마28:20)."

고 약속하셨으니 적어도 신자라면, 어떤 어려운 상황에서도 감사하며 기뻐하지 못할지라도 불안해하지 않을 수는 있다.

하나님은 당신의 외아들을 죽여서 우리의 죄 값을 치러주심으로 우리를 영생하게 하실 만큼 사랑하시고, 못할 일이 없는 전지전능하신 우리의 아버지이시다. 이 신실하신 하나님 아버지의 사랑 안

에서 살면, 어떤 어려움 속에 갇혀 있을지라도 그분이 주시는 평안을 빼앗기지 않는다(빌4:7).

하나님을 믿는 자녀들은 어떤 역경에 처할지라도 그 역경을 통해서 더 큰 전화위복의 은혜를 주실 줄 믿음으로 오리려 감사하고 기뻐하게 된다. 이것은 별게 아니다. 하나님을 온전히 믿기만 하면 그 자녀인 누구에게나 주시는 은혜이다. 성경에 약속하셨다.

"피할 길을 주시고(고전10:13)," "모든 일에 우리를 사랑하시는 분(하나님)으로 말미암아 우리가 넉넉히 이기느니라(롬8:37)."

신자들은 이런 말씀으로 항상 감사하고 기뻐할 수 있게 된다.

"...만일 하나님이 우리를 위하시면 누가 우리를 대적하겠느냐? 자신의 아들을 아끼지 않으시고 우리 모든 사람을 위하여 내어주신 분께서 어찌 아들과 함께 모든 것을 우리에게 은사恩賜(선물)로 주지 아니 하시겠느냐(롬8:31~32)?"

이런 말씀을 믿음으로써 신자들은 절망으로 비틀거리는 자신을 붙잡아 주시는 주님의 손길을 체험하면서 역경에도 기쁨을 회복하게 된다. 하나님은 이런 약속의 말씀대로 반드시 어려움을 이기는 힘과 용기를 주시고 그 어려움에 함께해주시기 때문이다.

나는, 별로 화목하지 못한 대가족의 막내아들로 많은 손위 사람들에 눌려 지내는 어린 시절을 보냈다. 거기다가 청소년기와 청년기에 오래 동안 중병을 앓았으며, 대학 진학도 내 원대로 하지 못하는 등이 원인이 되어 불만이 많은 성격이었다. 온유하기보다 날카롭고 신경질적이었던 내가 믿음을 가지고부터는 자신이 생각해봐도 그 전에 비하면 이제는 성자가 되었다고 해도 좋을 만큼 변했다. 내가 30대 후반에 이른 어느 해 옆 반의 한 동료 교사가,

"최 선생님은 무엇이 그리 좋아서 늘 싱글벙글 하십니까?"고 물었다. 또 농담 삼아 목욕은 언제 하느냐고도 물었다. 아마 내가 그 동료에게 꽤 바쁘게 사는 사람으로 보였던 모양이다. 할 일 많

고 까다로운 사립학교(영훈) 근무도 힘든 처지에, 주일에는 거의 종일 교회 일을 하고, 언제 시를 써서 작품집을 내는지 알 수 없다는 것이다. 그런 속에서도 내가 늘 싱글벙글하고 사니, 그 비결이 무엇인지 참 궁금하다는 것이었다.

그대는, 내가 싱글벙글 하며 살게 된 비결을 지레 짐작하고 내 동료에게 한 대답을 원치 않을지 모르겠다. 그러나 오해하지 않기 바란다. 주님께서 늘 나와 함께하시므로 내가 기뻐하며 좀 부지런히 산 것은 사실이지만, 아직도 부족함이 많은 평범한 신자일 뿐이니 말이다. 지나고 보면 주님의 도우심으로 쉽게 해결되는 문제 때문에 기도하기보다 걱정하고, 또 사소한 일로 사랑하는 아내나 자식들에게 화를 내기도 하는, 그래서 자신의 죄 된 성품에 실망도 하는 그런 사람일 뿐이다. 그런데, 앞에 소개한 대로, "항상 기뻐하라 쉬지 말고 기도하라 범사에 감사하라 그렇게 사는 것이 하나님의 뜻"이라고 말씀하시며, 신자들 안에 내주内住해서 도우시는 성령님께서 그 성품과 인격을 변화시켜주심으로 점점 주님의 성품을 닮게 되는 것이다. 신자의 이런 변화를 성화聖化라 한다. 영이신 주님이 신자 안에 함께 사시며, 그분의 뜻대로 생각하고 행동하게 하시니 그분을 닮아갈 수밖에 없지 않겠는가?

나처럼 강퍅하고 모진 사람에게도 어느 정도의 변화라도 나타났기에 지난날의 나를 모르는 그 동료가 내게 분에 넘치는 칭찬을 했으리라. 아마 그대가 신앙생활을 시작한다면. 나에 비할 수 없이 놀라운 변화가 그대 성품과 인격에 일어나서 항상 싱글벙글 웃으며 살게 될 것이다.

옛날에 욥은 중동지역 최대의 거부요, 하나님을 경외하는 의인이었다. 그의 믿음을 전적으로 신뢰하신 하나님께서 한번은 사탄의 요구대로 그의 목숨만 건드리지 말고 제 마음대로 해보라고 내 맡기셨다. 그래서 욥은 하루아침에 수많은 가축 떼를 빼앗기고, 일곱 아들과 세 딸이 맏형의 생일잔치를 즐기다가 폭풍으로 무너진 집에 깔려 몰살 된다. 그의 몸도 곧 종기로 헐어서 만신창이가 되니, 많던 종들과 아내까지 그를 저주하며 떠나버렸다. 그는 졸지에 모든 것을 잃고 더할 수 없는 큰 고통 가운데 던져졌다. 그러나 그는 하나님을 원망하지 않고,

"...주신 분도 여호와시요, 취하신 분도 여호와시니, 여호와의 이름이 찬송을 받으시기 원합니다(욥1:21)." "그(하나님)가 나를 단련한 후에는 내가 정금같이 나올 것이다(욥23:10)."

라고 그 역경에서도 오직 하나님을 찬양하며 굳게 믿었다. 그 결과, 140세를 향수하면서 하나님으로부터 일곱 아들과 "전국에서 가장 아리따운 세 딸"과 갑절의 재물 복을 받았다(욥42:10~17).

여기서 내가 겪은 이야기를 하나 나누려고 한다.

나는, 큰아들이 뇌종양4기란 위급한 상황에서 하나님이 주시는 평강이 얼마나 놀라운 믿음의 복인가를 깊이 깨달았다. 무엇보다도 그가 내 아들이기 전에 우리 주님의 보혈로 값 주고 사신 하나님의 아들이란 것을 생각하고 그분께 맡기니, 6시간 넘게 수술 받는 대기석에서 기도하면서 기다릴 때 내내 평안을 주셨다. 대기석의 사람들은 모두가 근심스런 얼굴들이지만 나는 전혀 그렇지 않았다. 책도 읽고 가끔 기도드렸을 뿐이다. 주님께 의사의 손을 빌어 잘 수술해주시리라 믿기 때문이었다.

생각해보라. 어느 부모가, 자녀가 찡그리고 사는 것 보기를 좋아하겠는가. 우리를 사랑하시는 아버지 하나님도 그 자녀들이 기뻐하며 사는 것 보기를 좋아하고 원하신다. 그러므로

"눈동자처럼 지켜 보호해주시고(시17:8),"

"빼앗을 자가 없는 평안과 기쁨을 주신다(요14:27, 16:22)."

이렇게 하나님 아버지께서 언제나 지켜 보호해주시는데, 어찌 항상 기뻐하고 감사하며 싱글벙글 살게 되지 않겠는가.

또 신자가 항상 속에서 넘치는 기쁨으로 싱글벙글 하게 되는 근본 이유는, 영생복락을 누릴 소망이 있기 때문이다. 아무리 어렵고 힘들어도, 이 땅에서 모든 일에 몽땅 실패한대도 인생 최후의 성공인 천국이 다가오고 있기에 기뻐하고 감사하며 살게 된다.

사도 바울이, 춥고 음습한 지하 감옥에 갇혀 있는, 기뻐할 조건이라곤 아무것도 없는 가운데서도 자신이 복음을 전해서 하나님의 자녀가 된 빌립보교회에 이런 편지를 써 보냈다.

"나의 형제들아, 주 안에서 기뻐하라(빌3:1)",

"주 안에서 항상 기뻐하라. 내가 다시 말하지만, 기뻐하여라(빌4:4)."

이것은 오직 그의 심령 안에 "의와 평강과 희락의 천국(롬14:17)"이 이루어졌고, 영원한 천국에 대한 뜨거운 소망이 있기 때문이다. 오늘날도 신자들은 어떤 어려운 상황을 만나도 바울처럼 영생의 소망 가운데 하나님이 주시는 평안과 기쁨을 빼앗기지 않는다.

"사람은 헛것 같고, 그의 날은 지나가는 그림자 같다(시144:4)."

라는 사실을 기억하고, 영생의 소망을 품고 살면, "진리가 너희를 자유롭게 할 것이다(요8:32)."라는 자유를 누리게 된다.

또 신자들이 항상 싱글벙글하는 것은, 하나님과의 사랑의 관계 회복으로 이 세상의 어떤 상황도 초월할 수 있기 때문이다. 뜨겁게 사랑하는 이와 함께라면 어디서든 기쁨이 넘치지 않는가. 예수님은 신자를 신부, 당신을 신랑에 비유하신다(마9:15). 신랑 신부가 함께하는 삶인데, 어찌 깨가 쏟아지지 않겠는가. 예수 그리스도를 믿음으로써 방황과 불안을 끝내고, 영적으로 갈망하던 하나님 아버지 품으로 돌아감 자체가 더할 수 없는 기쁨이 되고, 하나님과 함께하는 새로운 삶을 살기 때문에 기쁨이 넘치게 된다.

태어날 아기에게 미국 시민권을 얻게 하려는 출산여행에 성공했다고도 기뻐하는데, "천국시민권을 얻은 신자들(빌3:20)"이 기뻐하며 사는 것은 너무도 당연하지 않는가. 그러나 그 가치를 모르는 사람들은 "돼지 앞에는 진주를 던지지 마라(마7:6)." 하신 주님의 말씀을 곱씹어봐야 하리라. 또 신자들은 어떤 어려움 속에서도 전화위복轉禍爲福의 은혜를 믿기에 항상 싱글벙글 기뻐하며 살게 된다.

옛날 나오미라는 유대 여자는 흉년을 피해 타국에 살다가 남편과 두 아들을 잃고 며느리 룻만 데리고 고향에 왔을 때 자신을 '감미로운 자' 나오미가 아닌 '쓰디쓴' 슬픔의 이름 '마라'로 부르라고 할 만큼 비참했다. 그런데, 룻이 근친 보아스라를 만나 아들을 얻고, 그 혈통에서 예수님이 탄생하는 축복의 여인이 되었다(룻기).

"하나님을 사랑하는 자 곧 그 뜻대로 부르심을 입은 자들에게는 모든 것이 합력하여 선을 이루게 되나니(롬8:28),"라는 말씀대로 나오미 뿐 아니라 신자 누구나 전화위복을 믿고 기쁘게 살 수 있다.

그대여, 이처럼 좋으신 하나님의 품에서 항상 싱글벙글 사시라!

 시의 벤치

바다에 가면/ 물과 물로 만나리./
산줄기와 산줄기 사이/ 만나지 못한 돌과 돌/
 나무와 나무들의 슬픔이/ 빗방울이 되고 강물이 되어/
알몸과 알몸으로 만나리./ 천둥과 번갯불의 폭우처럼/
신열에 떠는 고통의 헛소리들/ 꺾이고 뒤틀리는 골짝을 지나면/
조용히 열리는 들판의 평온/ 울음은 삭아서 노래가 되리./
땅 속 깊이 가두지 못한/ 어둠이 삼켜버린 세상의 빛/
아침 바다에 가면/ 너를 만나리./ 떠오르는 해 덩이로/
너를 만나리.   - 최 진연, 「바다에 가면」

19. 성경에서 말씀하는 죄

우리는, 예수를 구주로 믿어 죄를 청산하면, 복락원의 새 삶을 싱글벙글 웃으며 기쁨 속에 살게 됨을 알았다.

이제 우리는, 여기서 인생 최대의 적인 죄에 대해 좀 더 생각해 보는 게 좋을 듯하다. 특히 가장 무서운 근본적인 죄(요1서5:16~17)를 분명히 알아야 행복한 삶을 누릴 수 있기 때문이다.

"저희가 마음에 하나님을 모시고 살기 싫어하므로 하나님께서 저희를 그 상실한 대로 버려둠으로 합당치 못한 일을 하게 하셨으니, 곧 모든 불의, 추악, 탐욕, 시기, 살인, 분쟁, 사기, 악의와 악독이 가득한 자요, 수군수군 하는 자요, 하나님의 미워하시는 자요, 능욕하는 자요, 교만한 자요, 자랑하는 자요, 악을 도모하는 자요, 부모를 거역하는 자요, 배약하는 자요, 우매한 자요, 무정한 자요,...이 같은 일을 행하는 자는 사형에 해당한다고...(롬1:28~32요약)."

"하나님을 마음에 모시지 않는 죄"가 죄의 근본임을 알아야 한다. 하나님께서 당신을 마음에 모시고 살기 싫어하는 사람에게 그 마음대로 살게 내버려두시니, 온갖 죄를 저지르며 살게 된다는 말씀이다. 하나님을 마음에 모시지 않으면 누구나 죄를 지으려는 타고난 성품을 다스리지 못하여 온갖 죄를 짓게 되는 것이다.

또 다른 근본적인 죄는, 예수 그리스도를 믿지 않는 것이다. 예수님께서 당신을 그리스도로 믿지 않는 사람을 향해서,

" ...'죄에 대하여'라 함은 저희가 나를 믿지 아니함이요(요16:9),"

라고 분명하게 말씀하셨다. 하나님께서 그대와 나를 포함한 인

류를 구원하기 위해 성자 예수님을 이 땅에 보내주셨다. 예수님은, A. 링컨이 말한 대로, "하나님께서 보내주신 인류 역사상 최대의 선물"이다. 그런데, 이 가장 고귀한 하나님의 선물-예수님 받아들이기를 거절한다면, 하나님의 진노를 받지 않겠는가. 예수를 믿지 않는 게 사망의 죄가 된다는 사실을 알아야 한다. 그대가 하나님이라면, 죽어 마땅한 죄인을 살리기 위해 외아들을 죽이기까지 하였는데, 더할 수 없는 그 호의를 받아들이지 않는 배은망덕한 자를 극형에 부치지 않겠는가?

아프리카 어느 부족의 추장이 전도를 받은 감사의 표시로 선교사님에게 자기의 예쁜 아내 하나를 주었다. 이미 처자가 있는 선교사님이 이를 거절하자, 추장은 자기의 호의를 무시한다면서 예수 믿는 건 고사하고 선교사님을 죽이려 했다고 한다. 하나님은, 우리를 살리려고 성자를 죽이기까지 하셨는데, 그 사랑을 감사히 받아들이지 않는다면 진노 받아 마땅하지 않는가?

옛날에 한 청년은, 가정예배 때 '외아들'이란 말만 나오면 할머니가 우시는 게 못 마땅했다. 그 할머니는 출산을 못해 소박맞아 친정살이를 하는데, 아내를 여전히 사랑하는 남편이 종종 와서 자고 가던 중 임신해서 청년의 아버지인 외아들을 낳았다. 할머니는 그 때문에 시집으로 돌아와 살게 되어 그 외아들의 소중함을 누구보다 절감하게 되었다. 그래서 하나님께서 그 소중한 외아들을 우리를 살리기 위해 죽이셨다는 생각을 할 때마다 감사해서 손자가 이해 못할 눈물을 흘렸던 것이다. 하나님의 이 선물-예수님을 감사함으로 받아들일 것인가, 거절할 것인가, 이것이 인생 최대의 문제이다.

세 번째 근본적인 죄는 성령을 거절하는 것이다. 주님께서

"...내가 떠나가는 것이 너희에게 유익하다. 내가 이 땅에서 떠나가지 않으면 보혜사께서 너희에게 오시지 않을 것이나, 내가 가면 그분을 너

희에게 보낼 것이다(요16:7)."

라고 약속하셨다. 시공時空의 제한을 받는 인간 육신을 입으셨던 주님께서 천국으로 돌아가서, 당신 대신에 시공을 초월하여 언제 어디서나 모든 성도와 함께하실 수 있는 당신의 성령을 보내주시겠다는 말씀이다. 부활해서 승천하시기 직전에도 제자들에게 "예루살렘을 떠나지 말고 성령을 기다리라(행1:4)"고 말씀하신 대로 승천 후 10일 만에 성령을 보내주셨다(행2:1~3). '그리스도의 영', '하나님의 영'이신 성령께서 예수 그리스도의 사역자使役者로서 성도가 주님 뜻대로 살아가도록 무한한 지혜와 능력으로 보호 인도하시며 온갖 은혜를 베풀어주시는 분이기에 보혜사保惠師라고도 한다. 그러므로 누구든지 예수님을 구주로 믿으면, 성령님께서 그 심령 속에 내주內住, 삶을 함께하신다(계3:20). 주님께서 성령님에 대해,

"내가 진정으로 너희에게 말하니, 사람이 행한 모든 죄와 모독은 용서받을 수 있으나, 성령을 모독하는 자는 영원히 용서받지 못하고, 영원한 징벌을 받게 된다(막3:28~29)."

라고 하셨다. 그러므로 누구든지 성령님을 모독하고 거역하면 구원받지 못한다. 복음을 들을 때 성령님께서 역사하심으로 믿음이 생기고, 그 믿음으로 구원을 얻게 되기 때문이다.

앞에서 본 바와 같이 성3위三位 하나님 곧 성부, 성자, 성령을 믿지 않는 죄가 나무로 말하면 원줄기 같은 죄이다. 잎이나 가지 한둘 없이도 그 나무는 살지만 원줄기를 자르면 죽게 된다.

그럼, 그 외의 죄, 가령 살인죄도 용서받을 수 있을까?

오래 전 부산에서 고 재봉이란 병사가 자기를 괴롭히는 중대장 집을 밤에 찾아가 잠든 가족 5명을 몰살한 사건이 있었다. 그런데, 그 상관은 전근을 가고 죽음을 당한 것은 신임 중대장 가족이었다. 이 사실을 안 고 씨는 회한 속에 더 난폭해졌다. 그때 어느

권사님이 감옥으로 그를 날마다 찾아가 사식을 넣어주고, 하나님의 말씀으로 구원의 도리를 가르치는 등 그리스도의 사랑을 베풀었다. 다른 여러 성도님들도 찾아가 사랑으로 복음을 전했다. 처음엔 반발했으나 결국 자기의 죄를 참회하고 예수를 믿게 된 그는, 근 1년 간 모범수로서 백여 명의 흉악범들에게 복음을 전한 뒤 천사 같은 얼굴로 찬송을 부르며 교수형을 받았다고 한다.

그는 이렇게 죄를 회개하고 예수를 자기의 구주로 믿었으며, 복음을 전하고 믿음으로 살았기에 하나님은 그의 모든 죄를 용서하고 자녀로서 맞아들이셨을 것이다. 성경에 약속하셨기 때문이다.

"우리가 우리 죄를 자백하면, 하나님은 신실하시고 의로우셔서 우리 죄를 용서해주시고 우리를 모든 불의에서 깨끗하게 하신다(요1서1:9)." 성삼위 하나님을 믿지 않는 것은 근본적인 죄이지만, 그밖에도 모든 죄 값은 사망이므로(롬6:23) 모든 죄를 멀리해야 한다. 죄에는 반드시 벌이 따르기 때문이다. 부모는, 자녀가 잘못하면 부드러운 말로 타이르다가 같은 잘못을 계속 저지르면 매를 들게 된다. 이와 같이 죄에는 반드시 벌이 따르므로 죄를 멀리해야 된다.

그리고 교회에 다니면서 믿음이 자라게 되면, 자기의 죄가 많음을 깊이 깨닫게 되어 참회의 눈물을 흘리면서 사죄의 은총을 베풀어주신 하나님께 충심에서 우러난 감사를 드리게 된다.

주님이 구원 사역을 시작하실 때 첫 말씀이 "회개하라, 천국이 가까웠다(마4:17)."라는 것이었다. 회개하지 않으면 천국은 없다. 지옥은, 죄를 지은 사람들이 가는 곳이 아니라, 죄를 회개하지 않는 사람들이 가는 곳이다. 베드로와 가룟 유다의 차이는, 주님께서 회개하고 돌이킬 기회를 주셨을 때 전자는 회개하고 돌아섰으나, 후자는 끝내 주님을 대적들에게 은30냥에 팔면서 회개하지 않은 데 있다(마26, 막14, 눅22장). 회개해야 할 가장 큰 죄목은 성삼위 하나님을 믿지 않는 것과 그래서 제 마음대로 살아온 것이다.

예수님을 구주로 믿고 천국에 가게 된 성도라 해도 그들에게는 그 행위에 따르는 상급의 심판이 있다(마10:41~42). 그래서 교회는, 거부감이 느껴질 정도로 '죄, 죄'하면서 죄를 멀리하고 주님께서 기뻐하시는 삶을 사라고 강조한다. 또 성경은 신자들을, "죄에 대하여 죽은 자(롬6:11)"라고 한다. 어떤 죄가 유혹하고 자극해도 무반응인 상태, 죄에 전혀 상관하지 않는 삶을 살아야 한다는 뜻이다. 또 성경에, "신자는 선한 싸움을 하는 군사(딤전1:8,6:12)"라고 하며, "너희 몸을 불의不義의 병기兵器로 죄에게 드리지 말고, 오직... 의義의 병기로 하나님께 드리라(롬6:18)."고 하신다. 죄를 절대로 짓지 말고 하나님의 뜻대로만 살라는 말씀이다. 그러나 신자는, 성령님께서 죄 됨을 분별하게 하시고 경고해주시므로 죄 지을까봐 걱정할 필요는 없다. 그 경고 인도하심에 따라 살면 된다.

"죄는 하나님과 사람 사이를 가로막는 담이 되므로(사59:1,2)"

죄 짓지 않도록 기도와 말씀으로 무장, 성령님께서 인도하시는 대로 살면 죄를 짓지 않게 된다. 어쩌다가 죄를 지었을 때는 곧 사죄의 기도를 드리고, 행동으로 회개의 열매를 맺어야 한다(마3:8). 내가 겪었던 예를 하나 들겠다. 40여 년 전의 일이다.

독실한 신자인 고 박 두진 시인께 〈새벗〉 권두시를 청탁했는데, 어느 날 곧 외출해야 되니 빨리 와서 받아가라는 전화를 주셨다. 그날 나는, 난방이 잘된 사무실에서 스웨터 차림으로 일하다가 상의만 입고 급히 원고료를 챙겨서 택시를 타고 연세대학으로 향했다. 그때는 젊었고 택시로 갈 생각으로 외투를 입지 않고 나섰다. 그런데 그날따라 지갑을 외투 주머니에 넣어놓은 게 아닌가. 할수 없이 원고료 중에서 2천원을 택시비로 쓰고 그 거스름돈으로 버스를 타고 돌아왔다. 그 사정의 말씀을 드리고 양해를 구하지 않은 것이 못내 후회되었다. 학교 복직 뒤에도 근무하랴 야간신학교와 신학대학원 수학, 전도사 생활에 이어서 개척교회를 섬기느라 시간으로도 물질로도 여유가 없었다. 그런데 어느 날 문득 '이 러다가 박 선생님께서 돌아가시면 어쩌나' 하는 생각이 들었다. 나 는 곧 그 실례를 한 지 꼭 10년 만에 그 액수의 10배인 2만원을 사죄의 글과 함께 우편환으로 보내드렸다. 그랬더니 손톱 밑에 박 힌 가시를 뽑아낸 듯이 마음이 개운해졌다. 죄에 대한 진정한 회 개는 하나님께 용서를 비는 것은 물론이지만, 그 회개에 대한 행 위로서 열매를 맺어야 한다.

이렇게 성삼위 하나님을 믿지 않는 근본적인 죄 이외에도 우리 는 삶을 통해서 마음으로나 행위로 죄를 늘 지으며 살아간다. 그 러나 예수를 구주로 믿으면 죄를 다 용서 받고 천국에 갈 수 있는 기본적인 자격을 얻게 된다.

 *시의 벤치*

여보게, 나를 무섭게 하는 것은/ 별순이 달순이의 호랑이가
아니야./ 개똥밭 잡풀 속에 우뚝 서서/ 번들거리는 망초/
망초의 대낮/ 잘도 뻗어가는 호박덩굴이야./ 흑암의 풀잎에
앉아서 우는/ 청개구리의 예감/ 도망치는 반딧불/
쥐똥나무 숲이 아니야./ 풀처럼 쓰러질 줄 모르는/
참나무 줄기의 건강/ 방앗고야./ 문경 새재 박달나무/
방망이 홍두깨야./ 그대 유년을 무등 태우고/
밤마다 두둑거리는 회나무 등걸/ 신음 소리가 아니야./
어둠 속 살금이 살쾡이 이빨/ 우리巢 속에 잠든/
암탉의 목, 또는 밥통/ 모든 걸 알몸으로 내동댕이치는/
오밤중 번개 천둥 소리야./ 여보게, 내가 무서워하는 것은/
첩첩 산중의 산이 아니야./ 별순이 달순이의 호랑이가 아니야./
　　　　　　　　　－ 최 진연, 「망초의 대낮」

20. 사랑이 찾아오는 발자국 소리

죄를 범한 아담과 하와는 벌거벗은 것을 부끄럽게 생각하게 되었다. 그들은 무화과 잎을 엮어 귀한 부분을 가려봤으나, 곧 말라 오그라들어 가릴 수 없었다. 이를 보신 하나님께서 산양 한 마리를 잡아 벗긴 가죽으로 옷을 만들어 입혀 앞을 가려주셨다. 그들의 죄 때문에 양이 피를 흘려 죽게 된 것이다(창3장).

이 양은 아득한 후대에 피 흘려 죽으실 예수님을 미리 보여주신 예표豫表였다. 아담과 하와의 자손인 인류의 모든 죄 값으로 인류 대신 죽으실 주님의 모습을 미리 보여주신 것이다.

이렇게 하나님의 인류구원계획은 범죄 직후부터 시작되었으며, 그 뒤 시대의 흐름에 따라 그리스도의 발자국 소리도 점점 가까워졌다. 하나님은 먼저 아브라함에게 메시아를 그의 후손으로 이 땅에 보내시겠다는 것을 이렇게 예언해주셨다.

"땅의 모든 족속이 너를 인해서 복을 얻으리라(창12:3)."

"너는 열국의 아비가 되리라(창(17:5)."

"천하 만민은 그를 인하여 복을 받게 될 것이다(창18:18)."

이 예언대로 메시아*가 아브라함의 혈통에서 탄생하심으로, 아브라함은 모든 민족 가운데서 믿는 자의 아비 곧 조상이 됨으로써 인류의 복의 근원이 되었다. 같은 의미의 말이지만, 아브라함은 그의 혈통에서 난 구세주를 믿어 구원받게 되므로 천하 만민이 아브라함을 인하여 복을 받게 된다는 예언이다. 그 예언이 시대를 지나면서 더욱 구체적으로 예언되어 왔다. *우리말로 '구원자, 구세주

-구주'란 의미의 히브리어. 신약성경을 기록한 헬라-그리스어로 '그리스도.'

또 아브라함 이후 이스라엘이 이집트에서 400년 동안 번성하였으나 역사가 흐르면서 그 나라의 노예로 전락하였을 때 하나님께서 모세를 세워 그 민족을 이집트에서 나오게 하신다. 그때 하나님은 메시아의 모습을 유월절 어린양으로 미리 보여주셨다.

하나님께서, 모세를 보내어 바로 왕에게 최후통첩을 하신다. 당신의 백성이 그 땅에서 떠나게 하지 않으면 이집트인의 모든 장자와 가축의 첫 새끼까지 다 죽이시겠다는 것이다. 이스라엘은 하나님의 말씀대로 그 재앙의 밤에 집집마다 어린 양을 잡아 그 고기 구워먹을 방의 문설주와 인방에 그 피를 발랐다. 죽음의 사자가 피 발린 집은 넘어가고逾越 Passover, 피가 발리지 않은 집에만 들어가 장자와 짐승의 첫 새끼까지 모조리 죽이니, 밤중에 왕궁을 포함한 이집트인 집집마다 터져 나온 통곡소리로 온 나가가 가득했다. 바로 왕은 지금까지 하나님의 여러 재앙을 받으면서도 약속을 어기고 이스라엘 백성을 내보지 않았으나, 자기 민족이 멸종당할지 모른다는 두려운 마음에서 그제야 이스라엘을 떠나가게 했다(출12장). 이 때 이스라엘 집의 죽음을 면케 한 양의 피 역시 인류를 위해 흘리실 그리스도의 피를 미리 보여주신 것이다.

이스라엘은 3천 5백여 년이 지난 지금까지도 종살이에서 구원해 주신 하나님의 은혜에 감사하는 유월절을 지키면서 가르치고 있다. 우리는 광복절을 어떻게 지키며 가르치고 있는가를 생각해봐야 할 것이다. 그런데, 이스라엘인들은 유월절을 지키면서도 그 희생양이 예수 그리스도의 예표임을 알고 예수를 구주로 믿는 사람이 소수였다 그러나 근래에 급격히 늘어나고 있다고 한다.

주님께서 구약성경을 가리켜 말씀하시기를,

"너희가 성경에서 영생을 얻는 줄로 생각하고 성경을 상고詳考하는데, 이 성경이 내게 대하여 예언한 것이다(요5:39)."

라고 하셨다. 그밖에도 당신이 성경에 예언된 메시아라고 수없이 말씀해주셨으나 믿지 않은 이스라엘 대제사장들을 비롯한 군중은 예수님을 십자가에 못 박으라고 외쳤다. 빌라도가 그들을 향해 무죄한 주님의 피(죽음)에 대한 책임을 너희가 지겠느냐고 물었을 때 그들은, "우리와 우리 자손 대대로 지겠다(마27:25)."고 했다.

그들은 그 말대로 AD70년 로마의 티투스에 의한 정복으로 수많은 사람이 참혹한 죽음을 당했다. 주님은 이 침략과 살육에 대해 "가증한 것이 거룩한 자리에 선 것을 보거든(마24:15)"란 말씀으로 BC 168년 수리아 왕 안티오크스가 성전에 제우스 상을 세우고 돼지를 제물로 바치면서 예루살렘과 유대 땅을 무참히 짓밟힌 것과 같이 그들이 다시 초토화되리라고 예언하셨다. 그러나 그 경고를 무시하고 주님을 십자가에 못 박아 죽인 그들은, 그들의 말대로 티투스의 침략 이후 지난 2천년 동안 나라 없이 세계를 떠돌며 갖은 멸시와 천대를 받았으며, 특히 2차 대전 때 아우스비츠Auschwitz 수용소의 400만 명을 비롯하여 모두 600만 명 이상 학살됨(홀로코스트)으로써 그들은 주님의 피 값을 혹독히 치렀다.

이렇게 유월절 양의 피는 예수의 피를 예표임을 보여주었다.

또 하나님께서, 이스라엘 민족이 가나안을 향해 광야를 지날 때 '만나'라는 종합영양제 같은 식물食物을 날마다 내려주어 먹이면서 인도하셨으나 그들이 작은 어려움도 참지 못하고 하나님께 계속 불평 원망하자 그 징벌로 독사에게 물려 죽게 하셨다. 이에 모세가 엎드려 사죄의 기도를 드리니까, 하나님은 구리로 큰 뱀을 만들어 장대에 달고 그것을 쳐다보게 하셨다. 그 말씀대로 구리 뱀을 쳐다본 사람은 부기가 빠지고 다 살아났으나 "흥, 그까짓 구리 뱀 쳐다본다고 낫는단 말이야!"라고 빈정대면서 쳐다보지 않은 자들은 다 죽었다(민21:4~9). 이 구리 뱀도 예수님의 예표였다. 예수님도 이 사실을, "모세가 광야에서 뱀을 든 것같이 인자人子*도 들려야 할 것이니, 이는 그를 믿는 자마다 멸망치 않고 영생을 얻게 하려 함이다(요3:14)."라고 말씀하셨다. 예수님의 십자가 은혜를 감사하며 그분을 구주로 믿는 사람은 구리 뱀을 쳐다본 사람들처럼 구원받는다는 뜻이다. 지금도 빈정대기나 하는 사람은, "십자가의 도道가 멸망당하는 자들에게는 어리석은 것이나, 구원 얻은 우리에게는 하나님의 능력이다(고전1:18)."라는 말씀을 듣고 깨달아야 할 것이다. 나는, 그대가 아집과 편견에 묶인 사람이 아니길 바라면서 "완고한 것은 사신邪神 우상을 숭배함과 같다(삼상15:23)."고 하신 말씀을 다시 환기시켜 드린다.   *예수님이 자신을 가리키는 칭호.

가나안 땅의 첫 도시 여리고성 진격에 앞서 파견된 두 정탐꾼은 목숨을 걸고 숨겨준 기생 라합에게 이스라엘 남성들이 전통적으로 허리에 두르고 다니던 붉고 긴 천을 풀어주면서 성벽 위의 그 집 아래로 드리우게 했다. 이스라엘군은 그 집에 피한 자들을 다 살려주었다(수6:22~25). 이 붉은 천 역시 구주의 피를 상징한다.

하나님은, 이스라엘이 가나안 땅에 정착하여 살면서 죄를 범하면, 가세家勢에 따라 비둘기나 양, 소, 등 제물을 바치게 하셨다. 제사장은 죄인의 손을 제물의 머리에 얹고 하나님께 사죄의 기도를 드린다. 그러면 그 죄가 짐승에게 옮겨진다고 믿고, 그 짐승을 죽여 그 사람의 죄 값을 대신 치르게 하셨다(레4장). 사람이 죄를 지을 때마다 죽을 수 없으므로 짐승을 대신 죽이게 하신 것이다. 또 대제사장이 매년 한 번씩 수송아지의 피를 가지고 성전 안에 있는 지성소에 들어가 제사를 드리게 하셨다. 모든 제사에는 반드시 짐승의 피를 드려 사람의 죄 값을 대신하게 하셨다. 사람 대신 죽게 되는 짐승을 희생犧牲이라 한다. 이 희생 역시 예수 그리스도의 예표였다.

그러나 짐승으로 대속代贖하는 제사는 완전할 수 없다. 사람을 대신하자면 적어도 사람 이상으로 값진 존재가 죽어야 완전한 대속이 될 수 있으며, 아담 한 사람의 범죄*로 전 인류가 죄로 오염됨과 같이 단 한 번의 제사로 아담 이래의 전 인류의 죄를 없앨 수 있어야 한다(롬5:12). *하나님은 아담에게 주신 하와의 범죄를 아담의 범죄라고 말씀하심(창3:9, 롬5:14). 하지만 이 세상에 그런 대속의 제물이 있을 수 없으므로 성부 하나님께서 할 수 없이 당신과 함께 우주 만물과 인간을 지으신 분으로서 전 인류에 값하고 남음이 있으면서도 죄가 전혀 없으신(벧전2:22, 히4:15, 요일3:5) 성자를 인간의 몸으로 이 땅에 보내어 전 인류를 위해 희생되게 하셨다. 성경은 그 점을, "제사장이 해마다 짐승의 피를 가지고 손으로 지은 지성소에 들어가는 불완전한 제사를 드리는 것과 달리, 그리스도는 대제사장으로서 자기의 피를 가지고 손으로 짓지 않은 하나님의 성전에 들어가 단번에 완전하고 영원한 제사를 드린 후 하나님의 우편에 앉아 계신다(히9,10장 요약)."라고 하신다.

그러므로 사죄의 완전한 제사를 드린 예수님 믿기를 거부하면 죄 사함을 받지 못해 영벌을 받게 된다. 주님은 당신을 구주로 믿어야 구원받을 수 있음을 이렇게 말씀하셨다.

"나는 길이요, 진리요, 생명이니, 나로 말미암지 아니하고는 아버지께로 올 자가 없다(요14:6)."

이런 절대적 구원교리 때문에 기독교가 배타적이란 말을 불신자나 우상숭배들부터 듣게 된다. 그러나 예수님을 구주로 믿어야 구원받게 된다는 교리는 인류를 사랑해서 하나님께서 세우신 절대의 법이다. 하나님은 그 절대권을 진흙 한 덩이가 토기장이에게, "나를 왜 이런 그릇으로 만들었느냐?"고 항의할 수 없음과 같다고 비유하셨다(사45:9). 창조주 앞에서 한 덩이 진흙 같은 존재인 인간의 인생성공은 이 절대적 구원의 도리에 순종함으로 죄 사赦함을 받고 천국에 들어가 영생복락을 누리는 것이다.

그 이후에도 하나님은 세월이 흐름에 따라 다윗 왕이나 이사야,

미가 등 여러 선지자들의 입을 통해서 메시아의 발자국소리가 점점 가까이 들리도록 예언해주시다가 마침내 세례 요한을 예수님보다 6개월 앞서 보내어 그로 하여금 역사의 무대에 등장하신 예수 그리스도를 인류 앞에 소개하게 하셨다.

"보라, 세상 죄를 지고 가는 하나님의 어린 양이다(요1:29)."

예수님은, 이 요한을 "여자가 낳은 가장 큰 자."라고 칭찬하셨다. 그러나 천국에 가는 사람은 누구나 지상의 세례 요한보다 더 큰 자라고 하셨다(마11:11). 천국영생이 얼마나 복되고 귀중함을 말씀하신 것이다.

시의 벤치

철근 콘크리트 벽에/ 못 하나 박다가/
손가락을 쳤다. 그 순간/
내 눈에 번쩍인 번갯불/
뒤따른 아픔의 천둥소리에/
조그만 가시라기 하나/ 손톱 밑에 박힐 때/
손가락을 쳐들고 난리치던 아이처럼/
물고 놓지 않는 집게벌레를/
떨치려는 듯 흔들어댔다. /
검푸르게 부어오르는 손가락을 보며/
나는 좌초한 선체처럼/
어둠 속에 가라앉아 생각했다, /
단 한 번의 망치질이/ 내게 가져온 고통의 무게와/
비교할 수 없는 손가락보다 굵은 대못 네 개/
쾅, 쾅 박힌 손발/ 예수님이 당한 고통을.

        - 최 진연, 「못 하나 박다가」

21. 뱀, 사탄과 그 졸개들, 붉은색

우리는 앞에서 그리스도께서 이 땅에 오신다는 예표들을 살펴보았으며, 붉은색이 주님의 희생의 피를 상징하는 경우도 있었음을 살펴보았다.

이번에는 우리 민족의 생활에 나타난 붉은색에 관해서 이야기를 나눠보려 한다. 그에 앞서, 뱀에 관해 이야기를 좀 하자.

그대는 뱀을 볼 때 어떤 느낌이 드는가? 나는, TV에서 뱀을 애완동물처럼 다루는 걸 보면 징그러워 채널을 돌려버린다. 뱀이 주는 혐오감이 다른 동물에 비할 수 없이 크기 때문이다.

그대는 이런 혐오감을 느끼지 않는가?

시골에서 자란 나와 내 동네 친구들은 어릴 때 유독 뱀만 보면 원수처럼 돌로 쳐 죽이려 했다. 누가 시킨 것도 아닌데, 잠자리, 물방개, 소금쟁이, 메뚜기, 방아깨비, 개구리 등 많은 곤충이나 크고 작은 동물들을 다 좋아하면서, 왜 유독 뱀만 보면 본능적으로 징그러워하면서도 돌로 쳐 죽이려 했을까? 그대가 이해할지 모를 우리 또래의 그 행위는, 하나님께서 뱀(사탄)에게 하신 다음 말씀과 무관하지 않을 것이다.

"여자의 후손은 네 머리를 상하게 할 것이요, 너는 그 발꿈치를 상하게 할 것이다(창3:15)."

뱀은 인류에게 죄의 굴레를 쓰고 살게 한 사탄의 현신顯身이다(창3장). 하나님께서 뱀에게 내리신 이 징벌의 말씀에서 '여자의 후손'은 우선 예수님을 가리킨다. 복음 전파를 시작하기 전 광야에서 40일간의 금식기도를 마치신 예수님께 사탄이 나타나서 배고픔의 약점을 노리고 "돌이 떡덩이가 되게 해서 먹어라"고 도전하였다.

"사람이 떡으로만 살 것이 아니라 하나님의 입에서 나오는 모든 말씀으로 살 것이니라."

는 말씀으로 예수님은 그 유혹을 물리치고 이기셨다. 이런 도전을 두 번 더 했으나, 모두 말씀으로 물리치셨다(마4:1~11).

사탄은, 그의 권세 아래 있는 사람들을 조종해서 "발꿈치를 상하게 하리라(창3:15)."는 말씀대로 예수님을 계속 도전하고 괴롭히다가 마침내 십자가에서 대속의 피를 흘리시게 했다. 그러나 그것은 하나님의 섭리 아래 있는 사탄을 통한 인류구원계획의 과정일 뿐이었다. 주님은 권세나 힘이 없어 그들에 넘겨져 십자가를 지신 게 아님을, "나는 목숨을 버릴 권세도 있고 찾을 권세도 있다(요10:18)."고 미리 말씀하셨다. 주님은 그 말씀대로 사탄의 최대 무기인 사망권세를 이기고 부활하셨으며, 그렇게 하심으로 승리의 개가를 부르던 대적들과 그들을 조종하는 사탄에게 여자의 후손이 뱀의 머리를 돌로 치는(창3:18)"것과 같은 완전한 승리를 거두셨다.

우리 인류도 '여자(하와)의 후손으로서 하나님의 존재를 알거나 믿기 전에도 인류에게 죽음과 저주의 형벌을 가져온 뱀(사탄)에 대한 증오심을 선대로부터 이어받은 선험先驗을 가지고 있었을 것이다. 특히 어린이들은, 하나님께서 지으신 인간의 원형에 가장 가까운 깨끗한 심령이어서 더욱 그랬을 것이다. 그 사실을 우리는,

"내가 진실로 너희에게 이르나니, 너희가 돌이켜 어린아이와 같이 되지 않으면 결단코 천국에 들어가지 못하리라(마18:3)."

고 하신 예수님의 말씀으로도 잘 알 수 있다.

나와 내 또래 친구들은, 그 깨끗한 심령에 비친 사탄의 형상인 뱀을 보면, "여자의 후손"으로서 선험적 본능의 증오심이 솟아나

때려죽이려 했을 것이다.

사탄과 그 졸개인 악령(귀신)들은, 자기들의 지배 아래 있는 사람들에게는 그럴 필요가 없겠지만, 하나님의 자녀들을 어떻게든 해코지 하려고 주린 사자가 삼킬 자를 찾듯이 노린다(벧전5:8). 특히 믿음이 연약한 처음 믿는 사람들을 노린다. 원래 사탄은 하나님께 반역한 타락한 천사(사14:12~15, 유:6)로 사람들을 죄와 죽음과 저주 아래 잡아두려고 갖은 계략을 다 쓴다. 그래서 처음 교회에 나가려고 할 때 심히 방해한다.

내 장모님이 대구에서 공부하는 손자들을 뒷바라지하실 때 교회에 한번 나갔더니, 갑자기 머리가 어지러워졌으며, 그것을 겨우 참고 집에 돌아오니 손자들도 열이 심하게 났다고 하셨다. 섬겨오던 부처가 노해서 그랬을 것이라는 두려움 때문에 끝내 교회에 나가지 못하고 돌아가셨다. 우리가 멀리 서울에 살아서 도와드리지 못했던 게 한이 된다. 그러나 그럴 때 "사탄아, 물러가라."고 예수 이름으로 명령하고 기도하면 사탄은 꼼짝 못하고 물러난다.

나는 처음 믿을 때 뱀 꿈을 꾸느라 잠을 편히 자지 못할 때가 종종 있었다. 사탄에게 아직 만만한 상대로 보였기 때문일 것이다. 그러나 먼저 믿는 한 형제의 조언대로, "사탄아, 예수 이름으로 명하니, 썩 물러가라!"고 한마디 한 뒤 잠자리를 지켜달라고 하나님께 기도하였더니, 다시는 그런 일이 없었다. 무슨 일을 하든지 먼저 기도로 하나님의 도우심을 청하는 신자들은 단잠을 위해서도 잠자리에 들기 전에도 기도를 드린다. 우리는 잠자리에서조차 하나님께서 지켜주지 않으시면 편히 잘 수 없는 연약한 존재이지만, 아무리 간악한 사탄도 예수 이름 앞에는 벌벌 떨고 물러나게 된다. 독실한 신자가 마음으로 기도하고 곁에 앉았으면 점쟁이의 점이 되지 않는다고 하는 것도 그 때문이다.

아무튼 우리는, 사탄의 도구가 된 뱀에 대한 혐오감을 인류의 오랜 선험으로 가진 듯하다.

그런데, 우리 겨레는 옛날부터 붉은색으로 귀신들을 물리치려고 해왔다. 나는 그것도 뱀의 경우처럼 선험적으로 예수님의 피의 능력을 알고 믿었기 때문이라 생각한다. 하나님을 잘 섬겼던 셈의 후손인 우리 민족은, 아득한 조상 때부터 하나님을 잘 섬겨왔음은 물론, 하나님께서 장차 그 아들의 피 흘림으로 사죄의 은총을 베풀어주실 것이라는 선험先驗을 유전遺傳으로 받아왔을 것이다. 마치 아담 이래로 우리 인간의 심령 속에 죄의 속성을 유전으로 받게 된 것처럼. 예수님 앞에서 벌벌 떠는 귀신들이(막5:1~20) 주님의 피를 상징하는 붉은색만 보아도 도망칠 것이란 선험적 믿음이 우리 민족에게 아득한 옛날부터 있어왔기에 붉은색으로 사탄을 물리치려 해왔을 것이다.

우리민족 생활 가운데서 붉은색으로 악귀를 막으려던 대표적인 예로 동짓날의 팥죽을 들 수 있다. 어릴 때 내 고향에서는 집을 지켜준다는 성주를 섬기며 살아왔다. 창호지 1장을 접어 대들보에 묶어 매고 그 아래쪽 마루 구석에 볏섬을 놓고 섬기는데, 동짓날이 되면 팥죽을 쑤어 먼저 그 앞에 한 양푼 가득 상에 받쳐 놓는다. 또 팥죽을 고방 앞에도 떠 놓고, 뒤뜰의 배, 감, 대추 등의 실과나무들에도 뿌린다. 어린 나는 팥죽을 왜 그렇게 집안 사방에 떠 놓고 또 뿌리는지 몰라 궁금했다. 지금 생각해보니, 그게 가족의 안녕과 곡식, 과실의 풍년을 위해 사탄과 그 졸개인 귀신들의 침해를 막으려는 기원이 담긴 일종의 종교의식이었다.

또 아기를 낳은 집의 대문이나 방문 앞, 장을 담근 독에도 빨간 고추를 끼운 금줄을 치는데, 그것도 악귀들의 부정이나 해코지를 막기 위해서였다. 아기들의 옷고름도 붉은색으로 달아주고, 아기 돌 때 붉은 수수를 빻아서 만든 경단에 꼭 붉은 팥고물을 묻혀 먹는 것도 같은 이유에서였다.

성주에게 고사를 지내거나 굿을 할 때도 흰떡이 아니라 반드시 붉은 시루떡을 사용한다. 무당이 귀신을 쫓아낼 때 복숭아나무의 동쪽으로 벋은 붉은 회초리를 한 묶음 꺾어서 그걸로 귀신들린 사람을 때리면서 주문을 외우는데, 그것도 붉은색으로 귀신을 내쫓기 위함에서였다. 동쪽은 샛별과 함께 메시아를 상징한다(계2:28). 그래서 성막*의 앞쪽도 동쪽을 향하게 했다(민2:3). *이스라엘이 지날 때부터 가나안에 들어와 성전을 지을 때까지 하나님께 제사를 드리던 천막.

내 고향 동구洞口에는 옛날에 잦은 전란을 피하기 위해 골짝 아래쪽에서 동네가 보이지 않도록 성처럼 쌓은 높은 축대가 있다. 마을 사람들은 동네 왼쪽에 있다고 해서 청룡대靑龍臺라 불렀고, 그 곳에 큰 느티나무들을 여러 그루 심어 동네를 가렸으며, 그 나무들을 동네수호신洞神으로 섬겨왔다. 해마다 뽑힌 유사가 새 제기에 제수를 준비해서, 정월 대보름 밤에 동네와 함께 열렸다는 '큰 샘'의 샘물로 목욕한 몸에 푸새 빳빳한 흰 두루마기에 갓을 쓰고, 한 해의 형통을 비는 제사를 정성껏 지내왔다. 제사를 잘못 올렸다간 동티가 나서 온 동네가 큰 화를 입는다고 했다. 그런데 대보름의 한 칠 전부터 그 나무 둘레와 동구에서 꽤 멀리까지 진입로 양쪽에 반드시 주토朱土를 한 줌씩 무덕무덕 뿌린다. 악귀들이 그 흙의 붉은색을 보고 두려워 침입하지 못하게 하려 함에서였다.

또 어떤 이들은 부적을 몸에 지니고 다니거나 집안 곳곳에 붙여놓는데, 그 이상한 글씨도 주토를 갈아서 붉은 글씨로 쓴다. 그렇게 부적을 사용하는 것도 그 붉은 글씨를 보고 귀신이 겁나서 도망친다고 믿기 때문이었다.

위와 같은 예로 알 수 있듯이 우리 민족은, 붉은색이 악귀를 내쫓고 막아준다고 생각하여 여러 의식을 행해왔다. 그것은 우리에게 사탄을 이기신 예수님의 보혈에 대한 선험이 아득한 옛날부터 있어왔기 때문이라고 나는 생각한다. 이런 민속신앙이 샘의 후예인 우리 민족에게 있어온 이유가, 저 최초의 희생양의 붉은 피로 예표豫表된 이래로 주님의 보혈에 대한 선험이 있었기 때문일 것이다. 다른 어떤 이유로 하필 붉은색을 내세워 악귀를 물리치려 했겠는가? 붉은색을 내세울 다른 이유가 없다.

 *시의 벤치*

내 손이 약손이다아. /
내 손이 약손이다아. //
배앓이로 내가 뒹굴 때면
정맥이 파랗게 드러날 내 배를
문질러 주시던 할머니//
북서풍 바람받이 솔숲도 울다 잠들고
뒤뜰의 감나무 대추나무 배나무들
드르륵 드르륵 울던 문풍지도 잠재우는//
내 손이 약손이다아.
　내 손이 약손이다아. //
더러 닭 모이 주듯 주시는
벽장 속 과상이나 뭐가 더 먹고 싶어
꾀병을 앓을 때는/ 소나무껍질처럼 껄끄럽던 손//
여름 철 토사곽란으로
열을 펄펄 끓이는 객귀를 물리느라
냉수 한 바가지 떠서
시꺼먼 부엌칼로 물을 먹이시던//
내 손이 약손이다아. / 내 손이 약손이다. /
　　　　- 최 진연, 「약손」

22. 예언대로 오신 그리스도

우리는 앞에서 인류구원을 위해 흘릴 그리스도의 피를 상징하는 짐승의 피를 비롯한 붉은색의 예표들을 살펴보았다. 그밖에도 하나님께서 예수님의 강림降臨이 가까워질수록 점점 구체적으로 3백회 이상 메시아 예언을 많이 해주셨다. 이제 주님의 탄신에서 승천까지의 예언과 그 성취됨을 살펴보자. 나는, 그대가 이 글을 계속 읽어나가는데 사탄이 방해치 못하게 하나님의 도우심을 위해 기도하면서 이 글을 써나간다.

"베들레헴 에브라다야, 너는 유다 족속 중에 작을지라도 이스라엘을 다스릴 자가 네게서 내게로 나올 것이다. 그의 근본은 상고上古에, 태초에니라(미5:2). ...그가 여호와의 능력과 그의 위엄으로 서서 이스라엘 족속뿐만 아니라 땅 끝까지 구원의 은혜를 베풀어주리라(미5:4, 5요약)."

주전主前 Before Christ 7백 년경의 이 예언대로 그리스도가 인류구원을 위해 베들레헴에서 태어나셨다. 산 위 목장에서 양을 지키던 목자들이 천군天軍인 천사들의 찬양소리와 구주 탄생의 소식을 듣고 급히 달려가 아기 예수께 경배와 찬양을 드렸다(눅2장).

당시의 역사가들은 이스라엘뿐만 아니라 중동 전역에 구세주가 오신다는 대망大望이 널리 퍼져 있었다고 한다. 오늘날의 이란 이라크인 바벨론 지방에서 온 것으로 추측되는 동방박사 세 사람도 그 대망 속에 큰 별이 나타난 것을 보고 그것을 따라 유대 땅까지 와서 왕궁으로 찾아간다. 헤롯왕은 자기한테서 왕자가 태어나지 않았는데 "왕이 나셨다."는 소리에 왕위를 빼앗길까봐 깜짝 놀란다. 그러나 예수님은 세상의 왕으로 오신 게 아니다.

왕궁을 나온 박사들은 별을 따라 베들레헴으로 가서 아기 예수님께 예물과 경배를 드린 뒤 돌아갔다.

헤롯은 성경 연구가인 서기관들로부터 메시아가 베들레헴에서 태어난다는 이 예언을 듣고 그 일대의 2세 미만 남아를 모조리 죽이는 끔찍한 죄악을 저지른다. 그러나 그리스도는 이미 천사의 알림을 받은 요셉의 보호 속에 마리아의 품에 안겨 애급으로 피한 뒤였다. 인류역사상 가장 어린 핏덩이나 다름없는 아기 예수의 망명(호11:1)과 유아 학살(렘31:15)도 예언대로 성취된 것이다(마 2:15, 16). 4천여 년 전 하나님께서, 메시아 예언을 하시기를,

"홀*이 유다에서 떠나지 않을 것이며 실로**가 올 때까지 통치자의 지팡이가 그 발 사이에서 떠나지 않을 것이니, 그에게 모든 백성이 순종할 것이다(창49:10)."

라 하셨다. *왕의 상징물 ** '통치권을 행사할 자' 곧 메시아를 뜻함.

또 아브라함의 손자 야곱의 아들 유다 자손인 이새의 아들 다윗 왕의 후손으로 오실 것을 이렇게 예언하셨다.

"그 날에 이새의 뿌리에서 한 싹이 나서 만민들의 깃발로 설 것이고 열방列邦들이 그를 찾을 것이며...(사11:10)."

그래서 장님 바디매오는 예수님이 지나가신다는 말에,

"다윗의 자손 예수여, 나를 불쌍히 여기소서."라고 부르짖어서 주님의 은혜로 눈을 뜨게 되었다(눅18:35~43). "다윗의 자손"이란, 다윗의 혈통으로 오신다는 예언에 따라 이스라엘 민족이 오래 동안 기다려온 '메시아'를 뜻하는 말이다. 또 예수님이 평강의 왕으로 동정녀를 통해 오실 것을 예언하셨다.

"한 아기가 우리에게 났고 한 아들을 우리에게 주셨는데, 그 어깨에 통치권이 있으며, 그 이름은 위대한 상담자라, 전능하신 하나님이라, 영존하시는 아버지라, 평강의 왕이라 할 것이다...(사9:6,7)." "처녀가 잉태

하여 아들을 낳을 것이요, 그 이름을 임마누엘*이라 하리라(사7:14)."

* '하나님이 우리와 함께 하신다'는 뜻. 이런 예언대로 만왕萬王의 왕이신 예수* 그리스도께서 베들레헴에서 처녀의 몸에서 태어나셨다.

*'자기 백성을 구원하실 자'라는 의미의 이름. 처녀잉태는 생물학적으로 불가능하지만, 하나님께서 가브리엘 천사를 통해서 독실한 처녀 마리아와 그미의 경건한 약혼자 요셉에게 당신의 성령님에 의해 메시아가 잉태될 것임을 알리신 뒤 그 예고대로 이루셨다(눅2장). 예수님은 인간의 몸으로 오신 하나님과 다름없는 분으로 성부聖父의 사랑을 실천하시고 그분의 인류구원계획을 행하러 성부 하나님의 보내심을 받고 오셨다.

하나님은, 사람들이 그리스도를 맞이하도록 할 사령使令을 보내시겠다고 예언하셨으며(신18: 15, 18;말3:1), 그 예언대로 세례 요한을 예수님보다 6개월 먼저 태어나게 하셨다(요1:6). 그의 역할은 로마 황제의 마차가 달리기 좋게 길을 닦는 일이나, 행차에 앞서 나가 길을 정리하고 백성들이 엎드려 절하게 하는 것과 같았다.

"광야에서 여호와의 길을 예비하라. 사막에서 하나님의 대로를 평탄케 하라. 골짜기마다 돋우어지며 작은 산마다 낮아지며...(사40:3, 4)."

이 예언대로 세례 요한은, 사람들이 회개하여 깨끗한 심령으로 만왕의 왕 예수님을 구주로 영접하도록 하는 영적 길을 닦았다. 그는 광야에서 낙타가죽을 입고 메뚜기와 석청 등을 먹고 살면서,

"회개하라, 천국이 가까이 왔다."고 외치면서 메시아를 맞이하도록 깨끗한 심령들이 되게 요단강에서 사람들에게 세례(침례)를 베풀었다(마3:2). "회개...왔다."는 말씀은, 주님께서 군중에게 하신 첫 마디이기도 하다. 먼저 깨끗한 심령心靈이 되어야 그 심령에 구주를 믿음으로 맞아들일 수 있고, 그래야 구원을 얻게 되기 때문이다.

"보라 세상 죄를 지고 가는 하나님의 어린 양이다(요1:29)."

라고 세례 요한은 예수님을 구주로 세상에 소개했다. "어린 양"

은 희생될 예수님을 가리킨다. 누구든지 하나님께 그분의 품을 떠나 산 죄와 예수님을 구주로 믿지 않은 죄, 살아오면서 지은 숱한 죄를 깊이 뉘우치고 용서해주시기를 바라는 회개부터 한 다음 '예수님은 내 죄 값에 대신 죽으신 나의 구주이십니다.'라고 믿으면 사죄赦罪 받고 구원 받게 된다. 세례 요한은 자기의 제자들에게,

"나는 그리스도가 아니라 그의 앞에 보냄을 받은 자임을 너희가 증언해야 한다. 그는 흥해야 하고 나는 쇠해야 한다. 내 역할이 끝났으니 너희는 예수님께 가서 그의 제자가 되어라(요3:31)."

라고 했다. 또 그는, 예수님의 신 끈을 끌러드리기도 황공하다면서 군중을 향해 예수님이 세상(인류)을 구원하실 그리스도라고 밝히 말했다(요3:22~31요약). 사도 요한도 세례 요한에 대해,

"그는 빛(구주)이 아니요 이 빛에 대하여 알게 하러 온 자(요1:8)."

라고 증언하고 있다 또 예수님은, 주로 갈릴리 바다 근처에서 복음을 전하신 것도(마4장), 다음 예언대로 하신 것이다.

"여호와께서 해변 길과 요단 저편 이방의 갈릴리를 영화롭게 하셨다…. 사망의 그늘진 땅에 거하던 자에게 빛이 비췬다(사9:1,2)."

"그리스도가 은30냥에 팔리며, 그 돈이 토기장이에게 가게 된다(슥11:12,13)."라는 예언대로 가룟 유다는 예수님을 은30냥에 판 뒤 괴로워서 그 돈을 제사장들에게 되돌려주고 자살했으며, 예언대로 제사장들은 그 더러운 돈을 성전 금고에 넣을 수 없다며 토기장이의 밭을 사서 공동묘지로 만들었다(마27:9, 10).

또 주님께서 체포되실 때, "목자를 치니 양떼가 다 흩어진다(슥13:7)."라는 예언대로 제자들이 다 도망쳤다(마26:31).

우리는, 예수님께서 구주로서 구약성경에 예언된 대로 이 땅에 오셨으며, 그 예언들이 성취된 것을 위에서 살펴보았다. 하나님께서 예수님을 이 땅에 보내신 것은 오직 사랑하시는 자녀인 그대를 포함한 인류를 구원하시기 위해서였다. 비유컨대, 밭을 가는 농부

가, 개미들에게 "황소가 쟁기를 끌고 다가가니 위험하다. 빨리 피해라!"고 외친다고 해보자. 개미들이 그 말을 알아들을까? 개미가 되어 개미의 언어로 말하지 않으면 알아듣지 못할 것이다. 하나님에 비하면 개미와 다름없는 인류가 영벌의 죽음을 향해 가고 있다는 사실과 살 길을 알려주고 그 길이 되기 위해 성자께서 성부의 보내심을 받아 개미가 되듯이 인간이 되어 이 땅에 오신 것이다.

그대는 예수님께서 하나님의 인류구원계획에 따라 아담과 하와가 죄를 범한 이후부터 점점 구체화된 예언에 따라 오신 사실을 성취된 말씀을 통해서 알게 되었을 텐데, 이 사실을 받아들이는가? 나는 여기서 믿음의 중요성에 관해 이야기를 나누려 한다.

"믿음은 바라는 것들의 실상實狀이요 보지 못하는 것들의 증거이다.... 믿음으로 우리는 온 세상이 하나님의 말씀으로 지어졌으며...안다(히11:1~3)."고 했다. 지금까지 예수 그리스도께서 이 땅에 오신 것이 우연히 된 게 아니고, 하나님의 계획에 따라 된 일임을 많은 예언과 그 성취된 말씀으로 증명해드렸는데, 그대가 이 사실들을 실상으로 눈에 보듯이 그대로 받아들여 믿으라는 말씀이다.

"복음에는 하나님의 의義가 나타나 믿음으로 믿음에 이르게 함으로, 의인은 오직 믿음으로 산다(롬1:17)."

이 말씀대로 성경에 나타난 사실들을 어린아이 같은 순결한 마음으로 받아들일 때 그 믿음은 자라서 완전한 믿음에 이르러 구원받게 된다. 믿음으로 받아들이지 않으면 아무 소용이 없다.

그래서 성경은, "믿음이 없이는 하나님을 기쁘시게 할 수 없으니, 하나님께 나아가는 자는 하나님이 계신 것과, 하나님은 자신을 찾는 자들에게 상賞 주시는 분이심을 믿어야 한다(히11:6)."고 하신다.

어린아이들은 뭘 따지고 다 알아서 믿는 게 아니다. 어머니나 저를 사랑하는 사람이 말하면 그대로 받아들인다. 그게 믿는 것이다. 성경말씀을 어린아이처럼 그대로 받아들일 때 하나님께서 믿음을 주신다. 그런 믿음으로 하나님께 나아갈 때 하나님께서 기뻐하신다. 주님께서 천국을 겨자씨에 비유하셨다(마13:31~32). 참깨보다 작은 겨자씨가 싹터 자라서 새가 깃들이는 3m이상의 큰 나무가 되듯 우리 안에 이루어지는 천국도 겨자씨 같은 작은 믿음의 씨앗이 점점 자라서 크게 이루어지는 것이다. 성경은, "네가 만일 네 입으로 예수를 네 구주로 시인하며 또 하나님께서 그를 죽은 자 가운데서 살리신 것을 네 마음으로 믿으면 구원을 얻는다(롬10:9)."고 하신다. 다윗 왕이 솔로몬에게 준 유언을 보자.

"너는 하나님을 알고 온전한 마음과 기쁜 뜻으로 섬겨라. 여호와께서 뭇 마음을 감찰하사 모든 사람을 아시므로 네가 하나님을 찾으면 만날 것이요, 버리면 그분이 너를 영원히 버리실 것이다(대상28:9)."

하나님을 믿는 신앙생활이 얼마나 중요한 것이면 나일 강에서 유프라테스 강 사이의 대제국을 세운 다윗 왕이 파란만장한 인생 끝에 왕위를 이어받을 아들에게 이렇게 유언했겠는가.

성경을 한 권 마련해서 조용한 장소와 시간에 정독해나가기 바란다. 신약성경부터 정독하기 바란다. "너희가 전심으로 나를 찾고 찾으면 만나리라(렘29:13)."라는 말씀대로 주님을 만나기를 간절히 바라는 마음으로 성경을 읽을 때 그대 마음에 찾아와주실 것이다.

시의 벤치

네가 나를 버렸을 때/ 내가 너를 버렸다고/
너는 나를 원망하느니라.//
네가 나를 사랑할 때/ 내가 너를 사랑한다고/
너는 나를 믿느니라.//

- 최 진연, 「아버지와 아들」

23. 예수님이 찔림은

　앞장에서 예수님이 이 땅에 구주로 오실 예언과 그 성취를 살펴보았는데, 이번엔 예수님의 고난에 관한 예언과 그 성취를 살펴보자. 하나님은 선지자들을 통해서 주님의 고난당하실 모습을,

　"나를 때리는 자들에게 내 등을 대주었고, 나의 수염을 뽑는 자들에게 내 뺨을 대주었다. 나는 모욕과 침 뱉음을 피하려고 내 얼굴을 가리지 아니 하였다(사50:6)."

　라고 예언하셨다. 이 예언이 다음과 같이 성취되었다.

　"이에 저희들이 예수님의 얼굴에 침을 뱉으며 주먹으로 치고 혹은 손바닥으로 때리며...(마27:9,10)" "이에 빌라도가 예수님을 데려다가 채찍질하였다. 군병들이 가시로 면류관을 엮어 그분의 머리에 씌우고 자색옷을 입히고 그분께 나와서, '유대인의 왕, 만세!'라고 말하며 손바닥으로 뺨을 때렸다(요19:1-3)."

　예수님이 왜 이렇게 모욕당하며, 매를 맞고, 가시관을 씌워 십자가에 못 박혔을까? 이점을 분명히 알고 깊이 생각해보기 바란다.

　"참으로 그분은 우리의 병고病苦를 지고 우리의 슬픔을 당하였으나, 우리는 그분이 징벌을 받고 하나님께 맞으며 고난을 당한다고 생각하였다. 그분이 찔린 것은 우리의 허물 때문이며, 그분이 상처를 받은 것은 우리의 죄악 때문이다. 그분이 징벌을 받음으로 우리가 평화를 누리고, 그분이 채찍에 맞음으로 우리가 고침을 받았다. 우리는 모두 양 같이 방황하여 각기 제 길로 갔으나, 여호와께서는 우리 모두의 죄를 그분에게

넘겨씌우셨다(사53:4~6)."

주전 7백 년 전의 이 예언대로 우리의 죄와 허물 때문에 예수님이 채찍에 맞고, 가시관을 씌움으로 피가 낭자하며, 폭염이 내리쬐는 골고다 언덕 위에서 십자가에 못 박혀서 6시간이나 매달려 피와 진액을 다 쏟고 운명하셨다(마27장, 눅23장, 막15장, 요20장). 이 예언의 "우리"란 그대와 나를 포함한 전 인류를 뜻하는데, 우리의 죄 때문에 이 예언대로 예수님이 온갖 모욕과 고통을 당하고, 십자가에 못 박히고 창에 찔려 죽임을 당하셨다(요20:34).

예수님은 당신 자신의 입으로 예루살렘에 올라가 많은 고난을 받고 죽임을 당하신다는 것을 제자들에게 예언하셨다(마16:21).

"인자가 십자가에 못 박히기 위하여 팔리게 되리라(마26:2)."

"인자가 장차 사람들의 손에 넘겨져 죽임을 당하고 제 삼일에 살아날 것이다(마17:22)." "나는 내 양을 위하여 목숨을 버린다(요10:15)."
주님은 십자가에 달리기 전날 밤 최후의 만찬 때 빵을 나눠주시면서, "받아먹어라. 이것이 내 몸이다." 하시고, 또 포도주 잔을 나눠주시면서 "이것은 많은 사람을 위하여 흘리는 나의 피 곧 언약의 피다(마26:26~27)."라고 이튿날 당하실 십자가 죽음의 의미를 말씀하셨다. 그때 하신 말씀을 사도 요한의 기록으로도 들어보자.

"내 살을 먹고 내 피를 마시는 자는 영생을 가졌고, 마지막 날에 내가 그를 살릴 것이니, 내 살은 참된 양식이고, 내 피는 참된 음료이다(요6:54)."

주님의 살이 찢기고 피를 흘리게 됨이 내(그대) 죄 때문임을 깨닫고, 기갈飢渴 든 사람이 음식을 먹고 마시듯이 절실하게 믿으라는 말씀이다. 그러면 산다, 영생하게 된다는 것이다.

"너희가 나를 찾는 것은 표적을 본 까닭이 아니라 빵을 먹고 배부른 까닭이다(요6:26)." 이 말씀대로 예수님을 따라 다니는 군중의 거개가 양식을 얻어먹기 위함이었다. 예수님이 한 어린이의 도시락으로 싸온 구운 물고기 두 마리와 보리빵 다섯 덩이로 장정 5천 명을 포함한 수만 명을 먹이고도 12바구니가 남게 하시는 등의 표적을 행하셨다. 이를 보고도 그분이 메시야라는 사실을 깨닫지 못하는 군중에 대한 안타까움을 표하신 말씀이다. 주님은 군중에게,

"썩는 양식을 위해 일하지 말고 영생하도록 있는 양식을 위해 일하라(요6:27)."고도 말씀하셨다. 여기 "일"이란, "하나님이 보내신 자(주님 자신)를 믿는 것(요6:29)"라고 말씀하셨다. 세상에서 가장 귀중한 일은, 온 세상을 주고도 살 수 없는 자기를 살리는 예수님을 구주로 믿는 신앙생활을 하는 것이다. 여기 '양식'이란 생명과 다름없다. 영농기술이 발달한 오늘날도 해마다 인류 중 어린이들만 3천만여 명이 굶어죽고, 7분의 1 곧 10억 명이 굶주리고 있다고 한다. 하물며 2천 년 전 주님 당시 로마의 식민지인 이스라엘의 식량 사정이 매우 어려웠을 것이다. 지금 굶주리는 수백만 북한 동포들에게 양식은 곧 생명과 같지 않은가? 물도 그렇다. 팔레스타인에는 2, 3년씩 비가 오지 않을 때도 있다. 10여 년 전 유니세프는, 팔레스타인 가까운 아프리카에서는 20만 원에 펌프 1대를 박아주면 물이 없어 죽어가는 사람 2백 명을 살릴 수 있다고 했다.

이처럼 기갈로 죽어가는 사람에게 물과 음식이 주어졌을 때 그걸 취하는 모습을 상상해보라. 그런 갈급한 마음으로 주님을 구주로 믿으라는 것이다. 목숨을 위해 양식이나 물을 꼭 먹고 마셔야 한다. 그러나 그런다고 영생하지는 못한다. 영생하는 길은 오직 살이 찢기고 피를 흘리신 주님을 굶주린 자가 음식을 먹고 마시듯이 절실하게 믿는 것뿐이다(요14:6). 그런 뜻에서 주님은, "내 살은 참된 양식이요, 내 피는 참된 음료이다(요6:55)."라고 하신다.

성경에 "잔다."거나 "첫 사망"이란 말은, 이 세상을 떠난다는, 죽는다는 말이다. 이 세상을 떠나되, 부활을 전제로 "죽지 않는다(요11:26)." "천국에서 영생한다."고 말한다. 성경에 "죽는다.",

"멸망한다."는 말은, "불못" "지옥 불구덩이"에서 영원한 고통의 삶을 산다는 것을 뜻한다. 이것을 "둘째 사망(계20:15)", "영생(요3:16)"에 대한 반대 개념인 "영벌"이라도 한다(마25:46).

그대여, 하나님께서 외아들을 십자가에 못 박을 만큼 우리를 사랑하시는 그 사랑을 어찌 다 형언할 수 있겠는가. 누가 그대를 위해 손가락 하나라도 선뜻 잘라주겠는가? 그런데, 예수님은 인간의 모습으로 이 땅에 오셔서 살과 피와 진액까지 다 주셨다. 앞에서도 잠간 언급했지만, 나는 처음 믿을 때 하나님의 사랑과 주님의 그 십자가 은혜가 너무나 감사해서 성가대원으로 사람들 앞에서 찬양을 하거나 나중에 대표기도를 드리면서도 흐르는 눈물을 주체하지 못할 때가 종종 있었다. 내 경우 당시로선 죽음의 병인 폐결핵으로 인한 죽음의 공포와 고통에서 건져주셔서 더 감사하게 되었을 것이다. 지금도 새벽기도 등 길게 기도드릴 때는 성 삼위 하나님의 구원의 은혜와 망극한 사랑과 보호 인도하시는 역사役事에 감사와 찬양부터 드리며, 때로는 피 흘리시는 주님의 모습을 바라보며 감사함과 내 불충함 때문에 뜨거운 눈물로 회개하게 된다. 그대 역시 불못에 던져질 죄인인 자기를 구원하려고 하늘 보좌를 버리고 이 땅에 와서 십자가를 지신 그리스도의 사랑과 은혜를 깊이 깨닫게 되면 감사의 뜨거운 눈물을 흘리지 않을 수 없을 것이다. 주님은 그 마지막 밤에도 늘 기도하시던 감람산에 가셔서,

"내 아버지여, 만일 할 만하시거든 이 잔을 내게서 지나가게 하옵소서. 그러나 나의 원대로 마옵시고 아버지 원대로 이루소서(마26: 39~44)."

라고 성부께 세 번 기도드렸는데 얼마나 간절하고 힘들었던지,

"땀이 땅에 떨어져 핏방울 같이 되었다(눅22:44)."

고 의사인 누가는 기록하고 있다. 하나님이면서 인간의 몸을 입으셨기 때문에 이튿날 당할 말할 수 없는 고통을 생각할 때 너무 두려워서 이런 기도를 드리셨던 것이다. 그러나 주님은 제자들에

게 예언하신 대로 일체 말없이 말할 수 없는 고난을 '아버지의 원대로' 당하셨다. 우리는, 주님의 고난이 그대와 나를 포함한 인류의 죄와 허물 때문임을 시인해야 한다. 말씀을 한 번 더 보자.

"네가 만일 네 입으로 예수님을 구주로 시인하며, 또 하나님께서 그분을 죽은 자 가운데서 살리신 것을 네 마음에 믿으면 구원을 얻는다. 사람이 마음으로 (예수님께서 구속하셨음을) 믿어 '죄 없다(의롭다)'하심을 얻고, 입으로 (예수님은 나의 구주라고)시인함으로 구원을 얻는다(롬10:9~10)."

이 '믿음'과 '시인'은, 교회 초기인 로마시대에 성도들이 화형과, 사자 밥이 됨과, 몸에 기름을 발라 불태워져 가로등이 됨을 당하는 박해에도 굴하지 않고 '시저는 황제요.'라고 하듯이 "예수는 그리스도시요."라고 당당히 말했다는 것을 뜻한다. "예수 그리스도"라는 말은 "예수는 그리스도시요"라는 말을 줄인 말이다.

우리가 보통 "나는 예수 믿는다."고 다른 사람에게 말하는 것도 시인이고, 전도는 적극적인 시인이며 믿음의 산 고백이다.

"누구든지 사람 앞에서 나를 시인하면 인자도 하나님의 사자들 앞에서 저를 시인할 것이요, 사람 앞에서 나를 부인하는 자는 하나님의 사자들 앞에서 부인함을 받는다(눅12:8,9)."

역사적으로 신앙고백 때문에 최초의 순교자 스데반 집사로부터 요한을 제외한 모든 사도들을 비롯한 수많은 성도들이 순교했으며, 한국교회사에도 주 기철, 전 덕기 목사님, 시인 윤 동주, 유 관순 의사 등 헤아릴 수 없이 많은 성도들이 독립운동과 신사 참배 반대 등으로 일제에 의해 순국 순교했다. 특히 주 목사님은 많은 대못을 박은 널빤지를 뒤집어놓고 그 위를 걷게 하는 극악한 고문을 당하면서도 주님을 부인하지 않았다고 한다.

6.25사변 때도 수많은 목사님, 장로님들을 비롯한 성도님들이 공산군에게 예수 이름을 부인하지 않음으로써 온갖 잔인한 방법으로 순교를 당했다. 전남 영광군 염상교회의 노 병재 집사님은 40

여 명의 성도님들의 몸에 돌을 매달아 바다에 밀어 넣어 죽일 때, 돌을 달지 말라고 한 뒤 "천성에 가는 길 험하여도 생명 길 되나니 은혜로다"라는 찬송가를 부른 후 스스로 몸을 던져 순교했다고 한다. 교회사에 전해지고 있는 시골 어느 교회에서 있었던 일이다. 한 여 집사님은 남편이 교회에 가지 못하게 몽둥이질을 해도 가고, 머리를 깎으면 수건을 쓰고 다녔으며, 옷을 빼앗으면 홑이불을 감고 교회에 나갔다. 도저히 막을 수 없는 그 남편이, 자기 아내가 '교회에서 무슨 짓을 하나' 가만히 따라가 봤다. 그런데, 그렇게 핍박하는 자기를 위해 통곡하며 기도하는 게 아닌가. 통곡하다가 흐느껴 울면서 사랑하는 남편이 주님을 몰라서 핍박하는 것이라며, 남편을 구원해 달라고 애절하게 호소하는 것을 본 그는 깊이 뉘우쳐 주님께 돌아왔다고 한다. 나는, 그대가 예수님을 구주로 믿고 시인해서 구원받기를 바란다.

 시의 벤치

　인류역사 무대에 등장한 당신을 구세주라고 소개한 세례 요한을 "여자가 낳은 사람 중 가장 큰 자"라 격찬한 예수님께서 "세상에서 가장 작은 자라도 천국에 간 자는 세례 요한보다 큰 자"[1]라 하셨네.// 또 전도에서 돌아온 제자들이 "주님, 주님의 이름으로 기도하니, 귀머거리가 듣고 앉은뱅이가 일어나며 온갖 병이 낫고 귀신이 쫓겨납디다."라는 보고에// "너희 이름이 천국에 기록된 것을 그보다 더 기뻐하여라."[2] 고도 말씀하셨네.// 이 땅의 공자 석가 소크라테스보다 위대한 세례 요한, 이 땅에서 예수를 구주로 믿음으로 이미 천국으로 옮겨진 사람은[3] 그 요한보다 위대한 진정한 위인이란 말씀만 생각하면, 나는 기뻐서 밤중에도 조용조용 찬양하지 않을 수 없네.
　　　1. 누가복음7:28.　2. 누가복음10:20.　3. 요한복음5:24
　　　　　- 최 진연, 「진정한 위인」

24. 저들의 잘못을 용서해주소서

유교, 불교는 공자나 석가가 빠져도 그 경전만으로도 종교가 된다. 그 경전에 담긴 교훈을 따르는 것 이상을 요구하지 않기 때문이다. 그러나 기독교에서 예수님을 빼면 종교가 되지 않는다. 구약성경은 그분이 오실 예언과 신약성경은 오셔서 하신 말씀과 행적 및 다시 오실 것을 말씀한 것일 뿐이며, 구원은 그분을 믿음으로만 얻어지는 것이기 때문이다. 메시아 예언을 한 번 더 보자.

"그 때에 소경의 눈이 밝을 것이며, 귀머거리의 귀가 들을 것이며, 저는 자는 사슴같이 뛸 것이며, 벙어리의 혀는 노래할 것이니, 이는 광야에서 샘물이 솟아오르고 사막에서 시냇물이 흐를 것이기 때문이다. 뜨거운 사막이 변하여 못이 되고,...마른 땅이 샘이 되며...풀들과...자랄 것이며(사35:5~7)" "긍휼과 자비가 풍성하신 메시아(시106:45)" "인생의 병고病苦를 지러 오시는 분(사53:4)"

이란 예언대로 이 땅에 오신 예수님을 구주로 믿을 때 귀신들린 자로부터 귀신을 쫓아내시고, 눈먼 자들을 보게, 귀머거리들을 듣게, 앉은뱅이들을 걷고 뛰게, 문둥이들을 깨끗하게, 벙어리를 말하게 하시고, 죽은 자들을 살려주셨다. 이런 육체적 구원을 통해 예수님이 전능하신 하나님께서 인간의 몸으로 오신 메시아임을 알게 하셨다. 이를 사도 마태는, "우리 연약한 것을 친히 담당하시고 병을 짊어지셨다."라고 그 예언들이 성취되었음을 기록했다(마8:17).

예수님은, 의술이 발달치 못한 당시에 고통 받는 사람들을 고쳐주심으로써 하나님의 사랑과 전능하심을 나타내셨다(마8, 9장 등).

하나님께서, 의술이 발달한 오늘날에는 의사가 할 수 있는 일까지 해주지는 않으시는 게 보통이다. 그러나 주님은 지금도 경우에 따라서는 그 영혼 구원을 위해서 당신의 신실한 사람들을 통해서 육신의 질병을 고쳐주신다. 또 삶의 고통을 통해서 사람들을 불러 기도하게 하여 문제를 해결해주신다. 지혜로운 자들은 그 말씀을 듣고 믿으나(요4:41), 완고한 자들은 예나 지금이나 잘 믿지 않으므로 기적을 베풀어 그 영혼 구원하기를 원하시기 때문이다.

"내가 하늘에서 내려온 것은 내 뜻을 행하려함이 아니요, 나를 보내신 아버지의 뜻을 행하려 함이다. 나를 보내신 아버지의 뜻은 아들을 보고 믿는 자마다 영생을 얻는 것이다. 그리고 내가 마지막 날에 그들을 다시 살릴 것이다(요6:38~40)."

이런 말씀을 통해서 예수님을 그리스도로 믿는 게 보통이다.

"너희가 만일, 내가 그(메시아)인 줄 알고 믿지 않으면, 너희가 너희 죄로 죽을 것이다(요8:24)."

이런 말씀을 수없이 들려주어도 도무지 믿지 않는 완악한 자들을 보시고 주님은 탄식하시면서 이렇게 비유하셨다.

"나팔을 불어도 춤추지 않고 애곡을 하여도 울지 않는 자들(마11: 17)"

"아버지께서 내게 주셔서 이루게 하시는 일들 곧 내가 하는 그 일들(표적) 자체가 아버지께서 나를 보내셨음을 증명한다(요5:36)."

"내가 행하는 일을 보고라도 나를 믿어라(요14:11)."

라는 말씀까지 하시면서, 제발 당신이 메시아이심을 믿어서 구원받으라고 호소하셨다. 지금도 주님은 신자들을 통해서 놀라운 치료를 비롯한 기적도 일으키시면서 당신을 구주로 믿으라고 호소하신다. 주님은, 인생의 무거운 짐을 대신 져주시고(마11:28), 죄와 질병 등의 모든 고통을 대신 지고 십자가에 죽으심으로 인류 구원의 길이 되어주셨다. 그 길을 가야만, 예수님을 생명의 구주로 믿어야만 기쁘게 살다가 천국에 들어갈 수 있다.

"여호와께서 그로 상함을 받게 하시기를 원하여 병고를 당하게 하시니... 많은 사람을 의롭게 하며 또 그들의 죄를 담당할 것이다(사 53:10~11)."라는 예언대로, 하나님께서 예수 그리스도에게 우리의 병고를 지우시고 우리의 죄를 담당시키신 것이다. 그러나 우리 주변에는 아직도 신자들을 통해서 이처럼 호소하시는 주님의 부르심을 외면한 채 완고함으로 멸망의 길을 가고 있는 사람들이 적지 않아 참으로 안타깝다. 그대는 절대로 그런 완고하고 완악한 불행한 자가 아니기를 바란다. 예수님은 인류를 위한 구속의 희생이 되라는 성부의 뜻대로, "도수장屠獸場으로 끌려가는 어린 양과 털 깎는 자 앞에서 잠잠한 양처럼(사53:7)"이란 예언대로 말없이 온갖 수욕羞辱과 고난을 당하셨다(마26장).

그런데, 십자가에 달리기 위해 예루살렘에 올라가야 한다는 주님의 말씀을 들은 베드로는, "주여, 그리 마옵소서. 결코 그런 일이 있어선 안 됩니다."라고 반대했다. 이에 예수님은,

"사탄아, 내 뒤로 물러가라. 너는 나를 넘어지게 하는 자이다. 네가 하나님 일을 생각지 않고 도리어 사람의 일을 생각하는구나!"

라고 꾸짖으셨다(마16:21~23). 베드로는 조금 앞서,

"주는 그리스도이시며, 살아계신 하나님의 아들이십니다(마16:16)."

라고 신앙을 고백했으나, 한 순간 저도 모르게 사탄의 궤계에 빠져 인류 구원을 이루시려는 하나님의 뜻에 방해되는 말을 했기 때문에 주님의 꾸중을 들은 것이다.

예수님이 베푸신 많은 표적을 보아온 베드로는 다른 제자들과 함께, 주님께서 왕이 되어 그 놀라운 능력으로 로마의 식민통치를 벗어나게 하고, 다윗 왕처럼 큰 제국을 세우실 세속의 왕으로 오신 것으로 오해하여 그런 말을 한 것이다. 제자들은 저마다, 이제 주님이 예루살렘에 올라가 등극하시면 한 자리 하겠다는 꿈에 부

풀어 있었다. 하루는 야고보와 요한 형제가,

"선생님의 영광 가운데서 저희가 하나는 선생님의 오른쪽에 하나는 왼쪽에 앉게 하소서(막10:37)."

라고 예수님께 청했다. 이들은 성모 마리아의 이질(조카)들이어서 그런 청을 했을 것인데, 이는 십자가를 지기 위해 예루살렘으로 올라가시는 주님의 고뇌를 조금도 이해하지 못한 제자들의 모습이다. 주님은 당신의 고뇌를 짐작조차 못한 채 이런 엉뚱한 청을 하는 것에 하도 어처구니없고 기가 막혀서 이렇게 물으셨다.

"너희가 구하는 것을 너희가 알지 못하는구나. 너희가 나의 잔을 마시며, 내가 받는 세례를 받을 수 있느냐?"

여기 "잔"과 "세례"란 십자가 고난을 뜻하는데, 그걸 모른 그들은, "저희가 할 수 있습니다."라고 대답했다.

예수님은, 이런 제자들을 향해서 이렇게 말씀하셨다.

"인자는 섬김을 받으러 온 것이 아니라 섬기러 왔고, 자기의 목숨을 많은 사람들을 위한 대속물代贖物로 주기 위해 왔다(막10:35~45)."

"내가 주主이며 선생으로서 너희 발을 씻겨주었으니, 너희도 서로 발을 씻겨주어야 한다(요13:14)."

라는 말씀도 하셨다. 최후의 만찬을 나누던 저녁에 가장 낮은 종이 상전에게 하듯이 주님께서 제자들의 발을 다 씻겨주심으로써 섬김의 본을 보인 뒤에 이 말씀을 하신 것이다. 이제 당신이 하시던 구원사역을 제자들에게 맡기고 이 땅을 떠나 하늘나라로 돌아가실 때가 되었기 때문이었다.

그러나 제자들은, 십자가에 못 박히신다고 누누이 하신 주님의 말씀들이 귀에 들어오지 않았던 것 같다. 죄가 전혀 없으시며, 선한 일만 하신 주님이 십자가형을 당한다는 게 도무지 곧이들리지 않았기 때문일 것이다. 그러나 주님은 예언대로 그 길을 가셨다. 대제사장들과 그들의 사주를 받은 군중이 인간 죄인의 대표로 상징되는 살인자 바라바를 석방하고 예수를 십자가에 못 박으라고 빌라도에게 소리쳤다. 이 군중의 외침에 굴복한 빌라도에 의해 주님은 두 살인강도 사이에 십자가에 달려 죽으셨다(마26, 22, 23장). 함께 달린 사형수 중 왼쪽에 달린 자는 모진 말로 주님을 모욕했으나, 그를 꾸짖은 하나는, "당신의 나라에 임하실 때 나를 생각하소서."라고 주님께 기원하였다. 이에 예수님은,

"오늘 네가 나와 함께 낙원에 있으리라."고 말씀하셨다(눅23:32~43요약). 또 주님은 자신을 못 박는 로마 군병들을 위해,

"아버지여, 저들을 용서해주소서. 저들이 자기가 하는 짓을 알지 못해 이렇게 합니다(눅23:34)."라고 원수를 사랑하라고 가르치신 대로 기도해주셨다.

그대는, 이런 주님의 모습에서 참으로 "하나님은 사랑이시구나!(요일4:16)"라는 감동을 느끼지 않는가? 예수님은, 인류의 대속자代贖者*이시면서도 범죄자 중 하나로 취급을 받았다. 그러나 자신을 못 박는 자들을 위한 이 기도 역시, "그가 많은 사람의 죄를 대신 지며, 범죄자를 위하여 기도하였다(사53:12)."는 예언의 성취이다. *인류의 죄 값에 대신 죽으신 구속자란 뜻.

또 예수님은 십자가에 달릴 때 견딜 수 없는 고통 가운데서,

"나의 하나님, 나의 하나님, 어찌하여 나를 버리십니까(마27:46)."

라고 기도하신 것도 예언(시22:1)의 성취이다. 주님에 관한 예언과 그 성취를 다 보자면 끝이 없을 듯하니 여기서 줄이자. 다만 나는, 그대가 이런 성경말씀을 통해서 구원의 도리를 깨닫고 주님을 구주로 영접하게 되기를 바랄 뿐이다. 예수님을 그대의 구주로 마음 문을 열고 모셔 들이고, 입으로 시인하는 여부는 그대의 자유선택 사항이지만, 나는 그대가 이 자유를 참으로 현명하게 사용하기를 바라마지 않는다. 성자 하나님께서 구약의 예언을 인용,

"너희가 성경에서 영생을 얻는 줄 알고 자세히 생각하며 읽는데, 이

성경이 나에 대하여 증거하고 있다(요5:39)."라고 말씀하셨듯이 예언에 따라 오신 그분을 구주로 믿어야 영원한 복락의 삶을 누리게 된다는 말씀이다. "듣기는 들어도 깨닫지 못하고 보기는 보아도 알지 못하는 자(사6:9)"는 예언과 같이 주님을 구주로 알아보지 못해서 믿지 않는 불행한 사람들은 예수님 당시처럼 언제나 있게 마련이지만, 믿는 자는 구원을 얻는다. 영생의 소망을 안고 환희에 찬 새 삶을 살기를 원하는 영혼의 갈망대로, 그대가 오직 순종simple obedience함으로 마음의 문을 열고 예수님을 구주로 영접하고, 교회당으로 들어가 예배드리는 실행만이 영생복락을 확보해준다. 당신을 못 박는 자들까지 위해서기도해주신 예수 하나님은 당신 품으로 돌아오는 사랑하는 이들에게 이렇게 말씀하신다.

"내가 네 허물들을 구름같이, 네 죄악들을 안개같이 없애버렸으니, 내게로 돌아오너라. 내가 너를 구속救贖하였다(사44:22)."

 *시의 벤치*

책을 읽다가 문득문득
손이 불에 닿은 듯 소스라친다.
40대 초반부터 근40 년
돋보기 없이는 글을 못 읽던 내가
나이 80에도 깨알 같은
잔글자들을 맨눈으로 읽고 있는 자신에
문득문득 놀라워 머리를 숙인다.
지하철 경로석에서 독서할 때/ 그게 보이냐는 놀라움으로/
옆의 승객이 물을 때/ 미소로 고개 끄덕이는 기쁨에
절로 머리 숙여지는 영혼/ 속에서 솟아오르는 감사의 샘물이
심령 가득 넘쳐흐른다.
　　　　　　- 최 진연, 「문득문득」

25. 내가 다 이루었다

주님은 금요일 오전 9시에 십자가에 못 박혀 오후 3시에 운명하셨다(막15:25, 34). 그 6시간의 고통이 어떠했을까! 그러나 성부 하나님은, 아들이 아닌 전 인류의 죄 값을 치르는 희생 제물로만 보셨기 때문에 십자가에서,

"나의 하나님, 나의 하나님 어찌하여 나를 버리십니까?(마27:46)"

라고 말씀하시며 고통으로 신음하시는 예수님을 외면하셨다.

"내가 목마르다."고 하심에 누군가 해융海絨에 신 포도주를 적셔서 입술에 대어주자 얼굴을 돌리셨다. 마취되지 않은 상태에서 인류의 모든 죄 값을 성부께 완전하게 지불하시기 위함이었다. 마지막 남은 힘을 다해, "내가 다 이루었다."고 하신 뒤 영혼이 떠났다(요19:28~30). "다 이루었다"는 말씀은, 성부 하나님께서 인류를 얼마나 사랑하시는가를 알리고, 천국 복음을 전한 다음, 대속의 희생제물이 되라고 하신 성부의 뜻을 다 이루어드리셨다는 말씀이다. 말할 수 없는 그 고통을 참아내고 죽음으로 인류 구원의 길을 완성하신 것이다. 성경에 따르면 운명하시는 순간 예루살렘 성전의 성소와 지성소 사이를 막고 있던 휘장이 위에서 아래까지 좍 찢어졌다. 성소는 사람들이 경배하는 곳이고, 지성소는 하나님의 임재를 상징하는 곳이다. 대제사장 가운데서 그 해에 가장 정결한 자로 뽑힌 한 사람만이 1년에 한번 흠 없는 수송아지의 피를 들고 들어가서 사방에 뿌리고 하나님께 자신과 백성들을 위해 사죄의 은총을 간구하는 기도를 드린다. 대제사장은 긴 통치마 같은 성의

聖衣 아랫단 둘레에 방울을 여러 개 달고, 허리에 긴 밧줄의 한 끝을 묶고 들어간다. 만약 안에서 방울소리가 들리지 않으면 죄로 죽임을 당한 줄 알고 밧줄을 당겨 성소로 끌어낸다(출28:33~35). 그 시체를 끌어내려고 사람이 지성소에 들어갔다가는 또 죽게 되므로 그렇게 했다. 이와 같이 죄인은 하나님 앞에 나아갈 수 없다. 하나님은 죄와 함께 하지 아니하시고(롬3:23), 엄위하시며 결코 만홀漫忽히 여김을 받지 아니하시기(갈6:7) 때문이다. 이 두 곳을 가로막던 두꺼운 휘장이 찢어져 하나로 튄 것은, 주님의 죽으심으로 인간과 하나님 사이의 죄의 장벽이 사라졌음을 보여주신 것이다. 그때 땅이 흔들리고, 정오부터 캄캄하던 하늘에서 번개 천둥과 함께 소낙비가 쏟아졌다. 지키고 섰던 로마 군인들은 두려워 떨면서, "이는 진실로 하나님의 아들이구나!"라고 말했다(마27장).

예수님은 전 인류를 대신한 영원한 대제사장으로서 송아지 피가 아닌 고귀한 당신의 피를 가지고, 인간이 손으로 만든 지성소가 아닌 하늘의 하나님이 계신 곳에 친히 들어가 우리의 죄 값을 다 치르셨다. 인간의 성소와 하나님의 지성소 사이 휘장이 찢어진 것도 하나님께서 누구든지 예수님을 구주로 믿으면 그를 의롭다 하시고, 당신 앞에 나아갈 수 있게 하신 것이다(마27장, 히9장).

"예수를 구주로 믿는 사람은 택하신 족속이요, 왕 같은 제사장이요, 거룩한 나라요, 그의 소유된 백성이다(벧전2:9)."

사도 바울은 하나님의 사랑을 이렇게 쓰고 있다.

"우리가 아직 죄인 되었을 때 그리스도께서 죽으심으로 하나님께서 우리에게 대한 당신의 사랑을 확실히 증명해 보이셨다(롬5:8)."

이는, 하나님은 공의롭고 엄위하신 분이시나, 죄로 인한 저주와 죽음으로부터 인류를 구원하기 위해 그 아들을 이 땅에 보내어 희생하심으로써 우리를 얼마나 사랑하시는가를 확증하셨다는 말씀이다. 그대가 아버지라면 그대의 하나뿐인 아들을 남을 살리기 위해 죽음에 내줄 수 있겠는가? 아버지 말에 그렇게 순순히 따를 자녀도 없겠지만… . 그런데, 하나님은 성자 예수님을 우리의 죄 값에 죽도록 내어주셨고, 성자는 성부의 뜻에 순종해서 십자가에서 죽으심으로써 그 뜻을 다 이루셨다. 예수님 같은 효자가 또 있을까?

예수님은 엄동에 방 한 칸 내어주지 않는 인심 고약한 동네 베들레헴의 한 마구간에서 태어나셨고, 가난한 목수 요셉의 가정에서 인생의 쓴맛을 친히 체험하며 자라셨다. 요셉이 일찍 죽자 가장으로서 마리아와 그미의 네 아들과 딸들을 부양하느라 30세까지 간고艱苦를 많이 겪으셨다. 그것을 하나님은 성경에 예언하셨다.

"(그는) 연한 순 같고 메마른 땅에서 자라는 줄기 같아서 고운 모양도 없고 풍채도 없으므로 사람들이 보기에 흠모할 만한 아름다운 것이 없으며, 간고를 많이 겪고 질고를 아는 자(사53:2~4)"

라는 예언대로 사셨다. 메시아로서의 공생애公生涯 3년 동안에 자기 소유라고는 아무 것도 없이 사셨다. 항상 병자, 가난한 자, 세리들, 창녀, 죄인임을 고백한 연약한 사람들과 함께하시면서 사셨다. 그런 주님이 날이 어둑어둑 저물 때면 발길 향할 숙소가 없어 막막함을 느끼면서, 이렇게 쓸쓸하게 말씀하신 적도 있다.

"여우도 굴이 있고 공중의 새도 거처가 있으되 오직 인자는 머리 둘 곳이 없구나!(마8:20)"

우주를 창조하시고 소유하신 주님께서, 당신의 땅에 오셔서 이렇게 친히 간고한 인생을 사셨기 때문에, "우리의 **연약함을 동정하지 못하실 분이 아니시다**(히4:15)." 그 한 예로 수가 성 여인을 보자.

주님은, 어느 날 갈릴리 지방으로 가시기 위해 이른 아침에 조반도 못 들고 서둘러 유대 땅을 떠나셨다. 폭염 속에 건조한 길을 6시간 이상 걸어서 정오에 사마리아 지방의 수가라는 동네 우물가에 도착하여 털썩 주저앉으셨다. (요4:6). 너무 시장하고 지치셨기 때문이다. 그 동네에 매우 비참한 한 여인이 살고 있었는데, 그 영혼을 구원하기 위해 가신 것이다. 그미가 타락한 원인이 자세히 기록되지 않았으나, 성경을 묵상해보면, 첫 사랑에 실패한 뒤 그 상처가 겨우 아물 때쯤 두 번째 남자를 만났을 것으로 추측된다. '다시는 실패하지 않으리라'는 각오로 정성을 다해 사랑했으나, 그 남자에게도 버림을 받자 그미의 심령은 조각조각 깨어진 항아리 같았을 것이다. 순결한 처녀가 사랑에 거듭 실패하자 그 심정은 남성에 대한 적개심으로 가득 찼을 듯하다. 그래서 남자들을 유혹해 그 가정을 파괴하고 고통을 주는 복수심의 화신이 되었을 것이다. 지금 여섯째 남자에게 딴 살림을 차리게 한 그미는 정숙한 여인들 틈에 끼지도 못해서 우물물도 정오에 혼자서 길러야 했다. 인간쓰레기 취급을 받는 고급 창녀로 세상에서 가장 소외되고 처참하게 상처받으며 자기혐오감에 빠져 사는 죄인이 된 것이다.

우주의 왕이신 그리스도께서 이 미천하고 사랑에 굶주린 상처투성이 여인을 구원하기 위해 물 길러 나오는 시간에 맞춰 그 곳에 도착하기 위해 이른 아침 서둘러 길을 떠나 이제 그미 하나를 상대로 긴 설교를 하신다. 마침내 죄를 깨닫게 하신 후 오직 소망이라곤 메시야 오시기만 기다린 그미가 회심回心의 단계에 이르게 하신 다음, "네게 말하는 내가 메시야이다."라고 밝히셨다. 주님을 만난 그 순간 그미는 놀라움과 기쁨 속에 마치 번데기가 나비로 변신하듯 완전히 변했다. 지금까지 입은 상처투성이의 죄인은 죽고 순간적으로 새사람의 영적 탄생이 이루어졌다. 그미는 주님께서 하신, "진리를 알지니, 진리가 너희를 자유하게 하리라(요8:32)."는 말씀대로 죄와 세상 올무와 죽음으로부터 완전히 자유로운 새로운 피조물이 된 것이다. 사람들 앞에 감히 얼굴도 못 들던 그미가 기뻐서 물동이를 버려 둔 채 치마폭을 펄럭이면서 미친 듯이 동네로 뛰어가서, 이렇게 외쳤다. "내가 메시야를 만났다, 와 봐라(요4:29)!"

남성에 대한 증오심, 혐오감, 복수심, 그리고 행복한 가정들을 파괴해온 죄책감과 사람 축에 끼지도 못하는 열등감의 자의식 등에 얽매여 살던 비참한 옛사람은 죽고 성령으로 다시 태어났기에 그미는 그렇게 사람들 앞에 당당히 나설 수 있게 된 것이다.

"누구든지 그리스도 예수 안에 있으면 새로운 피조물이다. 이전 것은 지나갔으니, 보라 새것이 되었다(고후5:17)."

라는 말씀같이 그미는 영적으로 재탄생한 것이다. 예수님은, "육으로 난 것은 육이요, 성령으로 난 것은 영(요3:6)"이라고 하셨다. 사람이 당신을 구주로 믿으면, 육체가 어머니의 몸에서 출생하듯이 성령의 역사로 영적인 새사람으로 태어난다는 말씀이다. 그래야 천국을 볼 수 있고, 거기에 갈 수 있다고 말씀하셨다(요3:1~10).

주님도, 새 생명을 얻은 기쁨에 미친 듯이 동네로 뛰어가는 그미를 바라보며 얼마나 기쁘셨던지, 목마름, 허기, 피로도 다 잊으신 채, "나는 너희가 알지 못하는 양식을 먹었다. 나의 양식은 나를 보내신 분의 뜻을 행하며, 그분의 일을 온전히 이루는 것이다." 라면서 제자들이 동네에서 구해 온 음식을 권하여도 들 생각도 않고 흥분 상태로 기뻐하셨다(요4장). 이것이 긍휼이 풍성하신 주님께서 연약한 인생을 불쌍히 여겨 도우시는 모습이다. 우주의 왕이신 존귀하신 그분에 비하면 미천하기 이를 데 없는 한 인간을 찾아와서 구원해주심으로 그미가 인생의 모든 올무로부터 자유를 얻은 새사람이 된 것을 보고 기뻐하시는 그 지고한 사랑의 모습을 깊이 생각해보라! 나는 그대를 비롯한 모든 사람에게 이 크고도 절대적인 사랑을 알리지 않을 수 없어 이 글을 쓰는 것이다.

주님은 이렇게 복음을 전하시다가 대속의 희생제물이 됨으로써 생명구원의 길이 되라는 성부 하나님의 뜻을 다 이루셨다. 인류에 대한 망극한 사랑을 이렇게 실천하셨고, 지금도 신자들을 통해서 구원의 은혜를 베풀고 계신다. 당신을 구주로 믿기만 하면 누구에게나 이 큰 사랑으로 함께해주시고 천국 가는 길이 되어주신다.

그대는 이런 주님의 사랑을 받으면서 인생의 모든 짐을 전능하시고 전지하신 주님께 맡기고 인생의 모든 속박으로부터의 참 자유를 누리면서 살다가 그분과 함께 천국에서 영생하고 싶지 않은가?

 *시의 벤치*

교도관으로 오래 일한 어떤 이가
죽음을 맞는 모습이 두 부류라 했네.
형 집행을 최후로 선언하고
유언을 말하라는 재판관 앞 사형수들은
도살 직전의 짐승같이 벌벌 떨며
오줌똥을 싸는데. 그런 부류는 모두
불신자거나 우상 잡신 숭배자들이었다네.
또 한 부류는 예수를 구주로 믿고
죄를 깊이 참회하는 자들
평안한 얼굴로 찬송하며
손 흔들면서/ 여행 떠나듯이 떠나더라고 했네.
이런 두 죽음을 오래 동안 보아온 그는
스스로 예수를 하나님의 아들 구주로 믿고
천국영생의 소망을 가지게 되었으며
자기 가족뿐 아니라 동생들 가족
처족들까지 다 예수를 구주로 믿게 했다네.
그는 자신이 본 신자들처럼
천국낙원으로 이사하는 소망 가운데
날마다 찬송하며 기쁘게 산다네.
                    - 최 진연, 「두 부류의 죽음」

26. 장사됨과 예언대로 부활하심

유대인들은 해 지는 시각 이후를 이튿날로 본다. 예수님의 대적들은 목요일 밤, 그들의 시간으로 치면 금요일에 주님을 체포하여 심문과 재판을 몇 시간 만에 엉터리로 해치우고 그날 아침 9시에 십자가에 못 박았다. 그 다음날 곧 토요일이 그들의 가장 큰 명절인 유월절 안식일이므로 그 성결聖潔을 지키기 위해 그 날이 되기 전 곧 해 지기 전에 장례까지 끝내야 되기 때문에 서둘렀던 것이다. 그들이 의도적으로 시간의 궁색을 노려서 처형 일정을 잡았을지 모르겠으나, 그 모든 것이 예언대로 이루어졌을 뿐이다.

예수님이 운명하신 후, 부자 요셉은 빌라도에게 찾아가 주님의 시체를 달라고 했다. 그는 로마통치 아래서 어느 정도의 자치권을 가진 유대의 국회와 대법원 역할을 한 '산헤드린' 71인 공회원의 한 사람이었다. 그는 자기를 위해 파놓은 새 무덤(굴)에 주님을 모셨다. 주님은 남의 마구간으로 오셨고, 무소유로 살다가 남의 무덤에 장사되셨다. 요셉과 같은 공회원이며 저명한 학자로 존경받는 니고데모도 시체에 넣을 향품香品 백 근을 가져와서 장례에 함께 참여했다. 그는 일찍이 남의 눈을 피해 밤에 주님을 찾아와서 육신이 어머니로부터 태어나듯이 예수님을 믿음으로써 성령의 역사에 의해 영적으로 새로 태어나야 하나님의 나라를 바르게 알 수 있고 또 거기 들어갈 수 있다는 말씀을 들은 사람이다(요3:1~15).

이 두 저명인사는 그 나라의 최고위층 사회에서 매장될까봐 공개하지 않았으나, 주님을 메시야로 믿는 신자들이었다. 그들은 그들의 높은 지위를 이용하여 피신해 있는 사도들이 하지 못할 주님의 장례를 주도했던 것이다. 오늘날도 교회에는 다양한 인사들이 다양한 위치에서 주님과 주님의 몸인 교회(골1:18)를 섬기고 있다.

유월절 안식일 후 첫날(일요일) 새벽, 막달라 마리아를 비롯한 여자 몇이 무덤을 찾아갔을 때 돌문이 굴려져 무덤 굴은 훤히 열려 있는데, 주님의 시체가 보이지 않았다. 여인들이, 그저께 당하신 십자가 고난을 떠올리면서, "누가 주님의 시체를 치웠을까?"라며 다시 슬픔에 복받쳐 있는데, 홀연히 주님께서 나타나셨다.

"너희가 평안하냐. 왜 산 자를 죽은 자 가운데서 찾느냐. 인자가 삼일 만에 살아나리라 하지 않았더냐. 빨리 가서 제자들에게 알려라."

고 말씀하셨다. 그들은, 고난당하기 전과 똑 같은 모습으로 부활하신 주님을 뵈니, 너무 놀랍고 기뻐서 급히 돌아가 그 사실을 제자들에게 알렸다. 이에 베드로와 요한이 달려가 무덤 속을 들여다보니 수의만 개켜져 있었다(요20장, 눅24장, 마28, 막16장). 은신처에서는, 그날 내내 주님의 부활 소식에 모두가 놀라움과 흥분으로 이야기꽃을 피우고 있었다.

그런데 주님은, 당신이 부활하실 것을 여러 번 예언하셨다.

"...장로들과 대제사장들과 서기관들에게 많은 고난을 받고 죽임을 당하고 제 삼일에 살아나야 할 것을 제자들에게 비로소 가르치시니(마16:21),..." "인자가 죽은 자 가운데서 살아날 때까지 본 것을 아무에게도 이르지 말라(막9:9)." "인자가 사람들의 손에 넘겨져 죽임을 당하고 죽은 지 삼일 만에 살아나리라(막9:31)."

"...채찍질하고 죽일 것이니, 저는 삼일 만에 살아나리라 하시되, 제자들이 이것을 하나도 깨닫지 못하였으니(눅18:32),"

예수님은 당신의 부활을 비유로도 여러 번 말씀하셨다.

"요나의 표적밖에 더 보여줄 것이 없다(마12:40)."

이것은, 선지자 요나가 하나님의 명령을 어기고 배를 타고 다시스로 가다가 풍랑을 만나 큰 물고기에게 삼켜져 3일 동안 그 뱃속에 갇혔다가 토해내침을 받아 살아난 비유이다. 주님께서 그처럼 죽은 지 3일 만에 무덤에서 부활하신다는 것이다. 주님은, 당신이 구주이심을 3년 동안 수없이 말씀하셨고 수많은 표적으로 그 사실을 보여주셨으나 구주로 믿지는 않으면서 계속 표적 보여주기만을 요구하는 불신자들에게 곧 고난을 당하실 것이므로 이 비유밖에 보여줄 게 없다고 하셨다.

또 주님은 고난을 앞둔 마지막 한 주간 동안 예루살렘 성전에서 복음을 가르치실 때, 사람들이 제물로 드릴 짐승들을 성전 안에서 매매하느라 성전을 도둑의 소굴로 만드는 것을 보셨다. 제사장들이 그 장사를 하게 함으로써 큰 이득을 취하는 것이었다. 이에 주님은 짐승들을 몰아내고 돈 바꾸는 상을 엎으시면서 대노하셨다.

"...내 아버지의 집을 장사하는 집으로 만들지 말라!"

고 질타당한 대적들이 군중 때문에 주님을 어쩌지 못한 채 다음과 같이 말했고, 그에 주님께서 대답하셨다.

"네가 이런 일을 행하니 무슨 표적을 우리에게 보이겠느냐?"

"너희가 이 성전을 헐라. 내가 사흘 동안에 일으키리라(요2:13~ 23)"

여기 '성전'은 벽돌로 지은 건물이 아니라, 곧 처형당하실 주님 자신의 몸을 가리키고, '사흘...'은 삼일 만에 부활하시겠다는 뜻으로 하신 말씀이다. 이와 같이 주님은 당신의 고난과 부활을 비유적으로도 여러 번 말씀하셨다. 그러나 제자나 대적들 가운데 누구도 그 말씀을 믿지 않았다. 사람이 부활한다는 것을 인간의 상식으로 상상조차 할 수 없는 일이기 때문이었을 것이다.

주님의 부활은 구약성경에도 이미 많이 예언되어 온 것이다.

"내 영혼을 음부에 버리지 아니 하시며, 주의 거룩한 자로 썩지 않게 하실 것이니(시16:10)," "하나님은 나를 영접하시리니 이러므로 내 영혼을 음부의 권세에서 구속하시리라(시49:15)." "사망을 영원히 멸하실 것이다(사25:8)."

이런 예언대로 부활하신 것이다. 구약성경은 주님의 부활은 물론 신자들의 부활도 다음과 같이 예언하고 있다.

"나의 이 가죽, 이것이 썩은 후에 내가 육체 밖에서 하나님을 보리라(욥19:26)." "주의 죽은 자들은 살아나고, 나의 시체와 함께 일어날 것이다. 티끌에 거하는 자들아, 너희는 살아나 노래하라. 주의 이슬은 빛난 이슬이니 땅이 죽은 자를 내어놓으리라(사26:19)."

"땅의 티끌 속에서 자는 무리들이 깨어날 것인데, 어떤 자에게는 영생이 있겠고, 어떤 자에게는 수치와 영원한 모욕이 있을 것이다(단12:2)."

그러므로 우리는 부활의 첫 열매가 되신 예수님처럼 부활할 것(고전15:20)을 믿기 때문에 신앙생활을 한다. 부활이 없다면 그리스도인의 신앙은 헛것이 된다. 부활 영생이 신자의 소망이다.

그대는 부활에 관해 어떻게 생각하는가?

이스라엘 사람들 가운데 부와 권력을 구가하는 정치권력 집단인 사두개파 사람들은 부활과 심판을 믿지 않았다. 그들의 한 사람이 예수님을 시험하느라 이런 질문을 했다.

"어느 가정에 칠 형제가 살았는데, 맏아들이 장가간 후 자식 없이 죽자 그 아내를 둘째에게 주었다. 이렇게 둘째부터 일곱째까지 다 그미를 아내로 취하였다가 죽고 그미도 죽었다. 부활이 있고 천국이 있다면, 그미는 장차 누구의 아내가 되겠느냐?" 이에 주님께서,

"너희가 성경도 하나님의 능력도 알지 못하므로 오해하고 있지 않느냐. 사람이 부활해서 저 세상에서 살 때에는 장가도 가지 않고 시집도 가지 않는 천사들과 같이 산다.(막12장, 눅20장 요약)."

고 말씀하셨다. 이것은 사람에게 부활이 있음을 명백히 밝힌 말씀이다. 또 예수님은 이런 말씀도 하셨다.

"하나님 앞에서 모든 사람은 영원히 산 존재들이다(눅20:38)."

이것은, 신자는 복락의 영생을, 불신자는 고통의 영벌의 삶을 산다(마25: 46, 계20:12~15)는 말씀이다. 불멸하는 영적 존재인 인간은, 신앙여부에 따라 신자는 복락의 천국에서, 불신자는 지옥에서 사는 것이 다를 뿐, 영원히 산다. 신앙은 바로 이 영생의 문제 때문에 가지는 것이다. 구약시대에 하나님을 잘 섬기던 에녹은 죽지 않고 바로 승천하였다. 그것을 성경은 이렇게 말씀하신다.

"하나님이 그를 데려 가시므로 저가 세상에 있지 아니하였다.(창5:24)." 선지자 엘리야도 그의 후계자 엘리사와 이야기를 나누고 있다가 갑자기 하늘로 들려 올라간 사실을 이렇게 기록하고 있다.

"홀연히 불 수레와 불 말들이 두 사람 사이를 가로막고, 그는 회리바람을 타고 승천하였다(왕하2:11)."

앞에서 보았듯이 주님께서 나사로, 과부의 아들 청년, 회당會堂 장 야이로의 딸을 살려내심으로 주님이 생명이시며 부활의 능력을 가진 분이심을 보여주셨다. 주님은 자신의 부활은 물론 신자들의 부활도 능히 이루어주실 분이심을 이렇게 말씀하셨다.

"나는 부활이고 생명이니, 나를 믿는 자는 죽어도 살겠고 살아서 나를 믿는 자는 누구든지 영원히 죽지 않을 것이다. 네가 이것을 믿느냐?(요11:25)"

이처럼 주님은 구약의 예언과 자신의 예언대로 부활하셨을 뿐 아니라, 그분의 부활을 믿는 우리에게도 부활이 있음을 말씀하셨고, 죽은 자들을 살려내신 일이나 산 자로서 죽음을 보지 않고 들려올라가게 하심으로 그 실상을 미리 보여주셨다. *회당synagogue: 유대인 공동체마다 있어, 우리의 학교와 교회의 일을 아울러 하는 종교 교육의 장소.

27. 부활하신 예수님을 만난 사람들

인류 구원의 최대 사건인 주님의 부활에 관해 좀 더 이야기를 나누자. 부활하신 첫날 제자들은 하루 내내 놀라움과 기쁨으로 그 이야기꽃을 피우고 있었다. 그날 새벽 무덤에서 부활하신 주님을 만났던 여자들과 그들의 말을 듣고 무덤에 다녀온 베드로와 요한이 한 말 곧 시체가 없는 빈 무덤에는 시신을 감쌌던 베만 가지런히 개켜져 있더라고 한 말, 또 나중에 베드로에게도 주님이 나타나셨다는 말(눅24:34) 등이 화제였다.

그런데, 그날 저녁에 주님의 처형에 실망하여 고향으로 내려간다며 무리를 떠났던 두 청년 제자들이 헐레벌떡 되돌아오더니,

"주, 주님이, 부, 부활하셨다!"고 헐떡거리면서 말했다. 그들이 이야기를 나누며 터덜터덜 걸어가는데, 한 양반이 옆에 오더니 무슨 이야기를 하느냐고 물었다. "아 글쎄, 여자 몇이 오늘 새벽에 무덤에 갔다가 부활하신 예수님을 만났다지만, 그 말을 믿을 수 있어야지요."라고 대답했다. 이에 그분이,

"미련하고 선지자들이 말한 모든 것을 마음에 더디 믿는 자들아, 그리스도가 이런 고난을 받고 자기의 영광에 들어가야 할 것이 아니냐."

고 나무라셨다. 그러고는, 부활의 예언들을 자세히 설명해주시는데, 그때 그들의 가슴이 뜨거워졌다. 고향 엠마오에 이르자 날이 저물어 집으로 모시고 들어갔다. 식사에 앞서 축사*하시는데, 그분이 바로 주님으로 보이더니 홀연히 사라지셨다. 놀란 그들은

식사고 뭐고 팽개치고 되돌아온 것이라 했다(눅24:13~35).

이들의 보고에 제자들은 더욱 큰 놀라움과 기쁨으로 흥분하게 되었다. *예수님이 식사하기 전에 성부께 감사하고 무리들을 축복하시는 기도.

바로 그때, 주님께서 회중 가운데 홀연히 나타나시는 게 아닌가! 문을 열지도 않고 나타난 주님은, 경악하는 제자들을 둘러보시면서 이렇게 말씀하셨다. "너희 가운데 평강이 있을지어다."

제자들은 그분을 생전의 주님과 다른 영(허깨비)으로 생각하여 놀라고 무서워했다. 부활하셨다는 여인들과 베드로, 그리고 방금 두 청년의 말을 들었지만, 정작 부활하신 주님을 뵈었을 때 놀라고 무서웠다. 부활을 상상도 못했으니까. 이에 예수님은,

"어찌하여 두려워하며 마음에 의심이 일어나느냐. 내 손과 발을 보고 나인 줄 알라. 또 나를 만져보아라. 영은 살과 뼈가 없으되 너희가 보는 바와 같이 나는 있느니라."라고 하시면서 손과 발을 보여주시는데, 제자들은 십자가에 박히셨던 못 자국을 보면서도 주님의 부활이 너무나 놀랍고 기뻐서 실감하지 못했다. 그때 주님께서,

"여기 뭐 먹을 것이 있느냐?" 하시기에 제자들이 구운 생선 한 도막을 드리니까 그들이 지켜보는 앞에서 다 드셨다. 의사인 누가는 과학자답게 주님의 부활을 실증적으로 전하려고 그 사실을 기록에 남겼다(눅24:42~430). 그 후 주님은 제자들에게 당신의 부활을 확실히 믿게 하시려고 이런 말씀을 하신 뒤 홀연히 사라지셨다.

"내가 너희와 함께 있을 때 너희에게 한 나의 말들, 곧 모세의 율법과 선지자들과 시편에서 나에 대해 기록된 모든 것들이 이루어져야 한다고 한 말이 이것(부활)이다." "그리스도가 고난을 받고 제 삼일에 죽은 자 가운데서 살아날 것과 또 그의 이름으로 죄 사함을 얻게 하는 회개가 예루살렘으로부터 시작하여 모든 족속에게 전파될 것이다. 너희는 이 모든 일의 증인이다(눅24장)."

그런데, 그 자리에 사도 도마는 없었다. 형제자매들이 그에게

이구동성으로 기쁨에 넘쳐서 주님이 부활하셨다고 말했다. 그러나 그 냉철한 이성주의자는 곧이듣지 않았다. 인간의 오감에 의한 인지능력에 의한 실증적 지식을 기반으로 한 이성으로 초이성적인 신앙적 진실의 수용여부를 결정하는 건 어리석은 잘못이다.

그런 도마는, "그래요? 그러나 나는 주님의 손에 난 못 자국을 내 손으로 만져보고, 그 옆구리의 창 자국에 내 손가락을 넣어보기 전에는 못 믿겠소."라고 말했다. 여러 형제자매들이 함께 본 것이라면, 자기가 본 것이나 다름없는 사실로 믿어야 할 텐데, 고지식하게도 자기가 직접, 그것도 손으로 만져봐야 믿겠다는 것이다.

그 뒤 꼭 일주일 만에 제자들이 다 모여 있는데, 주님께서 다시 나타나시더니, "도마야, 네 손가락을 내밀어 내 손의 못 자국을 만져보고, 내 옆구리의 창 자국에도 넣어보아라. 그리고 믿음 없는 자가 되지 말고 믿는 자가 되어라."고 말씀하셨다. 우리는 이 말씀에서 하나님은 우리 눈에 보이지 않지만 우리의 대화나 생각까지도 다 아신다(대상28:9, 히4:12)는 사실을 성경대로 믿어야 한다.

도마는 그제야 깜짝 놀라 주님 앞에 꿇어 엎드려서, "나의 주님이시며, 나의 하나님이십니다."고 신앙을 고백했다. 이에 주님은,

"도마야, 너는 나를 보았기 때문에 믿느냐? 보지 못하고 믿는 자들은 복되다."는 말씀을 덧붙이셨다(요20:24~29).

위대한 신학자 아우구스티누스는 이 대목을 지적하여, "도마는 우리가 할 의심을 대신 해주었다. 그러므로 우리는 의심하지 않고 주님의 부활을 믿을 수 있다."라는 명언을 남겼다. 정말 그렇다. 도마가 제자들 앞에서 공개적으로 주님의 부활을 못 믿겠다고 하였다가 부활하신 주님을 만나 신앙고백을 한 사실은 우리에게 주님의 부활에 대한 의심의 여지가 없게 해주었다.

사실, 예수님의 부활을 가장 먼저 본 사람은 무덤을 지키던 1백여 명의 로마 군병들이었다. 그들은 그 새벽에 갑자기 땅이 심히

흔들리자 다 깨어나 본능적으로 무덤을 보았을 것이다. 운명하실 때 "땅이 진동하며 바위가 갈라지고 무덤들이 열리는..." 천지의 이상異常 현상에 놀랐던 그들은, 땅이 흔들리더니 천사들이 나타나 무덤 입구를 막아놓은 돌을 굴려내고 주님의 부활을 도운 다음 그 돌 위에 앉아 있는 것을 보았다. 그 형상이 번개 같고 그 옷은 눈같이 희었다. 그 광경을 본 군병들이 무서워 떨며 죽은 사람 같이 되었음을 여 제자들의 목격담을 마태는 그의 복음서에 전하고 있다. 사도 마태는 아마 여 제자들의 증언과 함께 신자가 된 어느 파수병의 증언도 들어서 부활 광경을 생생하게 기록했을 것이다.

"여자들이 돌아가자 그 지키던 군병 몇이 성에 돌아가 모든 된 일을 대제사장들에게 알리었다. 그들은 군병들에게 돈을 많이 주면서 말하기를, 너희들은 다음과 같이 말해라. '밤에 예수의 제자들이 와서 우리가 잠든 사이에 시체를 훔쳐 갔다.' 만일 총독이 알게 되면 우리가 책임을 지겠다고 하니 군병들이 돈을 받고 그대로 하였다(마28:11~15)."

그런데, 하나님께서 엿새 동안 우주만물을 창조하신 후 제7일에 안식하셨다. 하나님은 그 날을 아무 일도 하지 말고 쉬면서 하나님께 예배드리는 날로 거룩히 지키라고 하셨다. 유대교인인 이스라엘 사람들은 지금도 안식일을 엄수하고 있다.

교회는 초기부터 안식일과 같은 개념으로 주님께서 부활하신 날을 '주님의 날' 곧 '주일'주일'로 지켜왔다. 부활하신 날(일요일) 제자들이 모였을 때와 한 주 뒤 도마를 나무라신 날, 그리고 성령을 보내주신 날과 사도 요한이 계시를 받은 날도 모두 주일이었다. 그래서 교회는 처음부터 안식 후 첫날인 주님께서 부활하신 날을 주일로 지키게 되었다. 모든 종족을 대상으로 하는 신약시대의 신자들은 주님의 구원의 은혜와 성자를 대속의 제물로 주신 하나님의 망극한 사랑과 우리를 인도하여 믿음으로 구원 얻게 하시고 삶을 같이하시는 성령님의 역사에 감사해서 주일마다 교회에 모여 예배드린다. 형제자매들은 예배 후에 그리스도의 사랑으로 서로 문안하고, 기쁨과 슬픔을 나누며, 기도와 말씀과 찬양과 음식도 나누는 등 교회 형편에 따라 다양한 친교의 시간을 가진다.

오늘날까지 주일이란 안식제도가 없었다면 근로자들이나 일을 돕는 가축들이 365일 일하느라 매우 힘들었을 것이다. 다원화된 오늘날은 주일에도 부득이 일해야 하는 경우도 있지만, 그 대신 꼭 하루를 쉬어주어야 사람의 건강에 좋을 것이다. 우리는 경배와 안식을 위한 주일제도 하나로도 하나님의 사랑을 알 수 있다.

여기서 인생의 성공에 관해 잠깐 생각해보자. 그대는 어떤 사람을 인생성공자라고 보는가? 나는, 인생의 성공 여부는 숨이 끊어질 때 비로소 결정되며, 인생성공은 하나뿐이라고 생각한다. 인생성패는 세상을 떠날 때 결정되며, 그 유일한 성공은, 영락천국에 가는 것이고, 실패는 영벌지옥에 가는 것이라고 본다. 살아서 온갖 것을 소유하고 즐긴다 해도 이 세상을 떠나면 그 모든 것은 무無로 돌아가고, 그 앞에는 천국행이냐 지옥행이냐가 결정되는데, 이 땅에서 평범하게 살지라도 신앙생활을 충실히 함으로써 영락천국에 가는 사람이 진정한 인생 성공자라는 것이다.

기독교인들은 모두 부활과 낙원천국의 영생을 이미 보장받은 인생성공자이다. 천국영생의 기본조건은 예수를 구주로 믿고, 하나님을 아버지라 부르며, 성령님의 도우심을 받아 예배, 특히 주일예배를 잘 드리며 성경말씀대로 사려고 힘쓰는 것이다. 꾸준히 성경을 읽고 하나님께서 기뻐하시고 싫어하시는 것을 알아가면서 기뻐하시는 삶을 사려고 힘쓰다보면 인격적 변화 곧 성화聖化가 차츰 이루어진다. 구원의 귀중함을 깨닫고 주님께서 가장 기뻐하시는 전도의 열매도 맺으려는 등 믿음의 농사를 부지런히 지어서 풍성한 열매를 거두면 천국에서 그 상급도 받게 된다(눅18:16. 18).

28. 예수 그리스도 부활의 확실성

그대의 믿음을 위해 주님 부활의 확실성을 좀 더 알아보자.

첫째는, 주님의 빈 무덤이 증명해준다. 만일 그리스도가 부활하지 않았다면, 우리는 그 빈 무덤을 어떻게 설명할 수 있을까? 부활하지 않았다면 예수님의 시신은 무덤 속에 그대로 있었어야 한다. 혹자들은 제자들이 시신을 훔쳐 갔다고 생각할지 모른다. 그러나 제자들 거개가 여자들이고, 남자라곤 비무장의 어부출신 십여 명 뿐인데다가 그들은 이미 수배당하고 있는 몸이었다. 그들이 주님을 처형한 로마 총독의 무장군인 1백여 명이 철통같이 지키는 가운데 주먹 같은 총독의 도장을 찍어 붙인 금단의 종이를 뜯어내고 그 큰 돌문을 옮긴 후 시신을 꺼내간다는 것은 상상도 할 수 없는 일이다. 그럼에도 입구가 열린 무덤 굴에 시체가 사라져 비어 있다면, 그것은 성경기록대로 주님께서 천사들의 도움을 받아 부활하신 것으로밖에 달리 설명할 길이 없지 않는가.

둘째로, 주님이 부활하신 새벽부터 승천하시기 전 40일 간에 열세 번이나 제자들에게 나타나 음식을 함께 들며 이야기를 나눈 사실들이 주님의 부활을 의심할 여지가 없게 한다.

그 가운데서 갈릴리 바닷가에서의 재회 장면을 보자. 부활하신 주님께서 그 새벽에 무덤을 찾아간 마리아를 비롯한 여자들을 통해서 제자들에게, "먼저 갈릴리로 가라(마28:7)."고 하셨다. 그 말씀대로 갈릴리에 온 어부였던 제자들은, 주님을 기다리는 시간에 물고기를 잡으러 갈릴리호수에 나갔다. 그러나 밤새 물고기 한 마리

잡지 못한 채 새벽을 맞았다. 그때 아직 어두운 해안에서, "얘들아, 그물을 배 오른 쪽에 던져라."고 외치는 소리가 들렸다. 제자들이 그 말씀대로 했더니 물고기가 그물을 들 수 없을 만큼 가득히 잡혔다. 이에 놀란 제자들이 주님을 알아보고 기뻐서 해안으로 나왔을 때, 주님은 밤새 빈 그물질로 허기지고 추위에 떨며 지친 그들을 위해 숯불을 피우고 물고기와 떡을 굽고 계셨다. 주님은 제자들을 숯불에 빙 둘러앉혀 몸을 녹이면서 방금 잡은 물고기도 구워서 배불리 먹이셨다. 그때 아침 해가 장엄하게 떠오르고 있었다.

주님은 제자들을 그 호수에서 처음 만났다. 그때도 시몬은 "그물을 깊은 곳에 던져라."는 말씀대로 해서 요한 야고보의 배까지 가득 채울 만큼 물고기가 많이 잡혀 놀랐으며, "너희가 이제 사람 낚는 어부가 되리라."는 부르심을 받은 추억의 장소이다(눅5, 마4종합).

주님은 바로 거기서 베드로의 권위를 인정하느라 다른 제자들 앞에서 당신의 승천 후 교회를 잘 이끌어갈 것을 당부하시기를,

"시몬아, 네가 이들보다 나를 더 사랑하느냐? 내 양을 먹이라."는 등 세 번이나 말씀하셨다(요21장). '사람 낚는 어부'로 부름 받은 그때를 회상케 하시려고 이름도 시몬이라 부르셨을 것이다. 이런 제자들과 만남의 사실 기록들이 주님의 부활을 확증하고 있다.

이번엔 사도使徒 바울의 증언을 들어보자.

"성경대로 그리스도께서 우리 죄를 위하여 죽으시고 장사 지낸 바 되셨다가 성경대로 사흘 만에 다시 살아나셔서 게바(베드로)에게 보이시고 후에 열 두 제자에게와 그 후에 오백여 형제에게 일시에 보이셨다. 그 중에 지금까지 태반이나 살아 있고, 어떤 이는 잠들었으며, 그 후에 야고보에게 보이셨으며, 그 후에 모든 사도에게와 맨 나중에 만삭되지 못하게 난 자 같은 내게도 보이셨다(고전15:4~8요약)."

이 말씀을 보면 부활하신 주님을 만난 사람이 한두 사람이 아니고, 500여 명이 함께 보기도 했으며, 그 목격자들의 태반이, 바울

이 이 성경을 기록할 당시까지도 살아 있었다니, 이런 생생한 기록을 믿을 수 없다는 사람이 있을까? 의사인 누가도 누가복음서에뿐만 아니라 그가 쓴 사도행전에도 이런 목격담을 남기고 있다.

"이 말씀을 마치시고 주님이 저희 무리들이 보는 데서 올라가시니 구름에 가리어 보이지 않게 되었다(행1:9)." 여기 '저희 무리'란 사도들을 포함하여 주님의 승천하시는 모습을 지켜본 '500여 명'의 많은 제자들을 뜻한다. 이렇게 부활하신 주님을 여러 날 동안 많은 사람들이 함께 보았다는 것이 그 확실성을 보증해주고 있다.

셋째로, 사도들의 변화된 모습이 주님의 부활을 확증해준다. 주님이 체포되자 제자들은 다 도망쳤다. 죽는 데까지라도 함께 가겠다던 베드로는, 주님이 재판받는 법정 멀찍이서 몰래 지켜보다가 한 하녀가, "당신도 예수 일당이지요?"라니까, "아니, 나는 그를 모른다."는 등 자리를 옮겨 다니면서 세 번이나 부인했다. 그때 그는 닭 울음소리를 듣고, "닭이 울기 전에 네가 나를 세 번 부인하리라." 하신 주님의 말씀이 생각나 밖에 나가서 통곡했다(마26:69~75).

이런 겁쟁이들이 부활하신 주님을 여러 번 뵙고 또 그 약속대로 주님께서 보내주신 강력한 성령을 받자(행2:1~2) 모두들 완전히 새사람이 되어 주님의 부활을 담대히 외치기 시작했다(행2장).

스데반 집사는 대적들이 던지는 돌에 맞아 죽으면서도 천사 같은 얼굴로 예수님의 부활을 증언했다(행6:7~7:59). 사도들은, 예수님이 예언하신 대로, 주님의 이름으로 죽은 자를 살리고, 온갖 병을 고치며, 귀신을 쫓아내는 등 주님께서 하시던 일을 그대로 이어받아 하였다. 유대교 대제사장들 앞에서도 당당히 외쳤다.

"다른 이로서는 구원을 얻을 수 없다, 천하에 구원 얻을 다른 이름을 우리에게 주신 일이 결코 없기 때문이다(행4:12)." "그리스도의 부활하심을 예언하기를, 저가 음부에 버려짐이 되지 않고 육신이 썩음을 당하지 아니 하시리라 하더니, 이 예수를 하나님이 살리셨으니, 우리가 다 이 일에 증인이다(행2:31~32)." "너희가 생명의 주를 죽였으나, 하나님이 죽은 자 가운데서 살리셨으니, 우리가 이 일에 증인이다(행3:15)." "하나님 앞에서 너희 말 듣는 것이 하나님의 말씀 듣는 것보다 옳은지 판단하라. 우리는 보고들은 것을 전하지 않을 수 없다(행4:19)."

사도행전 전체가 생생한 부활증언의 기록들이다. 죽음을 이기고 부활하신 주님을 만나 부활의 소망을 갖게 된 사도들은 죽음이나 그 무엇도 두려워하지 않게 되었다. 성경은,

"사도들은 그 이름을 위하여 능욕 받는 일에 합당한 자로 여기심을 기뻐하면서...(행5:41)" 복음을 전했다고 기록하고 있다. 또 대적들이, "백성들이 두려워 사도들을 벌할 수도 없어 위협해 놓아 보냈다(행4:16~22)."는 기록을 보면 사도들이 복음을 전하는 모습을 알 수 있다. 사도들의 용감무쌍한 예수 부활의 증언에 날마다 삼천, 오천 명씩 신자의 수가 더해 갔다(행2:42, 47)고 기록하고 있다. 그러나 많은 성도들이 순교를 당했다. 베드로는 주님처럼 십자가에 바로 달릴 수 없다면서 거꾸로 못 박혀 순교하였다고 하며, 다른 사도들과 많은 신자들도 "보고 들은 것을 부인할 수 없다"며 사자 밥이 되거나 십자가형 또는 화형을 당하는 순교의 길을 의연히 갔다고 성경과 교회사가 전한다. 그 겁쟁이 제자들이 예수 부활의 증인으로서 순교하기까지 변한 사실이 부활을 의심할 수 없게 한다.

끝으로, 박해자로 가장 악명 높았던 사울이 가장 열렬한 예수 부활의 증인이 된 놀라운 변화가 주님의 부활을 확증해준다.

바울은 유대인 명문가 태생으로 출생 때부터 로마시민권을 가진 장래가 촉망되는 수재였다. 그는 사람들이 스데반 집사님을 돌로 쳐 죽이게 한 주동자였다(행7:58). 핍박 때문에 사방으로 흩어진 신자들의 일부가 다마스카스에서 예수를 전한다는 소식에 분개한 그는, 대제사장의 공문을 가지고 그들을 체포하러 가는 도중 부활하신 주님을 만난다. "사울아, 사울아, 네가 왜 나를 핍박하느냐!"라는

천둥 같은 큰 소리와 함께 강한 빛을 받아 눈이 멀어버린 사울은 땅에 꼬꾸라져서, "당신이 뉘시옵니까?"라고 묻는다. 이에 주님께서, "나는 네가 핍박하는 예수다. 일어나 성에 들어가면 네가 할 일을 말해줄 자가 있을 것이다."라고 하셨다. 그가 일행에 이끌려 목적지에 도착해 주님의 제자 아나니아를 만나 기도를 받자 눈이 다시 밝아져서 "너는 이제 이방인들을 위해 나를 전할 내 그릇이 되라."는 주님의 말씀대로 완전히 새사람이 되었다. 신자들을 체포하러 간 그는, 신자들을 포함한 유대인 회중 앞에서, "예수는 그리스도시며 부활하셨다!"고 선포하기 시작했다(행9장 요약).

그 후 이름도 바울('작은 자')로 바꾼 그는, 유대인들이 던지는 돌에 맞아 실신한 채 돌무더기에 묻히기도 하고, 여러 번 죽을 만큼 채찍과 태장을 맞았으며, 항해하다가 죽을 고비도 여러 번 넘겼고, 동족과 이방인들이 죽이려는 위험과 다반사의 굶주림, 추위와 싸워야 했고, 여러 번 옥에 갇히는 등 온갖 고난을 겪으며(고후 11:23~28) 결혼도 하지 않은 채 부활하신 예수님을 전하는 데 평생을 바쳤다. 그는 자기가 가진 부귀영화를 누릴 수 있는 모든 여건들을, "배설물(오줌 똥)처럼 여겼으며, 그리스도 예수를 아는 지식이 가장 고상하다(빌3:8)."고 했다. 그는 기독교의 교리를 체계화 한 로마서를 비롯하여 14권의 성경을 쓰기도 하였다.

이렇게 기독교 박해자 사울이 부활하신 주님을 만나 사도 바울이 되어 자기는 일찍이 "죄인의 괴수(딤전1:15)"였다면서 복음전파에 평생을 바친 그의 파란만장한 삶이 예수님의 부활을 확증해준다.

*무엇보다 예수 부활의 확실한 증거는, 많은 사람이 예수님의 부활을 증언하다가 순교했다는 사실*이다. 만일에 주님이 부활하지 않으셨다면, 누가 그 거짓을 참이라고 증언하기 위해 자기의 목숨을 기꺼이 바치겠는가? 하버드대학 법학 교수였던 그린리프Green leaf 박사는 부활의 증인들을 연구한 논문에 이렇게 썼다.

"그들이 한 사람씩 비참하게 숨질 때 살아남은 자들은 전보다 더한 열심과 결의로 그들의 일을 수행했다. 군인의 전쟁사에서도 이런 영웅적인 지속성과 용기의 예를 찾아볼 수 없다.

예수님께서 실제로 부활하지 않았거나 부활하셨을지라도 그들이 확실히 알지 못했다면 부활을 전파하다가 박해를 받으며 순교를 한다는 것은 도저히 불가능했을 것이다."

나는, 그대가 사도들을 비롯한 여러 인물들의 증언들을 통해서 주님의 부활을 확신하게 되었으리라 믿는다. 그뿐 아니라, 예수님을 구주로 믿으면 그대도 예수님처럼 부활한다는 것을 믿게 되었을 것이다.

 시의 벤치/

아버지가/ 손잡고
아들과 가고 있다.

아들이/ 손잡고
아버지와 가고 있다.

내려다보며/ 쳐다보며
춤추듯 가고 있다.

저들은 가리라
꽃길 가시밭길
어떤 길이라도 저렇게.
　　　　　- 최 진연, 「동행」

29. 부활이요 생명이신 예수님

나는, 그대에게 예수 그리스도께서 부활과 생명의 주가 되심에 관해 이야기를 좀 더 나누려 한다. 우리에게 영원한 삶의 시작인 부활보다 중요한 것이 없기 때문이다.

앞에서 본 과부의 아들인 청년을 살리신 주님은, 나사로와 회당장 야이로의 딸도 살려주셨다. 회당장은 회당의 책임자일 뿐 아니라 그 지역 사회의 지도자이기도 하다.

주님께서 가버나움 동네에서 제자들과 말씀을 나누고 있을 때 야이로가 급히 찾아와 넙죽 엎드려 절하더니, 이렇게 간청하였다.

"주여, 속히 저와 함께 가서 제 딸아이를 살려주소서."

그래서 주님께서 그의 집을 향해 가고 계셨다.

그때 열두 해나 혈루증(하혈)을 앓아온 여인 하나가 사력을 다해 군중을 헤치고 주님께 다가왔다. 얼굴이 백지처럼 창백하고 뼈만 남은 그미는 그 병 치료에 가진 재물을 다 썼는지라, 마지막 희망을 걸고 죽기 살기로 머리를 디밀고 군중을 파고들었다.

드디어 주님 뒤에 와서 주님의 옷자락을 만졌다. 성경은,

"그 순간 혈루 근원이 말랐다"고 기록하고 있다. 그때 주님께서

"누가 내 옷을 만졌느냐?"고 뒤돌아보면서 물으셨다. 한 제자가, 에워싼 군중이 밀고 밀리느라 주님의 옷이 당겨졌을 것이라고 말씀드렸다. 이에 주님께서, "아니다. 내게서 능력이 나갔다."고 말씀하셨다.

이에 그미는 엎드려 흐느껴 울면서,

"주님의 옷자락만 만져도 제 병이 나을 줄 믿고 만졌습니다."

라고 자백했다. 이에 주님은 믿음을 칭찬해 보내셨다.

"딸아, 네 믿음이 너를 구원하였으니 평안히 가라(마9:20~22)."

내 전도를 받은 한 여교사가 종암교회에 등록을 하고 몇 주 다닐 때였다. 그분은 어느 주일에 오더니 오른쪽 어깨와 팔의 통증으로 숟가락질도 할 수 없다며 고통스러워했다. 나는 그 팔 때문에 믿음을 잃게 되지 않을까 적이 염려되어 통증을 없애달라고 기도하였다. 그 다음 주일에 예배를 마치고 그분과 함께 식사를 하러 식당으로 가는데, 기쁨을 감추지 못하는 얼굴이서 우선 안심이 되었다. "팔의 통증은 나았습니까?"고 물었더니, 놀라운 간증을 들려주었다. 그분이 방금 예배를 마치고 나올 때 '내가 목사님과 악수를 하면 팔이 나을 것이다.'라는 생각이 들어서 그대로 했더니 팔이 거짓말처럼 아프지 않다는 것이다. 그러면서 팔을 들어 올려보기도 하고, 빙빙 돌려보기도 하면서 좋아서 어쩔 줄을 몰라 했다. 마치 저 혈루증 환자가 '옷자락만 만져도 나을 것이다.'라고 생각한 것처럼 '목사님과 악수만 하면 나을 것'이라는 믿음으로 자기가 먼저 손을 내밀어 악수했다는 것이다. 여 성도들은 목사님과 악수하지 않는 관례를 깨고 행한 그 믿음을 보신 주님께서 고쳐주신 것이다. 그 일을 계기로 그분의 믿음은 튼튼히 뿌리를 내리게 된 것은 물론이다. 아마 그분은 지금쯤 어느 교회의 권사님으로 헌신하고 있을 것이다.

주님이 혈루증 여인을 고치고 보내시는데, 회당장의 집에서 보낸 하인이 헐떡거리며 나타났다. 그는, 딸아이가 죽었으니 예수님을 모셔올 필요가 없다고 그 주인에게 말했다. 주님은 그 전갈을 받고 어찌할 바를 모르는 회당장을 보시면서, 이렇게 말씀하셨다.

"두려워 말고 믿기만 하여라. 그리하면 네 딸이 구원을 얻으리라."

주님께서 그 집에 이르러 가족들을 위로하시면서,

"울지 마라. 죽은 게 아니라 잔다."고 하셨다. 죽은 아이를 보고 잔다고 하신 말씀에 그 집에 있던 사람들은 모두 속으로 비웃었다. 주님은 그들을 다 내보내고 세 제자와 아이 부모만 남기신 다음,

"아이야, 일어나라." 하시자, 아이는 잠에서 깨어나듯 살아났다(눅 8장). 비웃던 사람들이 놀라서 눈이 휘둥그레진 것은 물론이다.

앞에 소개한 3가지 사건에서 기적이 일어난 배후에는 당사자들의 믿음이 있었음을 간과해서는 안 된다. 특히 죽었거나 죽음의 병을 앓는 자를 살려주신 성경의 이 두 사건은, 예수님께서 생명이요 부활의 구주이심을 우리에게 잘 말해주고 있다.

예수님이 부활과 생명의 구주이심을 더욱 명백히 보여주는 극적인 사건이 있다. 예루살렘 근교 베다니 마을에 두 자매 막달라 마리아와 마르다, 그리고 오빠 나사로가 살고 있었다. 이들은 막내인 마리아로부터 일곱 귀신을 내쫓아주신 일이 감사해서 주님이 예루살렘에 왔다가 들르시면 극진히 모셨다.

그런데, 그 자매들이 요단강 건너 쪽에서 복음을 전하시는 주님께 오라비의 병이 위중하니 빨리 오시라는 전갈을 보내왔다. 그러나 주님은, 이렇게 말씀하시면서 심부름꾼만 돌려보내셨다.

"죽을병이 아니다. 하나님의 영광을 위한 것이고, 이를 인하여 그 아들로 영광을 얻게 하시려는 것이다."

그러고 이틀 뒤 주님께서 이렇게 말씀하셨다.

"나사로가 잔다. 깨우러 가자."고. 이에 한 제자가 이렇게 말했다.

"주님, 자다가 저절로 깰 텐데 왜 일부러 깨우러 갑니까?"

그 말에 주님께서 이렇게 대답하셨다.

"그가 죽었다. 내가 거기 있지 아니한 것을 너희를 위해 기뻐한다. 그것은 너희가 나를 믿게 하려 함이다."

제자들이 여러 날 전에 죽은 자를 살려내시는 주님을 보면, 당신을 부활과 생명의 구주로 믿게 되리라는 뜻으로 하신 말씀이다. 주님께서 베다니에 오니, 마리아와 마르다 자매가 흐느껴 울면서,

"주님께서 여기 계셨더라면 오라비가 죽지 않았을 텐데…."

라고 말했다. 그 모습을 본 조문객들도 울고, 인간의 죄와 죽음에 대해 통분痛忿히 여기신 주님께서도 함께 우셨다. 그 뒤,

"네 오라비가 살리라."고 하시니, 마르다는 슬픔에 찬 음성으로

"마지막 날 부활 때는 다시 살아날 줄 압니다."라고 대답했다.

주님은 당장에 살리겠다고 하신 말씀인데, 그미는 믿음이 없어서 먼 훗날을 말하면서 전능자에게 도움을 청하지 않았다. 이에

"나는 부활이요 생명이니, 나를 믿는 자는 죽어도 살겠고, 살아서 믿는 자는 영원히 죽지 아니한다. 마르다야, 네가 이것을 믿느냐?"

고 주님께서, 믿음을 촉구하시니 그미는 믿는다고 했다. 그러나 무덤을 들여다보더니, "죽은 지 나흘이나 되어 냄새가 납니다."라고 했다. 시체가 썩고 있으니, 주님도 어쩔 수 없다는 말이다. 이에

"내가 말하기를, '네가 내 말을 믿으면 하나님의 영광을 보리라.' 하지 않았더냐!"라고 꾸짖으셨다.

그 무덤 앞에는 많은 추종자들과 조문객들, 빵이나 얻어먹으려고 늘 따라다니는 엄청난 군중들, 대적들 등 아마 수만 명이 주시하고 있었을 것이다. 그런 가운데 무덤의 문을 열게 하신 주님께서,

"아버지여, 내 말을 항상 들으심을 감사합니다. 이 말을 하는 것은 여기 둘러선 무리를 위함이니 곧 아버지께서 나를 보내신 것을 저희로 믿게 하려 함입니다."

라고 기도하셨다. 그 후 굴 안을 들여다보시면서 큰 소리로,

"나사로야, 나오너라."

고 부르시니, 세마포로 온 몸을 칭칭 동인 나사로가 뒤뚱뒤뚱 걸어 나오는 게 아닌가! 그 광경에 모든 사람들의 눈이 휘둥그레

졌다. 그대가 그 현장에 있었다면, 놀라지 않았을까? 주님께서,

"풀어놓아 다니게 하여라."고 말씀하셨을 때, 그제야 정신이 든 사람들이 우리의 수의壽衣 격인 그 세마포 천을 얼른 풀어놓았다.

주님은, 그 현장 사람들은 물론, 오고 오는 세대로 하여금 당신이 부활과 생명의 구주이심을 믿음으로 구원받게 하려고 의도적으로 나사로가 죽은 뒤에 오셔서 이 표적을 베푸신 것이다.

이 놀라운 광경을 본 많은 유대인들이 예수님을 구주로 믿었음은 물론이다(요11장). 이 사건으로 인해 민심이 한층 더 유대교에서 예수교로 옮겨감을 본 대제사장들은, 주님은 물론 나사로까지도 죽이려했다(요12:9~11). 나사로는, 예수님이 부활과 생명의 구주이심을 알리는, 걸어 다니는 광고판 같았기 때문이다.

요한은 백 살까지 산 마지막 사도로서 세월이 갈수록 별처럼 빛나는 주님의 이 사건을 비롯한 주요 역사役事와 말씀들을 들려주었다. 그럴 때면 성도들은, 마지막 사도가 소천하기 전에 그 귀중한 말씀들을 기록으로 남겨 주십사고 간청하였다. 이에 그가 성령의 감동으로 요한복음을 썼는데, 그 목적을 이렇게 쓰고 있다.

"예수님께서 제자들 앞에서 이 책에 기록되지 아니한 다른 표적도 많이 행하셨으나 오직 이것을 기록함은, 너희로 주님께서 하나님의 아들 그리스도이심을 믿게 하려함이요, 또 너희로 믿고 그 이름을 힘입어 생명을 얻게 하려 함이다(요20:30~31)."

미국의 고급장교 출신의 문필가 월레이스Lew Wallace는 그의 친구 잉어솔Ingersol과 함께 '예수의 부활을 포함한 비이성적인 거짓으로 가득 찬 성경'을 파괴하기 위해 자기들의 경전을 쓰겠다고 맹세했다. 그들은 여러 해 동안 구미의 역사가 오랜 도서관들을 뒤져서 나름대로 자료를 준비한 다음 집필에 들어갔다. 그러나 그는 석 장을 채 쓰지 못한 채 무릎을 꿇고 "나의 주, 나의 하나님"

이라 고백하고 말았다. 성경을 공격하기 위해 성경을 정독하는 중에 성령의 감동으로 하나님의 존재와 예수님이 그리스도이심을 도저히 부인할 수 없었기 때문이었다. 그는 그 후 예수 그리스도를 알리는 불후의 명작 소설 『벤허』를 썼다.

"하나님은 모든 사람이 구원을 얻고 진리를 아는 데 이르기를 원하신다(딤전2:4)"

나는, 그대가 기독교를 공격하기 위서라도 좋으니, 성경을 정독해 보기를 권한다. 구도자의 겸허한 마음으로 성경을 읽고 묵상한다면 그대 역시 "나의 주, 나의 하나님"이라 고백하게 될 것이며, 주님께서 부활과 생명의 구주이심을 의심하지 않게 될 것이다. 물론 파스칼의 말대로 성경을 읽지 않고도 우리 안에 있는 종교적 본성 곧 하나님을 찾아 나아가려는 영적 본능에 따라서 믿음을 가지는 것은 더할 수 없는 축복이다.

시의 벤치

두 사람이 한 감방에 갇혀서/ 손바닥 두 장만한 창문을/
함께 보며 살았다네./ 한 사람은 창밖에 비쭉비쭉 솟은/
쇠창살을 늘 보며 그때마다/ 절망의 수렁 속으로/
깊이 더 깊이 빠져들었다네./ 다른 한 사람은 창 너머
낮에는 푸른 하늘과 떠가는 구름/ 자유로 날아다니는 새들
밤에는 반짝이는 별들을 보느라/ 쇠창살은 보이지 않았다네.
그 늪에 점점 깊이 빠져든 사람은/ 출소 전에 결국 병들어 죽었고,
날마다 별, 구름, 새들이 속삭이는/ 희망의 소식을 전해들은
한 사람은 건강하게 출소하여/ 푸른 하늘 바라보며 여생을
부끄럼 없이 기쁘게 살았다네.
　　　　　　　- 최 진연, 「작은 창문과 두 사람」

30. 예수님의 부활이 주는 의미

그대는, 예수님이 부활과 생명의 구주이심을 성경대로 잘 알게 되었을 것이다. 그러나 거듭 말하지만, 아는 것에 그치면 아무 유익이 없다. 믿어야 된다. 예수님을 그대의 구주로 믿는 행동이 따라야 부활하신 주님은 그대에게 생명 구원의 은혜를 베푸시고 부활을 주신다. 그리스도의 부활은 우리에게도 있음을 앞에서 보았지만, 두 구절만 더 보자.

"내 백성들아, 내가 너희 무덤을 열고 너희로 거기서 나오게 하고(겔 37:12)...", "내가 저희를 음부의 권세에서 속량*하며 사망에서 구하리니, 사망아 네 재앙이 어디 있느냐(호13:14)...." *'속량贖良'은 구속'救贖' '대속代贖'의 동의어. 죄 값-속전贖錢을 내고 풀려나는 것을 말함. 예수님께서 죽음으로써 하나님께 인류의 죄 값을 지불하셨다는 뜻 Redemption.

하나님은, 성자 예수님이 인류 대신 죽게 해서 그 죄 값을 당신에게 지불하게 함으로써 당신의 공의公義를 훼손함이 없이 예수님을 구주로 믿는 사람에게는 "너는 죄가 없다, 의롭다"고 인정하여 천국에 들어오도록 허락하신다. 이것이 기독교 구원교리의 핵심이다. 예수님을 구주로 믿는 것만이 유일한 구원의 길이라는 교리를 부정하는 사람은 누구도 구원받지 못한다. 그뿐 아니라 성경은,

"거짓말 하는 자가 누구냐. 예수께서 그리스도이심을 부인하는 자가 아니냐. 아버지와 아들을 부인하는 그가 적敵그리스도이니(요일2:22~23)"

라고 말씀하고 있다. 적그리스도란 하나님과 원수란 말씀이다. 기회를 주어도 예수님을 구주로 받아들이지 않고 하나님을 부인하

는 적그리스도의 영벌永罰은 자업자득의 결과이다(마25:46).

그러나 신자들에게는 부활과 영생이 있음을 이렇게 확약하셨다.

"인자가 온 것은 잃어버린 자를 찾아 구원하려 함이다(눅19:10)." "내게 주신 자 중에 내가 하나도 잃어버리지 아니하고 마지막 날에 다시 살리는 것이다(요6:39)." "주 예수를 다시 살리신 이가 예수와 함께 우리도 다시 살리시어 너희와 함께 그 앞에 서게 하실 줄을 안다(고후4:14)."

사도 바울은 신자들에게 부활이 있음을 고린도전서 15장 전체를 할애해서 자세히 가르쳐주고 있다. 그 핵심부분을 옮겨보겠다.

"만일 죽은 자의 부활이 없다면, 그리스도도 다시 살지 못하셨을 것이다. 그리스도께서 만일 다시 살지 못하셨으면 우리의 전파하는 것도 헛것이요, 너희의 믿음도 헛것이며, 또 우리가 하나님의 거짓 증인으로 발견될 것이다. 왜냐하면 우리가 하나님께서 그리스도를 다시 살리셨다고 증언하였기 때문이다. 만일 죽은 자가 다시 사는 것이 없으면, 하나님이 그리스도를 다시 살리지 아니하셨을 것이다. 만일 그리스도께서 다시 사신 것이 없으면, 너희의 믿음도 헛되고, 너희가 여전히 죄 가운데 있을 것이며, 또 그리스도 안에서 잠자는 자도 망하였을 것이다. 만일 그리스도 안에서 우리의 바라는 것이 다만 금생今生 뿐이라면, 모든 사람 가운데 우리가 더욱 불쌍한 자일 것이다. 그러나 이제 그리스도께서 죽은 자 가운데서 다시 살아 잠자는 자들의 첫 열매가 되셨도다! 사망이 사람으로 말미암았으니, 죽은 자의 부활도 사람으로 말미암는다. 즉 아담 안에서 모든 사람이 죽은 것 같이 그리스도 예수 안에서 모든 사람이 삶을 얻는다(고전15:13~22요약)."

한번은 주님께서 고난을 앞두고 베드로와 요한, 야고보를 데리고 높은 산 위에 올라가셨는데, 옷이 빛같이 희어진 주님께서 모세, 엘리야와 함께 이야기하시는 것이었다. 너무도 신비하고 놀라운 그 광경에 도취한 베드로는 주님께 세 분을 위해 초막을 지을 테니 내려가지 말고 여기 살자고 말한다. 그때 하늘에서 천둥소리 같은 큰 음성이 들려서 얼른 땅에 엎드렸다.

"이는 내 사랑하는 아들이요 내 기뻐하는 자니, 너희는 저의 말을 들어라." 두려움으로 숨을 죽인 채 엎드려 있던 제자들은, 주님께서 "일어나라. 두려워 말아라."고 해서 일어났다(마17:1~8).

여기 모세와 엘리야는 예수님보다 각각 1천5백여 년과 7백여 년 전에 살았던 선지자들이다. 이 두 사람이 시간을 초월하여 주님과 만나 함께 이야기한 것은 우리 신자도 주님처럼 부활하여 영생한다는 사실을 잘 보여주는 예가 될 것이다.

주님께서 재림하시는 날은, 인류 '부활의 날'이며, 심판의 날이기도 하다. 신자들에게는 축제가 시작되는 날이고, 불신자들에게는 공포와 고통의 재앙이 시작되는 날이 된다.

그런데, 우리 각 사람은, 인류 전체의 부활과 심판에 앞서 저마다 영혼이 육체를 떠나는(죽는) 날을 맞아 천국 또는 지옥으로 가게 되는 심판을 받게 된다. 하지만, 신자에겐 그 심판이 조금도 두렵지 않다. 예수를 구주로 영접한 사람은 하나님의 자녀로서 천국에 가게 되는 권세를 이미 받았기(요1:12) 때문이다. 부자들은 자식이 미국시민권을 갖게 하려고 그 나라에 가서 출산한다는데, 천국시민권은 미국시민권에 비교할 수 없는 것이다. 주님께서 신자의 심령에 영원한 천국시민권(빌3:20)의 도장을 찍은 때문이다.

"내가 너를 지명하여 불렀나니, 너는 내 것이다(사43:1)."

신자들에게 죽음이란 사는 장소를 죄와 고통이 많은 이 세상에서, 뒤에 천국의 모습을 대강이라도 소개하겠지만, 주님이 계신, 말할 수 없이 좋은 천국으로 이사하는 기쁜 일이다.

한국 최초의 여성 박사로서 결혼도 하지 않은 채 종신토록 이화여대 총장으로 헌신한 고 김 활란 박사님은, 임종 무렵에 병상을 찾아와 슬퍼하는 제자들에게 이렇게 말했다고 한다.

"너희들은 왜 믿음 없는 자들같이 슬퍼하느냐? 성경을 어떻게 읽었고, 믿음을 어떻게 배웠느냐?"고 나무라면서, "내가 죽거든 조금도 슬퍼하지 마라. 그 날은 내가 천국에서 태어나는 날이니 기뻐해다오. 축제의 음악을 들려다오."라고 유언했으며 장례는 그 유언대로 치러졌다. 그 장례에 참석하신 목사님이 설교에서 그 분위기가 잔칫집 같더라고 말했다.

한편 지금도 내 귀에는 "나 좀 살려다오."라고 악을 쓰는 소리가 들리는 듯하다. 그것은 내가 청소년 때 거처하던 우리 집 사랑채의 바로 아랫집 아주머니가 암으로 죽어가면서 부르짖는 소리였다. 폐결핵으로 한여름에도 솜이불로 몸을 감싸고 죽음의 그림자가 어른거리는 삶을 사는 내게는 더할 수 없는 공포의 소리였다.

그대는 부활과 영생의 소망 유무에 따라 죽음 앞에서 전혀 다른 반응을 나타낸다는 것을 위 두 사람을 통해서 잘 알았을 것이다.

우리는, 부활하신 주님이 시공을 초월하여 홀연히 나타나거나 사라지신 이야기를 나누었는데, 우리도 부활하면 그런 신령한 몸을 입게 된다. 모세나 엘리야가 예수님과 이야기할 때의 모습과 같은 신령한 몸, 부활체를 입고 살게 된다는 것이다.

"육의 몸으로 심고 신령한 몸으로 다시 사나니, 육의 몸이 있은 즉 신령한 몸도 있다. ...첫 사람(아담)은 땅에서 났으니 흙에 속한 자이나, 둘째 사람(예수)은 하늘에서 나셨다. 무릇 흙에 속한 자는 저 흙에 속한 자들과 같고, 무릇 하늘에 속한 자는 저 하늘에 속한 자들과 같으니, 우리가 흙에 속한 자의 형상을 입은 것 같이 또한 하늘에 속한 자의 형상을 입는다(고전15:44~49)."

'육의 몸' '흙에 속한 형상'이란 지금의 육체를, '신령한 몸' '하늘에 속한 자의 형상'은 부활하신 주님과 같은 '부활체'를 말한다. 부활체를 입고 신자는 영생복락의 삶을, 불신자는 고통의 영벌의 삶을 살게 된다(마25:26, 계20:12~15). 아직 경험하지 못한 세계의 일이라 실감이 나지 않기는 나도 그대와 마찬가지다. 그러나 나는 주님의 탄생과 삶, 고난과 부활이 예언대로 성취된 것과 같이 우리가 장차 부활하여 신령한 몸으로 복락을 누리며 영생한다는 것도 성경말씀 그대로 이루어질 줄로 의심 없이 믿는다. 그리스도인들이 어떤 역경 속에서도 기뻐할 수 있는 것은 이 소망 때문이다.

인생은 선택의 연속이라 할 수 있을 것이다. 점심 메뉴 등 일상의 모든 일에서부터 일생을 함께 할 배우자에 이르기까지 우리는 이것이냐, 저것이냐를 늘 선택하며 살아간다. 신앙의 선택도, 하나님의 예정을 무시한 인간의 입장에서 본다면, 백화점에서 손수건 한 장을 선택하는 것과 비슷하다. 다만 신앙여부與否는, 얼마간 쓰다가 버릴 손수건과 전혀 다르게 그 선택의 책임을 자기가 영생永生 또는 영벌永罰의 삶으로 영원히 지게 된다.

파스칼이 그의 『팡세』에서 설파했듯이, 하나님이 존재한다는 편을 선택할 때, 이기는 경우는 모든 것을 다 얻는다. 지는 경우에도 잃을 것은 없다. 그렇다면 존재한다는 편을 택하는 것은 너무나 당연한 결정이다. 하나님이 존재하지 않음을 선택할 경우, 이겨도 얻을 것은 전혀 없으며, 지는 경우 성경대로 돌이킬 수 없는 회한을 영원히 안고 고통 가운데 살게 된다. 하나님의 존재를 믿는 쪽을 선택하는 게 이성적이다.

주님은, 믿음을 절대로 놓치지 말라고 이렇게 호소하신다.

"천국은 침노侵擄를 당하나니 침노하는 자의 것이다(마11:12)."

나는, 온 천하보다 고귀한 그대가 이 말씀을 잘 알아듣고 천국을 쳐들어가 빼앗는 전사처럼 예수를 믿음으로써 천국의 소유자가 되기를 간곡히 당부하며 기도하는 심정으로 이 글을 쓴다.

31. 예수님 재림의 징조들 · 1

하나님이 못하시는 게 있다. 거짓말, 거짓된 행동이 그것이다.

"하나님은 사람이 아니시니 거짓말을 하지 않으시고, 사람의 아들이 아니시니 후회하지도 않으신다. 말씀하신 것을 어찌 실행하지 아니 하시겠으며, 약속하신 것을 어찌 이루지 않으시겠느냐(민23:19)!"

"거짓이나 변개함이 없으시니, 그분은 사람이 아니므로 결코 변개하지 않으신다(삼상15:29)."

또 전지전능하신 하나님 아버지께서 독자를 주고 우리를 구속하실 만큼 사랑하시므로 우리는 그분을 전적으로 신뢰할 수 있다.

우리는 정부가 분당에 도시를 세운다고 발표한 그대로 이루어졌음을 안다. 세상 나라의 일도 이러한대, 거짓과 변개함을 모르시는 하나님 나라의 일이야 물론 그대로 되지 않겠는가. 우리는 이미 그 사실을 성경의 메시아 예언과 그 성취를 통에서도 잘 알게 되었다.

예수님의 재림도 말씀대로 반드시 성취된다는 것을 알아야 한다. 주님의 재림과 심판은, 다른 성경에도 많이 말씀하셨지만, 특히 마태24, 25장과 계시록은 재림 언약으로 가득 차 있다.

"그때 인자의 표적이 하늘에 나타날 것이다. 또한 그때 땅의 모든 종속들이 통곡할 것이며, 인자가 큰 능력과 영광을 가지고 구름을 타고 오는 것을 볼 것이다. 그가 자기 천사들을 큰 나팔소리와 함께 보낼 것인데, 그들이 그의 선택받은 자들을 하늘 이 끝에서 저 끝까지 사방에서 모을 것이다(24:30,31)."

재림의 날과 때는 성부 하나님만 아시고(마24:36) 예고 없이 오실 것이므로, 언제든 맞이할 수 있게 하라(마25:13)고 하셨다.

주님 재림의 일시는 모르지만, 무화과나무 잎이 피면 여름이 가까움을 알 수 있듯이 그 징조가 나타남을 보고 그 날이 가까움을 알 수 있다고 말씀하셨다(마24:3).

그 *첫째 징조*는, *인류가 과학으로 하나님 고유의 생명권좌生命權座를 탈취하는 악행이다.* 생명을 창조 섭리하시는 하나님께서,

"너희는 네 육축을 다른 종류와 교합시키지 말며, 네 밭에 두 종자를 섞어 뿌리지 말라(레9:19)."고 말씀하셨다.

자연교잡조차 금하심에도 불구하고, 인간은 유전자조작농축산물(GMO)을 양산하고 있으며, 개(황우석)와 원숭이 복제(섀튼)에 성공했고, 인간복제가 보도되는 판이니, 인류는 과학을 앞세워 하나님을 그분 고유의 생명권좌에서 이미 밀어내고 있는 것이다. 이는 윤리적 차원이 아닌, 생명의 주권자이신 하나님께 정면 도전하는 멸망의 범죄다. 앞에서도 언급했듯이, 제동장치가 없는 과학자들의 호기심은,『멋진 신세계(Brave new world)』에서 A. 헉슬리의 예언대로, 용도별 인간소모품을 양산하기에 이를지 모른다. 그러나 그전에 하나님의 심판이 있을 것이다. 역사를 주관하시는 하나님의 전례에 비춰볼 때 이 죄악은 홍수심판 이상으로 큰 죄악이기 때문에 주님께서 "불로 소금 치듯 하리라(막9:49)." 하신 말씀대로 심판하실 것이다.

인간이 하나님을 생명권좌에서 밀쳐내고 그 자리를 차지함은, "다니엘의 예언대로 멸망의 가증한 것이 거룩한 곳에 선 것(마24:15)"이므로 이 큰 죄악 때문에 불 심판이 임박한 것으로 봐야한다.

*둘째 징조*는 *각종 재난과 사회병리현상*들이다. 예수님이 말씀하신

"기근, 지진, 전쟁, 거짓 선지자들과 재림예수, 불의와 불법, 사랑이 식음(마24:5~12)" 등이 심각해지고 있다.

*기근(굶주림)*은 전 세계적으로 볼 때 심각한 문제이다. 기근은 여러 가지 원인 때문에 생긴다. 아프리카 중국 등에서는 사막화로, 여러 지역에서 전쟁, 가뭄과 기상 이변 등으로 곡물생산량이 줄어들기 때문이다. 또 국내에서나 국제사회에서도 이기주의와 무관심으로 가진 자들이 극빈자들과 나누지 않음으로 지구상에는 인류의 7분의 1이 굶주리고 있다고 유니세프 등은 발표하고 있다. 에티오피아는 생존을 위한 최소 기준인 1일 곡물 500g도 섭취하지 못하는 주민이 190~200만 명이며, 가뭄이 심한 작금의 몇 해에는 430만 명이나 된다고 유엔식량기구와 유니세프 등이 보고하고 있다. 그밖에도 르완다, 짐바브웨, 소말리아, 코소보, 스리랑카, 북한, 콩고 등 여러 나라 사람들이 가난에 시달리며 죽어가고 있다.

미래학자 후쿠야마는, 『역사의 종말』에서 과학의 발달이 산업기술의 발전을 가져오고, 이는 다시 자본주의의 자유시장경제체제의 민주사회 발전을 가져오지만, 부자들은 도둑이 와도 짖지 않는 배부른 개처럼 가난한 사람들에 대해 무관심하다고 말하고 있다. 자본주의 경쟁체제는 사회발전 못지않게 경쟁력이 없거나 미약한 장애자, 노약자, 지식 기술을 갖지 못 한 사람 등 경쟁의 낙오자들에게 극빈의 고통을 받게 하는 문제를 낳고 있지만, 가진 자들은 이를 외면하고 있음이 현실로 나타나고 있다.

국제간에서도 무한경쟁체제로 인해 빈부격차는 더욱 심각해지고 있다. 자유무역을 내세우는 신자유주의 체제는 기술과 자본에 우위에 있는 선진국을 중심으로 한 것이어서 그들에게는 유리하나 미개발국가, 개발도상국가에는 매우 불리하다. 그러므로 신자유주의는 아르헨티나의 경제학자 아우프레비시의 종속이론이 오래 전에 경고한 대로 국가 간의 빈부격차를 점점 심화시키는 것이다.

최근의 UNDP국제연합개발기구의 보고서에 따르면, 20%의 고소득 국가의 국민들이 전 세계 소비의 80%를 차지하는 반면, 20%

의 최빈국의 국민들은 단지 1.3%를 소비하고 있다고 한다. 앞으로 고소득 국가의 소비비율은 20:80에서 10:90이 될 것이라 한다. 최근에는 1%의 부자들이 99%의 재산을 소유하고 있다면서 월 스트리트 등에서 데모가 일기도 하였다. 세계의 부富를 극소수의 사람들이 거의 독점하며 풍요를 구가하지만 세계의 대부분의 사람들은 더욱 살기 어려워진다는 말이다. 하나님은 이렇게 말씀하신다.

"탐심을 우상숭배와 같은 죄악(골3:5)" "네 이웃을 네 몸 같이 사랑하라(마19:19)." "물질을 나눔으로 평균되게 다 같이 살라(고후8:13)."

로버트 카플란은 『지구의 종말』에서 세계화의 대세에 적응하지 못하는 국가들이 종교나 민족에 기초한 새로운 정치체제들을 형성함으로써 중세 이전의 암흑시대와 같은 양상이 벌어질 수도 있다고 경고한다. 아마도 북한과 같은 국가를 두고 한 말일 듯하다. 국경 없는 무한경쟁체제 속에서 기술과 정보에 어두운 무능한 국가는 아예 경쟁을 포기하고 문을 닫아버리게 된다는 것이다. 그래서 경제적 빈곤 국가가 생겨날 뿐 아니라 한 나라 안에서도 그 같은 현상이 심화된다고 한다.

앨빈 토플러는 『제3의 물결』에서 이미 오래 전에 제조업 중심인 근대산업사회의 직업이 반쯤은 없어지고 새로운 직업이 그 이상으로 많이 생겨난다고 했다. 우리나라에서도 정보통신, 컴퓨터, 유전공학, 문화 콘텐츠, 나노기술, 최근엔 AI 등 지식산업 분야의 새로운 직업이 급속도로 많이 생겨나고 있다. 사양길에 있는 굴뚝산업 종사자들은 새 지식 기술을 익혀서 전직함이 유리할 수 있다. 새로운 정보화 AI 등의 기술사회에 적응하는 경쟁력을 갖지 못한 사람들은 극빈자로 거리를 떠도는 시대가 되었다.

후쿠야마는, 인간이 풍요 속에 배부른 개 같은 동물로 전락하는 것이 국경 없는 세계자본주의 민주사회가 나아가는 인류역사의 방향성이고 종말이라고 경고한다. 이미 소수의 부자들은 배부른 개처럼 굶주리는 이웃들을 외면한 채 사치와 방종을 일삼고 있다.

최근 한 통계에 의하면, 우리나라 국민의 상위 5%의 부자들이 금융자산의 38%를, 1%의 사람들이 금융자산의 19.4%를 소유하고 있다고 한다. 100명 중 5명이 우리나라 돈의 거의 반을 차지하고 있다는 것이다. 땅과 집은 100명 중 10명이 90%를 소유하고 있다고 한다. 이 통계는 우리 사회의 빈부 격차의 심각성을 말해 주고 있다. 이런 빈부격차 때문에 공산사회주의가 기생하게 된다. 북유럽 부국들이 골고루 잘 사는 것은 소득이 높은 사람들이 적은 사람들과 나누기 위해 일정 수준 이상을 자진 납세하기 때문이라고 한다. 우리도 자본주의경쟁체제의 단점을 보완해가야 한다.

국제간에도 몇 안 되는 부국들이 독점하고 있는 많은 곡물이나 가축을 나눈다면 인류는 먹고도 남는다고 보도되고 있다.

경쟁에 의한 빈익빈 부익부의 사회 현상은 사랑의 하나님께서 창조하신 인류 사회의 바람직한 모습이 아니다. 인간 존중의 사랑이 식고 물질이 우상화 되면서 국제간에 기술 식량 등을 나누지 않아 기근이란 심판 재림 때의 징조는 더욱 심각해지는 것이다.

우리는 북한 공산독재자 일당이 군량미 전용이나 착복을 막을 수만 있다면 기아 동포들을 위해 곡물을 보내야 할 것이다.

불법 불의가 종말의 징조이다.

"자기를 사랑하고 돈을 사랑하며 자고자긍自高自矜 교만하며 훼방하고 참소하며 원통함을 풀지 않으며 부모를 거역하며 감사할 줄 모르며 무정하고 사납고 조급하고 절제하지 못하며 거룩하지 아니하고 선한 것을 좋아하지 아니하며 쾌락 사랑하기를 하나님 사랑하기보다 더 하며 …말세에는 고통의 때가 이른다(딤후2:1~5)."

우리 사회를 이 말씀의 거울에 비쳐보면, 이미 말세에 이르렀음을 알 것이다. 우리나라의 청렴도는 세계52위로 이 책을 처음 집필하던 때의 42위보다 떨어지고 있음만 보아도 부패상을 알 수 있지만, 부정과 불의의 부패는 세계적인 현상이다. 우리가 불우이웃 돕기를 하는 아름다운 모습도, 그 참여자의 대부분이 넉넉하지 않는 사람들이라 한다. 이는 사랑이 식어 감을 보여주는 현상이다.

가짜 선지자, 가짜 예수가 많이 나타나서 사람들을, 특히 성도들을 미혹할 텐데, 그들에게 속지 말라 고 하셨다(마24:4, 5)

숭실대학 부설 한국기독교문화연구소의 보고에 의하면, 1995년 현재 우리나라에만 외국에서 들어온 기독교를 가장한 이단으로 여호와의 증인, 몰몬교, 제7일일안식교, 하나님의 자녀들, 퀘이커교, 참예수교, 그리스천 사이언스, 등 10여 개가 있고, 국내에서 생긴 것으로 박 태선의 신앙촌(전도관)과 그 아류 20여 개 파, 문선명의 통일교와 그 아류 5 개 파 외에도 최근에 교회 침투를 일삼는 신천지 등 해방 후에 백여 개의 이단들이 사람들을 미혹하고 있다.

 시의 벤치

빛이 어둠을 몰아내는 자연과/ 어둠이 빛을 몰아내는 인간 사이에
천국과 지옥이 있더라.// 빛을 막아서는 사물 뒤에/ 드리우는 어둠
해거름에 산그늘이 골짝을 덮고/ 들판을 다 덮으면 날이 저물더라.//
저문 어둠 속으로 사라진/ 꽃이여 나비여 새여/
어둠 속의 너희를 알아볼 수 없구나.// 빛을 막아선 사물 뒤에
드리우는/ 자연의 어둠처럼/ 어둠이 점령한 세상의 빛의 자리.//
밀물에 잠기는 개펄 게나 조개처럼/
산그늘에 갇힌 구절초나 송장메뚜기처럼/
사람들은 어둠 속에 잠기고 갇히더라.// 빛을 막아선 어둠들이/
서로를 가두고 그 속에 갇히는/ 세상은 서해 개펄 같은 어둠이 되더라.
             - 최 진연, 「빛과 어둠 사이」

32. 예수님 재림의 징조들 · 2

*전쟁이 재림 심판의 한 징조*이다. 예수님은, 말씀하셨다.

"난리와 난리의 소문이 나고, 민족과 민족, 나라와 나라 사이에 전쟁이 많이 일어난다(마24:6~7)." "전무후무한 마지막 환난이 닥쳐온다(마24:21)."

이 '마지막 환난'은 아마겟돈전쟁(계16:16)을 뜻한다. S. 헌팅턴은, 『문명의 충돌』에서 단층선fault line 분쟁이 문화적 동질성과 연대의식에 의해 지역전쟁과 세계대전으로 확산될 것이라 한다. 김 명진 목사님과 필자의 견해로는 3차 대전은 재래식 무기의 전자전 끝에 '가난한 나라들의 핵무기'라고 하는 화생방CBR-Chemical, Biological, Radioactive 또는 Radio전쟁으로 확전될 것이다. 다음 예언말씀들이 그 점을 잘 보여주고 있다.

"각종 수목은 해하지 않고 이마에 하나님의 인印 맞지 않은 사람들만 해하게 하시되, 다섯 달 동안 전갈이 사람을 쏠 때 같이 괴롭게 한다(계9:4~6)." "악하고 독한 헌데(피부병)가 짐승의 표를 받은 자들과 그 우상에게 절하는 자들에게 생기며(계16:2)," "짐승(사탄)의 나라 사람들(불신자)은 아파서 자기 혀를 깨물고 아픈 것과 종기를 인해서 하나님을 훼방하면서 저희 행위를 회개치 않더라(계16:10~11)."

"수목은 해하지 않고"란 CBR로 "하나님의 인印 맞지 않은 사람들" 곧 불신자들만 호흡기와 피부가 헐어 고통당하나, 신자들은 그 전에 휴거携擧되어 지상에 없다(마24:31, 살전4:16)는 것을 뜻한다.

"그날에는 밭에 있던 두 사람 중 하나는 올라가고 하나는 남겨지며,

맷돌 돌리던 두 여자 중 하나는 올라가고 하나는 남겨진다(마24:40~42)."

함께 일하던 불신자들은 남겨지고 신자들은 휴거됨을 뜻한다. 어떤 사람이 자신은 믿지 않으면서 자기 부인이 권사님으로 신앙생활을 잘 하니, 그 치마를 잡고 천국에 올라가겠다고 농담하는데, 이 말씀을 보면, 그런 무엄한 농담이 통할 리 없다.

"각 나라와 족속과 백성과 방언에서 아무도 능히 셀 수 없는 큰 무리가 나와 흰 옷을 입고 손에 종려나무 가지를 들고 보좌 앞과 어린양 앞에서 큰 소리로 찬송하는(계7:9~14요약)" 광경은 불신자들이 무서운 고통을 받을 때 휴거된 성도들이 천국잔치에 참여하는 모습이다.

"다섯 달 동안 죽기를 구해도 죽음이 피하는(계9:6)" 화생방전 끝에 2만만(2억) 대군이 동원되어 인류의 삼분의 일이 죽게 되는 아마겟돈 전쟁(계9:15~16)-핵전쟁이 일어나 세계를 불바다로 만든다.

재래식 전자무기의 3차 대전 마지막에 CBR이 사용되는데, 그 공격에 치명타를 입은 쪽이 핵을 사용함으로써 거의 동시에 상대방도 사용하여 아마겟돈전쟁(계16:16)-핵전쟁으로 급변할 것이다.

"일곱째 천사가 그 대접을 공기 가운데 쏟으니, …번개와 음성들과 뇌성이 있고 또 큰 지진이 있어 어찌나 큰지 사람이 땅에 있어 온 이래로 이같이 큰 지진이 없었더라(계16:17,18)."고 하는

"전무후무한 대환난(마24:21)"은, 어떤 지진보다 큰 소리와 강한 빛, 모든 것을 순식간에 재로 만들 수천도의 고열을 내며 핵폭탄이 터지는 핵전쟁 광경을 예언한 것이다.

"한 달란트(51kg)짜리 큰 우박이 비처럼 쏟아져 내려 만국의 도시들을 다 파괴하고 섬과 산들이 없어진다(계16:19~21,겔38:22)."

'큰 우박'도 '만국의 도시들…' 란 말로 보아 핵폭탄임을 알 수 있다. "사람마다 불로 소금 치듯 함을 받으리라(막9:49)." "불로 아주 사르리라(계17:16)." "땅의 삼분의 일이 타서 사위고 수목의 3분의 1도 타서 사위고, 각종 푸른 풀도 타서 사위더라(계8:7)."

라는 표현은, 모든 게 핵열核熱로 순식간에 재가 됨을 뜻한다.

핵무기철폐운동기구 '애벌리션 2000'에 따르면, 지구상에는 미, 러, 영, 불, 중 등이 모두 3만6천 개의 핵폭탄이 있으며, 그 파괴력은 히로시마에 투하된 원폭의 65만 배로 지구를 70번 초토화고도 남는다고 한다. *미, 러 보유만 1.5~9메가톤급 약3만기. 1MT은 TNT 100만 톤. 일본 투하 원폭 1개는 TNT12500t-리틀 보이. 15년 전 브루킹스 연구소는 이스라엘도 100~150개 보유를 추정했으나 현재4백기로 추정되며, 이미 가졌거나 만들 수 있는 나라가 44국이라 한다.

1986년 4월 26일 체르노빌 핵발전소 사고 때 뉴욕 타임지는 7월 26일자에 "우크라이나 핵 사건은 요한계시록에 예언된 인류 재앙의 신호탄이다. 인간이 만들어놓은 핵으로 인해 요한계시록의 예언이 지금 그대로 되고 있는 것이다."라고 했다. 체르노빌의 13배라는 일본의 후쿠시마 핵발전소 사고는 큰 재앙이다. 이미 체르노빌 사고로 원자병을 가진 아이들과 많은 기형아가 태어났으며, 그 일대의 물고기를 절대로 잡아먹지 말라는 팻말이 붙어 있다고 한다. 일본은 더 심각할 것이라며 핵물리학자는 일본은 여행을 해서도 안 되는 땅이라며 미국으로 이민해 산다고 했다. 핵발전소 파괴 피해가 이 정도인데, 핵폭탄의 피해는 상상도 못할 것이다.

그러므로 아마겟돈 핵전쟁이 터지면 공중으로 들림 받지 못해 지상에 남는 불신자들은 삽시간에 모조리 멸망할 수밖에 없다.

무엇보다도 심각하게 받아들여지고 있는 것은, 이슬람의 팽창과 그들의 세계적 연대이다. 문명이 세계 정치의 1차적 단위로서 국가를 대신할 것이라는 S. 헌팅턴은, 이슬람이 접하는 지역을 중심으로 문명의 단층에서 분쟁이 자주 일어날 것이라고 하였다. 교통통신의 발달로 메카 순례나 교류가 쉬워지고 석유자원을 둘러싼 국제질서의 변화에 따라 이슬람 사회가 정체성을 고취하며 공동체의식을 강화해갈수록 세계의 이슬람이 집단세력화하고 있다는 것이다. 또 석유자금을 바탕으로 그 세력을 확산해가고 있다.

S. 헌팅턴에 의하면, 동아시아와 나아가 세계의 패권을 노리는 중국은 1989~1993년 사이에 군비를 증강시켰으며, 그 이후 전략을 안보에서 공격으로 바꿨고, 2020년경에는 국력이 미국을 추월할 것이며, 러시아도 경제력이 크게 향상되며, 3차 대전 및 아마겟돈전쟁 때 동방의 왕들에게 각종 고급 무기를 공급해줄 것이다.

3차 대전 발발의 원인이 될 자원쟁탈에 관해 생각해보자.

국제에너지기구는 2020년을 기점으로 *석유자원*의 고갈로 수급 불균형이 항구적으로 이루어진다고 하며, 석유 전문가 콜린 캠벨과 장 자레르는 그 위기가 2001~2010년 사이에 닥칠 것이라 했다. 예언대로 유가는 1배럴에 1백 달러 전후의 고공행진을 계속해왔으나, 최근 여러 요인으로 석유가격의 하락 안정 추세는 반가운 일이다. 그러나 이는 일시적 현상일 것이고 조만간 매장량 고갈로 석유 쟁탈전이 심각해질 것이다. 최근 대량 매장된 것을 알려진 카스피 해 연안 국가에서는 이미 강대국들의 석유 쟁탈전이 치열하게 벌어지고 있다. 미국이 제2차 이라크전쟁을 일으킨 이유도, 석유자원 쟁탈의 주도권을 잡으려는 데 있다는 게 국제 여론이다.

수자원 쟁탈도 심각하다. 대대적인 수자원 개발에 나선 터키는 80년대 말 국제 하천인 유프라테스 티그리스 등 강의 상류에 아타튀르크 댐 등 초대형 댐들을 속속 완공함으로써 하류에 위치한 나라들을 바짝 긴장시키고 있다. '92년 미 국방성의 '미래 전쟁 시나리오'에 따르면, 3차 대전은 아타튀르크 댐을 이라크와 이란, 시리아 연합군이 점령할 때, 터키를 돕는 미국의 개입으로 유프라테스·티그리스 강 유역에서 발발하는 것으로 되어 있다.

대전은 이삭의 후손 이스라엘과 이스마엘 후손 아랍 사이의 5천년 분쟁지 팔레스타인에서 세계로 번질지도 모른다. 우리는 이스라엘을 주목해야 한다. 하나님께서 말세에 열국에 흩어진 이스라엘을 고토故土로 돌아오고 모이게 하시겠다는 예언대로(겔28:25, 37:14 ,21,사11:11~12) 그들이 2천년이 지나 가나안 땅에 돌아와 강력한 국가를 세웠으며, 최근엔 사우디아라비아에 버금갈 25억 배럴의 석유매장이 발견되는 등 이스라엘의 번성함은 아마겟돈전쟁에 대비시키심으로 재림의 때가 가까운 징조(마24:32)라고 본다.

이슬람제국, 러시아, 중국과 그 영향권인 동남아제국이 서방 기독교 국가인 미국, 영국과 그 연방국들, EU 및 유대교의 이스라엘을 상대로 맞붙을 3차 대전에서, 김 명진 목사님은 전자를 "동방의 왕들(겔38장, 계16장)", 이에 대해 후자를 서방의 왕들이라고 『인자가 곧 문 앞에 가까이 이른 줄 알라』에서 명명하고 있다.

브레진스키는 『거대한 체스 판』에서 일단 국제전이 대전으로 확산되면 전 지구는 삽시간에 전쟁터가 될 것이라 했다.

내 조카 병준 군(서원대독문과 교수)의 『뒤렌마트의 연극론』에 따르면, 독일의 대표적인 현대 극작가 뒤렌마트는, "태초에 인간은 만족할 줄 알고 정의로웠으며 만물을 다스리는 군주였으나, 신을 두려워하지 않음으로 그의 지혜(이성)는 자신을 파괴하는 무기가 되어 버렸고, 낙원이었던 지구는 핵전쟁으로 파괴되어 방사능 덩어리로 어느 우주 공간을 무의미하게 떠돌게 된다."고 했다.

*둘째 징조*는 *예언서가 마지막 때임*을 말씀하고 있다.

"다니엘아, 마지막 때까지 이 말을 간수하고, 이 글을 봉함하여라. 많은 사람이 빨리 왕래하며 지식이 더하리라(단12:4)."

재림이 임박한 "마지막 때"(요12:48,마12:41,42)가 되면, 많은 사람이 빨리 왕래하며 지식이 폭증한다는 말씀인데, 오늘날 극도로 발달한 교통과 왕래조차 불필요한 인터넷을 통한 e메일, 전화, 화상회의, SNS, 채팅, 문자메시지, 카톡 등 각종 통신은 "많은 사람이 빨리 왕래"하는 마지막 때임을 말해준다. 지식 정보도 폭발적으로 증가, 광속도로 소통되고 있다. 이는, 다니엘 당시는 물론, IT(Information Technology)시대란 오늘날 직전의 사람들조차 전혀 상상하지 못한 일이다. 다니엘 이후 오늘날까지 "많은 사람이 빨리 왕래하며...더하리라."는 성경말씀의 뜻을 몰라 "봉함" 되어왔다. 그러나 지금은 그 뜻을 모를 사람이 없게 되었으니, 그 "봉함"이 열린 것이다. 그러므로 "마지막 때"가 이미 이르렀다고 봐야한다.

지금까지 봉함되었던 다니엘서 등 예언서 전반이 김 명진 목사님, 필자 등에 의해 성경연구와 역사전개 및 전적典籍들의 조명으로 완전히 해석되고 있다.

앞에서 살펴본, 인간이 과학을 앞세워 하나님을 밀어내고 그 권좌를 차지하려는 죄악, 기근, 대환난의 징조, 심판에 관한 예언 성취 등이 재림심판이 임박했음을 더욱 잘 말해주고 있다. 그래서 우리는 모든 사람이 빨리 예수 그리스도를 믿음으로써 하나님의 자녀로서 들림 받아 CBR의 고통과 핵전쟁의 멸망을 면하고, 부활체의 신령한 몸으로 영생복락을 누리게 되기를 강권하고 있다.

 *시의 벤치*

나무들을 흔드는 건들마에/ 땅이 걷힌다 싶고/
대자리에 등이 서늘하다 싶더니/ 드디어 8월1일, 놀랍게도/
우주의 운행처럼 정확히 그날에/ 풀벌레 소리가 다시 들린다./
해가 설핏해지면 들리는 저 소리/ 저녁 공가가 서늘해질수록/
점점 높아가는 저 소리/ 그에 따라 가을은 점점 깊어간다./
다가오는 죽음의/ 발자국소리를 예감하고/
미물들이 부르는 슬픈 저 소리/ 저 애가哀歌 절정에 이를 즘/
알몸이 된 나무들의 엄숙함으로/
한 해를 다시 돌아보며 / 겨울 발자국소리를 듣게 된다.
- 최 진연, 「풀벌레 소리」

33. 예수님 재림의 징조들 · 3

 예수님은 *마지막 때가 가까우면 곳곳에 기근과 지진이 있으리라(마 24:7)*는 말씀으로 재난의 시작을 알리셨다.

 *지진*은 이란, 일본, 대만, 필리핀, 터키, 이탈리아, 리비아, 중국, 최근에는 2천 명 이상이 죽은 알제리 등 세계 도처에서 일어나고 있는데, 그 빈도와 강도는 급격히 심해지고 있다. 손 기태 교수(한양대)의 『인류의 마지막 밤』에 따르면, 526년에서 1896년까지 1370년에 25회 발생했는데, 1908년부터 현재까지 100년밖에 안 된 기간에 큰 지진만 42회나 발생했다. 빈도가 최근 20배 이상 급증함을 나타낸다. 일제 때 우리 동포를 학살한 일본인 10만 명이 떼죽음당한 관동대지진을 비롯하여, 80년대부터 현재까지만 사망자 1만 명 이상 9회, 1천명 이상 28회, 1백 명 이상 59회로 급증하고 있다. 이란의 라츠에서 4~5만으로 추산되는 사망자('90), 터키 이즈밋의 1만 6천여 명('90), 인도의 구자라트에서 2만 5천여 명('01), 이란 남부의 지진('03)으로 4만3천여 명, 인니의 쓰나미 추정 사망자 13만 명, 중국 쓰촨성 6만 9천명('08), 일본의 고베 지진('95)에 6천 4백여 명이 죽었다.

 기근에 관해서는 앞 장에서 살펴보았지만, 지진 이외의 *자연 재해*도 심각하다. 자연환경 파괴로 인해 자연재해가 발생하고 있다.

 큰 우박과 장마와 홍수, 폭설, 혹한과 혹서, 태풍과 해일, 가뭄 등 기상 이변이 큰 피해를 입히고 있다.

 지구 온난화는 남북 극지의 빙산이 녹아 해수면을 높임으로 큰 재앙을 부르고 있다. 빙하기 이래 지구가 평균 $3C^0$ 상승함으로 말미암아 해수면이 평균 21cm 상승했으며, 지난 100년간 지표면의 기온이 편균 $0.4 \sim 0.5C^0$ 상승하여 해수면이 해빙과 해수팽창으로 15~20cm 상승했다는 게 미국 환경청의 보고이다. 유엔 밀레니엄 세계정상 회의에서 태평양의 한 섬나라 대통령이 그 나라가 통째로 물에 잠기게 되었다고 호소했으나 그 대책은 논의되지 않았다.

미국해양기상청 기후관측센터의 토니 반스턴 박사는, 최악 상황은 생태계가 붕괴돼 인간이 숨 쉴 산소가 지구상에서 사라지는 것이라 했다. 확대되는 오존층 파괴로 피부병, 암, 백내장이 초래되고, 엽록소 파괴로 지상 및 해저 녹색생물이 점점 감소 멸절되어 가고, 생태계 파괴와 돌연변이 발생 등 큰 재앙을 예고하고 있다.

일부 과학자들은 과학의 발달로 자연재해와 질병이 없는 테크노피아를 꿈꾼다지만, 아프리카를 죽음의 땅으로 만들고 있는 에이즈, 치사율 90%의 에볼라, 사스, 조류독감, 광우병 등 새로운 초강력 생물이나 신종 바이러스가 유전자 조작이나 기타 과학의 부작용으로 생겨나 이름도 모를 수많은 질병을 일으키면서 과학을 비웃고 있다. 2000년 한국보건사회연구원은 건강보험청구 자료를 근거로 국내 희귀·난치성 환자가 111종에 1,860,800여 명으로 추산했다. 제레미 리프킨은, 복잡한 지구 생물권에 뿌려질 새로운 생명체들이 어떤 문제를 일으킬 것인지 미리 파악할 수 있는 '예측생태학'은 걸음마 단계이므로 전례 없는 혼돈의 시대를 앞두고 어떤 과학 기술을 선택할 것인가에 대한 광범위한 토론이 필요하다고 역설했다.

*수질과 대기 오염*이 심각성도 문제가 된지 오래다.

특히 물 문제는 심각하다. 유엔미래보고서는 21세기가 물 분쟁의 시대가 될 것이라고 경고했다. 2008년 7월 미국에서 열린 세계미래회의에서는 앞으로 10년 안에 제3차 세계대전이 발발한다면

물 전쟁에서 비롯될 것이라는 예측을 내놓은 바 있다. UN자료에 따르면 현재 중동을 비롯해 전 세계 인구의 35%가 식수난을 겪고 있고, 2025년에는 세계 인구의 절반인 52개국 30억 명, 2050년에는 인류의 3분의 2 이상이 물 부족에 시달릴 것이라 한다.

벌써 물 때문에 전쟁보다 더 심각한 상황이 세계 곳곳에서 벌어지고 있다. 2011년 3월 22일 '세계 물의 날'을 맞은 유엔개발계획 UNDP 보고서에 따르면, 최근 5년 동안 매년 180만 명의 어린이가 물 부족 때문에 목숨을 잃고 있다.

한국도 세계보건기구에 의해 물 부족 국가로 분류된 지 오래다.

과학문명으로 인한 각종 오염물질이 생물의 내분비선에 들어가서 그 작용을 교란하여 발육장애, 기능저하, 면역성 감퇴, 정자 감소와 불임, 자웅동체 및 기형아 출산 등을 야기하는 문제도 심각하다. 인류는 자연을 잘 보호 관리하면서 이용하라는 하나님의 말씀으로 돌아가기에는 너무 멀리 와버려서 심판을 면키 어렵다.

마지막 징조는, 복음전파가 완전히 이루어지고 있다는 점이다.

"땅 끝까지 이르러 내 증인이 되라(행1:8)." "천국 복음이 온 세상에 전파되면, 그제야 끝이 온다(마24:14)."

주님의 이런 말씀대로, 이스라엘에서 시작된 복음이 유럽, 아프리카, 미주, 아시아를 거쳐서 다시 유럽과 이스라엘로 역수출되고 있으니, 땅 끝까지 전파된 것으로 볼 수 있다.

세계성서번역선교회GBT는, 마지막 남은 오지奧地의 소수부족들에게 현재 180여 명의 선교사들을 파송하여 각 부족어로 성경을 번역하여 복음을 전하고 있다. 각 부족의 말을 적을 수 있는 글자(알파벳)를 만들어 문맹퇴치를 하는 한편, 이로써 사전, 책들과 함께 성경을 제작하여 복음을 전하는 어려운 일을 하고 있는 것이다. 그 가운데 한국의 주 선교사님은 참으로 귀한 분이다. 이름조차 '주 예수의 노예'란 뜻으로 바꾼 그분은 서울대 컴퓨터공학과 대학원을 마치고 안정된 생활을 하다가 복음전도의 부름을 받고 1989년부터 지금까지 서울대 독문학과 출신의 부인 하 선교사님과 함께 '새벽족'이라 명명한 인구3만의 소수부족을 위해 위와 같은 귀한 일을 하는 선교사이다. 언어학을 전공해서 박사학위를 받아 그 선교회 교수로도 헌신하고 있는 그분의 말에 의하면, 2025년까지 모든 부족어로 성경번역이 완료된다고 한다. 우리는 최후의 심판이 임박한 이런 시대의 징조를 볼 수 있어야 한다. 지금은,

"땅의 사방에 바람이 불지 못하게 하시는 가운데 천사들이 하나님의 인印을 가지고 우리 하나님의 종들의 이마에 인치는(계7:1~3)"

"하늘이 고요한 반시 동안쯤(계8:1)"

의 시대이다. 긴 내용을 요약한 이 말씀의 요지는 이렇다.

목축하는 주인이 가축 떼의 엉덩이마다 불도장을 찍어서 자기의 소유를 표시하였는데, 하나님께서 천사들(전도자)로 하여금 구원받아야 할 사람들에게 복음을 전하게 해서 마치 불도장을 찍듯이 그 심령에 성령으로 신앙고백을 하게 하심으로써 당신의 백성을 삼기에 바쁘다. 그 일을 마치기까지 '사방의 바람이 불지 못하게', 핵전쟁이 일어나지 못하게 하신다는 말씀이다. '하늘이 고요하다'는 것은, 세계도처에 내란, 국지전은 있지만 마지막 세계대전이 일어나기 직전의 고요한 평화시대를 상징한 말씀이고, '반시 동안'이란 그 기간이 매우 짧다는 말씀이다. 또 '다른 천사들을 시켜'라는 복음을 전하는 성도를 그렇게 귀하게 부르신 것이다.

한국교회는, 현재 미국 다음으로 가장 많은 약3만 선교사를 세계 곳곳에 파송하여 복음 전파로 주님의 재림에 대비하고 있다. 그 가운데 한 희석 선교사님 가정의 경우를 예로 들면, 그분들은 우간다에 나가서 벌써 수십 년째 복음을 전하면서 에이즈로 죽어가는 수많은 아이들을 비롯한 빈민들로부터 질병과 가난을 물리치

기 위해 국가소유의 넓은 땅을 불하받아서 농사를 함께 짓게 하는 등 여러 가지 방법으로 노력하고 있다. 마치 아펜셀러나 언더우드 같은 선교사님들이 우리나라에 복음을 전하면서 학교를 세우고 병원을 차려서 치료해주는 등 피땀으로 서구문명의 씨앗을 뿌린 것과 같은 일을 그곳에서 하고 있는 것이다. 이렇게 멀지 않아 복음이 전 세계에 다 전파되면 주님께서 재림하실 것이다.

그러나 우리한국교회가 해외선교에는 이처럼 열심이면서도 7,80년대에 '민족복음화'를 외치던 말을 지난 몇 십년간 어디서도 들을 수 없는 가운데 국내 선교는 등한시하고 있다. 그래서인지 주님께서 부족한 나 같은 자까지 복음전파의 도구로 사용하신다. 학교전도에 힘쓰다가 '99년 퇴직 후부터 성도님들의 도움을 받으면서 이 에세이집에서 뽑은 16편의 글을 16절지 32페이지에 인쇄하여 지하철에서 지난 13년에 약15만부를 1대1의 대화를 통해서, 몇 해 전부터는 내 블로그에서 원전의 나머지 글까지 읽겠다는 사람에게만 나눠주어 주님께서 적잖은 열매를 거두심을 보아왔다.

나는 이 지면에서나마, 전도지의 계좌를 보고 기도와 함께 수백만 원부터 수십만 원 혹은 몇 만원을, 또 더러는 지하철에서 "수고하신다."면서 몇 천원을, 학생들은 자기가 먹던 과자나 과일을 쥐어주기도 하는 등 <보혈문서전도회>가 복음을 전하도록 후원해주신 성도님께 예수님의 이름으로 감사와 함께, "소자에게 냉수한 그릇을 대접하는 것도 그 상을 잃지 않는다(마10:42)." "주님께서 누르고 흔들어 갚아주시는(눅6:38)" 축복을 드린다.

그런데, 이 복음을 끝내 받아들이지 않는 사람들은 어찌 될까?

"노아 때와 같이 인자의 임함도 그러하리라. 홍수 전에 노아가 방주에 들어가는 날까지 사람들은 먹고 마시며 장가들고 시집가고 있으면서 홍수가 나서 저희를 다 멸하기까지 깨닫지 못하였으니, 인자의 임함도 이와 같으리라(마24:37~39)."

　노아가 홍수 심판이 임박했다고 외칠 때 사람들은, 해가 쨍쨍하게 비치는 날 바닷가도 아닌 높은 산에서 배를 만들고 있으니 미쳤다고 비웃기나 하다가 대홍수 심판을 맞아 전멸했고, 방주에 들어간 노아의 가족 8명만 살아남아 인류의 중시조가 되었다.

　교회는 인류구원을 위해 하나님께서 세우신 오늘날의 방주이다. 교회에 들어오기를 끝내 거절하면 노아시대의 사람들처럼 멸망을 면치 못한다는 주님의 경고의 말씀을 듣고 속히 돌아와야 한다. 이 경고의 말씀이 핵전쟁으로 반드시 성취될 것이기 때문이다.

　위 세 편의 글에서 살펴본 대로, 많은 거짓 선지자들이 준동하고, 과학과 물신이 하나님의 자리에 앉아 인간을 지배하며, 사랑이 식어가고, 불법과 불의, 성적 타락 등의 사회 병리현상, 기근, 지진, 심각한 자연 및 인간 문명으로 인한 각종 재해, 끊임없는 난리와 분쟁, 복음이 땅 끝까지 전파되는 등 예언에 따른 마지막 때의 징조들로 보아 심판 재림의 때가 임박한 줄로 생각한다.

 시의 벤치

세레나데를 듣는다./ 잠든 사람들은 볼 수 없는 나라/
하늘의 창문이 열리는 시간/ 사랑의 호숫가에는 별을 헤는 애인들/
그들 숨결의 산들바람에도/ 왕관의 金잎사귀들 부딪는 소리보다
여리게/ 흔들리고 부서지는 별빛/ 천만리 머나먼 밖에서 찾아 와/
어느 영혼의 창문 앞에서 귀먹은 사랑을 향해/ 부드러운 음성으로
임이 부르시는/ 눈먼 사랑의 노래/ 뛰는 가슴으로 창가에서/
귀대고 엿듣는 감미로운 노래/ 어둠 속에서도 잘 보이는 목련꽃 미소/
하늘의 창문이 열리는 시간에/ 밤 비 소리 같은/
영혼의 집 창문을 두드리는/ 세레나데를 듣는다.//

　　　　　　　　　　　- 최 진연, 「세레나데」

34. 적그리스도의 두목은 미국?

이제 하나님의 심판의 도구가 될 존재에 대해 이야기를 나누자.

하나님은 선지자 다니엘에게 바빌론 왕 느브갓네살의 거대한 신상神像에 대한 해몽을 통해서 그 나라 이후의 세계를 지배할 역대의 국가들을 보여주셨다(단2장). 하나님은 금으로 된 머리는 바빌론이이라고 직접 가르쳐주셨고, 성경연구학자들은, 은으로 된 가슴과 팔은 메데 파사(페르시아제국), 놋으로 된 배와 넓적다리는 그리스(알렉산더의 마케도니아)제국, 철 정강이는 로마제국, 철과 진흙의 발은 로마제국 이후에 나타날 나라들이라 한다.

김 명진 목사님과 나는, '철과 진흙으로 된 발'을 철과 진흙이 합쳐질 수 없듯이 완전한 하나가 될 수 없으나 발가락들이 모두 발에 붙어 있듯이 연합형태의 국가라고 보아, 역사상 '철 정강이' 로마제국의 영역에 연합형태의 나라는 EU밖에 없다고 본다. 하나님은 다니엘에게 이 '마지막 나라'를 "이 짐승은 전의 모든 짐승과 다르고 또 열 뿔이 있으므로...(단8:7)"라고, 사도 요한에겐 "일곱 머리 열 뿔 짐승(계17:7)" 으로 계시해주셨다. '전의 모든 짐승과 다른' 연합형태의 국가인 마지막 나라(발) EU의 등장은 인류의 종말이 임박했음을 나타낸다. 느브갓네살의 꿈은 이렇게 끝난다.

"뜨인 돌로 그 우상의 철과 진흙으로 된 발을 쳐서 부수니 철과 진흙과 놋과 은과 금이 가루가 되어 간 곳 없이 날아가고, 우상을 친 그 돌은 태산을 이루어 온 세계에 가득하였다(단2:35)."

이 말씀에서 '뜨인 돌'은 하나님의 심판이고, '그 돌은 ... 가득하였다.'는 심판 후에 이루어질 하나님의 나라를 보여주신 것이다.

"열 뿔"(발의 열 발가락에 해당)의 '열'은 자연수 십이 아니라 만수滿數를 의미한다. EU는 처음 10개국이었으나 현재 28개 국가 연합체로 그 수가 가득 찬 상태이다.

그런데, 오늘날 물신주의와 현대과학은 인류를 파멸로 이끄는 두 우상이다. 그 배후에는 물질적 풍요와 편리함 속에 청교도 정신을 상실한 채 하나님과 교회중심, 성경중심의 삶에서 과학중심, 물질중심, 인간중심으로 급선회하고 있는 미국과 EU가 있다.

특히 미국은 왕권에 예속된 영국의 국교Established Church로부터 신앙의 자유를 위해 목숨을 걸고 대서양을 건너와서 세운 청교도Puritan들의 나라다. 성경에 따르는 올바른 신앙을 삶의 목표로 삼은 그들은, 교회를 먼저 세우고, 기독교적인 자녀교육을 위해 학교를, 맨 나중에 살 집을 지을 정도로 신앙중심의 삶을 살았다. 이 신앙제일주의가 미국의 건국이념이었으며, 이 이념을 지속하기 위해 법으로써 각급 학교가 성경을 의무적으로 가르치게 해왔다.

그런데, 로마교 신자인 J. F. 케네디가 대통령이 되어 그때까지 실시해온 성경공부를 폐지하였다. 이것은 우주와 인류 역사의 주재主宰이신 하나님 편에서 볼 때 그분의 뜻을 저버리는 중대한 반역이다. 그 이후 미국 사회가 하나님과 신앙중심에서 인간과 물질 중심으로 급변하면서 청소년 범죄, 마약, 성적 타락과 이혼으로 인한 가정 파괴 등 온갖 사회 문제들이 급증하고 있다.

또 우리는 케네디의 비극적인 최후와 그 일가의 급격한 몰락이 하나님의 진노에 의한 것임을 부인하기 어렵다. '98년 1월 뉴스위크지는 "케네디 가문의 저주"란 표제 아래 당대에 일어난 6명의 「젊은 죽음」을 비롯한 그 가문의 저주받은 내용을 보도했다.

앞에 든 열 뿔 짐승의 일곱 머리 중 하나가 죽어가다가 살아나 각

나라들을 다스리는 권세를 용(사탄)으로부터 받아 성도들을 죽이고 핍박한다(계13:3). 이 '살아난 머리'는 십자군전쟁 이후 한 때 죽은 듯이 기세가 꺾였다가 다시 세계를 좌지우지하고 있는 로마교황국이 아닐까? 로마제국 이후 무수한 성도protestant를 학살한 세력은 로마교밖에 없고, EU 탄생 배후 세력인 로마클럽의 조종자로 알려진 교황국은 열 뿔, 일곱 머리 짐승으로 계시된 유럽을 비롯한 전 세계에 막강한 영향력을 행사하고 있다. 로마교는, 뒤에 세 장에 걸쳐 별도로 다루겠지만, 종교라기보다 정치집단이다.

그런데, 1900여 년 전에 기록한 계시록13장은, " '다른 짐승'이 나와서 '열 뿔 짐승'의 권세를 이어받아 하늘로서 불이 내려오게 하는 등 큰 이적을 행하여 세계를 복종시키며, 또 생기生氣를 넣어 말하고 행동하는 우상을 만든다."고 했다. 여기 "불"은 폭탄, 특히 핵폭탄이 폭발하는 모습을 사도 요한은 "큰 이적異蹟"이란 말로밖에 표현하지 못할 충격적인 것이었을 것이다. 또,

"우상에게 생기를 넣어..."는 지능을 가진 휴먼로봇 – 인조인간을 말한다. 마이크로소프트사의 공동설립자 빌 조이는, 2030년경엔 정보기술과 생명공학이 접목된 휴먼로봇이 나와서 인간과 세상을 지배함으로써 인류의 종말이 올지 모른다고 했다. 이런 과학기술을 선도하며, 로마교황국의 조종을 받는 열 뿔의 "처음 짐승"인 유럽연합에서 나온 세력으로서, "그 처음 짐승을 경배하게 하는(섬기게 하는)"관계의 "다른 짐승(계13:11)"은 유럽에 뿌리를 둔 미국뿐이다.

"하늘에서 불을 내려(원폭 투하), 세 뿔(독일 이태리 일본으로 추정)을 뽑아버린(2차 대전 패전), 열 뿔(EU)에서 나온 다른 뿔(단7:7,8)"은 미국밖에 없다. "용(사탄)처럼(계13:11) 큰 말(명령)을 하며(단7:8)", "무섭고 놀라우며, 극히 강하고, 큰 철 이빨(무기)로 먹고 부서뜨리며...(단7:7,19)" 군림하는 초강대국은 미국밖에 없지 않은가.

미국은, 세계적인 이론물리학자 마치오 가쿠(뉴욕주립대 교수)가

『비전 2003』에서 말하는 3대 과학혁명을 주도하는 나라이며, 지금은 주로 상품 거래에만 쓰이고 있으나 곧 인류를 통제할 "짐승의 표(계13:18)"로 발전하게 될 것으로 보이는 바코드를 처음 만들었으며, 컴퓨터를 처음 만들었고, 인조인간(휴먼로봇)을 만들고, 인간복제의 필수 과정인 인간게놈지도를 완성한 나라이다.

"멸망의 가증한 것이 거룩한 자리에 선 것을 보거든 '마지막 때'인 줄 알라(마24:15)."는 주님의 예언에서 '거룩한 자리'에 선 '가증한 것'은, GMO식품을 양산하고, 동물복제와 인간복제까지 획책하며, 인조인간을 만드는 과학을 앞세워 신의 자리를 차지한 인류이며, 그 우두머리는, 미국이 확실하지 않은가.

미국은, "일곱 머리, 열 뿔 짐승(단7:7,계13:1)"이며 "처음 짐승(계13:12)"인 EU에서 나온 "다른 뿔(단7:8)"로서 EU가 강해질수록 그 영향을 많이 받게 될 것이다. 사실 세계는 이미 문명적으로 볼 때 유럽의 지배 아래 있으며, 유럽에 뿌리를 둔 미국은, "온 땅이 따르는, 죽게 된 것 같던 상처가 나은 일곱 머리 중의 한 머리(로마교황국)(계13:3)에게 경배하게 하는(계13:11~12)" 데 앞잡이가 될 것이다. 미국의 뿌리인 EU가 로마교의 막강한 영향력 아래 있으며, 미국 내에서도 로마교가 그 영향력을 급격히 증대시키고 있기 때문이다. 미국이 EU의 실세인 로마교황국을 섬기듯이 그 영향 아래 이미 들어가 있다는 사실을 「로마교」에 관한 장章에서 밝히려 한다.

성경은, "큰 음녀가 일곱 머리 열 뿔의 붉은 빛 짐승을 타고" 성도들과 예수님의 증인들의 피에 취한 모습을 보여준다(계17:1~7) 예로부터 세속권력(왕권)을 올라탄(지배한) 교회는 로마교뿐이다.

우리는, 이상의 여러 점으로 볼 때 EU와 로마교황국의 영향 아래 있는 미국 중심의 인류가, 과학을 내세워 창조주 하나님의 자리에 서는, 돌이킬 수 없는 멸망의 불 심판을 부르는(눅17:29) "가증한 것(마24:15)"인데, 그 우두머리가 미국이라고 생각한다.

적그리스도는 세 부류가 있다.

첫째는, "거짓말하는 자가 누구냐? 예수께서 그리스도이심을 부인하는 자가 아니냐. 아버지(하나님)와 아들(예수님)을 부인하는 자가 적그리스도(요일2:22)" 라는 말씀대로 성부 성자를 부인하는 불신자가 적敵그리스도Anti Christ이다.

둘째는, 거짓 예수, 거짓 선지자들이 적그리스도이다. 문선명, 박태선 류가 이에 해당한다. 이 두 종류는 인류멸망의 심판을 불러올 만큼의 본질적인 의미의 적그리스도가 못 된다.

셋째 적그리스도는, 과학문명을 앞세워 "하나님의 자리에 서려는 가증한 것"으로 명명하신 집단이다. 미국, EU를 비롯한 인류 전체가 이 적그리스도가 되어가고 있다. 인류문명은 과학과 물질, 인간중심주의로 신의 존재를 부정하는 쪽으로 급변해가고 있다.

과학기술 덕택에 풍요해진 세상의 물질만능 풍조는 쾌락의 퇴폐행위를 낳는다. "말세에는 자기를 사랑하고 돈을 사랑하고 하나님보다 쾌락을 더 사랑한다(딤후3:3,4)."는 예언대로 벌써 쾌락 퇴폐문화가 사회를 지배하고 있다. 쾌락 퇴폐의 중심 개념은 음란이다. 소돔과 고모라가 멸망당한 가장 큰 원인이 신을 부인하고, 성경에 "남색男色"이라 표현한 동성애를 비롯한 음란 행위가 만연한 데 있었다(창19장). 로마제국의 멸망도, 신자의 딸들밖에 왕비로 맞을 처녀가 없을 정도의 성적 타락에 그 원인이 있었다.

동성애는 '89년 덴마크를 시작으로 서구 여러 나라와 캐나다, 최근엔 미국의 여러 주에서 합법화하고 있으며, 한국도 동성애자 단체들의 사이트에 청소년들이 들리는 것을 국가인권위원회 승인했다. 또 십대들까지 예사로 성을 팔며, 대학생들 대부분이 혼전 성행위를 죄로 여기지 않는 등 심각한 타락상을 보이고 있다. 또 스와핑인가 하는 짐승들이나 할 짓들이 보도되고 있으며, 성도덕

타락으로 한국은 매년 에이즈환자가 1천 명씩 증가하고 있다. 한 국 정치가들 가운데 표를 얻기 위해 동성애자들을 옹호하는 자들 이 상당수 있다. 그 대표가 박 원순 서울시장일 것이다. 국민들은 가정파괴 인구절벽을 가져오고 있는 동성애 옹호자를 정계에서 투 표로 몰아내지 않으면 국가가 망할 것임을 알아야 할 것이다.

부모 학대도 큰 문제다. 현재('13. 1. 25) 가족으로부터 학대받는 노인이 70만 명이 넘는다는데, 성경은 부모를 치는 자는 반드시 죽 이라(출21:15, 레20:9, 신27:16,마15:4 기타)고 엄명하고 있다.

과학자들은 지능로봇의 개발과 발전으로 인간이 해온 모든 수고 를 로봇이 대신해주는 Scientopia가 올 것이라고 한다. 최근 보도 에 의하면 러시아의 한 과학자는 지능컴퓨터(로봇)를 개발했다고 한다. 지능컴퓨터는 스스로 사고하고 판단하며 행동을 결정할 뿐 아니라 스스로 자기와 같은 로봇을 생산할 수 있는 등 모든 면에 서 인간능력을 넘어 인간을 지배함으로써 인류에게 재앙을 가져올 것이라 한다. 생명공학의 발달로 인공두뇌가 개발되는 등으로 생 명이 미구에 3백년까지 연장되며, 인간은 천국에서가 아니라 이 땅에서 영생하게 된다고 장담하고 있다.

하나님께서 이런 인류를 보고만 계실까? 퓨리턴들이 세운 기독 교국가 미국의 로마교와 유럽의 영향 아래 물질, 과학, 인간중심 으로 신의 자리에 서고 있는 게 아닌가 싶다.

불 심판이 임박함을 보여주는 지금 그대는 어떻게 하고 있는가?

파스칼의 『팡새』에 나오는 표현대로, 심판을 면할 구원의 진리 를 알게 되었으면 믿음의 행위로 실행해야 하지 않겠는가?

35. 태풍 전야의 고요

재림과 심판은 거부감마저 느낄 수 있을 만큼 두렵고 무서운
화제이다. 그러나 이것은 그대와 그대의 사랑하는 가족, 이웃, 나
아가 인류의 존망이 걸린 문제이므로 평안한 마음으로 그 이야기
를 좀 더 자세히 나누려 한다.

"천사가 땅 사방의 바람을 불지 못하게 붙잡고 있고, 다른 천사가 택
한 백성들을 찾아 그 이마에 하나님의 인印을 치는(계7:1~4)" '반시 동
안쯤의 고요(계8:1~2)" 란 예언에서 '땅 사방의 바람을 불지 못하게
붙잡고 있고'의 뜻은 아마겟돈전쟁(핵전쟁)으로 비화될 3차 대전이
일어나지 못하게 유보시킨다는 말이고, '반시 동안쯤의 고요' 란
짧은 평화기간을 뜻한다. '다른 천사', '하나님의 인을 치는'의 뜻
은 앞에서 설명했다. 이 예언 전체의 뜻은, 하나님께서 대전*이
일어나지 못하게 유보시킨 가운데 전도자들을 통해서 복음을 전할
때 예수님을 구주로 믿음으로 신앙고백을 하게 함과 동시에 그 심
령에 성령께서 내주內住하여 신자와 함께하심으로 "전무후무한 대
환난(마24:21)"에서 구원하고 영생을 누리도록 하신다는 말씀이다.

인류는 지금 초강대국 미국 중심의 유엔 체제 아래 급속도로 발
전을 거듭하는 과학의 혜택을 누리며 평화롭게 살고 있다. 2차 대
전 이후 지금까지의 모든 분쟁, 전쟁은 난리와 난리, 나라와 나라
가, 민족과 민족이 대적하는 재난의 시작(마24:6, 7)에 불과하며,
지금이 바로 3차 대전이 터지기 전, 태풍 전야의 고요 같은 평화
기간이다. 이 기간은 길지 않다는 것이다. 앞에서 성경예언에 따

른 여러 가지 징조를 들어 논증했듯이 예수님의 재림이 임박한 "재난의 시작"을 알리는 가운데 성령께서 전도자들을 통해서 사람들을 불러 하나님의 자녀인 표로서 믿음의 도장(신앙고백)을 그 심령에 찍어 구원받게 하시는 마지막 기회임은 틀림없다. *브레진스키는 『거대한 체스 판』에서 1, 2차 대전에는 일부국가들만 참여하였으나 3차 대전에는 전 세계 각국이 전쟁에 참여하게 된다고 했음.

종교혼합주의자들은 벌써 평화를 표방하며 세계의 모든 종교를 통합하려 하고 있다. 2000년 8월 16일에 유엔본부 총회 장소에서 "세계종교영성정상회의"란 이름으로 세계의 각종 종교의 지도자들이 모였는데, 이것은 인류역사상 처음 있는 일로 매우 중요한 영적 의미를 던져준다. "오직 예수를 구주로 믿는 믿음만이 구원의 길(요14:6, 계14:12)"이란 진리를 부정, 창조주 하나님을 부인하며 종교통합Cosmopolitanism, 종교혼합주의Syncretism를 외치고 있다. 이 단체의 수장首長이 된 로마교황은 세속 권력을 지배하는 음녀교회(계17, 18장)의 머리로 추측된다. 하나님과 예수 구주의 유일성을 부인하는 집단의 수장이 된 것이기 때문이다. 오늘날의 로마교황은, 각국의 왕권을 좌지우지하던 중세적 위치는 못 된다 하더라도, "붉은 짐승을 탄(계17장)"이란 상징적 표현대로 세계의 세속 권력 위에 앉아 막강한 영향력을 행사하고 있다.

"천하를 삼키고 밟아 부서뜨릴 나라가 지극히 높으신 자를 대적하며 그의 성도를 괴롭힌다(단7:23~25요약)." "다른 짐승이 우상에게 경배하지 않는 자들은 다 죽이게 하고, 짐승의 표를 오른손에나 이마에 받지 않는 자는 매매를 못하게 한다(계13장)."

현재 브뤼셀의 EU본부에 있는 초대형컴퓨터의 이름이 "짐승Beast"인 것도 의미가 크다. 그것은 장차 세계의 모든 사람들에 관한 데이터를 개인별로 입력하고 미세한 점으로써 각자의 "이마나 오른손에 짐승의 표를 받게 해서(계13:15~18)" 전 인류를 관리할 것이다. 음녀교회의 조종 아래 있는 EU와 미국 중심의 세속 권력이, 개인별로 국가, 지역 주소 및 고유 번호로 각자의 모든 자료를 입력한 "짐승의 표"(계13:16~18)를 받게 함으로써 인공위성에 의한 전파그물로 전 인류를 자동 감시 통제할 것이다. 중국은 이미 그렇게 국민을 통제하고 있다고 한다. 이때 짐승의 표 받기를 거부하여 그 관리에서 벗어나려는 신자들에게 핍박을 가할 것이다. 그 표를 받지 않으면, 경제활동을 못하는 불이익을 받게 된다고 성경은 예언하고 있다. 가령 여행 때 "짐승의 표"에 나타난 예금 잔고나 신용정보를 읽는 감지기에 의해 호텔 프런트에서 체크인 될 텐데, 그 표를 받지 않으면 여행은 원천적으로 불가능하게 된다. 물건을 사는 등 모든 경제활동이 "짐승의 표"로 결재되기(계13:15~18) 때문에 이 표를 받지 않는다는 것 자체가 신자들에게 큰 핍박이 될 것이다. 거래가 불가능하고 세속 권력을 앞세운 음녀교회와 적그리스도에 의한 핍박이 본격화 될 것이다.

처음부터 미국을 대항 내지 제압하기 위해 로마클럽의 조종으로 결성된 EU는 현재 25개국으로 비대해져서 멀지 않아 미국을 압도할 것이며, 음녀교회는 앞으로 더욱 노골적으로 미국 EU가 중심이 된 세속권력을 지배함으로 세계를 지배할 것이다. "짐승의 표"로 사용될 바코드는 이미 상품거래뿐 아니라, 인적 관리 수단으로 사용되고 있다. 예컨대 롯데월드에서 출입자의 손등에 레이저 빔으로 점을 찍어 입장객을 감별 통제하고 있을 만큼 현실화 되고 있고, 중국 공산당은 이미 국민을 바코드로 통제하고 있다고 한다. 이 바코드가 앞으로 짐승의 표로 이용될 것이다.

이 환난 기간에 타락한 음녀교회 신자 가운데서 배도背道하는 무리들은, 예수님만이 구원의 길임을 믿는 성도들을 세속권력에 밀고하는 앞잡이가 될 것임을 예수님은 예언하셨다.

"그 때에 사람들이 너희를 환난에 넘겨주겠으며 너희를 죽이리니, 너희가 내 이름을 위하여 모든 민족에게 미움을 받으리라. 그 때에 많은 사람이 시험에 빠져 서로 잡아 주고 서로 미워하겠으며 너희를 죽이리니 (마24:9~10)"

로마교황이 수장인 종교다원주의자들은 어떤 종교에도 구원이 있다면서 각 종교를 혼합한 세계통일종교를 만들거나 연합하여 세계를 지배하는 세속권력을 통해서 짐승의 표 받기를 거부하는 신자들을 핍박할 것이다. 그들은 성도들에게 "세계 평화를 위해 너희도 다른 신과 종교를 받아들이라."고 강요할 것이다. 마치 주전 7백년 경에 예언하신 "황폐케 하는 혐오스러운 것이 성전에 설 것이며(단9:27)"라는 말씀이 주전 167년에 헬라의 안티오쿠스 4세가 자기를 제우스의 현현이라면서 그 얼굴상像을 예루살렘 성전에 세우고 거기 절하게 하였는데, 과학문명을 앞세운 인류가 그런 존재가 될 것이다. 예수님은 그런 날엔 "산으로 도망하라(마24:15,16)."는 말씀으로 그 기간에 권력에 굴복하지 말고 재림을 기다리며 도피해 사라고 하셨다. 이미 그때를 대비해서 산중에서 농사를 지으며 사는 사람들이 TV에 방영됨을 보았다. 주님은,

"끝까지 견디는 자는 구원을 얻는다(마24:13)."고 말씀하셨다.

짐승의 표 받기를 거부, 예수 그리스도만을 믿는 성도들은 믿음을 지키다가 고문과 순교를 당하는 성도들도 생긴다(계6:9~11).

이 때 배도하지 않고 끝까지 참는 사람들은 전쟁이 재래식 전자전에서 화생방전으로 확산되기 직전에 공중으로 들림 받음으로 핍박은 끝나고 공중에서 주님을 맞아 놀라운 환희의 천국잔치에 참여하게 된다. 핍박이 닥친다고 두려워할 것은 없다. 하나님은 피할 길을 주신다고 하셨다(고전10:13).

미국을 비롯한 선진국에서는 과학혁명으로 테크노피아Technopia를 구가하는 가운데 휴먼로봇이 인간생활의 온갖 편의를 제공함은 물론, 인간의 평균 수명도 연장시키고 있다. 그러나 빌 조이의 말

대로 2030년 무렵 휴먼로봇이 인간을 지배하게 되어 그들이 인간의 명령을 듣지 않고 제멋대로 핵전쟁을 일으키게 될지도 모른다.

신자들은 과학문명이 가져다주는 안일한 삶에 빠져 영적으로 잠들기 쉽다. 또 짐승의 표를 받지 않는 삶의 불편과 적그리스도의 본격적인 핍박에 굴복하여 배도하게 되기 쉽다.

종말에는 물질의 풍요 속에 짐승의 표를 받은 사람들을 중심으로, "불법이 성하므로 많은 사람의 사랑이 식어지리라(마24:12)."는 말씀대로 온갖 불의와 불법이 성하고, 소돔 고모라와 노아의 시대처럼 사람들이 죄악의 쾌락에 빠져 세계가 파멸의 종말로 치닫고 있다는 사실조차 깨닫지 못한다는 게 주님의 예언이다. 이미 세상은 그렇게 돌아가고 있다.

이런 혼란과 혼잡 속에서도 하나님은, 당신의 일꾼들을 통해서 "반시 동안쯤의 고요"란 평화기간이 끝나기 전에 미처 돌아오지 않은 사랑하시는 자녀들을 불러서 한 사람이라도 더 구원하시려고 성령으로 인치고 그 이름을 생명책에 기록하는 일을 계속하신다. "누구든지 생명책에 그 이름이 기록되지 못한 자는 불못(지옥)에 던져지기(계20:15)." 때문이다. 지금이 바로 그 평화 기간 끝 부분에 해당된다. 멀지 않아 3차 대전이 터지고, 적그리스도에 의한 성도의 핍박이 있겠으나, 잘 견딘 성도들이 들림 받고 나면 곧 대전은 화생방전으로 확전되고, 이것이 핵전쟁으로 순식간에 비화되어 전 지구를 파멸하게 될 것이다. 그러므로 때가 급하다.

"보라 지금은 은혜 받을 만한 때요 구원의 날이로다(고후6:2)."

하나님께서 때가 얼마나 급하면 부족한 나 같은 자를 통해서 그대를 부르시겠는가? 예수 그리스도의 피 값으로 죄 용서하심을 받음으로 그분의 자녀의 권세를 회복시켜주신다. 하나님은 그 자녀 누구도 영벌의 불못에 떨어짐을 원치 않으신다(겔33:11).

세계대전이 생화학무기를 사용하기 직전 핍박의 절정에 이를 때

에 예수님께서 천사장의 나팔소리와 함께 성도들을 공중으로 휴거하심으로 핍박은 끝날 것이다. 그리하여,

"큰 환난에서 나오는 자들은...다시 주리지도 목마르지도 않으며, 해나 아무 뜨거운 것에 상하지 아니하며,...저희 눈에서 모든 눈물을 씻어주신다(계7:14~17)."

여기 "주리지도 않으며"란 핍박으로 인해 도망쳐 사는 동안에 겪을 식량난을, "아무 뜨거운 것"이란 핵폭발로 인한 것을 뜻한다. 그때 이미 휴거携擧된 성도들은 기쁨으로 주님을 만나 "눈물을 씻어 주시는" 위로를 받게 된다.

들려 올라감을 받지 못한 자들은 화생방무기에 의한 말할 수 없는 고통을 받게 되고, 그 대부분의 사람들이 핵폭발의 열파熱波로 순식간에 재로 변하게 된다(계16, 17, 18장).

꼭 기억할 것은, 하나님께서 "땅 사방의 바람을 불지 못하게" 하듯이 3차 세계대전의 발발을 억제하시며, 성령으로 인치도록 하시는 "반시 동안쯤"의 이 평화기간에 전도를 받고 하나님 품으로 돌아오는 것과, 그렇지 않으면 재가 되어 영원히 구원받지 못한다는 사실이다.

누누이 같은 권고를 되풀이하지만, 이 태풍전야의 고요 같은 평화기간에 그대와 사랑하는 이들까지 속히 돌아오게 해야 한다.

신자들은 어떤 어려운 핍박이 닥쳐도 들림 받을 때까지 참고 배도하는 일이 없어야 한다는 점을 명심해야 한다.

36. 집 나간 아들을 기다리는 아버지

가령 그대에게 한 아들이 있는데, 그가 집을 나갔다면, 그대에게 마음 편할 날이 있을까? 우리는, 피살된 것으로 드러나기 전의 '개구리 소년들'의 부모님 등 집 나간 자녀를 둔 부모들이 밤낮없이 전단을 뿌리며 백방으로 그 자식을 찾느라 애태우는 모습을 자주 보고 들어왔다.

예수님은, 하나님께서 당신 품으로 돌아오지 않은 사람들을 부모가 집 나간 아들을 기다리듯 기다리신다고 이렇게 비유하셨다.

어떤 큰 부자에게 아들 둘이 있는데, 아직 세상 물정을 모르고 재산 관리 능력이 부족하다고 생각되는 둘째가 자기 몫의 재산을 달라고 아버지를 졸라대기 시작했다. 아버지는 졸리다 못해서, "그럼, 네 마음대로 살아봐라"하고 재산을 나눠 주었다. 그 아들은, 지금 같으면 서울에 와서, 호텔에 투숙하여 여자들을 끼고 술판 춤판을 벌이면서 친구라는 사기꾼들과 어울려 사업을 한답시고 흥청거리다가 그 많은 재산을 다 날려버린다. 돈 떨어지자 여자들은 물론, 친구라며 모여 들었던 사람들도 다 떨어져 나가고, 거지 신세가 되어 거처도 없이 그 도시를 전전하게 된다. 그는, 여러 해 비가 오지 않아 극심한 흉년이 계속되는 터라, 근교로 밀려나 어느 돼지 치는 집의 머슴이 되어 굶어죽는 것을 면하려고 한다. 그러나 집주인은 자기 가족도 먹을 게 없어 죽을 판인데, 거지꼴로 들어와 돼지치기를 자청한 그에게 먹을 것을 줄 턱이 없었다. 그는 너무 배가 고파 돼지 먹이인 쥐엄 열매*로 배를 채우고자 하나 그것도 여의치 않았다. *동부지중해 연안에서 볼 수 있는 상록 관목인 구주 콩나무carob tree의 열매. 3~8cm의 콩꼬투리 속에 5~15개의 열매가 맺힌다고 함.

어느 몹시 추운 날, 먹은 것이 없는 그는 오한을 견대지 못해 마치 한 마리의 돼지처럼 우릿간의 짚북데기 속에 들어가 덜덜 떨면서 별들이 총총히 빛나는 밤하늘을 쳐다보자 눈물이 하염없이 흘러내렸다. 아버지의 집에서 많은 하인들이 "도련님, 도련님"하며 떠받드는 가운데, 호의호식하며 살던 지난날을 생각하니, 돼지 수준으로 전락한 자기 신세의 처량함과 아버지께 지은 잘못에 대한 회한 때문에 나는 눈물이었다.

'내 아버지 집에는 하인들도 배불리 먹고 잘 살 텐데, 나는 여기서 주려 죽는구나! 내가 이 거지꼴로 돌아가면 아버지가 나를 맞아 주실까? 아들은커녕 하인의 하나로만 받아 주신대도 나는 감사할 거야...' 이런 생각 끝에 그는 아버지 집으로 돌아가기로 결심한다.

한편 그 아버지는, 둘째 아들이 집을 나간 뒤로 죽었는지 살았는지 편지 한 장 없어서 그 아들 생각에 마음 편할 날이 없었다. 백방으로 찾았으나 찾을 길 없어 그 즘에는 버릇처럼 이마에 손을 들어 얹고서 먼 길을 바라보며 날마다 아들을 기다리고 있었다.

그러던 어느 날이었다. 누군가 저 멀리서 오던 걸음을 멈추고 자기 집 쪽을 바라보고만 있는 게 아닌가. 자기 아들일 것이란 직감에 아버지는 허둥지둥 집을 나서 바삐 걸었다. 마님이 그렇게 급히 거동하는 것을 본 적이 없는 하인들도 줄줄이 뒤를 따랐다.

아니나 다를까! 몇 해 전 집을 나간 자기 아들이었다. 집을 나갈 때 입었던 좋은 옷은 다 헤어져 누더기가 되어 여기저기 붉은 살이 드러나고, 머리와 수염은 제 멋대로 자라서 까치집 같고, 때가 온 몸에 덕지덕지 낀 상거지 꼴이지만, 자기 아들이 분명했다. 그 아버지는, "아이고, 내 아들아, 어디 가서 이 고생을 하다가 이제야 왔느냐. 어디 보자, 내 사랑하는 아들아."하며 얼싸안고 볼을 비비며 한 동안 반가워서 어찌할 바를 몰랐다. 그 아들은,

"아버지, 제가 하늘과 아버지께 죄를 지었으니, 지금부터는 아버지의 아들이라 일컬음을 감당하지 못하겠어요."하고 울면서 하인의 하나로만 받아달라고 말했다. 그러나 아버지는,

"여봐라. 죽었던 내 아들이 다시 살아 돌아왔으니, 어서 가서 물을 데워서 목욕부터 시키고, 비단 옷을 입히고, 금가락지를 끼우고, 가죽신을 신겨라. 또 살진 소를 잡고 잔치를 베풀자. 온 고을에 나가서 사람들을 청하여라. 죽었던 내 아들이 살아 돌아왔으니, 기쁨을 함께 나누는 잔치를 베풀자고 일러라."

하고 하인들에게 명했다. 그 아버지는 돌아온 아들에게 단 한 마디도, "그 많은 재산을 다 어찌하고 이 거지꼴로 돌아왔느냐!"는 식으로 그의 허물을 들추거나 꾸짖지 않았다. 오직 살아 돌아온 것만을 기뻐하며 소를 잡고 큰 자치를 베풀어주며, 아들로서의 영광을 회복시켜주었다(눅15:11~24).

이것은 예수님이, 아직도 당신의 품으로 돌아오지 않고 있는 사람들을 얼마나 애타게 기다리시는가를, 그리고 그 한 사람 한 사람이 돌아오는 것을 얼마나 기뻐하시는가를 아주 알기 쉽게 들려주신 이야기이다. 한 사람이 주님 품으로 돌아오면 천국에서 큰 잔치를 베풀 만큼 하나님께서 기뻐하신다는 말씀이다. 하나님께서 그대를 얼마나 애타게 기다리시는가를 이 이상 어찌 더 들려주랴!

20여 년 전에 소천한 일본의 유명한 여류 작가 미우라 아야꼬 三浦綾子 씨는 성경의 이 비유 말씀을 주제로 『양치는 언덕』이란 감동적인 소설을 썼다. 나는, 그 소설을 읽은 지 오래 되어 등장 인물의 이름도 여주인공 나오미밖에 생각나지 않으나, 그 줄거리는 선명하게 기억한다. 목사인 아버지는 무남독녀 나오미가 바람둥이 신문기자 청년에게 반해서 살림을 차렸다가 술주정과 폭행의

심한 구박을 받는다는 소식을 듣고 가슴 아파하면서 밤낮으로 그 딸이 돌아오기를 기다린다. 그 딸을 위해 사택의 작은 뒷문과 현관문을 잠근 적이 없었다. 또 행여나 딸이 집에 왔다가 불이 꺼진 것을 보고 잠든 부모를 깨울 용기가 나지 않아 돌아설까봐 매일 서재의 등불을 밤새도록 켜두고 기다린다는 이야기였다.

하나님께서 당신의 품을 떠나 사는 자녀들이 돌아오기를 이처럼 애타게 기다리신다는 것을 보여준 그 작가는 폐결핵과 척추질환 등 여러 가지 병으로 13년을 누워서만 지낼 때 자기 발로 화장실 한 번 가는 게 소원이었다고 썼다. 그러던 그미가 그리스도인 친구로서 나중에 남편이 된 미우라 씨의 극진한 사랑의 권고로 병상에서 예수를 구주로 영접하고, 하나님의 은혜로 병이 나아 그 소박한 소원을 이루게 됨은 물론 건강하게 오래 살았다. 그미는 아사히신문의 천만 엔 현상 공모에 장편소설『빙점』이 당선된 뒤 다수의 명작을 남긴 일본의 대표적인 작가의 한 사람이 되었다.

그미는 특히 예수가 구주이심을 알리는『생명의 샘터』,『길은 여기에』,『빛이 있는 곳에서』등 주옥같은 산문집들을 많이 남겼다. 그미의 책 거개가 하나님께서 아직 돌아오지 않은 사람들을 얼마나 사랑하시며 애타게 기다리신다는 것을 알리는 글들이다. 나는, 미우라 아야꼬 씨 같이 주님을 알리는 좋은 글을 많이 쓸 수 있기를 기도하고 있다. 하나님의 자녀로서 사랑하는 나의 형제자매인 사람들에게 그 이상의 선행이 없음을 확신하기 때문이다.

하나님께서 한 자녀가 돌아오면 기뻐하시는 모습을 더 보자.

"어느 목자가 양 한 마리를 잃으면 아흔아홉 마리를 들에 두고 그 잃은 양을 찾을 때까지 찾아다니지 않겠느냐? 그 잃었던 양을 찾으면 즐거워 어깨에 메고 집에 와서 그 벗과 이웃들을 불러 '나와 함께 즐기자. 내 잃었던 양을 찾았다.'하지 않겠느냐?...죄인 하나가 회개하면 하늘에서는 회개할 것 없는 의인 아흔아홉을 기뻐함보다 더 기뻐한다(눅15:4~7)."

이 말씀에서 '의인'이란 이미 예수님을 구주로 믿음으로 죄를 청산 받은 신자를 말한다. 하나님은 불신자(죄인)가 당신 품으로 돌아오면 기성 신자보다 더 기뻐하신다는 말씀이다. 그렇다고 기성 신자를 사랑하지 않으신다는 말씀이 아니라, 새로 돌아오는 자녀를 그렇게 기뻐하신다는 점을 강조하신 것이다.

내게는, 하나님께서 그대가 돌아오기를 얼마나 기다리시는가를, 주님의 이런 비유 말씀들 이상으로 더 잘 설명해줄 재주가 없다.

예수님은 그 간절한 기다리심을 거듭거듭 비유로 말씀하셨다.

"어느 여인이 드라크마* 10개를 가졌다가 그 중 하나를 잃었다면 등불을 켜고 온 집안을 쓸고 뒤져서 찾을 때까지 찾지 않겠느냐. 또 찾았을 때 그 여인은 벗과 이웃을 불러 모으고 말하기를 '나와 함께 즐기자. 잃었던 드라크마를 찾았다.'고 기뻐할 것이다. 내가 너희에게 말한다. 이와 같이 죄인 하나가 회개하면 하나님의 사자들 앞에 기쁨이 된다(눅 15:8~10)." *로마의 데나리온과 동일한 가치를 지닌 헬라 은제 엽전. 1데나리온은 장정의 하루 품값에 해당.

잃은 자를 찾아 구원하기 위해 이 땅에 오신 예수님은, 하나님의 사랑을 전하고, 그 무한한 지혜와 능력으로 온갖 이적기사로 메시야임을 믿게 하다가 십자가를 짐으로 하나님의 사랑이 얼마나 지극함을 보여주셨으며, 누구든지 이를 깨닫고 믿어 구원 얻게 되면 앞의 비유처럼 천국에서 잔치를 베풀며 크게 기뻐하신다는 것이다.

예수님은, 이 땅에 계실 때, 수가 성의 창녀 하나를 구원하시고 얼마나 기뻐하셨는가를 우리는 앞서 나눈 글로써 잘 알고 있다.

이런 실화가 있다. 미국의 독립전쟁 때 군인이었던 에단 알렌이란 사람은 어디서나 반 기독교적인 언동을 일삼았는데, 어느 날 그의 사랑하는 딸애가 죽게 되었다. 그 딸은 그에게, "아빠, 전 이제 곧 죽을 거예요. 그런데, 엄마는 천국이 있고, 거길 가려면 예수님을 믿어야 한대요. 하지만, 아빠는 그런 말을 늘 비웃어왔잖아요? 저는 마지막 결정을 해야 하는데, 어떻게 해야 되지요? 엄마 말씀대로 예수님을 믿을까요? 아빠를 따를까요?"

어린 딸이 가쁜 숨을 몰아쉬면서 하는 말에 알렌은, 가슴이 찢어질 듯이 아픈 심정으로 딸을 껴안고 흐느끼면서, "사랑하는 딸아, 내 말을 듣지 말고, 엄마 말씀을 들어라."고 말했다고 한다.

이것은 하나님 앞에서 가장 순수해진 인간의 모습일 것이다.

그대가 만일 알렌의 입장이라면 뭐라고 말했을까?

내일을 알 수 없는 인생에 가장 가치 있는 일은, 자신이 할 수 있는 지금 하나님의 품으로 돌아가는 것이다.

 시의 벤치

분홍 장미 같은 감정으로 못하는 것이
사랑인 것을//
부드러운 입술과 가벼운 혀로 못하는 것이
언약인 것을//
말 없는 당신과 자신을 번갈아 바라보면서
눈물로 깨닫습니다.//
산기슭 푸석돌같이 내가 허물어지는 것이
평안인 것을//
허물어져 무너진 속에서 들어나는 것이
생명인 것을//
오늘도 핏빛 서쪽 하늘을 바라보면서
전율로 깨닫습니다.//
   - 최 진연, 「깨달은 것들」

37. 지혜로운 다섯 처녀처럼

재림하시는 예수님은 초림 때와 전혀 다르다. 사도 요한이 미리 본 심판 주主로 재림하시는 예수님은 남의 마구간에서 태어난 초림 때와 전혀 달리 천군천사를 거느린 엄위하신 왕의 모습이다.

"가슴에 금띠를 띠고, 머리털은 양털같이 희며, 눈은 불꽃같고, 발은 풀무에 달궈진 주석처럼 빛나며, 그 음성은 많은 물이 흐르는 소리 같고, 입에서 좌우에 날선 칼이 나오며, 얼굴은 해같이 빛난다(계1:13~16)." "그 날 환난 후에 즉시 해가 어두워지며, 달이 빛을 내지 아니하며, 별들이 하늘에서 떨어지며, 하늘의 권능(천체)들이 흔들리리라. 그 때에 인자의 징조가 하늘에서 보이겠고, 땅의 모든 족속들은 통곡하며, 인자가 구름을 타고 능력과 큰 영광으로 오는 것을 보리라. 저가 큰 나팔소리와 함께 천사들을 보내리니, 저희가 그 택하신 자들을 하늘 이 끝에서 저 끝까지 사방에서 모으리라(마24:29~31)." "주께서 호령과 천사장의 소리와 하나님의 나팔로 친히 하늘로 좇아 강림하시리니...(살전4:16)"

성경은, 사람들이 주님께서 재림하시는 모습이 너무나 무서워 기절한다(눅21:26~27)고 예언하고 있다. 큰 권능과 영광의 엄위하신 모습에 무서워 불신자들은 통곡하고 기절한다는 말씀이다.

예수님은 당신과 신자의 관계를 신랑과 신부에 비유하고 있다. 신랑이 신부를 얼마나 사랑하고 만나기를 기뻐하고 원하는가. 신령한 신랑과 신부도 그와 마찬가지다.

그런데, 옛날 이스라엘에서는 결혼식을 밤에 행했다. 잦은 전란 때문에 그런 풍습이 있게 되었을 것이다. 6.25전쟁 때 내 고향에서도 밤에 결혼식을 올렸다. 돌아가신 내 둘째 형수님을 그렇게 맞았다. 낮에는 공산군의 징집과 아군의 공습도 피해야 하므로 부득이 밤에 식을 올리는 것이었다. 앞산에서 망을 보는 사람이 비행기 소리를 듣고 "방공防空!"하고 외치면 그 소리를 듣자마자 등불을 끄고 일시 중단하며 치르던 혼례식이 생각난다.

예부터 혼인잔치를 밤에 하는 이스라엘에서는 신랑이 오는 길목 멀리서부터 띄엄띄엄 늘어선 동네 청년들이 "신랑이다! 신랑 온다!"를 릴레이식으로 외친다. 그 소리가 신부 집에 이르면, 들러리 처녀들이 등불을 들고 동구 밖으로 급히 나가 신랑을 맞아들이는 것으로 혼인 잔치가 시작된다. 그러므로 들러리들은 신부 대신 신랑을 맞을 만반의 준비로 기다려야 한다.

예수님은, 당신이 언제 재림하실지라도 맞이할 준비를 잘 하고 있어야 함을 신랑을 맞는 열 처녀에 비유하여 말씀하셨다(마25:1~13). 성경의 열(10)은 '완전', '전체'를 뜻하는 수이다(출20:3~17, 시33:2, 눅15:8, 19:13~17 등). 그러므로 '신랑을 맞는 열 처녀'란 '모든 시대의 모든 신자'를 뜻한다고 볼 수 있다.

그런데 그 열 처녀 가운데 지혜로운 다섯 처녀는 등에 기름을 준비해놓고 자다가 청년들이 외치는 소리에 즉시 일어나 불을 켜서 들고 나가 신랑을 맞았다. 그러나 어리석은 다섯은 등에 기름이 없는 줄도 모르고 자다가 일어나 기름 있는 친구들에게 좀 나눠 달라고 하였으나, 나눠 주면 모두 모자랄 테니 기름집에 가서 사 넣고 오라는 말로 거절당한다. 이 어리석은 다섯이 기름을 사 넣고 왔을 때는 이미 잔칫집 대문이 굳게 닫힌 뒤였다. 그미들은 대문을 두드리며 열어달라고 애원하지만, 신랑은

"나는 그대들을 도무지 모른다."고 하며 거절한다.

신랑은 주님 자신을 가리키는데, 이 비유 끝에 말씀하시기를,

"그런 즉 너희는 깨어 있어라. 그 날과 시는 너희가 알지 못한다(마

25:1~13)." 고 하셨다.

"깨어 있다"는 말은, 지혜로운 다섯 처녀처럼 주님께서 언제 오셔도 맞이할 준비된 삶을 사라는 것이다. 예배생활은 물론, 말씀을 즐겨 읽고, 찬양과 기도를 드리며, 형제들과 사랑으로 교제하고 가진 것을 서로 나누고, 선행으로 하나님께 영광 드리며, 생명구원을 위한 전도에 힘쓰는 등 주님께서 기뻐하시는 삶을 사라는 말씀이다. 영적으로 잠들어 불신자와 다름없이 자기 좋을 대로 사는 사람들은 어리석은 다섯 처녀처럼 버림을 받게 된다는 것이다. 신자들이 그 심령 안에 살아계신 주님의 성령의 소욕 곧 하나님의 뜻대로 사는 것이 등에 기름*을 준비한 처녀들과 같다. *옛날 등불은 그릇에 기름을 넣어 불을 밝혔다.

주님 재림하실 때를 기다리며 성령의 소욕대로 사는 다섯 처녀 같은 성도는 천국혼인잔치에 들어가는 기쁨을 누리게 되나, 어리석은 다섯 처녀처럼 사는 무늬만 교인인 자들은 버림받게 될 테니 신앙생활을 잘 하라는 말씀이고, 무서워 떨며 통곡하고 기절하게 될 불신자들은 속히 돌아오라는 경고의 말씀이다.

앞에서 말했듯이 하나님은 무슨 일이든지 먼저 알리신 뒤에 행하신다(암3:7). 경고를 무시할 때 화를 입지만, 돌이키면 용서받는다. 떠나 살던 자녀도 하나님께 돌아오면 모든 죄를 용서받는다.

"네 죄가 주홍 같을지라도 눈과 같이 희어질 것이요, 진홍같이 붉을지라도 양털같이 희게 하겠다(사1:18)." "네 죄를 기억치도 않는다(사43:25)." "예수께서 그리스도이심을 믿는 자마다 하나님으로부터 난 자(요일5:1)요," "누구든지 예수를 하나님의 아들이라 시인하면, 하나님이 저 안에 거하시고 저도 하나님 안에 거한다(요일4:15)."

이런 말씀들은, 그대가 예수님을 하나님의 아들인 구주(그리스도)로 믿으면, 하나님께서 죄를 다 용서하시고 그대와 삶을 같이하신다는 뜻이다. "내 안에 거하라. 나도 너희 안에 거하겠다(요15:4)."는 주님의 말씀도 주님과 내가 불가분不可分의 관계, 하나 된 관계, 즉 삶을 함께하신다는 것이다. 전지전능하신 하나님께서 함께하시는 이런 안전보장의 행복한 삶이 또 어디 있겠는가!

구원받는 것은 결코 어렵거나 힘든 일이 아니다. 그 예를 보자.

구약성경에 아람나라의 제2인자 나만 장군이 나병으로 죽게 된 사건이 나온다. 부귀영화를 다 누리고 사나, 그의 조복朝服이나 갑옷 속에서 살이 썩는지라, 그 집은 비통에 싸였다. 당시 나병은 불치병이기 때문이다. 그런데, 그 집 안방마님에게 잔심부름을 하는 이스라엘 소녀가 있었다. 어느 날 그 애가, "마님, 나리께서 우리 유대나라에 가서 하나님의 사람을 만나시면 병을 고칠 수 있을 거예요."라고 말했다. 그 말에 마님의 귀가 번쩍 띄었다. 죽을 사람에게 살 길이 있다는 소식이 복음福音이다. 복음은 희망이다.

나만은 그 나라의 속국인 이스라엘 왕에게 보내는 왕의 조서를 받아 가지고 그 선지자에게 줄 예물을 잔뜩 실은 짐승들과 일행을 거느리고 길을 떠났다. 이스라엘 왕은 아람 왕의 조서를 읽고 옷을 찢으면서, "내가 누구기에 문둥병을 고치라고 한단 말인가. 필경 아람 왕이 침략의 구실을 삼기 위함일 거요."라고 하면서 신하들과 함께 근심하게 된다. 그러나 선지자 엘리사는 벌써 이를 다 알고 나만을 자기에게 보내라고 왕에게 연락했다.

나만이 엘리사에게 왔을 때 그 선지자는 문도 열지 않은 채,

"요단강에 가서 일곱 번 물에 몸을 잠거 목욕하시오"

라고만 했다. 이에 나만은 버럭 화를 내면서, "뭐라고? 내가 누군 줄 알고 얼굴도 안 내밀고, 뭐, 요단강에 목욕이나 하라고? 내가 목욕할 강물이 없어 이 조그만 요단강까지 온 줄 아나?"라면서 당장에 되돌아가겠다고 했다. 이 때 지혜로운 한 종이 말했다.

"아버지여, 그게 뭐 노하실 일입니까? 하나님의 사람이 소를 잡아 제사를 드리라 한다든지 더 큰일을 행하라 하였다면 행치 아니하시겠나이

까? 그 쉬운 일을 하지 않고, 어찌 화를 내십니까?"

그 말에 자기의 어리석음과 교만함을 깨달은 나만이 목욕을 했더니, 썩어 문드러지던 살이, "아기의 살같이 깨끗이 되었다(왕하 5:14)"고 성경은 기록하고 있다. 나만은 너무도 놀랍고 기쁘고 감사해서 엘리사에게 돌아와, "내가 이제야 이스라엘 외에는 온 천하에 신이 없는 줄 알았습니다." 라며 감사의 예물을 드렸다. 그것을 한사코 받지 않자 나만은, 엘리사에게 거듭 감사하며 절한 뒤 그 땅의 흙을 나귀에 싣고 귀국해서 그것으로 제단을 쌓고 여호와 하나님만 섬기겠다고 말했다. 어쩔 수 없이 왕과 함께 우상 앞에 절할지라도 하나님께 경배하는 것으로 하겠다며 돌아갔다(왕하5장).

그런데, "예수님, 당신은 내 구주이십니다. 주님께서 내 죄 때문에 대신 죽으셨으니, 참으로 감사합니다. 이제 내 안에 오셔서 내가 주님 뜻대로만 살게 인도해주소서."라고 예수님을 구주로 영접하는 것이 목욕하기보다 어려운가? 목이 막힐 염려도 없으니, 누워서 떡먹기보다도 쉽지 않은가? 이 신앙고백은 마음만 먹으면 되는 일이다. 하나님은 입산수도나 고행, 재물 또는 그 무엇도 요구하지 않으신다. 오직 진실하게 믿기만 하면, 불가용어로 말하면 해탈과 열반에 들고, 극락왕생하게 하신다. 이 쉬운 영생의 길을 버리고 죽음의 길을 택하는 사람이 있다면, 그는 우선 그 어리석음과 교만함을 버리고 겸손과 순종으로 구원받은 나만 장군에게 배워야 할 것이다. 천국과 지옥은 그대가 마음먹기에 달렸다.

"무릇 지킬만한 것보다 더욱 네 마음을 지켜라. 생명의 근원이 이에서 나기 때문이다.(잠4:23)"

마음먹기에 따라 누구나 갈 수 있는 생명의 길을 버리고 죽음의 불구덩이에 들어가겠다면, 그를 정상인으로 볼 수 있을까? 정신이 상자가 아니고는 그런 선택을 하지 않을 것이다.

앞에서 말했듯이 독사에 물린 자들이 구리로 만든 뱀을 쳐다봄으로써 죽을 자가 살아났듯이 십자가에 달리신 예수님을 쳐다보라. 예수님을 구주로 믿기만 하라. 그러면 구원받는다. 그것도 하기 싫다면, 자신의 창조주 하나님과 구주 예수님을 부인한 죄와 영적으로 자신을 학살한 죄 값에 영영 불구덩이에서 살아야 한다.

"우리의 돌아보는 것은 보이는 것이 아니요, 보이지 않는 것이다. 보이는 것은 잠간이요 보이지 않는 것은 영원함이다(고후4:18)."

땅만 보지 말고 하늘을 쳐다보자. 이 세상의 삶도 중요하지만, 그에 비할 수 없이 중요한 영생복락의 천국을 놓치지 말기 바란다. 예수님을 구주로 영접하고 교회에 꾸준히 다니면서 날마다 성경을 한두 장씩 읽어나가는 등 정상적인 신앙생활을 하면 된다. 그게 바로 신랑을 맞을 등에 기름 준비한 열 처녀와 같이 지혜로운 삶이다. 그렇게 살면 그대의 삶은 감사와 기쁨이 넘치고, 그대의 인격과 삶 전체가 거룩하고 아름답게 변하면서 믿음의 고귀함을 깊이 깨닫게 되고, 재림 주님을 기쁘게 맞이할 수 있게 된다.

 시의 벤치

갈대숲 그림자 긴 갯벌을/ 도요새 몇 마리 종, 종, 종
먹이를 찾아 헤매고/ 낡고 작은 목선이 한 척
버려진 듯 쓰러져 있다.

산다는 것은 무엇인가?

종종거리는 저 물새들/ 언제까지 저러고 있으려나.
곧 어둠이 바닷물처럼 밀려들고
그들 흔적조차 사라질 텐데.
　　　　　　　　　　- 최 진연, 「석양 풍경」

38. 마지막 '화' – 아마겟돈 전쟁

S. 헌팅턴은, 단층선fault line전쟁이 문화적 동질성과 연대의식으로 인해 지역전쟁으로 확대되고, 다시 세계대전으로 확산되리라고 했다. 성경에 의하면, 세계대전은 아마겟돈 전쟁-핵전쟁으로 비화하며 그 다음에 주님이 이 땅에 재림하신다고 한다.

"땅에 거하는 자들에게 화, 화, 화로다(계8:13)."라는 말씀의 첫째 '화'는, 제3차 대전 이전의 제2차 대전을 포함한 장기간의 크고 작은 분쟁이나 국지전을 뜻하고, 둘째 '화'는 전 지구적인 세계대전인 제3차 대전을 뜻하며, 마지막 '화'는 아마겟돈전쟁(계16:16)이라는 게 김 명진 목사님의 견해인데, 나는 "창세 이래로 전무후무한 대 환난(마24:21)"이란 아마겟돈전쟁을 뜻하는 "화"를 세 번 반복함으로써 그 심각성을 강조한 표현이라고 생각한다.

"각종 수목은 해하지 않고 이마에 하나님의 인 맞지 아니한 사람들만 해하게 하시되, 다섯 달 동안 전갈이 사람을 쏠 때 같이 괴롭게 한다(계9:6)." "악하고 독한 헌데(피부병)가 짐승의 표를 받은 자들과 그 우상에게 절하는 자들에게 생기며(계16:2)," "짐승의 나라 사람들은 아파서 자기 혀를 깨물고 아픈 것과 종기로 인해서 하나님을 훼방하면서 저희 행위를 회개치 않더라(계16:10~11)."

이 말씀들은, 재래식무기전쟁을 지나 화생방CBR전쟁으로 이어질 3차 대전 때까지 돌아오지 않고 짐승의 표를 받은 사람들만 지상에 남겨져 호흡기와 피부가 헐어 전갈이 쏘는 것 같은 극심한 고통을 받는 모습이다. 이 말씀을 보면 성도들은 핍박을 끝까지 견디면, 화생방전 직전에 휴거될 것이 확실하다. "하나님의 인印을 받지 않은 자, 하나님을 훼방하는 자들"만 고통 받는다는 말씀은, 성도들은 이미 휴거되어 지상에 없다는 뜻이다.

그날에는 두 사람이 밭에서 일을 하다가 주님을 믿는 하나는 들림을 받아 올라가고, 믿지 않는 하나는 남게 된다. 마주앉아 맷돌을 돌리던 두 여자 중 하나는 들림 받고 하나는 남게 된다(마24:40~42). 한 자리에서 함께 생활하다가도 신자는 들려 올라가고, 불신자는 남겨져 무서운 고통을 받게 된다는 말씀이다.

들림을 받고 못 받는 이 심판은, 닥쳐봐야 아는 게 아니고, 믿음이 있고 없음에 달렸음을 지금 알 수 있다(요5:24).

"인자가 오는 것도 노아 때와 같을 것이다. 홍수 이전 시대에 노아가 방주에 들어가는 날까지 사람들은 먹고 마시며 장가들고 시집가고 있으면서 홍수가 나서 그들을 다 쓸어버릴 때까지 그들은 깨닫지 못하였으니, 인자의 올 때도 그러할 것이다(마24:37~39)."

예수님의 이 말씀에서 노아의 방주는 구원이 언약된 교회의 예표豫表다. 하나님의 말씀대로 방주를 지어 거기 들어간 노아 가족은 살았으나, 그의 말을 비웃던 사람들은 홍수로 다 죽게 되었다.

소돔과 고모라 성이 하나님의 불 심판으로 멸망당할 때 롯이 그의 두 사위들에게 하나님의 심판이 임박했으니 빨리 도망쳐야 한다고 말했을 때 그들은 "장인의 말을 비웃으며 농담으로 여겼다(창19:14)." 이런 사람들은 지금도 많다. 물신物神과 과학문명의 위력만을 신뢰하며 세상재미에 빠져 주님의 경고를 비웃는 이들은 전갈이 쏘는 것 같은 고통과 불(핵폭탄) 심판을 받고, "불과 유황 못에 던져져서 세세토록 밤낮 괴로움을 받는다(계20:10)."

한 부자가 아들의 혼인잔치에 많은 사람들을 미리 초청하였다. 잔치 당일에도 종들을 보내어 초청했으나 어떤 자는, "나는 밭을

샀기 때문에 거기 나가봐야 된다."며, 어떤 자는, "나는 새로 산 다섯 겨리 소들을 길들여야 한다."며, 또 다른 자는, "장가들었기에 못가겠다"고 하는 등, 모두가 핑계를 대며 오기를 거절했다. 이에 집주인이 노하여 그 종들을 다시 일러 보냈다.

"너희는 빨리 시내의 거리와 골목으로 나가서 가난한 자들과 병신들과 소경들과 저는 자들을 데려오너라."

예정에 없던 사람들을 손님으로 초청하였으나, 잔치자리는 아직 덜 찼다. 이를 본 주인은 다시 종들에게 이렇게 일러 보냈다.

"길과 산울 가로 나가서 사람들을 강권하여 데려다가 내 집을 채워라 (눅14:16~24)." 이 비유에서 부자는 하나님, 혼인잔치의 주인공인 아들은 예수님 자신, 종들은 "강권하여 데려다가 내 집을 채우라"는 명을 받은 성도들이다. 나는 지금 하나님의 이 명령에 따라 그대를 영광스런 초청에 응하라는 것이다. 우리는 이 비유에서 한 사람이라도 더 구원하시겠다는 하나님의 간절한 사랑을 읽을 수 있다.

초청의 평화기간이 끝나면 저 무서운 고통의 날이 닥칠 것이다.

"2만만 곧 2억의 대군이 동원되는 가운데 인류의 3분의 1이 죽게 되는(계9:15~16)" 아비규환의 제3차 대전이, "전무후무한 큰 환난" 곧 아마겟돈전쟁으로 이어짐으로 인류 멸망의 최후심판이 멀지 않아 다가온다(마24:6, 7, 21). 아마겟돈이란 메소포타미아의 한 지명이나, '하나님이 군대를 불러 모으다'란 뜻을 가진 말이다. 하나님께서 동방과 서방의 "2만만" 곧 2억의 군대를 그리로 모을 것임을 말씀하신 것이다. 이라크 땅인 그 곳을 중심으로 일어날 3차 대전의 절정이 될 아마겟돈전쟁은, "그제야 끝이 온다(마24:14)"는 말씀대로, 화생방전에서 치명타를 입은 쪽이 핵폭탄을 먼저 사용함으로써 순식간에 핵전쟁이 되어 지구의 종말인 "끝이 온다." 그 무서운 위력 때문에 한쪽이 핵을 쓰면 상대방도 거의 동시에 핵을 사용하게 되기 때문에 인류는 순식간에 공멸한다.

"일곱째 천사가 그 대접을 공기 가운데 쏟으니 큰 음성이 성전에서 보좌로부터 나서 가로되 '되었다' 하니, 번개와 음성들과 뇌성이 있고 또 큰 지진이 있어 어찌나 큰지 *사람이 땅에 있어 옴으로 이같이 큰 지진*이 없었더라(계16:17,18)." 이 말씀은, 사도 요한이 계시록을 기록할 당시 상상도 못했을 핵폭탄이 어떤 지진보다 큰 소리와 강한 빛과 열을 내며 폭발하는 광경을 미리 보고 묘사한 예언이다.

"한 달란트(50kg)짜리 큰 우박이 비처럼 쏟아져 내려 만국의 도시들을 다 파괴하고 섬과 산들이 없어진다(계16:19~21,겔38:22)."

여기 '큰 우박' 역시 핵폭탄 투하를 뜻할 것이다. 세계가 보유하고 있는 핵폭탄으로 보아 조금도 과장된 표현이 아니다.

"동방의 왕들"(겔38장,계16장)은, 미국 등 서구 기독교 국가들과 기독교의 뿌리인 유대교의 이스라엘로 결성된 서방에 맞서 전 지구적 규모로 그 마지막인 아마겟돈전쟁-핵전쟁을 일으킬 것이다.

소련이란 공산체제가 무너진 뒤 권력판도에서 이류 국가로 전락한 러시아는 경제적 도약에 가속도가 붙고 있다. 성경에

"끝 날에 네가 네 고토 극한 북방에서 많은 백성 곧 다 말을 탄 큰 떼와 능한 군대와 함께 오되 구름이 땅에 덮임 같이 내 백성 이스라엘을 치러 오리라. 곡아, 끝 날에 내가 너를 이끌어다가 내 땅을 치게 하리니(겔38:15~16)"라고 예언하셨다.

여기 '곡'은, "마곡 땅에 있는 곡 곧 '로스'(겔38:2)로 나와 있다. '로스'는 이스라엘로부터 '극한 북방 마곡' 땅에 있는 러시아를 말하며, 그 뜻은 '우두머리, 대장'을 뜻한다. 동방 왕들의 대장 로스가 '세상의 중앙'인 이스라엘을 치러 온다(겔38:2~16). 세계최대의 핵무기 보유국 러시아는, 그 때는 현재 이상으로 이슬람 제국에 전투기, 미사일 등 각종 무기를 공급할 것이다.

5%에 불과한 화교 6천만 명이 국부國富의 6,70%를 차지하는 동남아의 종주국이 될 중국은, 랜드 연구소에 따르면, 2015년에는

국민총생산GDP이 미국과 비슷하게 되며, S. 헌팅턴에 의하면, 2020년경 미국을 능가하는 국력으로 그에 맞서는 세계의 주역이 된다. 중국은 미국을 능가하지는 못하지만 맞서는 강국이 되었다.

마지막 전쟁 곧 심판의 때는 오직 '예수님을 믿느냐'가 중요할 뿐, '어느 편인가'는 무의미할 것이다. 믿지 않는 자들은 동방 서방 가릴 것 없이 지구상에 남겨져서 화생방 무기와 이어질 핵폭탄의 불심판을 받기 때문이다. 그때 성도들은 이미 휴거되어 주님과 혼인잔치의 기쁨을 만끽하는 중이므로 전혀 겁낼 것 없다.

"나 여호와가 말하였으므로 그 일을 반드시 이룬다. 돌이키지 아니하며 뉘우치지도 아니하고 행하리니(겔26:14)" "내가 진실로, 진실로 너희에게 말하지만, 이 세대가 지나기 전에 이 일이 일어날 것이다. 천지는 없어지겠으나 내 말은 없어지지 아니한다(마24:34).

그 때가 언제일지 단정할 수 없으나, 주님께서 말씀하신 여러 징조가 이미 다 나타나고 있음을 볼 때, 그 심판 날이 멀지 않은 것만은 틀림없다. 금세기 안에는 물론, 어쩌면

"이 세대가 끝나기 전에(마24:34)" 일어날지도 모른다. 나는 죽음을 보지 않고 들림 받을지 모른다는 생각을 한다. 예수님께서 복음이 땅 끝까지 전해지면 오신다고 하셨는데, 세계성경번역선교회의 계획에 따르면, 성경번역이 모든 소수민족언어로 2025년에 완료된다고 하였으니, 아무리 늦어도 2030년까지 완료될 것이므로 그 무렵이면 재림하실 가능성이 매우 크다고 생각한다.

그러므로 아직도 방황하고 있는 사람들은 곧 돌아와야 한다. 복음이 전파되지 않아, "알지 못해서 믿지 않았다고 변명할 수 없다(롬1:20)."고 하신다. 한국인은 사실 그런 점에서 이미 변명의 여지가 없을 것이다. 그대는 전도를 받지 않아서 못 믿었다고 하겠는가?

내가 나름대로 복음 전파에 최선을 다하는 것도 성경말씀과 세태世態로 볼 때 주님의 심판 재림이 임박한 것을 알기 때문이다.

나는 복음을 거절하는 사람을 보면 노아시대나 소돔 고모라 시대에 불행한 일을 당한 사람들을 떠올리며 안타까운 마음이 든다.

예수님을 구주로 믿어 그분의 품으로 돌아오는 것은 인간에게는 영생의 필수사항이다. 비록 인류적 차원의 심판이 아니라도, 인간 누구에게나 조만간 죽음이란 개인적 심판이 다가오기 때문이다.

 *시의 벤치*

어느 겨울 아침, 내가 읽고 있는 난해시의 구절 같은 마디발로 벌레 한 마리가 기어 나왔어. 배를 깔고 누운 내 예술의 영지를 제법 장갑裝甲 차림으로 쳐들어왔어. 그 놈의 레이더엔 이상이 없는지 거대한 내 앞으로 정면 공격을 감행해 오더군. 나는 하얀 이성理性의 펜 끝으로 부드럽게 정말 부드럽게 밀쳐 내었지만 그 놈은 거듭거듭 쳐들어왔어. 아무래도 그 놈의 장난감 같은 레이더엔 내 가공할 펜촉이 포착되지 않는 것인지.

랍비여, 일흔 번에 일곱 번이라도 용서해야 했을 걸.... 나는 할 수 없이 우리 머슴이 어스름 새벽을 가리지 못하고 끼끼끽- 끼끼끽- 울어대는 서리배 중닭의 목을 비틀 듯이 그 놈의 목을 눌렀어. 그 놈의 장갑이란 게 뭐야. 한 차례 푸르르 떨더니 무장 해제를 하더군. 가엾게도 그 놈의 딱딱한 겉껍데기 속에서 부드러운 본성本性의 날개가 흘러나왔어.

그 놈의 죽음은 내 부족한 용서 탓일까, 그 놈의 어리석은 돌진 탓일까. 인간이여, 인간이여, 난해시보다 난해한 벌레*여.

　　*벌레: 지존 무한대하신 창조주 하나님에 비하면 인간은
　　　　‘벌레, 구더기’라는 말씀의 인용(욥25:6, 시22:6). 시 속의 ‘나’란
　　　　화자-인간은 ‘신’, 돌진하는 벌레는 신에 대적하는 무모한 인간.
　　　　　　　- 최 진연, 「벌레 한 마리의 죽음」

39. 로마교는 기독교인가?

기독교는 예수 그리스도, 성경 말씀, 믿음을 생명으로 한다.

그런데, 성경과 교회사를 근거로 한 많은 저술들이 로마가톨릭교는 기독교로서의 이 생명력을 거의 상실하였다고 한다.

우드로우R. Woodrow는 『로마 가톨릭주의의 정체Babylon Mystery Religion』에서 로마제국 영토 안에 들었던 고대 바빌로니아 이교異敎의 온갖 관습, 유전遺傳들이 언제 어떻게 왜 그리스도교와 혼합되었는가를 자세히 밝힘으로써 로마교가 순수한 기독교가 아니라 일종의 혼합종교라고 했다.

구 영재 목사님은 『에큐메니즘의 이상과 우상』에서 방대한 양의 외국 논저들을 인용하여, 특히 로마교가 성경에서 떠난 점을 밝혀 *기독교가 아닌 모조품*임을 증명하고 있다. 하나님께서 가장 싫어하시는 범죄인 우상종교로 만들었다고 한다. 즉 인간을 하나님처럼 신격화하여 섬김으로써 로마교는 기독교를 이탈하고 있음을 스스로 증명하고 있다는 것이다. 그는 우선 저들이 *마리아를 신*으로 만들어 섬기고 있다는 것이다.

베인톤R. Bainton은 『루터의 생애HERE I STAND - A Life of Mart in Luther』에서 저들의 이런 마리아 기도문을 제시하고 있다. "구원하소서. 오, 여왕이시여. 자비의 어머니, 우리의 생명, 우리의 기쁨, 우리의 소망이시여,...우리의 중보자가 되어 주소서....하나님의 거룩한 어머니시여!"

오, 마리아가 하나님의 어머니라니! 하나님께 어머니가 있다니,

이런 신성모독이라니! 이 기도문에서 마리아를 하나님과 인류 사이의 중보자仲保者*라는 것도 성경을 떠난 거짓이다. 성경에서

"하나님과 사람 사이에 중보자도 한분이시니 곧 사람이신 그리스도 예수(딤전2:5)"라는 말씀을 보라.   *중간에서 화해의 보증이 되신 분.

사람 마리아를 예수님과 동격의 신으로 섬기기 위해 성경에 없는 '우리의 생명, 하나님의 어머니' '여왕', '우리의 소망'이란 망언을 늘어놓고 기도의 대상으로 삼다니! 로마교가 성경에서 떠난 증거이다.

우드로우나 그로스는, 로마교의 마리아 숭배가 고대 바빌로니아의 수많은 기념비에 등장하는 세미라미스Semiramis 여신숭배에서 왔다고 한다. 바빌론제국帝國 지역들을 정복한 로마제국이 세미라미스 숭배욕구를 만족시켜주려고 마리아신격화를 했다는 것이다.

저들은 마리아 신격화를 위해 예수님밖에 낳지 않았다고 가르친다. 오래 전 영세를 받으려고 교리공부를 한다는 나의 한 동료가,

"선생님, 성모 마리아가 예수님밖에 낳지 않았다는 게 참말이어요?"라고 내게 물었다. 나는 웃으면서 성경을 펴 보여주었다.

"이 사람은 마리아의 아들 목수가 아니냐 야고보와 요셉과 유다와 시몬의 형제, 그 누이들이 우리와 함께 여기 있지 아니하냐 하고 예수를 배척한지라(막6:3)."

4형제와 '그 누이들'이라 했으니, 마리아는 예수님을 포함하여 최소한 7남매 이상을 낳았음을 알 수 있다. 성경을 읽어본 그미는, "신부님은 예수님만 낳았다던데..."라며 고개를 갸우뚱거렸다.

성모가 출생 때부터 죄가 없다는 그들의 무원죄회태설無原罪懷胎說도 "의인은 없나니 하나도 없다(롬3:10)."는 성경에 반역한다.

로마교는 *사람의 영혼도 신격화*하여 기도의 대상으로 삼고, 그 유품들을 섬긴다. 트렌트종교회의(1545~1563)의 결정을 보자.

"성인聖人들과 순교자, 특별한 대상에게 기도할 것을 권장하고,

그리스도와 함께 통치하는 성인들이 인간들을 위하여 하나님께 기도를 올린다."고 했다. 그러나 '성인들과 ... 기도한다.'는 말은 성경 어디에도 없다. 성경에 '*성인*'이란 말도 없다. 모든 신자는 똑같은 인간 형제자매일 뿐이며(마23:8~9). "그리스도께서(롬8:34), 성령께서(롬8:26) 성도들을 위해 하나님께 기도한다."라는 말씀은 있다.

저명한 언론인 니노 로 벨로Nino Lo Bello는 "로마교가 추대한 성인이 2500명"이라고 『백과사전에도 없는 바티칸』에 썼다.

히스롭Hislop은 성인의 유품이나 뼈들을 신성시하는 것에 대해 그의 『두 개의 바빌론The Two Babylons』에서 "이것이 옛 이집트의 우상종교에서 왔다."고 했다. "그런 관습이 로마에 기독교가 전파되기 전 이교시대부터 있어 온 관습이었으며, 사실상 유물 중에는 어느 정도 다른 많은 종교제도와 관련된 원시적 본능에 속한다(가톨릭 백과사전 12권734쪽)고 스스로 폭로하고 있다."고도 했다.

구 영재 목사님은, *성경변조*를 들고 있다. 로마교가 마리아 숭배 등 성경에 없는, 인간들이 만든 제도와 관습들을 합리화하기 위해 전통적인 정경Canon을 삭제, 첨가, 변조하고 있음을 앞의 책 '하나님의 말씀과 교회의 책의 차이'장章에서 밝히고 있다. 예컨대 연옥설을 용납하지 않는 히브리서를, 사제와 수녀의 미혼을 용납지 않는 목회서신을, 바벨론/로마의 멸망을 예언하고 있는 계시록을 모두 정경에서 삭제했다고 한다.

로마교가 성경보다 교황의 교지를 우선하고 있음은 주지의 사실이며, 이것은 로마교의 머리는 교황임을 뜻한다. 이는 로마교가,

"교회의 머리는 예수 그리스도(골1:8, 엡1:22,4:15)"라는 성경말씀에 정면으로 반역함으로 예수교가 아님을 말해주고 있다.

로마교도가 사제에게 죄를 고백하면, 사제는 마리아나 성인 신들에게 기도하고, 그 신들이 다시 하나님께 기도해준다는 *고해성사*란 제도 역시, "오직 너희는 택하신 족속이요, 왕 같은 제사장들이요,

거룩한 나라요, 그의 소유된 백성(벧전2:9)"이란 성경에 반역된다. 하나님 아버지와 그 자녀인 신자 사이에 그 누구도 개입할 수 없다. 아버지와 자녀 사이에 끼어 들 무슨 존재가 필요하단 말인가.

신부, 교황이란 직함 자체가 성경에 없다. 우드로우에 의하면, 교황은 바벨론으로부터 전파된 이교의 최고승원장Pontifex Maximus제도에서 온 명칭이라 한다. 바티칸 건물 곳곳의 최고승원장 명칭 표시와 교황 레오10세 때 주조한 메달에 'Pont. Max.'란 약자가 새겨져 있음을 그 증거로 들고 있다. 직함도 없이 군림하는 교황에게, "주님이나 어느 사도가 교황처럼 황금빛 법복을 입고, 다이아몬드 529개와 진주 252개, 루비 32개, 에메랄드 19개, 사파이어 11개로 꾸며진 삼층관Tiara을 썼던가?"고 우드로우는 묻는다. 또 미트라 경배Mithraism의 수장首長인 사제 파테르 파트라룸 Pater Patraum이란 명칭을 그대로 전수받아 교황을 '아버지 중의 아버지', '아버지father, 神父'라고 부르게 되었다고 한다.

'교황, 신부'는 감독(딤전3:1), 감독자(행20:28, 빌1:1) 장로(딤전 4:14, 벧전5:1)로 표현하기도 한 목사(엡4:11)로서 교회의 한 지체 肢體일 뿐, 믿음 안에서 모든 신자는 형제요 자매이다(마12:46~50).

"너희 아버지는 하나이시니, 곧 하늘에 계신 자시니, 땅에 있는 자를 아버지라 하지 말라(마23:9)."는 말씀을 정면으로 반역하고 있다.

물론 육신의 아버지를 아버지라 부르지 말라는 말씀은 아니다.

교황을 비롯한 *사제들의 부도덕성*은 어떤가. 로마교회사가 치니 퀴C. Chiniquy의 『사제, 여인 및 고해성사The Priest, The Woman, and The Confessional』를 인용한 우드로우의 글은 너무도 부도덕한 내용이어서 차마 여기에 옮길 수 없다.

로마교의 음란은 필연적이라 한다. 물론 테레사 수녀같이 깨끗하고 경건한 분들도 많았겠지만, 독신의 사제들과 수녀들이 한 곳에서 생활한다는 것은 기름과 불을 함께 두는 것으로 비유되고 있다. 전통적으로 수녀들이 통이 큰 제복을 입은 것은 임신을 숨기기 위해서였다고 한다. 수도원, 성당의 연못에 물을 빼면 아기 뼈들이 무수히 나오는데, 그것은 아담과 하와를 짝지어 가정을 이루고 살게 하신 하나님의 법을 어긴 *독신제도*로 생긴 죄악의 증거들이라 한다.

N. L. 벨로는, 6세기경까지도 사제들이 베드로처럼 결혼했다고 하며, 성경은 사제에 해당하는 장로(목사)를 세울 때, "한 아내의 남편으로서...자기 집을 잘 다스리는 자로(딤전3:2~5)"하라고 한다.

YTN 뉴스('03.8.18)는 BBC 방송을 인용, 교황청이 바오로 23세의 이름으로 1962년에 전 세계의 주교들에게 보낸 공문에 의해 지금까지 사제들의 성추행을 극비에 부치고 이를 깨는 자는 파문하라고 했다는 사실을 보도하였다.

주님의 생명사랑의 교훈에 반역한 저들의 *생명학살*은 어떤가.

1252년 교황의 '박멸에 관하여'란 교지 이후 기독교인들을 무차별 학살했다. 1572년 파리에서의 10만 명 대학살, 스페인에서만 700년간 종교재판으로 처형된 수가 6천8백만, 유럽 각국, 중남미 등지에서 기독교도와 원주민들을 학살한 수는 헤아릴 수 없음을 팍스John Foxe나 레아H.C.Lea 등의 저술이 밝히고 있다고 한다.

로마교는, 하르낙 교수의 말대로, 옛 로마제국의 후속인 세계적 정치조직에 불과하기에 그런 악행을 자행해왔으며, "칼을 쓰는 자는 칼로 망한다(마26:52)."고 하신 주님의 사랑과 평화를 생명으로 하는 교회의 순결성을 상실한 지 이미 오래다.

N. L. 벨로는 전기 책에서 "바티칸은 모든 사제, 수녀, 수도승을 포함하는, 러시아의 KGB를 능가하는 세계에서 가장 효율적이고 방대한 스파이조직을 가지고 있다."고 했다.

그러므로 우리는 로마교를 종교라기보다 정치집단으로 보아야 한다. 전 세계에 교황국의 대사들이 파견되어 있고, 세계정치를 조종하는 것이 바티칸이라 한다. 그것은 이미 계시록에 예언된 사실이기도 하다. "지혜 있는 뜻이 여기 있으니 그 일곱 머리는 여자가 앉는 일곱 산이요(계17:9"란 말씀에서 '여자가 앉은 일곱 산'은 교황국이 건설된 로마시가 일곱 산 위에 세워졌음을 뜻한다. 느브갓네살 왕이 본 신상(단2장)에서 진흙과 철로 된 발은 철 정강이 로마에 이어진, 인류역사의 마지막에 등장하는 연합형태의 국가인 유럽연합EU가 바로 옛 로마제국 영역에 재현된 것이고, EU가 로마교의 개입으로 로마클럽에 의해 탄생했다. 열 뿔 짐승의 일곱 머리 곧 일곱 산 위에 앉았다는 것은, 로마교황국이 열 뿔(권력, 국가) 유럽연합과 그 "열 뿔에서 나온 다른 뿔(단7:20)"인 미국 등 세속권력을 좌지우지한다는 말씀이다. "이 여자가 성도들의 피와 예수의 증인들의 피에 취한지라(계17:6)"하는 예언의 말씀은 이미 로마교가 저지른 개신교 성도들에 대한 학살극으로 역사 속에 성취된 바 있지만, 앞으로 말세의 심판이 임박할 때 성도들을 핍박할 것이라는 예언이기도 하다. "땅의 왕들이 그 여자와 더불어 음행을 하였고 … 그 여자가 붉은 짐승을 탔는데, 그 짐승은 몸에 하나님을 모독하는 이름들이 가득하였으며…(계17:3~4)."의 여자는 "큰 음녀(계17:1)"로도 표현된 부패한 교회를 말씀한 것이다. "큰"음녀로 비유된 교회는, 이미 많은 성도들을 학살하였고 장차도 순교의 피를 많이 흘릴 교회, 열 뿔 짐승을 탄 여자 곧 미국, 유럽연합 등 세속권력을 좌지우지하는 세계적인 권력집단인 로마교를 뜻하는 게 분명하다. 개교회個教會 중심의 기독교는 그럴 능력이 없기 때문이다.

　미국성서공회의 쉬플러G. E. Shipler 박사는 "바티칸의 은밀하고도 절대적인 개입이 없는 중대한 세계정치 상황이란 존재하지 않는다."고 했고, A. 링컨 대통령은 남북전쟁의 원인이 교황청의 사악한 영향 때문이라 했다. 구 영재 목사님은, 링컨의 암살이 저들에 의해 자행되었음이 가톨릭계의 보스턴대학 헌네세이J. Henn esey 교수에 의해 1988년 논문에서 시인되었다고 했다. "만약 미국이 파멸되는 날이 온다면 그것은 로마가톨릭주의를 통해서 올 것이다."라는 조지 워싱턴의 예언이 현실이 되고 있는 것 같다.

로마교는 그 재산이 얼마나 많은 지를 하나님은 아실지 모른다. 독일의 시사주간지 슈테른이 "바티칸의 숨겨진 죄악상"시리즈 기사 커버스토리에서, "바티칸의 하나님은 돈이다."라고 했다는데, 미국의 돈줄을 로마교가 점점 장악해가는 듯하다. 돈으로 국가 안에 국가를 세계에 확장하고 있는 로마교는, 예수회를 통해 1983년 현재 뉴욕양키스타디움, 테러로 폭파당한 세계무역센터, 엠파이어스테이트빌딩, 미국은행 등의 주식의 51%를 소유하는 등 미국을 비롯한 세계 굴지의 기업들을 통해 엄청난 부를 축적하고 있다고 한다. 미국 내 539개의 로마교단들이 소유한 부동산과 수도원에서 생산하는 술 판매 수익금만도 계산이 불가능하다고 한다. 로마교가 EU와 함께 미국을 그 영향 아래 두게 된다는 것은 이미 앞에서 계시록 예언을 통해서 밝혔는데, 이러한 작금의 역사적 추이가 그 예언의 말씀이 진리임을 더욱 명백히 보여주고 있는 셈이다.

저들에겐 마피아까지 있다고 한다. '거룩한 마피아Holy Mafia', '바티칸 마피아', '새로운 흰 메이슨New White Masonry'라는 마피아조직 '오푸스 데이Opus Dei'는 세계에 8만5천 명의 회원을 가진 로마교의 잔인한 비밀결사로 알려져 있다. 그 조직 창설자 에스크리바가 사제 서품을 받을 때 프랑스의 천주교 기관지와 벨기에 국영방송은 그들을 "하나님의 마약단"으로 보도했고, 프랑스 역사지 '이스토리아Historia'는 마피아를 "교황의 돈주머니"라 했다.

앞에 인용한 음녀교회가, 누구도 알 수 없을 만큼 엄청난 재화를 가진 그 수장이 황금빛 법복에 사치를 극한 삼층관tiara을 쓴 로마교라는 것을 아무도 부인할 수 없을 것이다.

우드로우의 결론은, 로마교를 "독약이 든 병에 붙어 있는 경고의 주의사항을 떼버리고, 그 자리에 박하과자 상표를 첨부한 것과 같다. 그 내용물은 바로 치명적인 것들이다."라고 했으며, 구 영재 목사님은 결론에서 "로마교는 기독교가 아니다"라고 단언했다.

나는, 그대가 순결한 기독교에서 하나님을 만나게 되기를 바라는 마음으로 로마교에 관한 공개된 자료들의 일부를 소개했을 뿐이다. 우리나라의 정치적 현실에서도 가톨릭이 '정의구현사제단'이란 그럴듯한 이름을 내걸고 자유민주주의 국가체제를 흔드는 공산주의자들로 활동하고 있는 것을 보면 순수성을 지키는 신도들도 있겠지만, 그 주류가 불순한 정치집단임을 알 수 있을 것이다.

 시의 벤치

건강을 위해 많이 걷고자
만보기로 걸음수를 세듯
정의와 진실, 불의와 거짓을
기록하는 계기가 있다면/ 사후 심판대 앞에 서기 전에
언행을 측정하며 살게 되지 않을까.
거짓이 판을 치는 우리사회
정의가 실종된 이 나라에
그런 측정기를 만들어 법으로
정치인들을 비롯한 모든 국민이
휴대하게 해서 계측한다면
정의와 진실이 지배하는 나라가 될까.
언행이 정확히 기록되는/ 그 측정기를 GPS로 체크해서
거짓과 불의에는 벌금을
진실과 정의에는 상금을 주면
우리도 청정국가로 바뀌고/ 장차 심판대 앞에 서는 날에
모두가 웃게 되지 않을까.
        - 최 진연, 「언행 측정기」

40. 제사와 효도, 술, 담배

　로마교는 영혼이 심판 때까지 연옥이란 곳에 머무른다고 가르쳐 왔다. 또 그 영혼이 사죄 받아 천국에 가려면 누군가가 이 땅에서 그 영혼을 위해 그 죄 값을 지불해야 된다는 것이다. 이것은 명백한 사기이다. 예수님이 모든 죄 값을 십자가에서 다 지불하셨기(롬5:18) 때문에 이 땅에서 예수를 구주로 믿었으면 천국에, 믿지 않았으면 지옥에 보내진다(요5:24). 영혼이 천국과 지옥 사이의 어디에 머무는 것이 아니라, 천국 아니면 지옥으로 바로 가게 되며(눅16:19~31, 요6:53~57), 돈이나 선행으로 면죄 받는다는 말은 성경 어디에도 없는 조작으로 기독교의 근본을 부정하는 것이다. 구원의 길은 예수님을 구주로 믿는 것뿐임을 주님 자신이 말씀하셨다.

　"나는 길이요 진리요 생명이니 나로 말미암지 아니하고는 아버지께로 올 자가 없다(요14:6)."

　이 말씀대로 영혼구원은 오직 예수님을 구주로 믿음으로만 이루어진다. 모두가 아는 대로, 중세에 베드로 성당을 건축할 때 면죄부를 팔았으며, 로마교는 지금도 천국과 지옥 사이에 있다는 연옥에 머무는 자기 조상이나 사랑하는 사람들의 영혼이 천국에 가게 하려면 선행을 많이 해야 한다니, 그런 말이 성경 어디에 있는가?

　그런데 로마교에서는 지금도 이 땅에서 살 때 예수님을 구주로 믿지 않아도 선행만 해도 구원을 받는다고 한다. "...프란치스코 교황의 '어록'은 심심치 않게 우리를 깜짝 놀라게 한다. ...유쾌한 '경악'에 빠트리는 것은 이제 익숙해져 버린 일이다. 그럼에도, 2013

년 초여름 쯤 언론에 보도된 발언은 강도가 셌다. '무신론자도 선을 행하면 천국에 갈 수 있다!' …나는 반사적으로 그 진의를 음미하는 물음을 던졌다. 무신론자가 천국에 간다? 거 재밌는데…" 가톨릭 신문(2014. 02. 23)에 쓴 어느 신부의 글에서 인용한 이 글 속의 인용문은 현 교황의 말이다. 예수님을 구주로 믿지 않아도 선행만 하면 구원받는다니 성당엔 왜 다니는지 모를 일이다. 선행만 하면 구원받는데 굳이 성당에 나갈 이유가 없지 않은가?

물론 예수님을 구주로 믿어서 천국 갈 신자들도 선하게 살아야 한다. 선하게 살라는 것이 성경의 중요한 가르침이다. 그러나 믿음으로 구원 얻은 것은 생명적인 일이지만, 선한 삶은 윤리적인 일이다. 전혀 차원이 다르다. 죄와 악이 전혀 없는 의와 선만을 따진다면 세상에 누구도 천국에 가지 못한다. 오직 믿음으로만 구원받는다는 것을 모르면 신약성경 로마서를 읽어보기 바란다.

그런데, 한국의 로마교는 조상 제사를 지내도록 하고 있다. 그것은 그들의 전통적 혼합주의에 따른 교리상의 반역이다. 사람의 영혼은, 연옥이란 데서 머문다든지, 공중을 떠돌다가 제삿날 제수를 들러 찾아오는 게 아니다. 공중을 떠도는 것은 사탄과 그 졸개인 악령(귀신)들뿐이다(엡2:2, 6:12). 제사는 마치 악귀들을 집안으로 불러들여 파티를 베풀어주는 것과 다름없다.

"너희가 믿기 전에 세상 풍속을 좇고 공중의 권세 잡은 자(사탄)를 따랐으니 곧 지금 불순종의 아들들 가운데 역사하는 악한 영靈이라(엡2:2)."

"마귀의 궤계를 능히 대적하기 위하여 하나님의 전신갑주를 입어라.… 우리의 씨름은 혈과 육(사람)에 대한 것이 아니요, 정사와 권세와 이 어둠의 세상 주관자들과 하늘에 있는 악의 영들에게 대함이다(엡6:10~12)."

이런 말씀을 보면 이 세상과 공중에 떠도는 것은, 마귀와 그 졸개들인 여러 이름(정사, 권세, 어둠의 세상 주관자들, 악의 영들)의 악귀들뿐이다. 그러나 보혜사保惠師 성령님은 이 마귀의 세력으로부터 성도들을 눈동자처럼 지켜 보호해주신다(요14:16).

예수님은 많은 사람들한테서 악령들을 쫓아내주셨다. 벙어리에게서(마9:33), 경련하는 아이로부터(마17:18), 막달라 마리아로부터 일곱 귀신을(눅8:2, 요11), 군대귀신을 쫓아내주셨다(막5:2~20).

"주님, 우리가 기도하니까 귀신들이 다 쫓겨납디다."는 게 전도여행에서 돌아온 제자들이 놀라워하는 첫마디였다. 이에 주님은,

"내가 너희에게 뱀과 전갈을 밟으며 원수(사탄)의 모든 능력을 제어할 권세를 주었으니 너희를 해할 자가 결단코 없으리라. 그러나 귀신들이 너희에게 항복하는 것으로 기뻐하지 말고, 너희 이름이 하늘에 기록된 것을 기뻐하여라(눅10:19,20)."고 말씀하셨다. 이것은, 주님으로부터 받은 병을 고치고 귀신을 쫓아내는 등의 능력도 귀하지만, 당신을 구주로 믿음으로 천국에 가게 됨을 무엇보다 귀중한 줄 알라는 말씀이다.

주님의 성령은 지금도 제자들을 통해서 귀신을 다스리신다. 신실한 성도가 있는 자리에서는 점쟁이가 점을 못한다. 점쟁이가 부리는 귀신은 예수 이름 앞에 벌벌 떠는 존재이기 때문이다.

이렇게 이 세상과 공중을 떠도는 것은 조상님들의 영혼이 아니라, 마귀(사탄)와 그 졸개인 악령(귀신)들임을 알고, 조상 제사를 지내선 안 된다. 기독교는, 악귀들의 초청 잔치가 될 뿐인 제사를 성경말씀대로 엄금하고 있다. 성경은 이렇게 명하고 있다.

"이방인(불신자)의 제사는 악령에게 하는 것이요, 하나님에게 제사하는 것이 아니니, 나는 너희가 악령과 교제하는 자 되기를 원치 않는다. 너희가 주의 잔과 귀신의 잔을 겸하여 마시지 못하고, 주의 식탁과 귀신의 식탁에 겸하여 참여하지 못하리라(고전10:20~22)."

로마교가 제사를 지내게 함은 이런 성경에 명백한 반역이다.

제사는 일종의 관습일 뿐이다. 우리의 옛날 유교관습은, 상을

당한 자녀들은 물론 친가 8촌까지 복을 입고, 특히 누런 삼베 상복을 입은 상주는 초상 이후에도 3년 동안 빈소를 차려놓고 초하루 보름에 상식이라 하여 밥상을 산 사람에게 하듯이 올려드리며, 기일에는 소상, 대상이라 하여 온 고을 사람들의 문상을 받으며 하루 종일 제사 행사를 가졌다. 박정희 정부는 국가에 막대한 손실을 가져오는 이 허례허식을 폐지했어도 아무 탈이 없었다. 어느 친구는 종손으로서 고조부까지의 기제사가 하도 번거로워 하루 저녁에 몰아서 한번 지낸다고 했다. 그래도 아무 탈이 없었다.

하나님의 자녀인 신자 사이를 훼방하는 존재인 귀신들을 불러들여 파티를 열어주기를 원치 않는다면 제사 관습은 버려야 한다.

여기서 효에 대해 생각해보자. 한문에 '효孝는 백행지본百行之本'이라 했다. 그래서 우리는 전통적으로 효행에 힘쓰면서 중요한 덕목으로 가르쳐왔고, 앞으로도 길이 가르치고 지켜야 할 것이다.

성경도 효행을 매우 강조한다.

"네 부모를 공경하라. 그리하면 너의 하나님 나 여호와가 네게 준 땅에서 네 생명이 길리라(출20:12)." "아비나 어미를 치거나 저주하는 자는 반드시 죽일지니라(출21:15,17)." "내 아들아, 네 아비의 훈계를 들으며, 네 어미의 법을 떠나지 말라. 이는 네 머리의 아름다운 관이요, 네 목의 금사슬이니(잠1:8)" "자녀들아, 너희 부모를 주 안에서 순종하라, 이것이 옳으니라. 네 아버지와 네 어머니를 공경하라. 이것이 약속 있는 첫 계명이니 이는 네가 잘 되고 땅에서 장수하리라(엡6:1~3)."

효도는, 십계명 중 인간관계의 "첫 계명"이란 말씀이다.

위의 말씀들과 같이 하나님께서 효도를 엄히 명하셨기 때문에 진실한 그리스도인은 부모를 공경과 순종으로 잘 섬긴다. 그러나 부모가 하나님보다 먼저일 수는 없다. 가령 자식이 교회에 나가려고 하는데 부모가 이를 막는다면, 그 뜻에는 따를 수 없다. 그래서 "순종하라"는 말씀 앞에 "주 안에서"란 말씀을 전제하고 있다.

내 경우, 아버지는 내가 믿음을 갖기 전에 돌아가셨으며, 어머니는 3년 동안 내 집에 모시면서 세례를 받고 믿음을 굳건히 하신 다음 고향 집에 돌아가 큰형님과 함께 사시다가 천국에 가셨다. 내가 하나님의 뜻을 분별하지 못한 채 사업을 한다고 넓은 집을 잃는 바람에 더 오래 모시지 못했던 게 여한이지만, 천국에 가신 것을 생각하면 큰 위로가 된다. 자식으로서 부모님이 영생복락 누리도록 예수님을 믿게 도와드림보다 더 귀한 효행은 없을 것이다.

교회는 제사 대신에 추도 예배를 드리도록 하고 있다. 하나님께 드리는 예배를 통해서 조상님들의 유덕을 기리고 동기간의 우애와 사랑을 나누라고 한다. 또 교회는, 효도는 무엇보다 생존해 계실 때 다해야 함을 강조하고 있다. 세상을 떠나면, 그 영혼은 이 세상에 있지 않으므로 자손들이 아무것도 해드릴 수가 없기 때문이다. 부모님을 잘 섬기라는 의미로 '낳으실 때 괴로움 다 잊으시고'로 시작되는 '어버이 노래'가 교회에서 작사 작곡되어 전 국민이 부르게 된 것도 우연히 된 일이 아니다.

그런데, 이렇게 효를 강조하는 성경말씀이나 교회교육의 실상을 모르고, 유교식의 제사를 지내지 않는다고 해서 교회가 효를 등한시한다고 오해하거나, 그 오해 때문에 '제사를 지내야 하므로 교회에 못 다닌다.'는 사람, 그래서 성당엘 다닌다는 사람들도 있다.

한국교회는 선교 초기부터 주초酒草를 금해왔다. 성경은 술의 폐단을 자세히 가르치며(잠23:29~35), 그 중에 이런 말씀이 있다.

"너는 그것을 거들떠보지도 말라(잠23:31)."

약간의 약술(포도주)은 허용하였으나(딤전5:23) '거들떠보지도 말라'는 말씀을 거역하면서 음주할 까닭이 없다. 그런데 로마교에서 술 마시는 것은 예사이며, 행사에는 소주가 짝으로 들어간다고 한다. 언젠가 연만한 수녀님이 내게, "목사님처럼 우리 신부님도 술 좀 덜 마셨으면 좋겠어요."라기에, "수녀님, 저는 술을 전혀 하지 않으니, 덜 마시는 비교의 대상이 아니지요?"라며 웃었다.

담배에 관해서는 성경에 명백한 금지의 말씀은 없다. 그러나 신자는 하나님을 모신 성전(고전3:16, 17)이므로, 그 성전을 더럽힘이 되고 건강에도 해로운 흡연을 금하는 것은 매우 성경적이다.

 *시의 벤치*

별을 보지 못하고 살아간다는 것은
詩를 모르고 살아가는 것과 비슷할 거야.
인간이 만들어낸 휘황찬란한 불빛들
그 빛의 지붕을 뚫지 못해서
인간들을 만나지 못하고 돌아가는 별들
이슬방울에도 빛을 주지 못하는
별들의 슬픔을 도시인들은 모르고 살 거야.
그들이 만든 눈부신 불빛 아래 사느라
태초에 창조된 빛을 보지 못해서
영광의 빛을 못 보는 눈 먼 영혼들
영원한 어둠을 향해 가게 되는 걸 거야.
반딧불만도 못한 도시의 달빛
생명의 상징인 하늘의 별들을 잊고 사는
사람들은 밤하늘을 쳐다보지 않아서
저 무한한 우주 공간의 신비
별나라 꿈도 꾸지 못하고 살아갈 거야.
　　　　　- 최 진연, 「별과 도시인들」

41. 믿음과 행위, 구원의 관계

모든 일에는 우선순위가 있다. 신앙에 있어서도 믿는 것이 먼저이고, 신앙적인 삶, 윤리적인 선한 삶을 사는 것은 그 다음이다.

그런데 어느 목사님이, 평화방송의 상담 프로그램에서 한 사제가, "예수를 믿지 않더라도 선하게 살면 천국에 갈 수 있다"고 하는 말을 들었다고 했다. 현재의 교황도 "무신론자도 선을 행하면 천국에 갈 수 있다!"고 말했다는 어느 신부의 글이 가톨릭 신문에 (2014. 2. 23.) 보도되었으니, 로마교는 예수교가 아니라는 것이 명백하다. 그런 말은, 어리석은 자들을 지옥으로 끌고 가려는 사탄의 속임수에 불과함을 알아야 한다.

'예수 믿지 않아도 선하게만 살면 구원 얻는다.'는 말은, '예수를 그리스도로 믿음으로만 구원 얻는다.'는 기독교 교리의 근본을 부정하는 것이기에 용납될 수 없다. 성경말씀을 다시 보자.

"나는 길이요 진리요 생명이니, 나로 말미암지 아니하고는 아버지께로 올 자가 없다(요11:25)." "누구든지 사람 앞에서 나를 부인하면 나도 하늘에 계신 내 아버지 앞에서 저를 부인하리라(마10:33)." "진실로, 진실로 너희에게 말한다, 내 말(당신이 메시야란 말씀)을 듣고 또 나 보내신 이(하나님)를 믿는 자는 영생을 얻었고, 심판에 이르지 아니 하나니, 사망에서 생명으로 옮겼느니라(요5:24)." "저를 믿는 자는 심판을 받지 아니 하는 것이요, 믿지 아니하는 자는 하나님의 독생자의 이름을 믿지 아니 하므로 벌써 심판을 받은 것이니라(요3:18)." "아들이 있는 자에게는 생명이 있고, 하나님의 아들이 없는 자에게는 생명이 없다(요일5:12)."

이와 같이 성경말씀은 구원의 유일한 길이 오직 예수님을 구주로 믿는 것이며, 이로써 구원이 확정됨을 명백히 밝혀주고 있다.

그런데, 어찌 '예수 안 믿어도 선하게만 살면 구원 얻는다.' 운운할 수 있는가. 스펄전 목사님의 말대로, "선한 행실로 천국가기보다 종이배를 타고 대서양을 건너는 것이 더 쉬울 것이다."

선한 삶을 살아야 한다. 그러나 그것은 믿음부터 가진 다음에 지켜야 할 신자의 삶의 윤리이지 구원의 근본 진리는 아니다.

주님은 이렇게 말씀하셨다.

"하나님을 마음과 목숨과 뜻과 힘을 다해 사랑하고 네 이웃을 네 몸처럼 사랑하라(눅10:27요약)."

이 말씀과 앞의 말씀들을 종합해 봐도 믿음이 먼저이고, 사랑의 삶은 그 다음임을 알 수 있다. 주님께서 복음 전파에 평생을 바친 바울을 통해서 이렇게 가르치신다.

"무슨 법으로냐. 행위의 법으로냐? 아니다. 믿음의 법으로이다. 사람이 의롭다 하심을 얻는 것은 율법의 행위로서가 아니라 오직 믿음으로 얻게 됨을 우리가 인정한다(롬3:27~28)."

의롭다는 말은 구원받는다는 것인데, 행위에 죄가 전혀 없어서 의롭다고 하시는 게 아니라, 예수를 구주로 믿음으로 의롭다 하심을 얻는다는 뜻이다. 선하게 살아서 구원받는 게 아니고, 믿음으로 사죄赦罪 받아서 구원받는다는 것이다. 그러므로 믿음을 행위보다 앞세워야 한다. 그 까닭을 주님께서 이렇게 말씀하신다.

"네가 어찌하여 나를 선하다 일컫느냐. 하나님 한 분 외에는 선한 이가 없느니라(막10:18)."

이 세상에 완벽히 선한 사람이 있을 수 없다는 말씀이다. 선하다는 말은 마음으로도 전혀 죄를 짓지 않고 사랑을 실천하는 삶을 사다는 말이다. 성경은 사랑을 이렇게 말씀하신다.

"사랑은 오래 참고 온유하며, 투기하지 아니하며, 자랑하지 아니하며,

교만하지 아니하며, 무례히 행치 아니하며, 불의를 기뻐하지 아니하며, 성내지 아니하며, 악한 것을 생각하지 아니하며, 진리와 함께 기뻐하고, 모든 것을 참으며, 모든 것을 믿으며, 모든 것을 바라며, 모든 것을 견디는 것이다"(고전13:4~7).

그대는 이런 사랑을 완벽하게 행함으로써 구원받으라고 한다면 구원받을 자신이 있겠는가? 물론 이런 높은 수준의 사랑의 실천으로 선하게 살아야 하고, 경우에 따라서는 목숨이라도 바칠 수 있어야 한다. 그러나 그 어떤 행위로도 구원 받지는 못한다. 아무리 사랑을 실천하는 선행을 해도 죄를 전혀 짓지 않을 수 없기 때문이다. 믿음으로 사죄의 은총부터 받아야 한다. 그러므로 성경은, '선하게 살아라. 그러면 너와 네 가족이 구원을 얻는다.'라고 하지 않고, 이렇게 말씀하신다.

"주 예수 믿어라. 그리하면 너와 네 가족이 구원을 얻는다(행16:31)."

예수님을 구주로 믿어 구원을 얻으면, 성령님이 그 심령에 내주 內住 indwelling해서 하나님의 뜻대로, 사랑으로 선하게 살아가도록 인도해주신다. 믿음이 자라면서 차츰 하나님께서 기뻐하시는 선한 삶을 살아가게 된다. 그러나 때로는 우리 안에 있는 죄의 본성 때문에 주님의 뜻을 거스르고 제 뜻대로 행하게 되기도 한다.

믿음으로 신자가 된 사람은, 하나님의 말씀대로 주님의 영광과 기뻐하심을 위해 늘 성령님의 도우심을 기도로 청하면서 겸손하게 이웃들을 사랑으로 섬기는 자세로 사려고 힘쓴다. 주님께서 친히,

"나더러 주여, 주여, 하는 자마다 다 천국에 들어갈 것이 아니요, 다만 하늘에 계신 내 아버지의 뜻대로 행하는 자라야 들어가리라(마7:21)."

고 말씀하셨고, 야고보를 통해서도 선한 행위를 강조하셨다.

"행함이 없는 믿음은 그 자체가 죽은 것이라(약2:17)."

그러나 믿음을 가져도 죄의 본성을 없앨 수 없기에 죄를 전혀 짓지 않고 살기란 불가능하다. 불신자들은 물론, 신자도 영적으로

졸거나 잠들면 즉시 사탄의 공격을 받게 되기 때문이다(벧전4:8). 그러므로 신자는 기도와 말씀으로 죄를 멀리하는 삶을 사려고 노력하지만, 어쩌다가 죄를 지으면 회개함으로 용서받으며 살아가고 있다. 그대가 꼭 알아야 할 것은, 죄를 지며 살아가는 모습이 불신자들과 별로 다르지 않게 보일지라도, 신자들은 늘 회개하면서 영생복락의 천국을 향해 가고, 불신자들은 하나님께 회개하지 않은 채 영벌의 '불못'(계20:14~15)을 향해 가고 있다는 사실이다.

구원은 주님의 뜻대로 사려고 애쓰다가 이 세상을 떠나는 순간에 완성된다. 구원의 도상途上에 있는 1천만이 넘는 신자 가운데 믿음으로 살지 못하는 사람도 적지 않을 것이다. 12사도 중 주님을 은 30냥에 판 가룟 유다가 있었음을 생각해 보라. 이 마지막 때에 그런 사이비 신자도 상당수 있지 않겠는가. 그대가 행여 그런 덜된 목사나 장로 신자들이 더러 매스컴을 통해 비난을 받는 것을 보고 실망하여 하나님께 돌아오기를 망설인다면 현명하지 못하다. 사람을 보고 믿는 게 아니라, 성경말씀에 근거하여 구주의 십자가를 바라보며 완전하신 주 하나님을 믿어야 한다.

그대는 우리사회를 이 정도로라도 정화하면서 안정되게 이끄는 중심세력이 어느 집단이라 보는가? 기독교 인구는 전체 인구의 1/4이 채 안 되지만 우리사회에 끼치는 그 영향력은 훨씬 크다고 보지 않는가? 자화자찬의 소리로 들린다면 용서해주기 바란다. 그러나 예컨대 기독국회의원이 122명으로 전체의 40%라는 것만 봐도 신자들이 우리사회의 중심세력이란 사실을 알 수 있을 것이다.

그대는 연전에 TV에서〈미래산업〉정 문술 전 회장의 다큐멘터리가 방영되는 것을 보았는가? 당시 62세인 그는 더 일할 수 있음에도 자기가 일으킨, 이 땅의 개척자적인 그 반도체회사를 후진에게 맡기고 은퇴하였다. 그의 주식 전부(350억 원)를 한국과학 발전을 위해 KIST에 기증하였다. 그의 부인은, 남편이 양복바지가 낡아 찢어져 봉변을 당할 뻔 한 적도 있었다면서 텅 빈 옷장을 열어서 그의 검소한 삶을 보여주었다. 거개의 교인은 이렇게 살아간다.

대학 졸업 후 결혼하여 장애아들을 돌보는 데 지장될까봐 친 자녀를 낳지 않고 지금까지 수많은 장애아들을 자녀로 양육하기에 평생을 바쳐 온 노 부부도 있다. 내가 섬기던 작은 교회에도 혼자 된 어느 여 집사님이 무의탁 노인들과 걸인 등 10여 명의 삶을 책임지며 억척같이 살아가고 있는데, 세상이 그런 수고를 알기나 하겠는가. 복지시설을 세워 장애자, 무의탁 노인, 미혼모자녀들을 돌보는 일, 노숙자들이나 가난한 노인들의 점심 식사를 대접, 독거노인이나 소년소녀 가장을 돕는 일, 무료 의료 시혜, 도시빈민들의 자녀들을 위한 공부방 운영, 시각장애자들을 위한 점자책의 제작과 보급, 수화로 청각장애자들을 돕는 일, 목숨의 위협을 무릅쓰고 탈북난민들을 도와 한국으로 인도하고 새터민의 정착을 돕고 돌보는 일, 최근에 폭증하는 외국노동자들을 돕는 일 등등 일일이 열거할 수 없이 많은 봉사도 대부분 기독교인들이 하고 있음을 그대도 어느 정도 알고 있을 것이다. 3만여 선교사님들을 비롯하여 외국에 나가 선교는 물론 의료 봉사, 농업 등의 기술지도 등을 통해 국위를 선양하는 사람들 거의가 기독교신자들이다.

주님은 네 오른손이 하는 일을 왼손이 모르게 하라고 하셨으므로(마6:3), 이름도 없이 선을 베풀며 살아가는 성도가 얼마나 많은지는 하나님만이 아실 것이다. 또 전적인 헌신의 삶을 살지 못할지라도 대부분의 신자들이 힘닿는 대로 선을 베풀며 살고 있다. 물론 신앙 전통이 오랜 서구에 비하면, 우리의 이웃사랑은 아직도 미흡한 게 사실이다. 그러나 이런 선한 삶으로 천국가게 되는 게 아니다. 신앙이 있음으로 해서 더 선하게 사려고 노력할 뿐이다.

"구원은 하나님의 은혜로 인하여 믿음으로 말미암아 받는(엡2:8,) 그리스도의 선물(롬5:16)."이다.

예수를 구주로 믿음은 구원의 본질적 충분조건이고, 선한 삶은 기독교 윤리로서 필요조건이다. 윤리는 기독교가 아니어도 공자의 인仁의 도덕이나 우상종교에도 자비란 이름의 윤리는 있다. 윤리 차원의 삶은 이 땅에서 끝난다. 생명 차원의 신앙은 다른 어떤 종교나 사상에도 없는 영원한 것이다. 예수 없는 선한 삶은 있지만, 예수 없는 구원 영생은 없다.

 *시의 벤치*

돈이라고는 백 원짜리 밖에 모르던
아비 된지 오랜 아들이 어렸을 때였네.
백 원짜리가 없어 오백 원을 줬더니
한참 들여다본 뒤 내동댕이치고
백 원짜리를 내놓으라고 그 앙증맞은
뽀얀 두 손바닥을 내밀고 떼를 썼네.
오백 원은 백 원 다섯 개라고 설명해도
막무가내인 아들을 데리고 가서
좋아하는 백 원짜리 과자를 사주었네.
그때 그 아빠는 문득 자기 주변에
백 원짜리 같은 세상 것만을 고집하는
아이 같은 어른이 많은 게 생각났네.
쥐어주듯 설명한 무한가치 천국영생을
엽전 한 푼처럼 내동댕이치는
그들은 바깥 대명천지를 모르고 사는
정녕 캄캄한 동굴 속의 벌레* 같은
무지와 편견의 자기 동굴에 갇혀 사는
영적 눈이 퇴화된 장님들이지 싶네.
　　　- 최 진연, 「아이 같은 어른」

42. 영생의 떡과 현실의 떡

옛날 이스라엘에서는 하나님께서 왕, 제사장, 선지자를 택해 세우실 때 그 머리에 향유를 붓게 하셨다. '메시아'(히브리어)는 이 삼직을 아울러 가진 '기름부음을 받는 자'란 뜻인데, 헬라(그리스)어로 '그리스도'라 하고, 우리말로 구원자, 구세주救世主, 구주라 한다.

그런데, 예수 그리스도는 두 가지 의미에서 우리의 구세주이시다. 즉 현실 문제에서 건져주시고, 죄와 사망에서 구원해주시는 그리스도이시다.

예수님을 영생의 구원자로만 알기 쉽지만, 성도들은 삶의 어려운 문제에서도 구원해주시는 구원자이심을 알고 도우심을 청하며 살아간다.

한번은 예수님께서 갈릴리 호수를 등지고 바위에 앉아 수만 명의 군중을 향해 천국 복음을 들려주셨다. 낮에는 바람이 아래에서 산 위쪽을 향해 불므로 그 바람에 말씀을 실어 모든 군중이 잘 들을 수 있게 하신 것이다. 그때 주님은 당신을 '생명의 양식', '생명의 떡', '영생하도록 있는 양식'이라고 하시고, 또 이런 말씀도 하셨다.

"나는 하늘에서 내려온 산 빵이니 사람이 이 빵을 먹으면 영생하리라. 나의 줄 빵은 곧 세상 사람들을 위한 내 살이다(요6:51)"

이 말씀은 십자가에 못 박혀 살이 찢어질 당신을 굶주린 자가 빵(밥)을 먹듯이 구주로 절실하게 믿으면 구원을 얻는다는 뜻이다.

주님은, 그 날 종일 군중에게 먼저 이런 영적 양식인 말씀을 먹이신 다음, 육신의 양식인 빵도 먹이셨다. 해가 기울 무렵, 말씀을 마치신 주님은 보리떡 다섯 덩이와 구은 생선 두 마리로 그 수만 명을 다 배불리 먹이고도 12바구니가 남는 기적을 베풀어주신 것이다(요6장). 그 뒤에도 주님은, 먼저 생명의 빵인 말씀을 먹이신 뒤 육신을 위해서도 빵 일곱 덩이로 수만 명을 먹이고도 일곱 광주리가 남게 하신 적이 있다(마15장).

여기서 우리는, 예수님께서 죄와 사망에서 구원하시는 영생의 구주일 뿐만 아니라, 우리의 현실적인 문제를 해결해주시는 구원자도 되신다는 것을 잘 알 수 있다. 문제는 그 군중이 예수님을 영생 주실 생명의 구주로 보지 못하고, 놀라운 기적으로 육신의 배나 채워주시는 분으로만 아는 데 있었다. 그래서 주님은 안타까운 마음으로 그 군중을 향해 이렇게 말씀하셨다.

"너희가 나를 찾는 것은 표적을 본 까닭이 아니요, 떡을 먹고 배부른 까닭이다...(요6:26)."

그 군중들은, 기적의 현상은 보면서도 그 현상이 내포하고 있는 본질적 의미는 깨닫지 못하였다. 즉 기적을 행하시는 예수님이 구주이심을 발견하지 못하는, "보아도 보지 못하고 들어도 듣지 못하는 자들(사6:9, 마13:13)"이었다. 오늘날도 이런 불행한 사람들이 적지 않음을 볼 때 안타까운 마음을 금할 수 없다. 예수님께서 지금도 신자들의 입을 통해서 말씀은 물론, 성령으로 역사役事하시는 기적의 사실들을 들려주어도 곧이듣지를 않으니, 참으로 불행한 사람들이다. 귀가 있어도 듣지 못하고 눈이 있어도 보지 못하니 말이다.

사람들은 현실적인 어려운 문제에서 구원받기 위해서 교회를 찾으나, 주님은 현실 문제에서 구원하심에 머물기를 원치 않으시고,

그들에게 영생의 구주로 받아들여지기를 원하신다. 단순히 배부름만을 위해 예수님을 찾는 저 군중들처럼 되어서는 안 된다는 말이다. 사업문제, 부부문제, 자녀문제, 직장문제, 결혼문제, 질병문제, 남녀의 애정문제, 우정문제 등 인생의 온갖 문제를 안고 하나님을 찾아와서 구원받을 때, 예수님을 죄와 사망에서 구원하시는 구주로 믿는 데까지 나아가 영생의 문으로 들어가야 한다. 이게 일반적인 구원의 순서이다.

예수님께서 우리를 부르시는 최종의 진정한 목적은 죄와 사망에서 구원하여 영생 주시려는 데에 있다. 현실적인 문제에서만 구원받고 주님을 다시 떠나는 사람은, 영생의 구주로 믿게 하여 천국으로 인도하시려는 참된 구원의 복을 쏟아버리는 사람이다.

주님은 신자에게 영생 주심은 물론, 우리의 삶 전체에서 항상 함께 하시며 어려움에서 구원하기를 원하신다. 기도로 주님의 뜻을 묻고 그 뜻대로 살기를 원하는 신자에게는 언제나 구주로서 삶을 책임져주신다.

여기서 주문진 근처의 어느 어촌에 있었던 실화를 소개하겠다.

풍랑이 심한 어느 겨울밤에 다른 어선들은 다 돌아왔으나 어느 집사님의 남편이 탄 배만 돌아오지 않았다. 바닷가에서 남편이 돌아오지 않아 애태우던 아낙들이 따로 모여서,

"저 예수쟁이 남편이 함께 타고 나갔기 때문에 우리 배가 들어오지 않는 거야."라고 수군거리는 게 아닌가. 그 말을 들은 집사님은 아무 대꾸도 않고 꽤 먼 거리에 있는 교회에 가서, 주님의 영광을 위해 배가 꼭 돌아오게 해달라고 통곡하는 눈물의 기도를 드렸다.

기도를 마치고 밤이 이슥해서 돌아오는데, 자기 집 근처에서 불이 활활 타올랐다. 황급히 가 보았더니, 자기 집이 불타는 것이

아닌가. 사람들은 세찬 바람에 불길을 잡지 못하고 바라만 보고 있었다.

남편이 탄 배가 돌아오지 않는가 하면, 집이 불타는 변고를 당한 집사님은, 하나님께 '이게 무슨 날벼락입니까.'하고 원망할 법도 한데, 아이들을 무사히 지켜주신 것에 감사드리고, 오직 하나님의 영광을 위해 남편의 무사귀환을 빌고 또 빌었다.

그런데, 집이 다 타고 사람들이 돌아갈 무렵, 바닷가에 남아 있던 여인들이 돌아와서 남편들이 타고 나간 배가 들어왔다는 것이다. 뒤따라 온 남편들의 말에 의하면, 캄캄한 바다를 헤맬 때 갑자기 치솟는 불길을 보고 방향을 잡아 어항으로 돌아올 수 있었다는 것이다.

집사님 집이 불탄 덕택임을 안 그 남편들은, 그들이 살아 돌아올 수 있었던 것은 하나님의 도우심 때문이었다며 모두가 하나님께 감사드렸다. 이 말을 듣자 원망하던 아낙들도, 자기네의 잘못을 뉘우치며 그 집사님을 위로하였다. 그리고 살아 돌아온 어부들은 물론, 온 동네 사람들이 돈을 모아 그 집을 다시 지어주고, 그 사건을 계기로 동네 사람들 모두가 교인이 되었다는 것이다.

주님은 이렇게 현실적인 문제에서 구원해주시고, 그 은혜를 통해서 그 영혼을 구원하시려는 당신의 뜻을 이루신다. 이렇게 하심이 하나님의 사랑이다. 주님은 지금도 신자들과 늘 함께하시며, 그들의 삶을 도와주시며, 믿기 전에 폐결핵을 앓던 나를 포함한 사람들에겐 여러 가지 어려움을 통해서 속히 돌아오라고 부르고 계신다.

주님은 떡5개와 구운 생선2마리로 수만 명을 먹이신 기적을 행하시기 전에 빌립에게,

"우리가 어디서 떡을 사서 이 사람들을 먹게 하겠느냐?"

고 물으셨다. 성경은, "이렇게 말씀하심은 친히 어떻게 하실 것을 이시고 빌립을 시험코자 하심이라(요6:6)."고 기록하고 있다. 빌립은 수리數理에 밝고 똑똑하지만, 문제를 제 힘으로 풀려는 사람의 대표적인 인물이다. 전능하신 주님을 모시고 있으면서도, 믿고 의지하지 않는다. 입으로는 믿는다면서도 현실 문제에 있어서는 주님께 도우심을 청하지 않는 전형적인 사람이다.

주님은 그가 당신을 의지하나 보시려고 그 말씀을 하셨으나 그는 과연, "각 사람에게 조금씩 받게 할지라도 2백 데나리온의 빵이 부족하겠습니다."라고 대답했다. 1데나리온은 하루 품값이었으니, 지금 우리 돈 10만원으로 셈해도 약 2천만 원의 돈이 필요하다는 것이다. 빌립은, 그 돈으로 빵을 사야 조금씩이라도 나눠줄 수 있겠지만, 돈이 없을 뿐더러, 있다고 해도 광야에서 빵을 살 수 없으니, 군중을 속히 돌려보내야 한다는 뜻으로 대답한 것이다.

주님은 전능하신 당신을 모시고 있으면서도 문제를 맡기지 않는 불신앙을 은근히 책망하신 것인데, 빌립을 비롯한 제자들은 그것을 깨닫지 못했다.

제자들이 그러고 있을 때 베드로의 동생인 안드레가 혼자 슬그머니 군중을 향해 나가더니, 이렇게 외쳤던 모양이다.

"여러분, 뭐 먹을 것을 가진 분 없소? 조금이라도 좋소."

그때 군중의 맨 앞에 앉아 눈을 반짝이면서 주님의 말씀을 정신없이 듣던 한 소년이 자기의 도시락 생각이 났다. 어머니가 예수님 만나러 간다니까 싸준 것이다. 그 아이는 주님의 말씀에 빠져 도시락 먹을 기회를 놓친 듯하다. 도시락을 보니 갑자기 배가 몹시 고팠다. 그러나 소년은 그걸 들여다보면서, '나는 앉아서 이야기를 듣는 데도 이렇게 배가 고픈데, 하루 종일 말씀하신 예수님은 얼마나 배가 고프실까? 주님께 이 도시락을 드려야지.'하고 생각하였던 모양이다. 그 아이는 안드레에게 그 도시락을 고스란히 건네주었고, 주님은 그것으로 수만 명을 먹이고도 12바구니가 남게 하셨던 것이다.

　그대는 이 사건에서 안드레와 빌립 중 누가 참 신앙인인가를 알았을 것이다. 합리적인 똑똑한 사람 빌립은 주님을 영혼의 구주로만 믿었지만, 안드레는 현실 문제에서도 예수님을 구주로 믿고 의지하였다. 주님은 빵 몇 개로도 능히 수만 명을 먹일 수 있다는 것을 믿는 안드레의 태도에서 우리는 인간의 합리성을 초월한 신앙의 진면목을 볼 수 있다.

　그대가 예수님을 구주로 영접하면, 그대에게 영생 주심은 물론, 현실적인 삶에서도 늘 함께 하는 구주가 되어주신다는 것을 알고 늘 기도하며 구하기 바란다. 자녀가 아버지에게 필요한 것을 달라는 것은 아주 자연스런 일이다. 하나님은 당신의 자녀들에게,

　"두려워 말라, 내가 너와 함께 한다. 놀라지 말라, 나는 네 하나님이 된다. 내가 너를 굳세게 하리라. 참으로 너를 도와주리라. 참으로 나의 오른 손으로 너를 붙들리라(사41:10)."

　고 약속하시는 아버지이시다. 예수님께서 승천 직전에도 이렇게 말씀하셨다.

　"내가 세상 끝 날까지 너희와 항상 함께 있으리라(마28:20)"

　사도 바울은 많은 어려움을 겪으면서 평생을 전도에 바친 경험을 바탕으로, 다음과 같은 현실 구원의 복음을 남겨주었다.

　"주님의 능력이 내게 머물게 하려고 내 약한 것을 자랑한다. 내 능력이 약한 데서 주님의 도우심으로 온전하여지기 때문이다. … 그러므로 그리스도를 위하여 당하는 능욕과 궁핍과 핍박과 곤란을 오히려 기뻐한다. 내가 약할 그 때가 (주님의 도우심으로) 강한 때이기 때문이다(고후 12:9~10 요약)."

우리가 약하고 어려울 때가 하나님께서 능력으로 함께하시므로 그때가 도리어 우리가 강할 때라는 말씀이다. 물론, 주님의 뜻대로가 아니라 제 욕심대로 사는 사람에게 함께하시지는 않으신다.

조그만 일이지만, 여러 해 전 여섯 번째 시집을 낼 때 인쇄 직전까지 필자 사진을 준비하지 못해 걱정이었다. 그런데, 어느 주일 교회에서 돌아온 내가 사진기를 들고 공원으로 나갔을 때 하나님께서 수십 명의 사진동우회원들을 보내어 그 중에 전문 사진작가를 골라 내 사진을 찍게 해주시는 걸 보았다.

예수님은, 영생 주시는 구주일 뿐 아니라, 현실 문제에서도 구주이심을 믿고 함께하시기를 원하시는 우리의 하나님이시다.

 *시의 벤치*

새하얀 눈이/ 그림을 그려요//

골목 터 강아지 똥
과자봉지 쓰레기들은/ 다 빼놓고서//

까만 장독을 하얗게
빨간 지붕도 새하얗게//

새하얀 그림 속엔
뒤뚱거리는 오뚝이들
밀짚모자 허수아비도 한둘
난쟁이가 된 집들은 다소곳//

무슨 생각에 잠겨 있는지
전봇대만 우두커니 하늘 쳐다보는
눈이 그림을 그려요//

푸른 솔숲을 새하얗게
색칠도 할 줄 모르면서
　　　　　 - 최 진연, 「새하얀 그림」

43. 천국 본점과 지점

그대는 이 땅에 천국이 있다면 믿겠는가? 분명히 있다. 다만 이 땅을 떠날 때 성도가 가게 될 천국처럼 완전하지 못할 뿐, 천국은 이 땅에도 분명히 있다. 교회가 바로 지상 천국이다.

유명한 부흥사인 이 성봉 목사님은, "천국에 가봤느냐?"는 왜놈 형사의 힐문에, "천국 본점에는 못 가봤지만 지점에는 가봤다."고 답했다는 일화가 있다. 하나님께서 이 땅에 세우신 교회가 바로 천국 지점이라는 것이다.

그런데 우리가 알다시피, 국가는 그 통치권이 미치는 영역을 기본으로 한다. 천국도 하나님의 통치권이 유감없이 발휘되는 영역이다. 무엇보다 심령천국이 먼저 이루어져야 한다.

예수님을 구주로 영접함으로써 성령으로 거듭난 새 사람은(고후 5:17), 인생관 가치관이 자기중심에서 하나님중심으로 완전히 바뀐다. 하나님의 자녀로 복권復權된 새사람은, 그 심령을 내주하신 성령께서 지배하심으로 기쁨이 넘치는 심령천국을 이루게 된다.

"의와 평강과 희락의 천국(롬13:17~18)"이, "그 심령 속에 이루어진다 (눅17:21)."

거듭난 사람은 하나님의 말씀과 뜻에 절대 순종함으로써 그 심령뿐만 아니라 삶의 전 영역에 걸쳐 생활천국이 이루어지게 된다. 그는 모든 일에 늘 기도를 통하여 그 안에 계신 주 하나님의 뜻대로 그분의 영광을 위해 결정하고 행동한다. 언제나 말씀과 기도로 하나님의 뜻대로 사는 생활천국을 이루는 것이다.

　사후 천국은, 항상 자기의 뜻을 버리고 하나님의 뜻대로 사려고 애쓰며 그렇게 산 성도聖徒만이 가는 곳이다(계20:15). 심령천국, 생활천국을 이룬 성도가 소천해서 가는 곳이 영원한 천국이다.

　주님은, 복음을 대하는 인간유형을 네 가지로 말씀하셨다.

　농부가 씨앗을 뿌릴 때 길가, 돌밭, 가시덩굴, 옥토에 떨어짐으로 비유하셨다. 길가에 떨어진 씨앗은, 새가 날아와 싹도 트기 전에 먹어버리듯이, 복음을 즉석에서 거절하고 내쳐버리는 가장 어리석은 사람이다. 돌밭에 떨어진 씨앗은 싹이 나지만 뿌리를 내리지 못해 조금만 가물어도 말라죽듯이 복음을 좋다고 받아들이지만 신앙생활에 작은 어려움이 닥쳐도 못 이기고 교회를 떠나는 사람이다. 가시덩굴 속에 떨어진 씨앗은, 싹이 나서 자라나 덩굴에 가려져서 햇볕을 받지 못해 결실하지 못하듯이 예수를 믿으면서도 세상의 염려와 재리의 유혹에 말씀이 막혀 결국 결실하지 못하는 사람, 천국에 들어가지 못하는 사람이다. 옥토에 떨어진 씨앗은 30배, 60배, 혹은 100배의 열매를 맺듯이 복음을 받아들여 많은 열매를 맺는 좋은 심령의 밭을 가진 사람이라 하셨다(마13장)

　끝내 구원받지 못하는 불행한 사람을 모래 위에 집을 지은 사람으로도 비유하셨다. 환난의 홍수가 날 때 쉽게 무너지고 마는 견고하지 못한 신앙, 주님을 배반하고 마는 신앙을 말한다. 옥토에 떨어진 씨앗 같고, 반석 위의 집 같은 신앙생활을 해야 된다(마7:21~ 23). 생각하고 행동함이 믿기 전과 달라야 함은 물론 어떤 역경과 환난이 닥쳐도 믿음에서 떠나지 않는 견고한 신앙인으로 사는 것이다. 그대가 신앙생활을 해보면 알겠지만, 주님의 성령과 함께 하는 삶은 기쁘고 즐겁지 전혀 힘들거나 어렵지 않다.

　옛날에 조랑말이 끄는 달구지에 비단을 싣고 5일 장을 찾아다니는 한 장사꾼이 있었다. 그는 장에 도착하면 늘 주막 앞에 말을 맨 뒤 막걸리부터 두어 사발 마셨다. 그러나 그가 믿고부터는 말을 교회 앞에 매었다. 그걸 본 주막 영감이 "여보게, 말을 왜 거기 매는가?"고 물으니, "영감님, 저 술 끊었어요. 저 예수님 믿거든요."라며 성전에 들어가 기도드린 뒤 장사를 시작했다고 한다.

김 익두는 당할 자가 없는 평양 건달이었다. 길목을 지키고 섰다가 장꾼들의 곡식자루를 빼앗아 술을 사먹고 행패를 부리기 일쑤였으며, 교회를 많이 핍박했다. 어느 날 그는 선교사님에게 돌을 던져 피투성이가 되게 만들었다. 그는 적이 걱정이 되어, 겨우 수습을 한 뒤 교회당에 들어가는 선교사님을 몰래 따라가 봤다.

그런데 그는 자기를 위해 눈물로 기도하는 선교사님을 훔쳐보다가 마음에 깊은 찔림을 받고 회심하게 되었다. 그는 며칠 뒤 선교사님을 찾아가 사죄하고 예수를 구주로 영접한 후, 지난날 지은 죄를 하나님께 낱낱이 참회하고, 자기의 행패를 받은 사람들을 찾아가 용서를 빌며, 손해 입힌 재물을 힘닿는 대로 변상해주었다. 그 뒤 그는 평양신학교에 입학하여 졸업한 후 목사님이 되어 복음으로 많은 영혼들을 구하는 데에 생애를 바쳤다.

그대가 예수님을 구주로 믿으면, 새사람으로 거듭나게 되고, 앞에서 본 두 사람처럼 생활도 하나님의 뜻대로 하도록 완전히 바뀌게 된다. 그게 어려울 듯하지만, 그 심령 안에 영접한 주님께서 함께해주시므로 조금도 어렵지 않고 오히려 기쁨이 넘치게 된다.

과천교회의 어느 집사님은, 일 년간 교회에 다녔으나 믿음이 독실한 그의 아내에게 끌려 다녔을 뿐 거듭나지 못했다. 어느 주일 아침 그의 아내는, 교회 다니느라 가족 여행 한번 못했다고 불평하는 남편에게 예배를 드린 후 여행을 떠나자고 약속했다. 그런데, 남편이 아내와 두 자녀를 태운 차를 갈림길에서 교회가 아니라 고속도로 쪽을 향해 달렸다. 차를 돌리라는 아내의 말에 그는,

"예수가 뭔데 우리 인생을 다 빼앗아가는 거야!"라며 그대로 달렸다. 예배 시간에 여행을 떠나는 아내의 괴로운 마음을 무시한 채 콧노래를 부르며 달리고 있을 때, 갑자기 중앙선을 넘어온 트럭과 충돌했다. 그 가족은 순식간에 구겨진 휴지 꼴이 된 차 속에 끼어 중상을 입었다. 그 순간 그는, '하나님, 잘못했습니다. 저희 가족을 살려만 주십시오.'라는 말밖에 생각나지 않았다고 했다. 주님의 도우심으로 그 가족은 몇 주간의 치료 후 모두 깨끗이 나았다. 그 뒤부터 그에게는, "예수가 뭔데"가 "예수님은 내 인생의 전부"로 바뀌었다고 자신의 신앙을 고백했다. 주일에 교회에서 종일 헌신하는 게 가장 큰 기쁨이라고 했다. 심령천국 생활천국이 이루어진 모습이다.

그가 여전히 자기중심으로 살다가 주님의 사랑의 매를 맞고야 주님 뜻대로 사니까, 사업도 번창하여 치솟는 전세금 때문에 지하층으로 내려갔던 그 가족이 지금은 그의 소유인 47평 아파트에서 행복하게 살게 되었다고 했다.

맨주먹으로 거부가 된 그의 장인은, 의지가 강하고 교회라면 알레르기반응을 일으키는 사람이었으나, 그 사위가 자기의 젊은 때처럼 노력하는 것 같지도 않은데 하는 일마다 잘 되는 것을 보고 놀라기 시작했다. 간암으로 임종을 기다리던 그의 형님이 그 사위의 기도로 소생한 뒤 5년이 넘도록 건강하게 사는 것을 보고 부인과 함께 하나님께 돌아와, 교회에서 집사님으로 헌신하며, 그 지역의 국회의원으로 봉사하고 있다고 했다.

이렇게 그 심령과 삶의 전 영역에 천국이 이루어진 참 신자는 천국 시민권을 가진 사람(빌3:20)이다. 심령과 생활에까지 하나님의 다스리심을 받는 사람이 하나님의 나라요, 교회이다.

흔히 말하는 *교회*는, 신자들이 *주님의 이름으로 모인 공동체*를 가리킨다. 예수님을 구주로 믿는 사람들의 공동체가 교회이다.

"두세 사람이 내 이름으로 모인 곳에는 나도 그들 중에 있느니라(마 18:20)." "그(예수)는 몸인 교회의 머리다. 그가 근본이요(골1:18)."

이 말씀은, 교회는 신자 개인과 그들의 모임 두 가지가 있는데, 신자 개개인과 마찬가지로 그 모임인 교회도, 그리스도의 몸으로서 머리이신 주님의 뜻대로 이루어지고 운영돼야 함을 뜻한다.

그러나 교회 공동체도 인간집단이기 때문에 눈에 거슬리는 일도 없지 않다. 그리스도의 인격으로 성숙하지 못한 어린 신자들이 있고, 또 인간이 가진 죄의 속성은 없어지지 않으므로 자칫 기도와 말씀으로 깨어 성령의 도우심을 받지 않으면 누구나 죄를 짓게 되기 때문이다. 그러므로 그대가 교회에 처음 나가거든, 혹 눈에 거스르는 게 보이더라도 지나보고, 오직 말씀을 부지런히 읽고 묵상하며 예수님만 생각하고 나가기 바란다. 그렇게 생활하다보면, 성도들을 세상 사람들과 비교할 수 없듯이 교회도 세상 모임과 비교할 수 없이 선하고 의로운 사랑의 공동체임을 알게 될 것이다.

그럼, 주님의 몸인 *교회는 어떤 일들을 할까?*

교회가 하는 가장 중요한 일은, *하나님께 예배드리는 것*이다. 하나님께서 주님의 희생으로 죄와 죽음에서 신자를 구해주시고, 무한한 능력과 사랑으로 늘 함께 해주심은, 사랑하시는 그 자녀들의 찬양과 경배를 받으시기 위해서이다. 그러므로 구원에 대한 감사와 찬송의 예배를 드리는 것이 신자 곧 교회가 하는 가장 중요한 일이다.

정규 예배의 요소는 찬양, 말씀(설교), 기도, 봉헌(헌금)이 있다. 이 네 가지 가운데 다른 것은 회중과 함께 순서에 따라 하면 되나, 헌금은 개개인이 준비해서 드리는 것이다. 하나님께서 "빈손으로 내게 보이지 말라(출23:15, 신16:16)."고 말씀하셨기 때문이다. 그러나 그에 매일 필요는 조금도 없다. 헌금은 이렇게 하면 된다.

"각각 그 마음에 정한 대로 할 것이요 인색함으로나 억지로 하지 말지니, 하나님은 즐겨 내는 자를 사랑하시느니라(고후9:7)."

이 기준대로 형편에 따라 조금도 무리하거나 인색함으로 드리지 말고 단돈 천 원을 드려도 정성껏 준비해서 드리면 된다. 주님은 그대 자신을 원하지 헌금을 원하지 않으신다. 믿음이 자라면서 성경대로 수입의 십분의 일을 드리는 십일조(말3:8~10) 헌금도 저절로 하게 된다. 예배 자체를 하나님의 사랑과 예수님의 구원과 늘 보호인도하시고 우리의 필요를 채워주시는 성령님의 역사에 감사함으로 드리는 것이 되어야 한다. 예배 순서 하나하나에 신령과 진정으로 마음을 담아서 드리는 게 무엇보다 중요하다.

교회가 또 중시하는 것은 *생명(영혼)을 구원하는 일*이다.

주님께서 이 땅에 오셔서 고난당하시고 교회를 세우신 목적이 영혼구원에 있다. 영벌의 불구덩이에 떨어질 사람들을 그 위험에서 건져내는 것보다 더 급한 일이 무엇이겠는가. 영혼구원은 교회의 존재 목적인 본질적인 일이다. 하나님께서 신자 각자를 구원하심은, 그를 통해서 또 다른 사람을 구원하기를 원해서이다.

"예수께서 나아와 말씀하시되 하늘과 땅의 모든 권세를 내게 주셨으니 그러므로 너희는 가서 모든 민족을 제자로 삼아 아버지와 아들과 성령의 이름으로 세례를 베풀고(마28:18~19)…" "성령이 너희에게 임하시면 너희가 권능을 받고 예루살렘과 유대와 사마리아와 땅 끝까지 이르러 내 증인이 되라 하시니라(행1:8)." "하나님 앞과 살아 있는 자와 죽은 자를 심판하실 그리스도 예수 앞에서 그의 나타나실 것과 그의 나라를 두고 엄히 명하노니 너는 말씀을 전파하라. 때를 얻든지 못 얻든지 항상 힘쓰라(딤후4:2)."

고 엄명하셨다. 이 명령은 모든 신자에게 주신 것이다. 그러나 신자는 하나님의 도구로 말씀을 전할 뿐이고, 실제로 복음을 들은 사람의 심령에서 그 말씀을 통해서 역사하시는 이는 성령 하나님이시다. 전하는 일도 "내가 세상 끝 날까지 너희와 항상 함께 하리라

(마28:20)."고 하신 말씀대로 신자 안에 임재하신 주님께서 함께하시므로 할 수 있게 된다. 전도는, 교회 직분을 가진 사람들만 하는 게 아니라 처음 믿는 신자도 할 수 있다. 예수님을 만난 여인이 곧바로 자기 동네에 가서 "와 보라, 내가 메시아를 만났다."고 예수님을 전한 것(요4장) 같이, "교회에 가서 말씀을 들어보자. 예수님이 우리 죄를 위해 죽으신 걸 믿으면 천국간대."라고 전하는 것에 무슨 지식이 필요하겠는가. 새 신자도 얼마든지 전할 수 있다.

에밀 브루너가 "불은 탐으로 존재하고 교회는 전도함으로 존재한다."고 말했듯이 전도해서 생명을 구원하는 것은 교회 존재 목적이다. 타지 않으면 그것은 이미 불이 아니듯이 전도해서 생명을 구원하지 않으면 교회도 교인도 아니란 말이다. 교회 활동의 최종 목적은, 성도 개개인의 구원과 나아가 아직 돌아오지 않은 사람들에게 복음을 전해서 생명을 구원함에 있다. 모든 교회활동의 최종 목적은 생명구원에 있다. 이에 무관심한 교인은 장차 주님 앞에서 한 달란트 가졌던 자(마25:28~29)처럼 부끄러움을 당할 것이다.

그 다음으로 교회의 중요한 일은, *기독교 교육*이다.

"내가 너희에게 분부한 모든 것을 가르쳐 지키게 하라(마28:20)."

이 말씀대로 교회는, 성경말씀으로 하나님의 뜻을 알고, 그 뜻대로 살도록 교육하기에 힘쓴다. 설교로나, 교회의 각종 교육 기관을 통한 성경 중심의 가르침을 베풀어 지키게 하고 있다.

교회가 하는 네 번째 중요한 일은, *사랑의 교제*이다. 신자들은, 주님의 보혈寶血을 나눈 형제자매들이다. 그러므로 주님의 사랑으로 서로 위로하고 격려하며, 어려운 삶의 문제들을 놓고 함께 기도하고 경우에 따라서는 물질로 돕는 등 사랑의 교제에 힘쓴다.

교회의 마지막 중요한 일은 *이웃에 대한 봉사*이다. 신자는 교회 밖에서도 이웃의 슬픔과 고통을 덜어주는 일에 힘쓰며, 진실하고 정의로운 삶으로써 빛과 소금의 역할을 감당하기에 힘써야 한다.

천국은 예수를 구주로 믿음으로써 그 사람의 심령과 삶 속에 먼저 이루어지며, 그런 신자들이 모여 교회란 천국을 이루고, 머리이신 주님의 뜻대로 예배, 전도, 교육, 친교, 봉사 등 모든 일을 기도를 통해서 하나님의 지혜와 능력과 사랑으로 행한다. 그런 성도가 마침내 가는 곳이 영원한 천국이다. 나는 그대가 예수님을 구주로 믿어서 심령천국과 생활천국을 이룬 뒤 장차 영원한 천국에 가서 복락을 누리며 사는 길을 택하기를 간곡히 부탁드린다. 그대가 먼저 믿음을 가져보면 가족들 구원을 위해 저절로 기도하며 말씀을 전해서 사랑하는 가족구원도 이루게 될 것이다.

 *시의 벤치*

벌레들이 늙은 나무의 속을 파먹고 있어.
청진기를 대고 들어봐, 저 소리
봄 햇살의 비명 소리.

봄바람과 겨울 풍설風雪 사이
오색딱따구리도 보이고
그 녹색 나뭇잎들로 도배한 하늘도 보여.

벌레들의 까만 똥으로 떨어지는 시간과
딱따구리 뱃속으로 들어간 공간
그 구멍으로 내다봐.

수수깡 안경을 쓰고 에헴, 에헴 하는 아이들은
바람개비를 돌리지만
가슴을 쿵쿵 울리는 기침 소리도 들어봐.
　　　　　　　　　　　　　　　- 최 진연, 「고목」

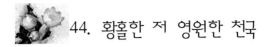

44. 황홀한 저 영원한 천국

우리가 신앙생활을 하는 것은, 이 세상의 행복을 위해서도 중요하지만, 사후에 천국에서 영생복락을 누리기 위해서이다. 영생복락의 천국이 없다면, 누가 추위더위를 무릅쓰고 교회에 다니겠는가? 버는 대로 다 써도 부족할 형편의 사람들이 어려운 중에도 헌금을 하고, 때로는 신앙 때문에 순교를 당하는 것도, 소망이 오직 영생복락의 천국에 있기 때문이다. 그러면, 이 땅에서 천국을 이룬 사람들이 가게 될 영원한 천국은 어떤 곳일까? 하나님께서 이사야 선지자를 통해서 그 일부를 보여주셨다.

"그 때에 이리가 어린 양과 함께 살며, 표범이 어린 염소와 함께 누우며, 송아지와 어린 사자와 살찐 짐승이 어린 아이에게 끌리며, 암소와 곰이 함께 먹으며, 그것들의 새끼가 함께 엎드리며, 사자가 소처럼 풀을 먹을 것이며, 젖 먹는 아이가 독사의 구멍에서 장난하며, 젖 뗀 어린 아이가 독사의 굴에 손을 넣을 것이라. 나의 거룩한 산 모든 곳에서 해됨도 없고 상함도 없을 것이니, 물이 바다를 덮음 같이 여호와를 아는 지식이 세상에 충만하리라(사11:6~9)."

이것은, 인류가 잃었다가 되찾은 에덴동산, "새 하늘과 새 땅(계21:1)"의 천국 모습이다. 하나님께서 아담과 하와를 지으신 뒤 살게 하신 에덴동산처럼 자연만물이 공존 공영하는 평화와 기쁨의 낙원 모습이다. 이 예언은 주전 700년경에 보여주신 것이다.

사도 요한이 복음을 전하다가 밧모라는 무인도로 귀양 갔을 때 어느 날 천사의 안내로 천국을 두루 다니면서 본 것을 하나님의 명에 따라 기록한 성경인 계시록(계1:9~10)을 보자.

"또 내가 보매 새 하늘과 새 땅을 보니 처음 하늘과 처음 땅이 없어졌고 바다도 있지 않더라. 또 내가 보매 거룩한 성 새 예루살렘이 하나님께로부터 하늘에서 내려오니 그 예비한 것이 신부가 남편을 위하여 단장한 것 같더라(계21:1~2)."

새 예루살렘을 신부에 비유한 것은 극상의 아름다운 모습을 표현한 말이다. 처음 있던 것 곧 현세의 것은 다 없어지고, 모든 게 새롭다고 한다(계21:3~5). 새 예루살렘은 죄와 사망과 모든 고통에서 완전히 분리된 하나님을 모시고 살 우리의 영원한 거처이다.

그 성(도시)은, 사방이 "일만 이천 스타디온(약2,200km)인 정방형(계21:16)"이라 하였으니, 그 둘레가 최소한 8800km나 되는 광대한 규모이다. 이 수치는 규모의 웅대함을 표현한 상징적인 것일 수 있다. '일만 이천'이란 수는 '12x1000'으로 12란 완전수에 1000을 곱한 것이다. 그러므로 12000이란 수는 완전한 새 예루살렘에 대한 규모($12000 \times 12000 = 484,000,000 km^2$(남북한의 2200배)를 가리키기보다 부족함이 전혀 없는 그 완전성의 상징적 의미가 크다.

새 예루살렘에 관한 성경말씀을 그대로 다 인용하자면 지면이 모자랄 것이어서 그 모양을 대충 요약해 보면 다음과 같다.

하나님의 영광으로 빛나는 새 예루살렘은 마치 거대한 벽옥과 수정 등의 보석과 같다. 그 성은 보석으로 꾸며진 열두 기초석이 있고, 거기엔 예수님의 열두 사도들의 이름이 새겨져 있다. 그 위에 쌓아올린 성곽은 벽옥으로 되어 있는데, 그 두께가 144규빗(1규빗은 약50cm)이라니 그 거대함과 아름다움은 상상이 잘 안 된다. 그 크고 높은 성곽으로 둘러싸인 그 도성은 진주로 만들어진 열두 대문이 사방에 셋씩 있는데, 그 문들은 각각 한 진주로 만들어졌다. 이 12개의 대문은, 각기 열두 천사들이 지킨다. 성곽의 규모로 봐서 서울의 남대문보다 훨씬 크리라 짐작되는데, 그 문마다 진주 하나로 만들어졌다니, 그저 놀라울 뿐이다.

그 도시는 전체가 정금으로 되어 있으며, 특히 정금으로 되어 있는 그 길거리는 맑은 유리 바다 같더라고 한다(계21:10~21). 얼마나 황홀하리만큼 아름답고 웅장한 도시이겠는가! 사도 요한이 보기에 정금같이 보였으니 "정금 길"이라 했겠지만, 그 길의 재질材質을 표현하기엔 정금 이외에 다른 적당한 언어가 없어서 그렇게 표현했을지도 모른다. 아무튼 그 성은 화려하고 웅장함에 틀림없다.

그 성에서의 성도들이 사는 모습을 요약 인용하면 다음과 같다.

"하나님이 친히 저희와 함께 계셔서 모든 눈물을 그 눈에서 씻기시매 다시 사망이 없고, 애통하는 것이나 곡하는 것이나 아픈 것이 다시 있지 아니하리니, 처음 것은 다 지나갔음이니라(계21:4)."

이 말씀을 보면 천국에는 질병이나 죽음, 어떤 인생고가 없다.

하나님께서 함께 계시므로 교회당도 따로 필요 없다. 주님을 모신 곳이 교회이므로 천국 전체가 교회라 할 수 있다.

또 하나님께서 죄벌로 주신 해산의 고통, 자녀 양육의 수고, 남편들의 가족 부양책임(창3장)도 전혀 없다. 그것은, 예수님께서,

"천사들과 같이 시집가고 장가가는 일이 없다(마12:25)."

고 하신 천국에 대한 말씀으로도 잘 알 수 있다.

"그 도시 한가운데는 수정같이 맑은 생명수 강이 양쪽 길 사이로 흐르고, 강 좌우에 우거진 생명나무마다 일 년 내 열두 가지 과일이 다달이 열리고, 그 잎사귀들은 만국을 소성케 한다(계22:1~2)."

라는 말씀을 보면, 풍족한 삶이 보장된 곳임을 알 수 있다.

"그 성은 해나 달이 필요 없고, 등불도 필요 없다. 하나님의 영광이 비치고 어린 양이 등이 되기 때문이다(계21:22~23; 22:5)."

"만국이 그 빛 가운데로 다니고, 땅의 왕들이 자기 영광을 가지고 그리로 들어오고, 사람들도 만국의 영광과 존귀를 가지고 그리로 들어온다(계21:21 ~24)."

여기 '왕들, 사람들'은 신자인 만국의 왕들이나 최고 권력자들과 백성들을 말한다. 솔로몬 같은 왕들이 그가 누렸던 영광을 고스란히 가지고 들어온다니 천국이 얼마나 풍요롭고 화려하겠는가!

"밤과 죄인, 도둑이 전혀 없어 성문을 닫지 않는 그 곳에서 성도들이 하는 일은 하나님을 경배하고 찬양하며 주님을 모신 가운데 함께 세세토록 왕 노릇하며 즐기는 것뿐이다(계22:1~13)."

먼저 간 성도들은 그 아름답고 풍요로운 삶을 누리고 있다.

계시록뿐만 아니라 선지자 에스겔도 주전 5세기말에 이런 천국의 모습을 보았으며(겔47장), 사도 바울도 소아시아에서 전도하다가 대적들의 돌에 맞아 돌무덤에 묻혀 여러 시간 혼이 떠났을 때 삼층천三層天의 천국에 가 보았다고 한다(고후12:1~4).

"땅이 물러가고 하늘이 보인다. 나는 그 문을 통과하고 있다. 나를 다시 부르지 말라. 이것이 죽음이라면 달콤하다. 드와이트, 아이린(먼저 간 그의 두 손자)의 얼굴이 보이는구나!"

복음을 전하여 2백만 명 이상을 하나님의 품으로 돌아오게 하신 하나님의 일꾼이었던 D. L. 무디 목사님이 임종 때 마지막 남긴 이 말엔 천국을 본 기쁨이 나타나 있다.

여기서 우리 인생의 근본적인 성패를 다시 한 번 생각해보자.

"모든 육체는 풀과 같고 그 모든 영광은 풀의 꽃과 같으니, 풀은 마르고 꽃은 시든다(사40:6)." "너희는 내일 일을 알지 못한다. 너희 인생이 무엇이냐? 잠깐 보이다가 없어지는 안개니라(약4:14)."

이와 같이 잠시 머물다 떠날 이 땅의 삶에 전력을 쏟느라 영생永生의 황홀한 천국을 놓치고 지옥 불에 떨어져 영벌永罰을 받게 된다면, 그가 이 세상의 일에는 성공했다 할지라도 인생에는 실패한 것이다. 사업적 성공을 인생성공이라고 착각하지 않아야 한다.

이 동원 목사님이 미국에서 목회를 하고 있을 때였다고 한다. 이 목사님은 한국 제일의 재벌 총수인 고 이 병철 회장께서 그 타국 땅, 이 목사님이 목회하는 도시의 한 병원에서 암으로 위기에 놓였다는 소식을 들었다. 이 목사님은 동포 목사로서 이 회장님을 위로하고 그 영혼을 구원하려고 복음을 전하러 그분의 입원실로 찾아갔다. 그런데, 그분은 큰 병실 독방에서 비서가 따러주는 우유 한 모금도 마시지 못하고 새까만 얼굴로 바싹 말라 죽어가고 있더라고 했다. 결국 그분은 그 길로 유명을 달리하였다고 한다.

우리는 그분이 그 많은 재물을 쌓아놓고 갔다고 해서 인생에 성공한 사람이라고 할 수 있을까? 성경에 따르면, 그분은 예수님의 십자가 은혜를 받아들이지 않아 죄 사함을 받지 못해서 구원받지 못했을 것이므로 불못(지옥)에 떨어진 인생 실패자이다.

내가 7년간 교육목사로 섬기던 교회를 담임한 오 관석 목사님이 종종 하시던 말이 생각난다. "사람이 천국 가는 것은 어머니 뱃속에서 아기가 열 달을 채우고 탄생하는 것과 같다. 아기가 태어날 때 사지백체를 갖추어 태어나면 족하듯이, 사람이 이 땅에서 삶을 끝내고 천국에 태어나는 것이 중요하지, 여기서 무얼 얼마나 누렸느냐는 것은 전혀 무의미하다."고 했다. 인생의 참된 성공은 신앙생활 잘 하다가 천국에 가서 영생복락을 누리는 것이다.

노예 선장으로 살 때 산 사람을 상어에게 던져줄 만큼 포악했으나 무서운 풍랑을 만나 두려움에 떨며 회개한 뒤 목사가 되어 주옥같은 찬송가 가사를 많이 쓴 존 뉴턴 목사님은, 천국에 가면 세 가지 놀랄 것이 있을 것이라고 했다. "천국에 와 있을 줄 안 사람이 없는 것과 생각하지 못한 사람이 천국에 와 있는 것, 그리고 가장 큰 경이驚異는, 자신이 천국에 와 있음을 발견함일 것이다."

그대여, 우리가 천국에서 보게 될 놀라운 일이 어찌 이 세 가지 뿐이겠는가? 내게는, 2천여 년 전에 이 땅에 와서 십자가에서 죽으심으로 그대와 나를 포함한 우리 모두의 모든 죄 값으로 희생제물이 되셨다가 부활 승천하여 하나님 우편에 계신 주님을 만나보는 것보다 더 놀랍고 기쁜 일이 없을 것 같다.

"우리가 지금은 거울*로 보는 것 같이 희미하나 그 때에는 얼굴과 얼굴을 대하여 볼 것이요, 이제는 내가 부분적으로 아나 그 때에는 주께서 나를 아신 것같이 내가 온전히 알리라(고전13:12)."

　*성경기록 당시의 구리거울. 오늘날의 유리거울처럼 잘 보이지 않았음.

여기서 인디언의 알라버마 이야기를 하겠다.

미국이 건국되기 전의 일이다. 인디언들이 사는 지역에 큰 산불이 났다. 추장은 모든 것을 버려두고 급히 강물을 건너기로 결정했다. 추장의 명에 따라 모두 물로 뛰어들어 손에 손을 잡고 강물을 건넜다. 추장은 그 땅 이름을 인디언 말로 <이곳에서 쉬다.>의 뜻으로 알라버마라 불렀다. 그러나 그곳은 그들에게 알라버마가 되지 못했다. 곧 적들이 공격해왔기 때문이다.

그렇다. 이 지구에는 참된 안식처가 없다. 사는 형편에 따라 약간의 차이는 있겠지만, 고통과 슬픔과 불안한 일들이 우리를 위협하고 있다. 영원한 평안과 환희와 건강과 온갖 아름다움과 사랑과 찬양과 먹고 마실 것 걱정이 전혀 없는 풍성함과 영광으로 가득찬 곳은 천국뿐이다.

 *시의 벤치*

이제는 주머니 없는/ 수의를 입고 살아가야 해./ 꿈과 바람 주머니는 괜찮아./ 어쩌다 별미가 오르는/ 밥상 앞에서/ 마주치는 눈빛의 낱말들/ 그런 사랑주머니는 괜찮아./ 사람 말고는/ 새, 나무, 풀과 짐승들/ 모두 주머니 없이 살아가는 걸./ 수의가 없는 저들에겐/ 주머니 없는 삶이/ 수의인 걸./ 넘을 수 없는 산을 넘고/ 건널 수 없는 바다를 건너는/ 꿈의 바람주머니는 괜찮아./ 이제는 주머니 없는/ 수의를 입고 살아가야 해.

　　　　　　　- 최 진연, 「주머니 없는 수의」

45. 부요한 삶을 위하여

하나님은, 자녀들이 부요하게 살기를 원하신다. 그것은, 육신의 부모가 그 자녀들이 잘 되기를 바라는 것과 같다. 하나님은 당신의 말씀을 잘 청종聽從하여 살면, 복을 주신다고 약속하셨다.

"도시에서 사업을 해도, 들에서 농사를 지어도 잘 되게 복을 주고, 광주리와 떡 반죽 그릇에 복을 주며, 들어와도, 나가도 복을 주며, 손으로 하는 모든 일에 복을 주고, 도적이 한 길로 왔다가 일곱 길로 도망치게 되며, 너로 머리가 될지언정 꼬리 되지 아니하게 하신다(신28:1~14 내용 요약)."

"변치 않는 소금 언약(민18:19)"이라는 성경에 이렇게 말씀하셨다.

"예수 그리스도의 은혜를 너희가 알거니와 부요富饒하신 자로서 너희를 위하여 가난하게 되심은 그의 가난으로 인하여 너희를 부요하게 하려 하심이다(고후8:9)."

우주 만물의 소유주께서 남의 마구간을 빌어 이 땅에 와서 사글세 방 한 칸 없이 사다가 남의 무덤에 장사될 만큼 가난하게 되신 목적이, 그 가난으로 자녀들의 삶을 부요하게 하려함이라는 말씀이다. 그분이 이 땅에 오신 것 자체가 인류에게 최대의 축복이다.

그런데, 부요한 삶을 누리려면 첫째, *생활의 염려를 하나님께 다 맡겨야* 한다. 주님께서 이렇게 말씀하신다.

"오늘날 우리에게 일용할 양식을 주시고(마6:11),"

내일이 아닌, 오늘의 삶에 필요한 물질을 기도하라는 것이다.

심지도 거두지도 않고 창고에 모아들이지도 않는 새를 먹이시고, 아궁이에 던져질 백합화를 솔로몬왕의 옷보다 더 아름답게 입히시는 천부께서 너희 먹고 입을 것을 다 주신다(6:26, 27요약).

"그러므로 너희는 무엇을 먹고 마실까 무엇을 입을까 염려하지 말라. 이는 다 이방인들*이 구하는 것이니, 너희 천부께서 이 모든 것이 너희에게 있어야 할 줄을 아신다. 너희는 먼저 그 나라와 의를 구하라. 그리하면 이 모든 것을 너희에게 더해주신다. 그러므로 내일 일을 위하여 염려하지 말라. 내일 일은 내일 염려할 것이요, 한날의 근심은 그날에 족하다(마6:31~34)." 하셨다. *신자가 아닌 사람들을 가리키는 말.

생활 염려와 문제들을 다 당신께 맡기고 평안히 사라는 것이다.

"수고하고 무거운 짐 진 자들아, 다 내게로 오라. 내가 너희를 쉬게 하리라(마11:28)."

하나님은 주님 안에서 정직하고 성실히 사는 자녀들에게는 모든 일에 함께해주신다. 불신자도 다급한 어려움에 본능적으로 하나님을 찾게 된다. 하나님께서 우리의 선하신 아버지 되심을 우리의 본능이 알고 있기 때문이다. 사도 베드로의 권고를 듣자.

"너희 염려를 다 주께 맡겨 버려라. 그것이 주님께서 너희에게 권고하심이다(벧전5:7)." 하나님은, 우리가 예수님을 구주로 믿음으로 죄와 죽음에서 자유인이 됨(요8:32)같이 삶에서도 참 자유의 부요한 자로 살기를 원하신다.

"진리를 알지니 진리가 너희를 자유하게 하리라(요8:32)."

우리가 삶의 참 자유를 누리지 못하고 탐욕 때문이라고 하신다.

"돈을 사랑함이 일만 악의 뿌리가 되나니...많은 근심으로써 자기를 찌른다.(딤전6:10)."

물질에 매이지 말고 최선을 다하는 가운데 하나님께서 주시는 대로 감사하고 만족하며 삶을 주님께 맡겨야 행복하게 된다.

"가산이 적어도 여호와를 경외하는 것이 크게 부하고 번뇌하는 것보다 낫다. 여간 채소를 먹으며 서로 사랑하는 것이 살진 소를 먹으며 서로 미워하는 것보다 낫다(잠15:16~17)."

기업의 경영도 자기 지혜로만 하면 실패하기 쉽다. 기도로 지혜의 근원이신 하나님의 도우심을 청하며, 그 성패를 주님께 맡겨야 그로부터 자유로운 부요한 삶을 누리게 된다. "너의 행사를 여호와께 맡기라. 그리하면 너의 경영하는 것이 이루리라(잠16:3)."

부요한 삶을 누리는 두 번째 비결은 *나눔에 있다.*

하나님은, 가난한 자들을 위해 곡식을 벨 때 밭모퉁이까지 다 베지 말며, 떨어진 것을 줍지 말고 버려두라 하신다(레23:22, 신24:19~22). 과일의 끝물을 남겨두며(룻2장), 남의 포도원에 들어가서 따 먹는 것이나, 이삭을 손으로는 취하는 것을 막지 말라고 하신다(신23:25). 가난한 자, 나그네들과 나누라는 말씀들이다.

"너희를 위하여 보물을 땅에 쌓아 두지 말라....오직 너희를 위하여 네 보물을 하늘에 쌓아두라(마6:19~20)."

재물을 쌓아놓지 말고, 하나님께서 기뻐하시는 일- 복음 전파와 구제 등의 선한 일에 쓰라는 말씀이다. 하나님은 남을 돕고 나눌 때 기쁨을 느끼게 하심으로써 부요한 삶을 살게 하신다.

"주는 것이 받는 것보다 복되고(행20:35)." "가난한 자를 구제하는 것은 하나님께 꾸어주는 것이며(잠19:17)." "누르고 흔들어 갚아주신다(눅6:38)."

어느 가정은 넉넉하지 않은 중에도 한 해 두 번씩 구제금을 보낸다고 한다. 구제헌금 통을 놓고 가족이 절약한 용돈이나 더러 감사헌금의 일부도 거기 넣고, 외출 때 외식을 하지 않고 돌아와 그 식대를 거기 넣는다고 한다. 떨어진 이삭을 어려운 이들이 줍게 하는 마음으로 그 돈을 주로 굶주리는 어린이들을 위해 국제아동기금(유니세프)에 보내기를 30여 년 해오고 있다고 한다. 6개월간 모으면 20여만 원쯤 된다니, 매월3, 4만 원을 보내는 셈이므로 큰 돈이 아닐지라도 사랑이 담긴 그 구제의 손길이 얼마나 귀한가.

나눠주기를 원하시는 주님의 뜻에 따라 이렇게 구제하는 가정이 어디 한둘뿐이겠는가. 교회들도 헌금의 60% 이상을 구제와 선교에 쓰고 있으며, 어느 교회는 매월 셋째 주일을 '선한 사마리아인 주일'로 정해서 예배 후 별도의 헌금을 해서 교회 안팎의 환난당한 형제자매나 이웃들을 돕고 있다고 한다.

주님은, 주린 자를 먹이고, 헐벗은 자를 입히며, 나그네를 영접하고, 병 든 자를 돌보며, 옥에 갇힌 자를 찾아 위로하는 등 사랑으로 위로와 구제에 힘쓰라고 이렇게 말씀하셨다.

"이 지극히 작은 자 하나에게 하지 아니 한 것이 곧 내게 하지 아니 한 것이다(마25:41-45).", "소자에게 제자의 이름으로 냉수 한 그릇을 대접해도 그 상을 결코 잃지 않는다(마10:42)."

어느 부자가 풍년이 들고 사업이 잘되어 창고를 헐고 다시 크게 지어 많이 쌓아놓고, "내 영혼아 여러 해 쓸 것이 있으니 놀면서 먹고 마시고 즐기자"고 했다. 그때 하나님께서 그를 보시고,

"어리석은 자여, 오늘 밤 네 영혼을 도로 찾으면 그 재물이 뉘 것이 되겠느냐?"고 하셨다. 예수님은 이 비유를 이렇게 맺으셨다.

"자기를 위하여 재물을 쌓아두면서 하나님에 대하여 부요치 못한 자가 이와 같으니라(눅12:16~21)." 재물을 쌓아놓고 자기의 욕심대로만 쓰면서 나누지 않는 부자는 천국에 가기가 지극히 어렵다고 하셨다.

"약대가 바늘귀로 들어가는 것이 부자가 천국에 들어가는 것보다 쉬우니라(마19:24)."고 하신 주님의 충고를 들어야 할 '부자 가난뱅이'가 많다. 우리나라 부자들이 구제에 인색하며, 이웃을 돕는 성급을 내는 사람들은 주로 그리 넉넉지 않은 사람들이라고 한다. 사랑과 긍휼히 여기는 마음이 있어야 구제를 하는데, 부자들은 대체로 그런 마음이 부족하기 때문일 것이다.

부자 가운데도 평양 제일의 갑부였던 남강 이 승훈 장로님* 같은 분이 왜 천국에 못 갔겠는가. 그분은 자기의 재산을 하나님께서 맡기신 것으로 알고 하나님의 청지기로서 그분 뜻대로(눅16:1)

조국과 민족을 위해 다 썼으니 말이다. *3.1독립운동 때 민족대표 33인의 한 분. 오산학교를 세워 많은 인재를 배출. 제4대 동아일보 사장, 민족 언론 창달에 힘씀. 조 만식 장로님 등과 물산장려 등 절대애족애국의 신조로 독립 투쟁하셨음.

부요한 삶을 위한 세 번째 원칙은, *최선을 다하라*는 말씀이다.

주님은, 모친 마리아의 남편 요셉이 일찍 죽자 목수 일을 부지런히 해서 많은 가족을 부양하셨다. 복음사역에서도 부지런히 하셨다. "내 아버지께서 이제까지 일하시니 나도 일한다(요5:17)."

주님은, 전도여행 때 어느 동네에 이르러 대접을 잘 해주는 경우, 제자들이 좀 더 머물자고 하면, 이렇게 재촉해 떠나셨다.

"나는 다른 동네에도 천국 복음을 전하러 왔다(눅4:43)."

성경은, 게으른 자는 감독자가 없어도 부지런히 일하는 개미에게 배우라(잠6:6~11)고 말씀하고 있다. 일하지 않고 먹으려는 자에게는 밥을 주지 말라(살후3:7~13)고 가르친다.

부지런히 노력하지 않고 성공하는 일은 없다는 게 하나님이 이 세상을 섭리하시는 하나의 법칙이다. 서양 기독교 국가들이 잘 사는 것은 오랜 전통으로 이런 말씀을 생활화하였기 때문이리라.

"눈가림으로만 하지 말고, 오직 주를 두려워하여 성실한 마음으로 하라. 무슨 일을 하든지 마음을 다하여 주께 하듯 하고 사람에게 하듯 하지 말라(골3:22, 23)."

이런 말씀대로 부지런히 성실하게 일하기를 기뻐해야 한다. 가령 돈만 벌 욕심에서 눈가림으로 공사를 하거나 제품을 만들면 안 된다. 그리스도인은 하나님께서 보시는 앞에서 거짓됨이 없이 모든 직무에 최선을 다해야 한다. 예수님의 비유에서, 주인이 최선을 다해 갑절로 늘려 가져온 종들에게 이렇게 칭찬한다고 하셨다.

"착하고 충성된 종아, 네가 작은 일에 충성하였으니 내가 많은 것으로 네게 맡기겠다, 네 주인의 즐거움에 참여하여라(마25:21,23)."

그러나 받은 한 달란트 그대로 가져 온 종에게는, 그 한 달란트를 빼앗아 열 달란트를 가진 종에게 주게 하면서, "저 무익한 종을 바깥 어두운 곳으로 내쫓으라(마25:30)."고 한다는 것이다.

미국의 200년 가까운 콜 게이트 재벌을 일으킨 콜 게이트는 하나님을 잘 믿는 사람으로 소년시절에 화장품회사 사환으로 출발하였다. 그는 19세에 치약공장을 차린 이래로 만복의 근원이신 하나님께서 함께하시는 가운데 성실하게 부지런히 일하여 세계적인 재벌이 되었다. 그는 막대한 수입의 10의 9까지 하나님께서 기뻐하시는 선한 일에 썼다고 한다.

여러 모로 부족한 필자의 경험으로 봐도, 그대가 만복의 근원이신 하나님을 믿어 삶을 맡기고, 부지런히 일하며, 선한 일에 힘쓰면, 소유에 관계없이 부요한 삶, 행복한 삶을 누리리라 확신한다.

 *시의 벤치*

주여, 아직은/ 귀뚜라미 풀벌레들이/ 우리와 함께 살고 있음을
도시의 무덤가에서 감사드립니다.// 새벽 달빛보다 싸늘한
가을의 강물 소리로/ 저들이 무엇을 울고 있는지를/ 이 가을에도/
귀 있는 사람들은 듣게 하소서.// 잎이 지고/ 열매들만 남아서/
나무들이 보여주는 당신의 뜻을/ 이 가을에도/ 눈 있는 사람들은
보게 하소서.// 내가 당신의/ 한 그루 나무로서/ 잎만 무성하지
않게 하시고/ 인생의 추수기에/ 따 담으실 열매가 풍성하게 하소서.//
주여, 아직은/ 내 인생에 겨울이 멀었다고/ 누리 먹은 나날을 노래
하지 않게 하시고/ 묵시黙示 가득한 이 세상에서/
감격하고 감사하며 살게 하소서.
　　　　　　　　　　- 최 진연, 「이 가을에도」

46. 행복한 가정을 위하여

하나님께서 짝 지워주신 아담과 하와의 최초의 가정은, 주님의 뜻이 지배하는 교회요 나라로서 모든 가정의 모델이다.

그런데, 과거 우리의 가정은 할아버지나 아버지의 뜻에 지배되었고, 오늘날은 부부가 협력하여 가정을 꾸려간다. 그러나 남녀평등만 내세우다보니 핵가족의 가정에서 중재해줄 사람이 없으므로 작은 일로 가정이 파탄에 이르는 경우가 빈번해지는 듯하다. 이 책을 집필할 무렵인 2003년 통계에 의하면, 우리나라에서는 하루에 458쌍이 이혼하였으며, 그 비율은 세계에서 미국 다음으로 높은 것이라고 했다. 이혼 이유는 성격 차이가 가장 크고, 가장의 실직, 상대방의 음행, 남편의 폭행이나 언어폭력 등 여러 가지가 있다고 하나, 무엇보다 하나님의 뜻이 지배하는 가정의 모습에서 벗어나 있기 때문이라고 본다. 다행히 2017년 하루 평균이혼건수는 293건으로 낮아지는 추세를 보여주고 있다. 그 이유는 결혼건수가 썩 낮아진 데 원인이 크다고 생각한다. 결혼평균연령은 2000년의 여26.5세 남29.3세에서 2017년엔 여30.2세 남32.9세로 높아졌다. 결혼이 늦어짐에 따라 자녀출생율도 크게 저하됨은 우리국가의 큰 문제 중의 문제가 되고 있다.

이제 하나님께서 세우신 가정의 질서를 살펴보자.

"사람이 독처하는 것이 좋지 못하니, 내가 그를 위하여 돕는 배필을 지으리라" 하신 하나님께서 하와를 지어 아담에게 주셨다(창2:18~25). "너는 남편을 사모하고 남편은 너를 다스릴 것이니라. 네가 수고

하고, 잉태하는 고통을 크게 더하리니(창3:16)"

아내는 남편을 "돕고", "다스림"을 받으며, "사모"해야 하고, 가사의 "수고"를 감당하게 되었다. 죄를 범하지 않았다면, 자녀 낳아 키우되 "해산에 고통을 더하지" 않으셨을 것이다. 하나님은 아담에게도 하와의 범죄를 막지 못한 죄를 물어, "너는 종신토록 수고하여야 그 소산을 먹으리라(창3:17)."고 가족부양의 책임을 남편에게 지우셨다. 이 말씀으로 가정에서 남편과 아내의 역할이 다름을 알수 있다. 돕는 배필인 아내가 남편과 가정을 주장하려고 해서는 안 된다. 남편의 부족을 채워주고 지혜롭게 조언해주며 남편이 가정을 잘 이끌어갈 수 있게 도와주는 역할에 그쳐야 한다. 똑똑한 아내가 덜 똑똑한 남편을 '다스리는' 가정은 하나님의 가정질서에 어긋난다. 또 말씀대로 아기를 낳아 양육하며 가사를 위해 수고하는 것이 아내의 도리임을 알고 잘 감당해야 하며, 가사의 수고도 기쁨으로 잘 감당해야 할 것이다.

"각 남자의 머리는 그리스도요, 여자의 머리는 남자이다(고전11:3,4)." "남자가 여자에게서 난 것이 아니요, 여자가 남자에게서 났으며, 남자가 여자를 위하여 지음을 받지 아니하고, 여자가 남자를 위하여 지음을 받았으니(고전11:7~9)," "아내들이여, 자기 남편에게 복종하기를 주께 하듯 하라. 이는 남편이 아내의 머리됨이 그리스도께서 교회의 머리됨과 같다....남편들아, 아내 사랑하기를 그리스도께서 교회를 사랑하시고 위하여 자신을 주심과 같이 하라(엡5:22~25)."

이 말씀도 아내는, 몸이 머리의 명령을 받는 관계처럼 남편의 권위를 인정하고 그 뜻을 존중해 주라고 하신다. 남편이 아내의 머리란 법을 저버리고 아내가 남편을 지배하거나 맞서면 그 가정은 파괴되기 쉽다. 남편이 좀 모자라고 용렬스러워도 아내는 섬김의 위치서 지혜롭게 돕는 방법으로 남편이 가정을 잘 이끌어나가도록 그 권위를 존중해주어야 한다. 행복한 가정은 아내가 지혜롭게 남편을 잘 내조하고 있음을 볼 수 있다.

우리는 성경을 전혀 모르고 살던 옛날부터 '가장'이란 말로 남편의 권위를 인정하고 아내는 남편을 돕는 위치에 서게 함으로써 우리네 가정에서 하나님의 교훈대로 실행되었음은 놀라운 일이다. 남녀평등을 주장하는 분들은 반대일지 모르나, 적어도 하나님의 가정에서는 아내가 남편을 가장으로서 그 권위를 인정하라는 것이 하나님의 법이다. 오늘날 우리의 이혼율이 세계1위란 이유도 부부가 가정에서 지켜야 할 도리를 다하지 못해서일 것이다. 물론, 성경이 말씀하시는 가장의 권위는 남편의 군림과 아내의 굴종을 의미하는 게 아니다. 옛날이나 지금이나 가장의 권위는 사랑으로 세워진다. 하나님께서 배필로 주신 하와에게 아담이,

"이는 내 뼈 중에 뼈요, 살 중에 살이로구나(창2:23)...."라고 한 사랑의 고백이다. 하나님께서 아담을 깊이 잠들게 하신 다음 그의 갈빗대 하나를 취하여 하와를 만드셨기 때문에 이런 고백을 하게 된 것이다. 이 고백은, 남편이 아내를 가장 소중한 자기 몸의 일부로 알고 사랑하라는 교훈과 남편은 아내가 채워주고 도와줌으로써 완전해짐을 뜻한다. 아담의 이 사랑고백을 요즘 말로 고친다면,

"당신 없이는 난 못 살아요. 당신 없는 나는 생각조차 할 수 없다오. 여보, 사랑해요." 라는 것이 될 것이다. 돕는 배필로서 충실한 아내는 남편의 이런 사랑의 고백을 들을 때 자기의 존재 가치를 느끼며 기뻐하게 될 것이다. 하나님은, 주님이 성도를 죽기까지 사랑하셨듯이 남편은 아내를 죽기까지 사랑하라고 하신다. 그러니 아내도 전혀 밑질 게 없다. 행복한 가정은, 서로 밑질 것이 없는 사랑으로 서로를 섬김으로써 하나님께서 원하시는 가정의 질서를 세워나가는 데 있다.

위의 말씀들을 종합해 볼 때 화목하고 행복한 가정이 되려면, 아내는 머리인 남편의 권위를 존중하고 섬기며, 사랑으로 지혜롭

게 '돕는' 위치에서 그 부족함을 채워주고, 자녀를 낳아 잘 양육하며, 가사의 수고를 잘 감당하는 것이 원칙이다.

그러나 남편도 가족부양의 책임을 다해야 하며, 아내를 자기 몸처럼 죽기까지 사랑해야 한다는 사실을 알고 실천해야 한다.

오늘날은 많은 가정이 부부가 맞벌이를 하며 살아간다. 이런 가정에서는 특히 남편은 아내의 자녀 양육과 가사 노동 등의 '수고'를 최대한 도와야 한다. 남편이 져야 할 가족부양의 책임을 아내가 일부 또는 전부 감당하므로 남편도 그에 상응하게 아내 몫의 자녀 양육과 가사의 '수고'를 돕는 게 성경적이고 공평한 일이다.

또 성경말씀대로 이혼을 엄금해야 한다. 참된 신앙의 가정은 절대로 파괴되지 않는다. 주님은 이렇게 말씀하신다.

" '사람이 그 부모를 떠나 아내와 합하여 그 둘이 한 몸이 될지니라.' 는 말씀을 읽지 못하였느냐? 그러므로 하나님이 짝지어준 것을 사람이 나누지 못한다(마19:6)." "누구든지 음행한 연고 외에 아내를 내어버리고 다른데 장가드는 자는 간음함이니라(마19:9)."

유일한 이혼 사유는 아내나 남편이 음행한 것뿐이다. 부부가 상대방으로부터 견딜 수 없는 폭력 등으로 고통을 계속 당하는 경우, 그것은 사랑의 법에 어긋나므로 이혼 사유가 될지 모른다. 그러나 그것은 지혜로운 섬김과 사랑의 도리를 다하지 못해 생기는 것이므로 믿는 가정에서는 상상도 할 수 없는 일이다.

또 요즘 젊은이들이 여러 가지 이유로 결혼을 너무 늦게 하는데, 이것도 하나님의 뜻에 어긋난다. 하나님은 우리에게 "생육하고 번성하라"고 하셨다. 늦게 결혼해서 출산에 어려움을 겪는 등 사회문제, 특히 국가의 인구감소로 이대로 가다가는 2050년경에는 한국이 인구가 없어 나라가 소멸할지도 모른다고 할 지경이다.

행복한 가정이 되려면, 부부는 물론 자녀들까지 온 가족이 하나님을 잘 섬겨야 한다. 오래전 미국에서 주일 예배를 빠짐없이 드리는 정상적인 신앙인 부부 1천 쌍과 불신자 1천 쌍을 설문조사한 결과, 전자는 3쌍만이, 후자는 남녀가 평균 6,7회씩 이혼했다는 통계를 보았다. 이는 곧 이혼을 금하는 신앙이 가정을 지키는 데 절대적인 역할을 하고 있음을 말해주는 것이라 하겠다.

성경은 모든 행위의 가치를 사랑에 두고 있다. 사랑의 본질은, 상대에게 화내지 않고 오래 참고 온유하며, 시기질투하지 않으며, 존중해주고 무례히 행하지 않으며, 자기가 좀 많이 배웠거나 무슨 장점이 있다고 해서 교만을 떨거나 자랑하지 않고, 오히려 상대의 부족이나 약점을 채워주며, 자기중심적이거나 자기유익을 구하지 않으며, 상대방에게 악한 짓이나 불의와 불법을 행치 않고, 진실하고 선한 것을 행하며, 모든 것을 참고 믿어주며 상대방에 대한 희망을 포기하지 않으며, 희생과 수고와 인내로써 견디는 데 있다고 했다(고전13장).

가정은 하나님께서 다스리시는 사랑의 천국이 되어야 한다.

 시의 벤치

주여, 나에게 언제나/ 나뭇잎 같은 부드러움과/
그 위에 햇살 반짝임을 주소서./
당신의 미풍에도 라일락 꽃잎처럼/
늘 살랑거리며 향기 풍기게 하소서.//
당신의 자녀들이 생명 잃은/ 나무꼬챙이처럼 딱딱하지 않고/
돌처럼 차지 않게 하소서./ 돌처럼 나무꼬챙이처럼/
차고 모질지 않게 하소서.// 주여, 당신의 사랑하시는 자녀들이/
심사와 말, 얼굴, 손발까지도/ 가슴속 당신이 내뿜는 생명으로/
쑥밭처럼 쑥밭에 내리는 햇살처럼/
늘 부드럽고 따뜻하게 하소서.

             － 최 진연, 「새벽 기도·Ⅳ」

47. 지옥이 천국으로 바뀐 가정

　이제부터 하나님께서 우리에게 당신의 사랑과 능력으로 베풀어 주시는 놀라운 은혜의 기적들을 만나보자. 나는, 그대가 신자들의 삶의 실제를 통해서 역사하시는 하나님을 명백히 알고 믿게 되기를 간절히 바라는 마음으로 내가 겪은 신앙체험을 몇 가지만이라도 나누려고 한다.

　먼저 복음이 한 가정을 어떻게 변화시키는가를 살펴보자.

　나는 『새벗』사를 떠나 학교로 돌아와('79. 10. 1) 아이들을 사랑과 정열을 다해 가르쳤다. 송충이는 솔잎을 먹어야 산다고 했던가? 2년도 채 안 되게 교편을 놓고 지나는 동안 얼마나 아이들 곁으로 돌아가고 싶었던지! 그들 곁으로 돌아오게 되자 그 동안 가르치지 못한 한을 풀기라도 하듯이 열심히 가르치며 사랑하는 데 열정을 다 쏟았다고 기억된다. 점심 식후에 풍금으로 어린이찬송가를 타면 아이들이 벌 떼처럼 모여들어 함께 노래를 부르기도 하고, 틈나는 대로 성경 이야기도 들려주었다. 그랬더니 콩나물교실 90여명의 어린이들 거의가 교회에 나갔다. 7년간 근무한 60명 한 학급의 명문사립학교에 비해 재래식 화장실을 비롯한 모든 게 너무 열악한 환경에서 공부하는 아이들에 대한 뜨거운 애정이 더욱 솟아났다. 그렇게 두어 달 지났을 때 국군장병 위문편지를 쓰게 되어 어린이들에게 숙제로 내주었다.

　그런데, 이 기영(가명)은 편지지 두 장의 대부분을 예수님 믿으라는 내용으로 빡빡하게 채워 놓았다. 자기 어머니가 교회에 다녀서 화병火病을 고친 것을 중심으로 한 편의 콩트掌篇처럼 잘 써왔었다. 4학년 어린이로서는 썩 잘 쓴 그 편지의 줄거리는 이렇다.

담임교사에 대한 자랑과 친구들과의 재미있는 학교생활, 담임의 말을 듣고 교회에 나갔더니 너무나 기뻐서 동생도 데리고 다닌다는 것, 교회학교에서 피아노 반주를 하게 되었는데, 교회 선생님들이 저를 아주 사랑해주며, 저의 어머니도 이젠 교회에 나가서 심장병을 고치게 되었다는 것, 교회의 성탄절 준비 이야기 끝에,

"아저씨도 예수님 믿으세요. 교회에 나가면 얼마나 좋은지 몰라요."라는 것이었다.

그날 기영을 남겨서 자세히 물어본 내용과 그 애 일기장, 나중에 들은 그 애 자모의 이야기를 종합해봤을 때 나는 지옥 같던 그 집이 어떻게 천국으로 바뀌었는지를 잘 알 수 있었다.

아빠는, (주)대우 무역담당 부장으로 해외 출장이 잦고, 국내에서도 바이어들과의 상담 때문에 종종 외박하게 된다. 그래서 부부 관계가 나빠지기 시작한 그 집 남편은 아내와의 싸움이 싫어서 점점 더 집을 멀리하게 되었고, 그렇게 몇 해를 지나는 사이에 아내는 심한 화병 곧 심장병을 얻게 되었다. 자주 병원에 입원할 정도로 심해진 아내는, 남편이 미우니까 아이들을 미워하게 되고 병고로 신경질만 부렸다. 기영의 옷이나 몸차림은 당시로서는 보기 드문 이층 양옥에서 잘 사는 집 어린이 같지 않았다. 그 집안도 주부의 손길이 미치지 않아 매우 너절하고 청소되지 못했을 것으로 상상되었다.

그럴 때 나를 만난 기영은 동생과 함께 교회에 나가게 되어 부모의 부족한 사랑을 나와 교회학교 교사님들한테서 어느 정도 채우는 듯했다. 그러던 중 달포 만에 퇴원한 그 어머니가 심한 심장 통증의 발작으로 괴로워할 때였다. 기영이가 자기 엄마를 붙잡고

흔들면서, "엄마, 왜 교회에 안 가. 교회 가면 하나님이 고쳐주신 대도 왜 안가."라고 눈물을 철철 흘리며 울면서 말했다. 그 어머니는 딸애가 엉엉 울면서 너무나 진지하게 호소하는 것에 감동되어서, "응 그래. 기영아, 엄마 교회 갈께."라고 말하였다. 그 모녀 사이에 성령께서 역사하시는 순간이었던 것 같다.

그분은 딸애와의 그 약속 때문에 평소에도 종종 신앙생활을 권하는 옆집의 어느 집사님을 찾아가 상담, 그분의 인도로 자양교회에 나가게 되었다. 그분은 그 교회 담임 목사님을 비롯한 온 교우들의 따뜻한 환영과 기도를 받고 교회에 등록을 한 뒤 계속 나가는 동안 일찍이 맛보지 못한 무한한 기쁨 속에 병이 급속히 나았다. 그분은 믿음을 가지고 보니, 남편보다 자기의 잘못이 더 크더라고 말했다. 그분은 하나님께 자기의 어리석은 잘못을 눈물로 통회했다. 남편의 직장에서의 처지를 깊이 이해하게 되었으며, 남편을 주님의 사랑으로 섬기라는 아내의 도리를 깨닫고 기도하며 실천하게 되었다. 아이들에게도 그간에 소홀했던 점을 사과하고 더 사랑해주었다.

너절하던 집안을 깨끗이 단장하기 시작했다. 장판과 도배를 다시 하고, 새 커튼을 달고, 집안 구석구석을 반짝거리게 청소하였다. 남편의 서재에 꽃도 꽂고, 퇴근 무렵이면 몸단장을 하고 기다렸다가, "여보, 수고하셨어요."라는 다정한 말과 미소로 맞았다.

전에는 아빠가 들어오면 인사도 못하게 하던 사랑스런 딸애들도 깨끗한 차림으로 아빠를 따듯이 맞이하게 했다.

그분은, 남편이 자기 집과 가족들의 이런 변화를 처음 보았을 때 며칠간은 남의 집에 들어온 듯 어리둥절해 하더라고 말했다. 그 남편은, '이 여자가 교회에 나간다더니 뭐가 잘못 되었나.'는 생각도 했던 모양이다. 그러나 자기 가족의 변화를 한동안 지켜보던 남편도 지금까지의 삶을 반성하고 잘못을 느끼며 변화하기 시

작했다. 자기를 진심으로 사랑하며 반가이 맞아주는 가족이 있다
는 사실이 그를 여태 맛보지 못한 행복에 흠뻑 젖게 한 때문이었
을 것이다. 그래서 바이어들을 대접할 때도 한국적인 선물을 한다
거나 한정식 집에서 정중히 대접하는 등 가능하면 술을 마시지 않
았다. 꼭 술자리를 만들어야 할 경우는 더 젊은 과장을 내보낸다
든지 하면서 아이들이 좋아하는 선물을 사들고 될 수 있으면 일찍
집에 들어오게 되었다.

한편 주님의 사랑 속에 신앙생활을 하면서 믿음이 자란 아내는
어느 날 남편에게, "여보, 내게 소원이 하나 있어요. 나도 아무개
엄마처럼 당신과 함께 교회에 나가서 부부가 나란히 앉아 예배를
드리면 더 원이 없겠어요. 그 부부가 너무 부러워요."라고 말했다.
　그 말은 잘 박힌 못처럼 그 남편의 가슴에 박히게 되었다. 물론
그 아내는 남편 구원을 위해 새벽마다 기도하였고, 목사님, 전도
사님과 믿음의 식구들에게도 기도를 부탁했다. 그러던 어느 주일
아침에 남편이 느닷없이, "여보, 나도 교회에 가볼까요?"하더라는
것이었다. 가족이 다 교회에 가고 없는 집에 혼자 우두커니 있자
니 심심하기도 했을 것이다. 또 별로 어렵지 않을 아내의 소원을
이뤄주지 못하는 게 주일마다 마음에 걸려서 함께 가주고 싶었던
모양이다. 그 말에 아내는 기뻐서 까무러질 뻔했다고 말했다. 그
날부터 그 부부는 함께 교회에 나가 나란히 앉아서 예배를 드리게
되었고, 일찍이 상상도 못한 행복을 누리며 살고 있다고 했다.
　내가 기영을 만난 뒤 학년말까지 하나님께서 그 가정에 간섭하
여 지옥을 천국으로 바꾸시는 데는 5개월밖에 안 걸린 셈이다.
　그대는 이 가정을 통해서, 사랑의 질서가 파괴되었을 때는 지옥
같았으나, 주님을 모시고 그분의 사랑의 법을 회복하니 에덴동산
같은 행복한 가정이 된다는 사실을 알게 되었을 것이다. 복음이

들어가서 그런 변화를 일으킨 것이다. 이것이 신앙의 위력이다.

이제 그 반대의 경우를 보자. 우리 바로 앞집에 살던 한 가정의 이야기이다. 그 집의 남편은 건설업에 종사하는데, 공사가 끝나면 돈을 한 가방씩 벌어왔다. 그는 마음씨 좋은 사람이지만, 친구와 술을 좋아하며 세상사는 재미에 빠져 신앙생활에는 무관심했다. 그는 권사님인 그의 어머니의 눈물의 호소에도 불구하고 신앙생활을 하지 않았다. 그 권사님이 별세한 후 그가 바람을 피웠고, 그의 아내도 이에 질세라 춤을 추러 다녔다. 내 아내가 명색이 집사인 그미에게 믿지 않는 술친구들을 끊고 하나님께서 기뻐하시는 삶을 사라고, 열심히 기도하며 참고 살다보면 그 남편이 마음을 잡을 것이라고 권고했으나 듣지 않았다.

그러다 사업이 망한 그 집은 이사를 갔으며, 남편이 근로자로 중동에 나간 몇 해 동안 그 아내는 더욱 자유부인이 되었던 모양이다. 중동에서 돌아온 남편은 그 아내와 티격태격하면서도 함께 건설 공사장 밥집을 한다더니, 얼마 지나지 않아 아내는 암으로 죽고, 남편은 고등학교를 갓 졸업한 맏아들을 비롯한 삼남매를 버리고 새 여자와 함께 산다는 소문이 들려왔다. 졸지에 고아가 된 그 집 아이들을 생각하면 참으로 가슴이 아팠다.

나는, 우리 가정과 친하게 지나던 그 가정이 비참하게 파괴된 것을 생각하면 아이들이 어떻게 되었을까 염려가 된다. 부모의 믿음을 이어받지 못하여 가정에 그리스도의 사랑의 질서가 깨지니 음란죄를 범하고 서로의 허물을 용납하지 못함으로 결국 가정이 깨지는 비극을 맞게 됨을 보았다. 잘 살 때는 이웃들의 선망의 대상이 되던 그 가정이 파괴되는 데는 5년이 채 못 걸렸을 것이다.

그 가정이 그런 비극을 맞게 됨은, 앞에서 이야기한 대로, 영적 존재인 인간이 하나님을 떠나면 그 심령과 가정을 지키고 보호하시던 성령께서 떠나게 되고, 그 즉시 악령이 들어와 지배하기 때문이다. 악령이 지배하는 바람에 그들의 심령과 가정은 사랑의 샘이 말라버리고 사막처럼 황폐하게 되고 만 것이다.

이스라엘의 사울 왕도, 하나님을 배반하고 제 마음대로 사니까 성령께서 그를 떠나고, 악령이 들어가 괴롭히기도 하고, 전쟁에서 패하여 죽음을 맞게 했다(삼상16:14, 31:4). 사탄은 하나님의 자녀들이 그분의 품에서 행복하게 사는 걸 못 본다. 그 때문에 틈만 보이면, 사람들을 하나님으로부터 떠나게 하려는 온갖 궤계를 써서 사랑을 깨고, 미워하며, 서로 물고 찢게 만든다.

그대가 예수님을 구주로 믿음으로써 그대의 심령과 삶에서 사탄을 몰아내고 성령 하나님께서 능력과 사랑으로 지켜 보호하시게 되기를 기원한다.

 *시의 벤치*

무던히 젖을 빨리다가/ 송아지의 등을 핥는/
어미 소의 혀처럼/
내 혀가 늘 부드럽게 하소서.//
일터에서 돌아오는/ 지아비의 허기진 모습에/
밥상을 보는 지어미/ 그 바쁜 손길처럼/
내 손이 늘 그리/ 바쁘게 하소서.//
젖을 물리고 앉아서/ 아기를 내려다보는/
엄마의 눈빛처럼/ 내 눈이 늘 그리/
따뜻하게 하소서.// 장미꽃처럼 아니 화려해도/
가시 없는 백합, 그 향내/
별빛 고여 넘치는 샘물처럼
내 속에서 늘 그리 넘치게 하소서.
　　　－ 최 진연, 「기도 · Ⅴ」

48. 죽음에서 건져주신 하나님

나는, 하나님께서 인생을 섭리하시는 것을 그대가 보고 알게 내 체험담을 계속 나누려 한다. 하나님의 역사하심을 실증함으로 그대가 예수 그리스도를 믿어 구원받게 되기를 기원해 마지않기 때문이다. "우리와 함께하시는 하나님"을 "임마누엘"이라 한다. 임마누엘께서 우리 가정에 베풀어 주신 은혜에 관해 먼저 쓰겠다.

1. 버스화재 사건: 우리 가족이 서울의 중곡동에 살 때 막내인 딸은 유치원에 다녔다. 어느 날 아내가 딸애를 데리고 어머니를 뵈러 월계동에 갔다가 돌아오는 길이었다. 그 쪽 방향의 버스노선은 하나뿐인데, 버스를 타고 집에 도착하기 몇 정거장을 남겨놓았을 때 딸애가 갑자기 구토를 할 듯이 심한 멀미 증세를 보여서 할 수 없이 버스에서 내렸다고 했다. 갈 때나 돌아올 때도 조금 전까지만 해도 전혀 멀미를 하지 않던 아이가 갑자기 얼굴이 하얗게 되면서 견디지 못하였기 때문이었다.

아이에게 바람을 쐬게 하여 어느 정도 회복한 뒤 배차 시간 간격이 긴데다가 늦게 온 다음 차를 거의 30분쯤 지나서 타고 가는데, 두 정거장쯤 갔을 때 아내와 딸애가 내렸던 바로 그 버스에 불이 크게 나서 소방차가 오고 야단법석이었다. 승객 중에 여러 사람이 다쳐서 구급차가 두 대나 왔다고 했다. 그때 만일 아내와 딸애가 그 새까맣게 불타버린 버스를 계속 타고 왔더라면 어찌 되었겠는가. 비록 다치지 않았다 하더라도 얼마나 놀랐겠는가. 임마누엘께서 그 어린 딸과 아내를 사랑하시기 때문에 갑자기 멀미를 심하게 일으켜서 그 버스를 내리게 하여 그 위험으로부터 지켜주신 것이었다. 지금도 그 일을 생각하면 하나님의 보호하심에 얼마나 감사한지 모른다.

2. *연탄가스 중독사건:* 내가 동료 교사와 숙직을 할 때 겪은 일이다. 새로 부임한 교장님은, 지금까지 사용해온 숙직실 위치가 당직 근무에 부적당하고 낮아서 습기가 차는 것을 보고 본관에 새 숙직실을 만들었다. 나와 열 살쯤 아래인 동료가 그 방에서 최초로 숙직 하던 밤, 기온이 좀 쌀쌀하고 방바닥이 고루 따뜻한지를 알아보려고 처음으로 연탄불을 피웠다. 우리는, 순찰과 문단속을 마친 뒤, 그 방이 약간 더워서 남쪽 창문을 조금 열어놓고 11시 반쯤 잠자리에 들었다. 그런데, 굴뚝을 2층 창틀 밑에까지의 높이로 세워놓았기 때문에 잠자리에 들기 직전에 갈아 넣은 연탄의 가스가 창문으로 방안에 고스란히 다 들어왔다. 우리는 그것도 모르고 곤히 잠 들어서 연탄가스 중독으로 목숨을 잃을 뻔했다.

놀라운 일은, 술에 취한 한 동료가 새벽 1시가 다 될 무렵까지 숙직실로 전화를 계속 한 것이다. 그 술꾼 교사가 아마 내게 주사를 부리려고 전화를 해도 받지 않으니까 계속한 모양이다. 그러나 실은 주님께서 나를 살리시려 그를 사용하신 것이었다. 나는 이미 가스에 취해서 전화벨 소리를 전혀 듣지 못했으나, 젊은 동료가 그 벨소리를 어렴풋이 듣고 잠을 깨었기에 살아날 수 있었다.

그 술꾼은, 내가 그 학교에 와서 신우회를 만들어 신자 동료들과 함께 매주 한 번씩 방과 후에 모여 성경말씀을 나누며, 어려움을 겪고 있는 동료들이나 각 반 어린이들을 위해 기도해주고, 또 직접 찾아가 위로해주는 등의 신우회 활동을 대단히 싫어하는 사람의 하나였다. 우리 신우회원들은 하나님의 영광을 위하여 더욱 모범적인 교사로 근무에 충실하자고 다짐하면서 직장과 어려움을 겪는 동료들, 어린이들을 위해 함께 모여 합심기도하고, 또 학습에 지장되지 않는 시간 틈틈이 동료, 학부모, 어린이들에게 말씀도 전하는 등의 활동을 하였다. 그런데, 전화를 한 그와 몇몇 동료들은 까닭 없이 우리를 비방하고 방해했다. "내가 이래 뵈도 젊을 때는 교회 성가지휘자까지 했다"고 말하는 그는, 무신론자이거나 다른 종교를 가진 동료들과 함께 신우회 활동을 방해해왔다. 그 무렵 그와 술친구인 한 다른 어떤 동료는, "네가 뭔데 패를 가르게 하느냐?"고 내 멱살을 잡고 대들기까지 했다. 그러나 우리는 끄떡하지 않고 모임을 계속해서 내가 전근할 무렵의 회원이 최고로 많을 때는 교직원의 반에 가까운 47명이나 되었다. 성경공부를 3교실에 나눠 해야 할 정도였다.

우리는, 그때만 해도 무척 가난한 자양동 빈민가 아동들에게 내의와 학용품을, 학교 청부 4사람에게는 방한용 파카를 선물하기도 하였다. 또 40세가 채 되지 않은 젊은 교사가 숙직 중 심장병으로 순직하였을 때 우리는 밤을 새며 미망인을 위로했으며 학교장葬의 장례를 주관해 치렀고, 모금운동을 펴서 물질적으로도 도와드렸다. 무엇보다 미망인과 우리에게 큰 위로가 된 것은 그분이 지병 때문에 신우회를 통해서 신앙을 가지게 되어 천국에 간 것이다.

교통사고로 고2년 딸을 잃은 동료를 위로하며 철야를 하며 돕던 일도 잊을 수 없다. 장마 비가 계속되는 그 무렵 장례가 끝날 때까지 며칠 동안 우리의 아낌없는 친절에 그 여교사는 장례가 끝난 뒤 신우회에 가입하여 신앙의 눈을 뜨게 되었고, 얼마 뒤 어느 학교 교감이던 그의 남편과 함께 교회에 나가게 되었다. 그 여교사의 아들이 내 반에 있어서 그 전부터 그 댁의 그 늦둥이는 교회에 나가고 있었는데, 그 3학년짜리 아들이 엄마 아빠도 교회에 나가야 나중에 누나를 천국에서 만날 수 있다는 말에 감복해서 나가게 되었다고 말했다.

또 부부교사 남편인 내 젊은 동료가 간 경변으로 사망했을 때도 우리 여성 신우회원들을 중심으로 철야를 하며 위로해주던 일이 기억난다. 또 노 여교사가 이북 출신인 남편이 죽었을 때 친인척이 하나도 없는 것을 본 우리 시우회원들은 외로운 그분을 위로하고 장례예배를 드려주며 장례를 마칠 때까지 함께해드렸다.

또 어느 해 겨울방학을 앞둔 무렵 동료 전체에게 만찬을 베풀어준 일도 기억난다. 우리는 믿음이 좋은 자모님 몇 분에게 부탁해서 신우회의 돈으로 장을 보아 학교 바로 앞에 있는 교회의 식당에서 음식을 장만하게 했다. 그 교회는 우리가 매월 감사예배를 드리는 등 모든 편의를 제공해주었는데, 자모님들이 장만한 풍성한 음식으로 퇴근 무렵에 베푼 만찬에 1백여 명의 동료가 다 참석해서 친교를 나누기도 하였다.

많은 동료들이, 우리의 지속적인 봉사활동을 보고 신우회를 통해서 신앙을 가지게 되고, 비난하던 동료들조차 도리어 칭찬을 하기에 이르렀다. 성령님이 주시는 지혜와 능력으로 이런 사랑의 실천을 통해 차츰 동료들의 큰 호응을 받으며 복음을 전할 때 하나님께서 많은 열매를 거두셨는데, 그때 만난 여교사들은 〈만남 선교회〉란 이름으로 전도와 친교를 20년 이상 나누는 것을 보았다.

아무튼 그 술꾼 동료의 주사로 계속 울린 전화기 벨소리에 젊은 동료가 깨어나 문들을 다 열어젖힌 뒤 큰소리로 나를 흔들어 깨웠기에 나는 한참만에야 겨우 깨어나 정신을 차리게 되었다. 그 술꾼 동료가 전화를 계속 해서 깨우지 않았다면 나는 그때 죽음을 면치 못했을 것이다. 내 당직 동료도 하나님께서 나를 죽음으로부터 지켜주시느라 그를 먼저 깨우시는 바람에 함께 살게 된 것이라고 말했다. 하나님은 참으로 믿는 자의 생명의 구원자이심을 감사함으로 찬양 드리지 않을 수 없었다.

"내가 사망의 음침한 골짜기를 다닐지라도 해를 두려워하지 않을 것은 주의 지팡이와 막대기가 나를 안위하시기 때문이다(시23:4)."

그 이튿날 충격적인 보고를 받은 교장님은 당일에 굴뚝을 4층 꼭대기까지 높이 올렸다. 우리는, 이런 일들을 겪으면서, 내 생명이 내 것이 아니라 하나님의 것임을 인정하지 않을 수 없다.

3. 백혈병을 고쳐주신 일: 2층 양옥을 날려버린 내가 '83년 겨울 풍납동의 연립주택에 살 때의 일이다. 나는 그 이듬해 봄에 목사 안수를 받기 위해 겨울방학 내내 성원교회 지하실에 있는 기도 굴에서 살다시피 하였다. 일체 외출을 않고 새벽기도에 나와서 낮에 잠시 집에 들러 한 끼를 먹고는 또 가서 기도와 찬송, 성경 읽기만 하면서 간절히 기도하는 기회를 가졌다. 주님은, 성역聖役을 시작하기 전에 40일간 광야에서 금식하며 기도하셨다. 나는 그 주님을 본받아 기도한 것이었다. 나는 하나님의 성역을 위해 주님의 능력, 특히 말씀과 신유神癒의 은사恩賜를 달라고 간구하였다.

한편 내 아내는 이웃에 사는 믿음이 좋은 전 명희(가명) 어머니와 친하게 지냈다. 아이들이 같은 반에 다니는 관계도 있었겠지만, 믿음의 자매로서 다른 이웃들보다 더 친했던 것 같다. 그런데, 내가 작정기도를 시작한 며칠 뒤 명희 어머니가 백혈병으로 몇 달을 못 넘긴다는 충격적인 소식을 아내로부터 들었다. 그분은 장충교회에 다니느라 오가는 시간이 많이 걸리므로 그 남편이 불평을 해왔다. 유조차 운전기사인 전 씨는, 성격이 온순하고 손재주가 좋아 집안을 편리하고 아름답게 손질하여, 못 하나 제대로 박지 못하는 남편을 둔 내 아내의 호평을 자주 듣는 사람이었다.

그때 명희는 초등학교, 두 오빠는 중학교에 다니고 있었다. 나는, 집사로서 믿음이 독실한 그분이 세상을 떠난다면, 믿지 않는 그 남편은 물론, 그 삼남매마저 하나님을 원망하고 교회를 떠날 것같이 생각되어, 환자 자신과 그 가족의 영혼들을 위해 살려달라고 눈물로 기도하지 않을 수 없었다. 그분이 섬기는 교회의 교역자님들을 비롯하여 그분을 아는 모든 신자들이 기도를 많이 했을 것이다. 피 주사로 연명하고 있다는 그분은 날이 갈수록 점점 살 가망이 없어진다는 소식이 들려왔다. 그것은, 그 가정을 사랑하는 모든 성도님들에게 더욱 절박한 기도 제목이 되었을 것이다.

그분이나 그 남편이 지금까지도 알 턱이 없지만, 나는 내 목사 안수 기념으로 신유은사를 주신 첫 증거로 그 집사님을 살려달라고 밤낮으로 부르짖으며 눈물로 기도했다. 병세가 악화되어 혼수를 거듭할 정도에 이르렀을 때 병원에 들르는 성도님들이면 누구나 그 남편에게 하는 공통의 말이 있었다고 한다.

"당신이 돌아와야 하나님께서 집사님을 살려주실 것입니다."

심성이 착한 전 씨는, 드디어 그 아내가 교회에 나가는 것에 심통을 부려온 것을 회개하고 주님을 구주로 영접하기에 이르렀다. 그리 넉넉지 않은 살림과 중년의 나이에 아내를 잃는다면 아이들과 함께 어떻게 살아갈 것인가를 생각하면 기가 막힌다면서 눈물을 흘린다더니, 마침내 주님께 돌아온 것이다. 그가 주님을 구주로 믿고, 눈물로 하나님께 기도하자 환자의 병세는 놀랍게 호전되었다. 얼마 지나지 않아 피 주사를 맞지 않게 되었다더니, 그 두어 주 후 퇴원하여 깨끗이 낫게 되었다. 할렐루야*! 나는, 그간에 그 병세 호전의 놀라운 소식을 들을 때마다 그 기도 굴에서 전 씨가 돌아오게 하시고 환자를 살려주신 하나님의 은혜에 눈물로 감사의 기도를 드렸다. 내 기도 기간이 끝난 얼마 뒤 그분은 마침내 퇴원하였다. 하나님께서 많은 성도님들의 기도를 듣고 전 씨가 주님께 돌아오게 하시고, 그것이 집사님을 살려주신 결정적인 원인이 되었겠지만, 내게는 신유은사를 주신 첫 열매인 사건으로 기억된다.   *'하나님을 찬양합니다.'란 말

하나님은 그 집사님의 병을 통해 온 성도들이 기도하게 하시고, 병을 고쳐주심으로 그 온 가족을 구원해주신 것이다. 집사님은 신월동에 단독주택을 사서 남편과 함께 잘 살고 있다고 했다. 전 씨

는 믿음이 그 아내보다 더 좋아져서 수요일 저녁에는 예배 시간이 되면 큰 유조차를 길가에 주차해 놓고 어느 교회든지 들어가 예배를 드린다고 했다. 30여 년 전 그 내외분은 남편의 퇴직 기념으로 제주도 구경을 다녀왔다는 소식을 우리에게 전해오기도 했다.

4. 삼풍백화점 참사에서 살려주심: 전 씨 집에는 또 한 가지 놀라운 일이 있었다. 명희는 그 어머니를 살려주신 일로 신앙생활을 더욱 열심히 하였는데, 하나님께서 명희 남편을 삼풍백화점 참사 때 살려주셨다. 남편은, 그 백화점에서 점원 두 사람을 데리고 장사를 꽤 크게 하였다. 두 아이의 어머니이면서도 해가 긴 그 무렵에는 날마다 그 남편과 점원들을 위해 간식을 만들어서 가게에 가져왔다고 했다. 그 사고가 나던 날은 남편이 전화를 해서 장사도 잘 안 되므로 일찍 문을 닫을 테니 간식을 가져오지 말라고 했다.

그런데, 그 전화를 나눈 약 1시간 뒤 그 건물이 무너졌다는 긴급 뉴스가 전해졌다. 명희는 남편과 점원들이 사고를 당한 줄 알고 혼비백산하여 뛰어갔더니, 그들은 그 출입문을 나와 5m도 못 가서 건물이 무너지는 바람에 먼지를 다 뒤집어쓰고 뛰쳐나와 살았다는 것이다. 참으로 놀라운 일이 아닌가! 평소에 믿음 생활을 잘 한 덕택에 하나님께서 그 끔찍한 위기에서 지켜주신 것이라 생각한다. 이럴 때 불신자들은 '운이 좋아서 산 것'이라고 말한다. 그러나 명희 어머니는 내 아내에게 하나님께서 그들을 지켜주신 것이 얼마나 감사한지 모른다고 말했다고 한다. 죽음에서 극적으로 살아난 그 남편은 물론 명희가 얼마나 감사하였겠는가.

하나님은 이렇게 임마누엘로서 우리와 늘 함께 하시면서 우리를 지키시고 보호해주신다. 예수님은 성부 하나님께서 당신과 함께 해주시는 까닭을 이렇게 말씀하셨다. "내가 항상 그분의 기뻐하시는 일을 행하므로 나를 혼자 두지 아니 하신다(요8:29)."

하나님께서 기뻐하시는 일을 하며 살 때 그분은 우리와 언제나 함께해주시며 어려움에서 혹은 죽음의 자리에서도 지켜주신다.

예수님께서 승천하시기 몇 날을 앞두고 성령을 보내주겠다(행 1:4,5)고 약속하신 대로 승천 후 10일 만에 성령을 내려주셨다(행 2:1) 그래서 주님은 "내가 너희를 고아와 같이 버려두지 아니하고 (요14:18)." "세상 끝 날까지 항상 너희와 함께하리라(마28:20)."고 말씀하신 대로 당신의 성령께서 우리와 함께하심으로 늘 지키시고 보호하시며 우리의 모든 필요를 아시고 채워주고 도와주신다.

 시의 벤치

장님이 예수를 만나면/ 눈을 뜨게 된다./
본다는 사람으로/ 보지 못하는 사람들도/
바디메오처럼 눈을 뜨고/ 별 하나 나 하나 헤듯이/
땅에 묻힌 하늘을 헤아려 보게 된다./
귀머거리가 예수를 만나면/ 귀가 뚫리게 된다./
자기의 관에 대못 치는 소리/ 천만 리 밖에서 들려오는/
타는 입술의 숨소리,/ 청명한 밤하늘 별무리 쏟아지듯
우주에 가득 찬/ 사랑노래도 듣게 된다.
그를 만나 보라./ 목마른 나그네 인생길에
가슴속에서 솟구치는/ 생명수 오아시스,
그를 만나면 누구나/ 장마에 수근水根 터진 듯이
오장육부를 쏟아내는 눈물로/
자기를 적시고 씻어내게 되리라./
그 다음엔 늘/ 소낙비 끝에 번들거리는
아열대의 활엽수들처럼/ 그 영혼 환희와 감사에 젖어/
노래하며 춤추게 되리라./ 자기와 세상과 죽음의 시간/
건너편에 펼쳐진/ 영원한 나라 자유의 풀밭에서.
　　　　　 - 최 진연, 「예수를 만나면」

49. 심장병 등을 고쳐주신 하나님

'84년 입학식 이튿날이었다. 운동장에는 벌써 어린이들이 가족의 손을 잡고 많이 와 있었다. 내가 준비물을 챙겨 들고 나가 내 반 어린이들을 정렬시키고 있을 때였다. 한 상급생이 내게 뛰어오더니, 내 반 어린이 하나가 죽을 것 같다면서 빨리 양호실로 오란다는 것이다. 뛰어가 봤더니, 과연 입술이 가지 색깔이 되어 괴로워하는 어린이가 곧 숨이 넘어갈 것만 같았다. 그 애 침대 옆에서 울고 있던 어머니가 나를 보더니,

"선생님, 이를 어쩌면 좋아요. 하루에도 몇 번씩 발작을 하는 걸 알면서도 입학통지서를 받고 그냥 집에 둘 수 없어 입학을 시켰더니, 첫날부터 이래서 어쩌면 좋아요. 선생님, 우리 소연(가명)이 어떻게 해야 될까요?"라고 눈물을 흘리면서 미안해하였다.

나중에 알았지만, 소연은 심장병을 가지고 태어나 5살인 남동생과 방안에서 장난도 못할 만큼 심한 고통을 겪고 있는 아이였다.

소연 아빠는 직업이 택시기사인데, 고생을 모르고 자란 사람으로 어려움을 참고 견디는 힘이 부족한 듯했다. 돈이 집히면 술값으로 다 쓰고, 조금만 언짢아도 싸움판을 벌이기 일쑤여서 그나마 일하는 날보다 노는 날이 더 많은 모양이었다. 그 자모가 어느 유명 브랜드의 의류회사에서 재난 물건을 싸게 사다가 팔아서 네 식구가 지하방 한 칸에서 어렵게 살고 있었다. 그런 가정 형편에 6백만 원 넘는 수술비를 감당할 수 없어 그 어린이는 고통스럽게 살고 있는 것이었다.

한편 나는 그해 봄에 목사 안수를 받고 학교 근무를 하면서 교회를 개척할 예정이었다. 교회라기보다 전도하여 하나님을 믿기로 작정한 아이들, 학부모, 동료들과 함께 모여 예배를 드리고 성경을 가르쳐 믿음을 키워주고 싶은 마음에서 직장 가까운 곳에 모일 장소를 마련하는 중이었다. 나는 오랜 지병을 고쳐주시고 영생의 새 생명을 주신 주님의 은혜에 감사하는 마음으로 나름대로 교회에 충성하고 있었다.

　그러던 중 나는, 담임하신 김윤식 목사님으로부터 "최 집사는 목회를 했으면 꼭 좋겠어요."라는 말을 두 번이나 들었다. 내가 풍납동에 살 때 인천 송월교회를 담임하신 박도삼 목사님이 내가 새벽기도를 나가는 상가교회의 부흥회 강사로 오셔서 우리 집에서 한 주간 모셨는데, 그분도 같은 말씀을 하셨다. 수십 년을 목회하신 목사님들로부터 그런 말씀을 들을 때 '이것이 주님의 부르심인지도 모르지 않느냐.'는 생각이 들었다. 그래서 겨울 방학을 이용하여 두 주간 기도했다. 그때 하나님의 부르심이 분명한 것을 확인한 뒤 장신대학원에 응시 입학했으나 전도의 황금어장인 직장을 그만두고 싶지가 않았다. 뒷날 생각해보니 그것도 어느 정도 사실이나, 실은 일종의 변명이었다. 초중고에 재학한 세 자녀와 나 자신의 교육비에 생활비가 염려되어 결국 그 대학원을 휴학하였다. 이 결정은 내 평생에 후회되는 잘못이었다. 이 대목의 이야기는 다음 기회에 쓰기로 한다. 아무튼 직장과 학교의 양립이 어려운 대학원을 계속 다닐 수 없어 한 학기도 채우지 못하고 휴학한 뒤 이듬해 대한신학교 야간부에 입학했다. 신학교를 졸업하고 성원교회와 원주교회 전도사로 일하는 과정을 마치고 목사가 되어 이제 막 교회를 설립하려는 참이었다.

　이런 나는 성령으로 충만하여 하나님께서 소연을 꼭 고쳐주실 줄 믿고 우선 그 어머니부터 안심시켜야 했었다. 하나님께서 내게 신유의 은사를 주신 줄 믿었으므로 자신 있게 이렇게 말해주었다.

"소연 어머니, 소연이가 내 반에 온 것을 감사하게 생각합니다. 자모님도 그렇게 생각하시고 조금도 걱정하지 마세요. 제가 잘 돌보겠습니다. 걱정하는 대신 소연일 위해 하나님께 기도하시기 바랍니다. 하나님께서 꼭 고쳐주실 줄 믿고 기도하세요."

이렇게 말한 나는 그날부터 날마다 소연이가 등교하면 내 무릎에 앉혀서 왼손으로 안고 오른손을 머리에 얹은 채 간절히 기도해주기 시작했다. 하교 전에도 따로 남겨 그렇게 했다.

그런데, 하나님께서 내 믿음대로 놀라운 일을 시작하셨다. 소연은 양호실에서의 그 발작을 마지막으로 학교에서는 물론 집에서도 전혀 발작을 일으키는 일이 없어졌다는 것이 아닌가. 처음엔 나자신도 하나님께서 그렇게 금방 응답해주시는 것이 놀랍고 얼른 믿어지질 않았다. 그렇게 속히 응답해주실 줄 몰랐기 때문이다.

입학 후 한동안 가족이 애들을 데리고 등교하는 기간에 소연 어머니는 날마다 내게 기쁨에 들뜬 표정으로 같은 말을 되풀이했다.

"선생님, 우리 소연이가 한 번도 숨막혀지 않았어요. 선생님, 감사해요." 나는 그 말을 들을 때마다 하나님께 너무나 감사하고 기뻐서, "걱정하지 마세요. 하나님께서 고쳐주십니다. 내게 감사하지 말고 하나님께 감사드리세요."라고 말했다.

나는, 하나님께서 영광을 받으시기 위하여 "반드시 고쳐주십니다."라는 전도자인 내 말에 책임을 져주실 줄 굳게 믿었다. 나는 지금까지 살면서, 하나님께서 내 기도를 들어주시는 것보다 나를 더 기쁘게 해주는 일을 보지 못했다. 그 기쁨은 세상 어떤 기쁨에 견줄 수 없이 나를 감사함으로 전율시키는 것이다. 이번에도 반드시 그 기쁨을 주시리라 믿었다.

나는, 체육 시간에는 소연이가 교실에서 창밖으로 친구들이 운동하는 구경만 하게 했다. 운동을 못할 뿐 아니라, 날씨가 쌀쌀해서 기침을 자주 하는 것이 감기에 잘 걸릴 것 같아서 운동장에 데리고 나가지 않았다.

그런데, 뼈에 살가죽만 붙은 것처럼 바싹 마르고 창백하던 소연은 3월을 지나면서 그 얼굴에 발그레한 혈색이 돌면서 눈에 띄게 살이 붙기 시작했다. 어느 날 그 애는, "선생님, 저도 운동장에 나가고 싶어요."라고 말하여 데리고 나갔다. 그러나 무리하지 않도록 운동은 하지 말고 스탠드에 앉아 있게 하였다.

나는 그해 4월 26일 주일 오후에 교회설립예배를 드렸다. 그 무렵부터 나는 교회 일은 물론 학교 근무에도 열심을 다하느라 눈코 뜰 사이 없이 바쁜 나날을 보냈다.

교회 일은 퇴근해서 하거나 주일에 하는 일이긴 해도 그 때문에 교사로서 그 직무에 충실치 못하다는 말을 듣게 되면 하나님의 영광을 가릴 것이므로 근무를 더욱 충실히 하느라 애썼다.

그래서 나는 과로로 입안이 항상 헐고 혀가 갈라지며 백태가 뒤덮여 있는 상태로 살았다. 성도의 수가 적거나 많거나 주일, 수요일, 금요일, 그리고 새벽마다 예배를 드리며, 그 설교를 준비하고 심방도 해야 한다. 직업을 가지고 목회하기란 역부족이었다. 입안이 헌 통증 때문에 음식을 먹을 수 없어 교회당 바로 앞에 있는 병원에서 종종 링거를 맞으면서 일했다. 하나님께서 나와 함께 해주시지 않았다면 5년간이나 버텨내지 못했을 것이다.

그 무렵 어느 날 아이들과 체육 수업을 하면서 보니까, 소연이가 운동장에 내려와서 저 혼자 팔딱팔딱 뛰기도 하고, 좀 느리지만 10여m쯤 달려보기도 하는 게 아닌가. 나는 그 모습을 보면서 짧은 순간이지만 마음속으로 '오! 하나님 감사합니다.'라고 기도를 드렸다. 하나님의 치료를 분명히 알 수 있었기 때문이었다.

소연은 공부를 썩 잘하고 인물도 예쁘며 키가 반에서 제일 큰 편이었다. 건강이 차츰 회복되니까 성격도 아주 명랑하고 친구들에게 친절하며 지도력을 발휘하기 시작했다. 주일엔 이웃 아이들까지 몰아 거리가 거의 1km쯤 될 우리 교회에 빠짐없이 나왔다.

어린이날이 지난 어느 날 이미 숨이 찬 기색이 없어 보이는 소연이가, 내 손에 매달리면서 "선생님, 저도 운동하고 싶어요. 저도 시켜주세요."라고 말했다. "그래? 괜찮겠니?"라는 내 물음에, "괜찮아요. 보세요."라고 대답하고는 말릴 사이도 없이 교실 앞에서 뒷벽까지 한달음에 달려갔다 돌아왔다. 나는 깜짝 놀라 그 애를 봤더니, 아주 자신 있다는 표정으로 웃어 보였다.

나는 너무 기뻐서 그 애를 덜렁 들어 안아주면서 그날부터 체육시간에 운동을 제 힘에 맞은 정도로 따라 하라고 했다.

그런데, 6월 말경에 한양대학병원의 검진 결과 담당 의사가 놀라면서 심장의 동공 두 개 중 가운데 것은 반쯤 메워졌고, 허파에 가까운 쪽의 것도 메워지고 있다는 것이다. 그 의사가,

"하나님께서 고쳐주시는 것 같습니다. 교회에 나가 보세요."라기에 그 어머니는, "소연의 담임선생님이 목사님이세요. 소연일 위해 날마다 기도해주고 계세요."라고 했더니,

"그래요? 선생님이 어떻게 목사님이 되십니까?"라며 더욱 놀라더라고 했다. 어쨌든 소연은, 하나님께서 고쳐주심으로 나날이 건강을 회복해가더니, 가을 운동회 때는 8명으로 된 조별 달리기에서 1등을 차지했다. 완전히 나은 것이다.

소연 어머니도 딸애가 낫는 걸 보고 교회에 열심히 다니게 되었다. 그 해 가을 남한산성으로 야외예배를 갔을 때 그 성도님은 딸이 아이들과 어울려 뛰노는 모습을 바라보면서 주님의 은혜에 감사하여 눈물을 흘렸다. 다른 성도님들도 주님의 큰 능력과 사랑의 역사에 함께 감사하고 기뻐하던 일이 지금도 눈에 선하다.

소연의 아버지도 딸아이가 낫는 것을 본 그해 겨울 발목이 묻히도록 눈이 온 새벽에 그 아내와 함께 처음 교회에 나왔다. 교회에

나오게 된 동기는, 그 무렵 어느 날 소연은 제 아버지가 술이 취해 들어온 것을 보고 눈을 똑바로 뜨고 쳐다보면서 "아빠는 나 죽이려고 그러지. 하나님이 날 고쳐주셨는데, 감사하지도 않아? 맨날 술만 먹고서."라고 했다는 것이다. 딸애의 그 말에 아빠는 술이 확 깨면서 정신이 번쩍 들더라고 했다. 비록 어린 딸이지만 정색을 하고 쳐다보며 그 말을 할 때 딸애가 무섭고 두렵더라고 말했다. 소연이 그렇게 말한 것은 그때 감기로 기침을 많이 하며 건강이 약해짐을 느꼈기 때문인 듯했다. 성령께서 딸애의 그 말 한마디로 그 아빠를 감화 감동케 하심으로 꾸준히 신앙생활을 하면서 술을 완전히 끊고 새사람이 되어 택시 일을 열심히 하였다.

그 아빠는 몇 달 동안 우리와 함께 신앙생활을 잘 하다가 이듬해 봄 소연이가 2학년으로 올라갈 무렵 그분의 모친이 큰 집을 지키며 홀로 사신다는 대전으로 가족과 함께 이사를 갔다. 그분은 대전에서도 신앙생활을 잘 하면서 열심히 일하여 내가 교회를 그만둘 때까지 4년간 다달이 3만 원이란 적잖은 헌금을 보내왔다.

하나님은 소연의 병을 고쳐주심으로 본인은 물론 그 부모와 동생까지 그 영혼들을 구원해주셨다. 한때 소연의 부모님이나 가까운 친척들까지도 소연이가 병을 가지고 태어난 것 때문에 매우 상심하는 세월을 보냈을 것이다. 그러나 그 병이, 본인은 물론 가족의 영혼을 구원하는 은혜의 큰 복이 될 줄 누가 알았겠는가.

이런 일을 보면 우리는, 우리에게 고난이 닥칠지라도 하나님은 그것을 통해서 더 큰 은혜를 베풀어주신다는 것을 알 수 있다. 그러므로 믿는 사람들은 무슨 일을 만나도 항상 감사하고 기뻐하며 산다. 형통할 때 감사하고 어려울 때 더 열심히 기도할 뿐이다.

나는 소연 어머니가 감사 표시로 선물한 양털실 조끼를 입거나 볼 때마다 그들을 구원해주신 주님께 감사드리게 된다. 소연은 아마 지금쯤 중년 부인이 되었을 것인데, 나는 소연이 믿음의 좋은 가정을 이루고 주님의 영광을 드리며 행복하게 살 줄 믿는다.

이 영선(가명) 집사님의 *피부암을 고쳐주신 것*도 잊을 수 없다. 이 집사님은 하나님께서 우리 교회에 보내주신 어른의 첫 열매로 신앙생활을 잘해서 집사직분을 받은 분이다. 그런데 키가 훤칠하고 얼굴도 미인에 속할 그분은 말할 때 늘 코맹맹이 소리를 하며 숨이 가빠하여 참 답답해보였다. 양쪽 콧속에 벌건 무살이 자라나서 콧구멍을 꽉 메우고 있기 때문이라고 했다. 그분 자신이 코를 조금만 쳐들고 보아도 보일 만큼 무살이 밖으로 자라 나오고 있는데, 그것은 수술을 해도 다시 자라나오는 일종의 피부암이라고 말했다. 그런데, 하나님께서 그것을 거짓말처럼 없애주셨다.

초겨울에 접어들 무렵 그분은 어느 수요 예배 후 내게, "목사님, 제가 내일 코 수술을 받으러 가는데, 수술이 잘 되게 기도해주세요."라고 말했다. 우리는 그때 그분의 설명으로 늘 숨이 가빠하는 원인도, 비후성축농증이란 병명도 처음 알게 되었다. 나는,

"이 집사님, 수술을 한 주간만 미루었다가 하시면 안 될까요? 하나님께서 고쳐주시기를 기도해보고, 직접 고쳐주지 않으시거든 그때 의사의 손에 맡깁시다."라고 말했다. 이 집사님은 내 반에 다니는 큰아들 제훈의 어머니이다. 그분이 내 권고를 받아들였는데, 그것은 아마 제훈과 한 반인 소연을 통해서 하나님의 놀라운 치유를 알았기 때문일 것이다. 나는 그분에게 날마다 한 시간씩 성경을 읽고 찬송을 부르며 기도하라고 당부하였다. 물론 나 자신도, 형제자매들이 체험적인 산 믿음을 갖도록 그분의 병을 깨끗이 고쳐달라고 쉬지 않고 기도했다. 그런데, 그분이 그 다음 수요일 저녁 예배를 마쳤을 때 내게 말하기를, "목사님, 간밤에 자고 났더니 그 무살이 없어졌어요. 이젠 숨이 막히지 않아 살 것 같아요."라고 활짝 웃으며 기뻐했다. 할렐루야! 수술을 해도 또 돋아난다는 그 피부암을 성령께서 뿌리까지 흔적도 남기지 않고 수술해

주신 것이다. 그야말로 천의무봉天衣無縫의 수술이었다.

헌금이라곤 주일에 몇 백 원 또는 1, 2천 원씩 드리는 게 고작인 우리교회에서 그분이 수술을 했다면 5십만 원도 더 든다는 그 금액의 십분의 일에 해당하는 5만원을 감사헌금으로 드렸다. 이것도 하나님께서 일으키신 또 다른 기적이었다. 근30년 전 그 돈은 꽤 큰돈으로 우리교회 주일헌금보다 큰돈이었다. 하나님께서 병을 고쳐주심으로 그 성도님을 포함한 교회 전체 성도님들에게 살아 역사하시는 당신의 영광을 보여주셔서 믿음들을 견고하게 해주신 것을 생각할 때 나는 얼마나 기쁘고 감사했는지 모른다.

 *시의 벤치*

내 사랑이 처음 찾아왔을 때/ 연못 한가운데 돌 한 덩이 던진 듯 가슴속에서 온 몸으로 퍼져나가는/ 저릿저릿한 열기를 느꼈습니다. 나를 향해 아이들 그림에서처럼/ 금빛 가루를 뿌려대는 태양/ 머리 위로 축하 비행을 하는 새들/ 새로 갈아입은 듯한 푸른 무도복으로/ 제자리에서도 너풀너풀 춤추는 나무들/ 모든 것들이 새 얼굴로 다가 왔습니다./ 사랑이 내 귀를 열어준 뒤에야/ 길가 앉은뱅이 꽃들의 하소연이 들리고/ 오글거리는 햇살 같은 콩따지 꽃들의/ 바람이 놓친 밀어도 들려왔습니다./ 사랑이 내 눈을 뜨게 해준 뒤에야/ 아득한 풀밭 가득히 맺힌 새벽이슬 같은/ 별들이 소곤대는 희망의 눈빛을 보았고/ 질경이 꽃의 눈물도 눈치 채게 되었습니다./ 풀잎들이 왜 풀잎 색깔로 빛나며/ 바다를 깔고 누운 고등어/ 그 흰 살이 어찌 그리 맛있고/ 바다의 어족은 어찌 그리 풍성한지,/ 밤하늘 가득 몰려나온 별들은/ 왜 나를 향해 반짝이고 있는지/ 사랑이 찾아와 가르쳐 주었습니다./ 안개비 걷히고 드러나는 靑山처럼/ 옷 벗고 다가오는 만물들을/ 사랑이 찾아온 뒤에야/ 뜨거운 가슴으로 안을 수 있었습니다.

- 최 진연, 「사랑이 찾아온 뒤에야」

50. 장님을 눈뜨게 하신 하나님

주님께서 온갖 질병뿐 아니라 귀머거리를 듣게, 벙어리를 말하게, 장님을 눈 뜨게 하셨다. 그런데, 그 주님께서 지금도 장님이 다 된 아이의 눈을 뜨게 하시는 것을 나는 보았다.

'96년 하늘비전교회 교육목사로 주일학교 5, 6학년으로 구성된 소년부를 맡았을 때 있었던 일이다. 5학년 남자 1반의 위 장율(가명) 군은 한 쪽 눈은 이미 의안을 끼고 있었으며, 남은 눈마저 거의 실명 상태에 이르렀다. 책상에 놓인 연필도 더듬어 찾아야 할 지경이 되었다. 사순절(부활절을 앞둔 40일간)이 시작될 무렵 주일 예배를 마친 그 반 어린이들은 담임교사와 함께 가까운 초등학교 운동장에 나가 축구를 하려했다. 그런데, 담임교사는 위 군이 축구할 생각을 않고 벤치에 가 앉는 것을 보았다. 그 교사가 같이 하라고 했더니 아이들은 본인이 말하기도 전에,

"걔는 못해요. 눈이 안 보여요." "걔는 장님이어서 안 돼요."라고 말했다는 것이다. 아이들은 위 군을 이미 장님으로 알고 축구나 다른 놀이에도 끼워주지 않는 모양이었다. 아마 책상의 연필도 더듬어 찾을 지경이었다니 활발한 놀이가 불가능해서 그 애 친구들이 그렇게 말했을 것이다.

예배 뒤에 갖는 교사회 시간에 그 보고를 들은 나와 교사들은 모두 큰 충격을 받았다. 그 아이가 그런 문제를 안고 있는 줄을 우리는 누구도 몰랐기 때문이다. 나는, 담임교사를 포함한 누구도

여태 그 사실을 몰랐음에 대한 자책감과 함께 그 어린것이 장차 흰 스틱을 짚고 평생을 고통 속에 살아갈 앞날을 생각하니 불쌍해서 견딜 수 없었다.

나는 '87년부터 퇴임하기 전해인 '98년까지 해마다 담임한 반에서 학년 초부터 성금을 모아서 성탄절이 가까운 종업식 날 그것을 가지고 반 어린이 전원과 함께 한국점자도서관(관장: 고 육병일)을 방문해왔다. 그 성금 마련은, 신문사 지국에서 배달된 어린이신문 뭉치를 끌러 각 학급에 배달하는 일을 내 반에서 자청하여 맡음으로, 덤으로 보내주는 10부를 매월 팔아서 모은 것이 대부분이었다. 또 교실에 저금통을 놓고 어린이들이 자발적으로 넣는 약간의 돈과 도서관 방문 직전에 학부모님들의 성원을 받고 나도 보태면 보통 30~40만 원, 많을 때는 50여만 원쯤 마련된다. 나는, 어린이들이 그 곳을 방문하여 성금을 전달함으로써 이웃사랑을 실천하게 하고, 시각장애인들의 어려움을 이해시키며, 그들을 돕는 마음을 키워주기 위해 해마다 그 일을 해왔다. 점자도서관 방문으로 시각장애자인 관장이나 직원의 설명을 통해서, 왜, 어떻게 점자책을 만들어 전국의 맹인들이 이용하게 하는가를 알게 하고, 시각장애인을 어떻게 도울 수 있는지를 듣고 알게 함으로써 그들을 돕는 마음과 태도를 길러주기 위한 특별교육활동의 하나였다.

나는 그 경험으로 시각장애인들의 어려운 삶을 어느 정도 알고 있는 터라, 위 군의 장래를 생각하니, 나 자신의 문제처럼 느껴져서 하나님께서 그의 눈을 고쳐주시기를 간절히 원하게 되었다.
교사회를 끝내기 전에 담임교사에게 위 군을 불러오게 해서 눈을 살펴보았다. 위 군의 눈동자는 마치 새빨간 물감 자체 같았고, 검은 동자와 흰 동자를 구별할 수 없이 새빨간 셀로판지를 눈동자에 발라놓은 듯했다. 눈을 만져보니 깜짝 놀랄 만큼 뜨거웠다. 그 외눈으로 보려는데, 그 눈마저 말을 듣지 않으니 열이 날 수밖에 없을 것 같았다. 그 병의 원인은 시신경이 차츰 죽어가는 것인데, 현대의학이 그 까닭을 밝히지 못하고 있고, 따라서 치료가 불가능하다고 했다. 그래서 다른 한쪽 눈은 이미 실명한 지 오래 되어 의안을 끼고 있다는 것을 그때 알게 되었다.

나는, "장율아, 너는 하나님께서 너를 사랑하시고, 또 주님이 원하기만 하면 못하실 일이 없다는 것을 믿느냐?"라고 물었다.

위 군은 비록 어리지만 믿음이 좋았다. 아버지는 막노동으로 생계를 잇는 어려운 가정형편인데다가 맏아들인 장율 군의 눈이 그렇게 되니 교회에 나가는 부인 문 집사님에게 때로는 행패도 부리는 모양이었다. 그러나 믿음이 좋은 어머니를 본받아서 장율은 두 동생들과 함께 신앙생활을 잘하는 모범 어린이였다. 그는,

"예, 믿어요."라고 분명히 대답했다. 나는 그 자리에서 위 군을 위해 교사들과 함께 기도한 뒤, 하나님께서 위 군을 고쳐주시는 영광을 이번 부활절에 보자고, 그러기 위해 함께 열심히 기도하자고 제의했다. 우리가 간구하면 하나님께서 기도를 들어주시겠다고 약속하셨으며(요14:12~14, 15:7, 16,), 그 약속의 말씀대로 기도하면 반드시 응답해주시는 것을 이미 많이 보아왔기 때문에 나는 그렇게 담대히 제의할 수 있었다.

모두들 결의에 찬 표정으로 내 말에 아멘으로 화답했다. 그 귀한 교사님들과 나는 하나가 되어 열심히 일해서 해마다 우리 소년부가 그 교회의 여러 기관 중 전도를 가장 많이 하는 모범이라는 평가를 받아왔는데, 장율을 위한 기도에도 하나가 된 것이다.

나는 그 교회를 떠난 지 오래 되었지만, 7년간 그 교회의 교육목사로 목회를 돕던 기간의 삶이 생애에 중요한 기억으로 남아 있다. 지금도 그때 고락을 같이 했던 교사님들의 얼굴이 떠오르면서

그분들을 위해 가끔 기도하게 된다.

나는 교육담당 교역자 회의를 통해서 모든 교사들에게 기도를 부탁했다. 1백 명 가까운 유초등부 교사 전체 모임에서 기도 지원을 호소하였다. 그러나 장님이 다 된, 현대 의술로는 치료불가능하다는 그 눈을 다시 보게 해달라고 기도한다는 것은 엄청난 전력의 상대를 향한 선전포고만큼이나 어려운 일이다. 그 기도는 일종의 나 자신과의 싸움인 동시에 하나님과의 싸움이기도 하다.

'이스라엘'은 '하나님과 겨루어 이겼다'는 뜻을 가진 야곱의 새 이름이다. 밤새 매달려 씨름하면서 복을 주시기 전에는 절대로 놓지 않겠다는 야곱의 환도뼈를 쳐서 뼈가 어긋나게 하신 하나님께서 붙여주신 영광스러운 이름이다(창32).

하나님은 이스라엘이 된 야곱처럼 갈망함이 없는 기도에는 응답하지 않으신다. 주님은, 귀함을 모르는 자에게 당신의 은혜를 베푸는 것은 돼지에게 진주를 던져 주는 것과 같다고 말씀하셨다(마 7:6). 은혜의 귀중함을 알고 받기를 갈망하는 자에게만 베풀어주신다. 구원의 은혜도 귀한 줄 모르는 자에게는 베풀지 않으신다.

아무튼 시한부로 기도응답을 받고자 하는 이런 기도는 하나님과 겨루어 기도에 응답해주시지 않고는 견딜 수 없을 만큼 그 은혜를 갈망하는 간절함과 포기하지 않는 집요함이 있어야 한다. 그 기도가 하나님을 감동시켜 응답해주시도록 해야 하기 때문에 하나님과의 일종의 선한 싸움이라 할 수 있다.

그래서 나는 그날부터 초비상이 걸린 상태가 되었다. 아침과 저녁에 금식을 하면서 집에서나 학교에서나 틈만 나면 위 군의 눈을 고쳐달라고 기도했다. 학교 신우회원들에게도 위 군의 가정 형편과 병을 자세히 설명하고 기도를 부탁했으며, 또 모임이 있을 때면 그 아이를 위해 함께 기도드렸다.

마침 교회에서 사순절 특별 기도집회가 저녁마다 열리게 되었다. 나는 그 첫날 위 군의 눈을 고쳐달라는 기도제목을 봉투에 적어서 헌금을 드렸다. 그런데, 담임 목사님이 연로하신 탓인지 기도 제목을 잘못 보시고,

"위장병을 앓는 사람이..."라고 하신 뒤 말을 잇지 못하고 있었다. 나는 얼른 뛰어나가,

"목사님, 위장병이 아니고요, 주일학교에 다니는 위 장율 군이 실명 위기에 있어서 눈을 고쳐달라는 것입니다."라고 온 성도들이 다 알아듣도록 크게 외쳤다. 성도님들은 그 소리에 '와'하고 웃음바다를 이루었다. 나는 돌아서서 회중을 향해,

"성도님 여러분, 웃을 일이 아닙니다. 한 아이가 눈이 멀게 되었는데, 웃으시다니요. 위 군을 위해 간절히 기도해주세요."

라고 진지한 표정으로 다시 외쳤다. 성도님들은 그제야 사태의 심각성을 알게 된 듯 조용해졌으며, 통성기도 시간에는 위 군을 위해 부르짖는 소리가 여기저기서 구름처럼 일어났다.

하나님의 은혜는 참으로 놀랍다. 만일 그 담임 목사님이 기도 제목을 바르게 읽었다면 내가 나가서 다급한 목소리로 외칠 수 없었을 것이며, 따라서 온 성도님들의 합심기도를 받지 못했을 것이다. 그런데, 하나님은 잘못 읽은 것이 오히려 '합심기도'란 좋은 결과를 낳게 하셨으니 참으로 놀라운 은혜가 아닌가.

그 교회는 사순절이 아닐 때도 매주 금요일에는 밤 9시에 집회를 여는데, 우리 부서의 교사들은 자율적으로 8시까지 교실에 모여 맡겨주신 어린이들을 위해 늘 기도해왔다. 그 사순절 기간에는 위 군을 위해 더 많은 교사들이 저녁마다 나와 함께 기도하게 되었다. 나는 그때 거의 두 달 동안 두어 정거장 거리인 그 교회까지 저녁과 새벽마다 운동 겸 뛰어다니면서 집회에 참석하여 기도하였다. 집회가 끝난 뒤에도 30분쯤 위 군과 교회학교 및 학교 신우회와 전도를 위해 다시 부르짖어 기도하였다.

사순절 집회 기간이 보름쯤 지났을 무렵 나는 위 군을 위한 간구의 헌금을 한 번 더 드렸다. 거기엔 주님의 치료를 갈망하는 마음과 함께 그 헌금 제목의 낭독을 통해 성도님들에게 위 군을 위해 계속 기도해주기를 바라는 마음도 담아 드렸다.

사순절 집회가 끝나는 마지막 고난 주간 금요일 밤이 되었다. 나는 그 밤에 눈물콧물을 쏟으며 통곡으로 부르짖어 기도했다. 어느 새 작정한 기도 기간의 마지막이 다 되었기 때문이다. 또 그날은 주님께서 우리의 모든 죄와 질고疾苦를 짊어지고 십자가에 못 박히신 날이기도 해서 위 군의 고통스러운 장래를 생각하니 통곡이 저절로 나왔다. 기도를 마칠 때 나는,

"하나님 아버지, 이번 부활절은 주님께서 장율의 눈을 다시 보게 하심으로 종의 생애에 다시없는 감격적인 부활절이 되게 해주소서."라고 울면서 마지막 호소를 드렸다. 그 순간,

"다 나았느니라."

하시는 놀라운 음성이 들렸다. 나는 깜짝 놀랐다. 그것은 귀로 듣는 음성이 아니었다. 마치 언젠가 직장 동료들과 함께 설악산 여행을 갔을 때 혼자서 몰래 호텔을 빠져 나와 산골짝에서 새벽기도를 드릴 때 듣던 바람소리 같았다. 그 크고 깊은 산골짝을 불어 내려오던 바람소리같이 내 마음 깊은 골짝에서 들려오는 음성이었다. 나는 너무너무 기뻐서,

"주님, 감사합니다. 주님, 감사합니다."를 몇 번이고 되풀이하였다. 그것은 어느새, "주님 감사해요."란 찬양이 되었다. 두 손을 높이 쳐들고 눈물로 부르는 감격의 찬양이…. 그 찬송을 몇 번 되풀이하여 부르다가 다시 조용히, "주님, 주님께서 고쳐주신다는 것을 어떻게 나타내시겠습니까?"하고 기도한 후 한참 동안 말씀을 기다리고 있었다. 그때 내게 한 생각이 떠올랐다. 나는 그것을 내 안에 살아계신 주님(성령님)께서 주시는 것이라 느꼈다. '그 아이

의 눈에서 열이 떨어지고, 눈동자의 핏발이 사라지면 나을 것'이라는 생각이었다. 나는, 하나님께서 부활절 아침까지 그렇게 해주시리라 믿겠다는 약속을 드린 후 기도를 마쳤다. 그러고 나니, 무거운 짐짝을 벗어던졌을 때의 날아갈 듯이 상쾌하고 홀가분해지는 기분과 한없는 기쁨과 평안이 마음을 가득 채웠다.

드디어 부활절 아침 예배 시간이 되었다.

그런데, 예배를 시작할 시간이 다 되었는데도 위 군이 보이지 않았다. 사회자가 막 개회 선언을 하려는 순간에 위 군이 문을 열고 들어섰다. 나는 얼른 강단에서 내려가 그의 눈부터 살펴보면서 왜 늦었느냐고 물어보았다. 위 군은 교회에 오겠다고 약속한 친구를 데리러 갔다가 늦었다고 했다. 앞을 잘 보지도 못하는 눈으로 말이다. 위 군이 너무나 대견스러웠다. 위 군에게 잘했다고 칭찬해주면서 살펴본 그의 눈은 새빨갛던 눈동자의 붉은 색깔이 많이 흐려져 보통 충혈 되었을 때와 비슷한 상태로 변해 있었다. 눈을 만져 봤더니 열이 없었다.

"할렐루야!" 나는 그때 기뻐서 나도 모르게 크게 외쳤다. 열이 떨어지고 핏발이 사라지면 주님께서 고쳐주시는 줄로 믿겠다는 약속대로 되었기 때문이다. 강단 위로 돌아온 나는 강대상 앞에 올라서서 예배를 시작하기 전에, "여러분, 하나님께서 장율이의 눈을 고쳐 주셨습니다. 다 같이 나를 따라 크게 외칩시다."라고 한 다음 교사, 어린이들과 함께 목청껏 외쳤다. "하나님 아버지, 감사합니다." "장율이의 눈을 고쳐주셔서 감사합니다."라고 외치니 눈물이 왈칵 쏟아졌다. 예배드리기 전 어린이들 앞이라 얼른 눈물을 거두었다. 함께 기도해온 교사들도 눈물을 훔치고 있었다. 하나님께 감사의 박수를 크게 쳐드린 다음, "여러분, 완전하신 하나님께서 장율이의 눈을 완전하게 고쳐주실 줄 믿습니다. 시력이 1.0 이상 되게 해주실 줄 믿습니다."라고 외쳤다. 이에 모두가 목청껏 아멘, 아멘 했다.

예배 후 나는 위 군에게 하나님께서 완전하게 고쳐주실 줄 믿고 기도하라고 일렀다. 물론 나도 한동안 위 군의 눈을 고쳐주신 것에 대한 감사의 기도를 계속하면서 그 눈 하나로도 불편함 없이 하나님께 영광을 돌려드리며 살아가게 해달라고 간구했다.

그 얼마 후 위 군은, 치료불가능판정을 내린 의사에게 가서 눈을 보였더니 깜짝 놀라더라고 했다. 벌써 완전히 눈이 먼 줄 알았던 시력이 좋아지고 있으니 놀라지 않을 수 없었을 것이다.

그 이듬해 내가 중등부를 맡아 주일을 주로 별관인 교육관에서 보내기 때문에 위 군을 만날 수가 없었는데, 5월 중순 어느 주일에 교회 뜰에서 우연히 만났다. 요즘 시력검사를 해보았느냐고 물었더니, 학교에서 했는데 1.0이라고 말했다. 나는 그 자리에서 위 군의 손을 잡고 함께 잠시 머리 숙여 하나님께 감사를 드렸다. 위 군이 그 외눈으로도 주님께 영광을 드리며 살리라 믿으면서....

문 집사님은 그 해 11월에 그 교회에서 가진 우리 큰아들 결혼식 때 잠실교구 식구들이 직접 뷔페음식을 만들어 손님을 대접하는 일에 앞장서 주었으며, 뒷설거지 가운데서도 험한 일을 도맡아 해주어서 그 사랑의 수고가 내 기억 속에 감사함으로 지금도 남아 있다. 위 군의 아버지는 덩치가 우람하게 크고 성격이 좀 괄괄한 편이어서 생활이 어려울 때는 문 집사님이 교회에 나가는 것을 방해했다고 한다. 더구나 위 군이 눈이 멀어 의안을 해 박고 그 나머지 하나마저 시력을 잃어가고 있을 때 술을 먹고 들어오면 그 아내에게, "네 하나님이 왜 우리 아들 눈을 잃게 내버려둔단 말이냐!"라면서 문 집사님을 괴롭혔다고 한다. 그런데, 2005년 어느 날 전도글 인쇄비에 도움이 되게 하려고 그 교회에서 간증을 겸한 설교 말씀을 할 기회가 있었다. 그때 문 집사님과 친하게 지내는 이 권사님을 통해서 안 일인데, 그 남편이 여러 해 전에 하나님

품에 돌아왔다고 했다. 그 남편이, 하나님께서 위 군의 눈을 고쳐 주심을 보고 내가 그 교회를 떠난 뒤 곧 돌아왔다는 것이다. 그 완악한 사람도 살아 역사하심을 보고 주님 품으로 돌아온 것이다.

장율 군은 아마 지금쯤 대학 중년으로 가정을 이루고 잘 살고 있을 게다. 나는, 위 군이 고2년 때 여름방학에 햄버거 집에서 아르바이트로 일하는 모습을 먼발치로 보면서 기뻐한 적이 있다. 그 눈에 아무 이상이 없다는 것을 잘 알 수 있었기 때문이다.

 시의 벤치

겨우내 바람과 아이들이 뛰놀던 텃밭/
딱딱한 땅거죽을 뚫고 솟아오르는/
세필 붓끝 같은 새싹을 보라./
가장 연약한 풀잎이 지닌/
가장 강한 힘, 신비의 생명/ 어둠의 지층을
뚫고 솟아오르는 창,/ 교만과 무지의 갑옷을 입고/
불룩이 내민 가슴에 박히는 창끝보다/
빛나는 한 줄기 풀잎의 탄생/ 저 할딱거리는 숨소리가
들리는가./ 그 숨결에 잔물결 이는 영혼의 수면에/
햇살 깨어져 반짝이며 흩어지고/
생명은 우후의 활엽처럼 싱그러운 것을/
보라, 딱딱한 땅거죽을 뚫고 나온/
가장 연약한 것이 지닌 가장 강한 힘,/
카펫 위를 걷는 잠옷 발걸음처럼
구름이 지나면서 물을 뿌려주고/
아지랑이가 키우는 풀싹/ 사랑은 죽음같이 강하다지만*
죽음보다 강한 저 생명의 부활을 보라.
　　*구약성경 아가서8장6절
　　　　- 최 진연, 「죽음보다 강한 생명」

51. 환난으로 포장된 축복

과거에 학교에는 육성회란 제도가 있었다. 1학년을 담임한 내 반의 육성회 이사로 학부모총회에서 선출된 자모님은, 마음씨가 어질고 선해서 내게, '저런 사람이 예수 믿었으면 참 좋겠다. 저런 사람이 지옥 가게 두어서는 안 되겠다.'는 생각이 들게 했다.

그분은 3월 초 입학 때부터 교실 청소를 종종 도와주었다. 어느 날 일을 마친 다음 나는 그분을 아이들 책상 앞에 마주 앉게 했다. 나는 음료수를 권하면서 복음을 전하기 시작했다. 1시간이 훨씬 지나도록 내가 거의 일방적으로 이야기하는 것이었으나, 그분은 싫은 기색 없이 진지하게 들어주었다.

그분은, 내 이야기가 끝나자, 자기의 가정 이야기를 했다. 시모님은, 청상과부로 아들 하나를 키워 오늘에 이른 분으로, 주일마다 절에 다닌다고 했다. 하나님께서 아무 일도 하지 말고 쉬면서 당신께 예배드리라고 정해주신 그 주일마다 가장 싫어하시는 우상 앞에 절하러 간다니 어처구니가 없었다. 그 아들 곧 그 자모님의 남편은 OB베어스 야구선수인데, 시합 때마다 그의 어머니가 가져다 준 부적을 팬츠 속에 만든 작은 주머니에 넣고 출전한다고 했다. 그러므로 그분은 절대로 예수를 믿을 수 없다는 것이었다.

그 말에 나는 웃으면서, "그렇지만 저는 수현(가명) 어머니와 가족을 위해 기도할 것입니다."라고 도전하듯 말했다. 그분은 내 말을 대수롭지 않게 여기는 듯 웃음으로 받았으나, 나는 그날부터 그 자모와 그 가족 구원을 위해 뜨겁게 기도하기 시작했다.

나는, 그분이 학교에 오기만 하면 시간 가는 줄 모르고 성경말씀을 들려주었는데, 그 때마다 교회에 못 나간다면서도 내 이야기를 끝까지 진지하게 들어주는 게 늘 감사했다.

그런데, 신학기 한 달이 지날 무렵부터 그 댁 맏딸인 수현의 받아쓰기나 숙제 성적이 급격히 떨어지더니, 날이 갈수록 더 심했다. 아무래도 가정에 무슨 일이 있는 듯해서 물어봤다.

"수현아, 네 성적이 요즘 왜 이렇게 떨어지고 있니? 혹시 네 어머니께서 집에 계시지 않니?"라는 내 말에, 그 아이는 금방 눈물을 뚝뚝 떨어뜨리면서 고개를 끄덕였다. 방과 후 남겨서 물어봤더니, 동생 영빈(가명)이 병원에 입원해서 그 애 엄마가 늘 병원에 가 있다는 것이다. 위로 두 누나를 둔 영빈은 그 집의 우상이었다. 특히 청상과부로 늙어 외아들한테서 얻은 그 손자 아이의 할머니에게는.... 나는 그 말을 듣고 속으로 '하나님께서 일하기 시작하셨구나.' 생각했다. 하나님은 자녀들이 당신의 영광을 위해 간절히 드리는 기도를 절대로 외면하지 못하신다. 그래서 성도의 기도를 하나님께 설치된 비상벨이라고 말하는 사람도 있다. 나는 그 애 어머니에게, "영빈 어머니, 영빈이 때문에 걱정이 크시겠습니다. 그러나 걱정하지 마시기 바랍니다. 하나님께서 댁에 보내주실 큰 축복의 선물을 환난이란 허름한 포장지에 싸서 보내주시는 것이라 생각하시기 바랍니다. 조금도 걱정하지 마시고 속히 주님 품으로 돌아오시기만 하세요. 하나님께서 영빈일 깨끗이 고쳐주실 줄 믿습니다."라는 위로의 말과 함께 입원실과 그 방 전화번호를 알려 달라고 수현의 알림장에 써 보냈다.

그 이튿날 아침 그 자모가 보내온 메모를 본 나는, 곧 교회 직분을 가진 자모 몇 분에게 전화를 해서 사정을 말하고 심방 준비를 해서 오후 3시에 학교로 좀 나와 달라고 부탁했다. 서울중앙(아산)병원 입원실을 찾아갔을 때 그 자모는 그 전의 깔끔한 모습이라곤 찾아볼 수 없이 푸수수한 아줌마로 우리를 맞았다. 아이가 입원한지 보름이 넘었다니, 집안일을 하면서 간병하느라 몸단장할 정신도 겨를도 없을 듯했다.

그분의 허락을 받은 다음 예배를 드릴 때 나는, 예수님께서 하나님의 영광을 위해 장님의 눈을 뜨게 하신 일(요7장)을 중심으로 말씀을 나누었다. 나는 말씀을 마치면서, "영빈이 병이 난 것은, 하나님의 영광을 위한 것입니다. 하나님께서 자모님의 가족을 특별히 사랑하시기 때문에 온 가족이 당신의 품으로 돌아오라고 부르시는 사인(sign)이라고 생각됩니다. 영빈이 걱정하지 말고 자모님이 먼저 하나님 품으로 돌아오시기만 하세요. 영빈 어머니께서 먼저 돌아오시기만 하면 아이가 낫고 가족 모두가 구원을 얻는 영광의 기쁨을 입게 될 줄 믿습니다."라고 하였다. 그 자모는, 내가 전하는 하나님의 말씀을 지친 듯한 표정으로 경청했다. 나는 영빈이 고쳐주시되 그를 통해서 온 가족이 구원받게 해 달라고 간절히 기도한 뒤 예배를 마쳤다. 자모님들에게 좀 더 있다가 돌아가라고 부탁하고 먼저 학교로 돌아왔다.

그런데, 그 날 저녁에 그 심방에 참여했던 한 분으로부터 전화가 왔다. 내가 떠난 뒤 곧 영빈이가 경기를 일으키는 바람에 의사가 달려오는 등 큰 소동이 벌어졌다는 것이다. 그 말을 듣고 나는, '사탄이 발악을 하는구나.' 생각하면서 그분을 비롯하여 함께 심방했던 분들에게 그 가정을 위해 계속 기도해주도록 부탁하였다. 물론 나도 더 열심히 기도하게 되었다. 본격적인 영적 싸움이 시작되었음을 알았기 때문이다.

그 병원에서 한 달이 넘도록 치료를 받는 동안 똑같은 병에 같은 약을 투여하면, 다른 환자들은 잘 낫는데, 영빈에게는 부작용만 생기고 병세가 계속 악화된다는 소식이 들려왔다. 그 소식을 들었을 때 나는 고통 받는 그 어린이에게는 미안했으나 오히려 감사한 마음이 들었다. 의사보다 능하신 하나님께서 역사하시는 것이 틀림없다고 생각되었기 때문이었다.

그 댁에서는 할 수 없이 아이를 서울대의대 아동병원으로 옮겼다. 그런데, 두어 주 후 그 병원의 병실로 전화를 했더니, 그 자모는 그 병원에서도 같은 현상으로 어린것이 큰 고통만 받고 있다고 울먹이며 말했다. 나는 그때 그분에게 안타까운 마음으로 호소했다. "수현 어머니, 영빈이의 병이 다른 환자와 달리 병원 치료가 되지 않는다는 것으로 보아 하나님께서 영빈일 통해서 가족을 당신의 품으로 부르고 계신 게 틀림없습니다. 자모님부터 예수님을 구주로 영접하고 믿으세요. 공연히 영빈이만 더 고통 받게 하지 마시기 바랍니다."

그 후 여러 날이 지난 어느 늦은 밤에 전화가 왔다. '이렇게 늦은 시간에 누가 전화를 했을까?'하는 마음으로 전화기를 드니, 영빈 어머니의 기어들어가는 목소리가 들려왔다. 그분은 몇 마디 수인사 끝에 대뜸, "선생님, 우리 영빈이 어쩌면 좋아요. 애를 놓칠 것 같아요."라고 하더니 울음을 터뜨렸다. 곧 통곡에 가까운 울음소리가 전화기 밖에서 들려왔다. 한참 만에 가까스로 참고 흐느끼며 전화기를 다시 들었다. 그 울음소리에 나도 눈물이 났다. 나는 울음을 그치도록 좀 더 기다린 끝에 어찌 되었는지 자세히 이야기해보라고 말했다.

그 자모는, 한 달이 넘도록 애쓴 아동병원 의사들이 자기들의 의술로는 도저히 고칠 수 없으니 퇴원시키라고 했다는 것이다. 할 수 없이 집에 데려다 눕혀놓고 지금 사경을 헤매는 아이를 속수무책으로 들여다보고만 있다면서 다시 흐느껴 울었다. 이윽고 진정하게 된 그분은, "선생님, 도와주세요."라고 애타는 목소리로 도움을 청했다. 지금까지는 내가 늘 믿음을 권하느라 호소했는데, 이번엔 그 자모가 아이를 살릴 다른 길이 없으니까 내게 간절히 도움을 청한 것이었다. 나는, "영빈 어머니, 나는 전혀 도움을 드릴 수 없으나, 하나님은 꼭 도와주실 테니 걱정하지 마세요. 내가 전에도 여러 번 말씀드렸지만, 우선 자모님께서 하나님께 돌아오시기만 하면 그 병은 전혀 문제가 되지 않습니다. 빨리 돌아오세요. 기회를 놓치기 전에 내일 주일에 당장 교회에서 만납시다. 자모님이 하나님 품으로 돌아오시기만 하면 영빈인 곧 낫습니다. 하나님은 인간의 사지백체를 지으신 분입니다. 사람이 만든 자동차가 고장 나면, 사람이 그걸 못 고칩니까?"라고 위로하고, 소연의 심장병을 고쳐주신 이야기를 들려주기도 했다. 또 주님께서 고난을 앞두고 제자들을 통해서 우리에게 하신 기도 응답을 약속하신 다음 말씀도 읽어서 들려주었다.

"내가 진실로, 진실로 너희에게 이르나니, 나를 믿는 자는 나의 하는 일을 저도 할 것이요 또한 이보다 더 큰 것도 하리니, 이는 내가 아버지께로 가기 때문이다. 너희가 내 이름으로 무엇을 구하든지 내가 시행하리니…(요14: 12,13)", "너희가 내 안에 살고 내 말이 너희 안에 거居하면, 무엇이든지 원하는 대로 구하라. 그리하면 이루리라(요15:7)."

"내가 진실로, 진실로 너희에게 이르나니, 너희가 무엇이든지 아버지께 구하는 것을 내 이름으로 주시리라. 지금까지는 너희가 내 이름으로 아무것도 구하지 않았으나 구하라. 그리하면 받으리니 너희 기쁨이 충만하리라(요15:23,24)."

"자모님, 지금까지는 시모님의 뜻대로 부적을 써 붙이고, 불공을 드리고, 스님들을 집에 모셔서 특별 염불도 하고, 굿까지 해봤다니, 이제는 자모님의 뜻대로 하나님께 나아가 기도해보겠다고 시모님께 말씀하세요. 단호한 태도로 말씀드리세요. 시모님도 사랑하고 얘 아빠도 사랑하지만, 내 아이를 놓칠 수 없습니다. 만일 이대로 애가 잘못되면 시모님 책임이라고 하세요."라고 어머니로서 결연히 주장하라고 충고해주었다. 그 댁은 할머니뿐만 아니라 아내보다 어머니를 우선하는 그 남편에게도 문제가 있어보였다. 수현 아빠는, 아파트 집집마다 아래쪽으로 쓰레기를 쏟아 버리게 되어 있는 곳에 내가 그 자모에게 준 성경책을 던져버릴 정도로 사탄에게 단단히 묶여 있는 사람이었다. 그러므로 여간 단호한 결의를 보여주지 않으면 그 자모님의 뜻을 관철하기 어려워보였기에 단단히 일러준 것이다. 그렇게 하여 허락받은 뒤 교회에 나와 하나님께 간절히 기도하자고 용기를 갖게 했다.

마침 그 이튿날이 내가 당직인 주일이어서 학교 앞 교회로 나오라고 약속했다. 그 교회는, 개척 시절에 내가 섬기던 종암교회가 멀어서 새벽기도를 드리던 교회인데, 그 때는 교회당을 아담하게 지은 다음이었다. 나는 담임하신 한 목사님께 그 자모님에 대한 사정을 미리 자세히 알려드렸다. 그런데, 예배드릴 시간이 다 되었는데도 그분은 오지 않았다. 예배가 끝난 뒤 행여나 싶어 돌아보니 맨 뒷자리에 와 있었다. 참 반갑고 감사했다.

나는 교회 식당에서 식사를 하면서 그분에게 가정에서 있었던 일을 물어보았다. 그분은 자기의 결심을 시모님께 말씀드렸더니, 교회 출석을 허락했다는 것이다. 내가 일러준 대로, 만일 그 자모의 원대로 하지 못하게 해서 영빈이 잘못 되기라도 하면 그 책임이 시모님께 돌아갈 것이라고 말했더니, 교회 출석을 허락하시더라고 말했다. 그 말을 들을 때 드디어 천사들이 울리는 승리의 나팔소리를 듣는 듯했다. 나는,

"영빈 어머니, 이제는 조금도 걱정할 것 없습니다. 의사가 손을 들고, 영빈 어머니나 할머니, 아빠가 하나님 앞에 손을 들었으니, 하나님께서 반드시 그 손을 잡아주십니다. 이제부터 하나님을 아버지라고 부르시고, 우리의 죄 값으로 십자가에서 대신 죽으셨다가 부활하신 예수님을 구주로 마음에 영접하고 믿으세요. 그리고 새벽마다 교회에 나와서 하나님께 영빈일 고쳐달라고 간절히 기도

하세요. 지금까지 하나님을 믿지 않았던 죄와 살아오면서 알게 모르게 지은 죄를 생각나는 대로 다 회개하시고, 영빈을 고쳐주시면 주님 뜻대로 살겠다고 약속하세요. 기도를 마칠 때는 '예수님의 이름으로 기도드렸습니다.'라고 하시기 바랍니다. 그러면 반드시 고쳐주십니다."고 단언했다.

　나는, 하나님께서 당신의 사람이 생명(영혼) 구원을 위해 주님의 이름으로 선포하는 말에 반드시 책임져주시는 것을 이미 종종 경험해왔기 때문에 그렇게 단언할 수 있었다. 이것이 바로 하나님께서 권능으로 함께하심이다. 성경에, "하나님의 나라는 말에 있지 아니하고 오직 능력에 있다(고전4:20)."이라고 한다. 또 바울은, "내 말과 전도함이 지혜의 권하는 말로 하지 아니하고 다만 성령의 나타남과 능력으로 하여...(고전2:4)"라고 한다. 전도를 말재간으로 하는 게 아니라 전도자가 간절히 기도함으로써 하나님의 성령께서 역사하심으로 나타나는 놀라운 능력으로 이루어진다는 말씀이다. 이번 경우도 그 가정을 구원하기 위해 기도를 계속하면서 일이 되어가는 과정을 보니, 하나님께서 그 집의 우상인 영빈을 쳐서 그 가족이 돌아오게 하시는 것임을 잘 알 수 있었기 때문에 나는 하나님께서 이번에도 영빈 어머니에게 내가 선포하는 말에 책임져주시리라 확신하였기에 그렇게 단언할 수 있었다. 또 나는 그 자모님의 그 거룩한 첫걸음이 그 자신과 그 가정의 운명을 축복으로 바꿔놓을 것이라고 생각하니 너무나 기뻐서 그렇게 말하지 않을 수 없었다. 그 자모님의 첫 교회 출석을 한 목사님의 기도로 잘 마무리 짓고 우리는 헤어졌다.

　그런데, 드디어 기적이 나타났다. 그 자모가 그 교회에 3일째 새벽기도를 마치고 집에 돌아갔더니, 그 때까지 아무 것도 먹으려 하지 않고 시체처럼 늘어져 누워만 있던 영빈이가,

　"엄마, 배고파."하더라는 것이다. 그 자모는 그 말 한 마디가 그

렇게 가슴이 저리도록 기쁘고 반가울 수 없었다고 말했다. 영빈은 그때부터 음식을 먹고 기운을 차리더니 언제 나았는지도 모르는 사이에 다 나았다고 했다. 하나님의 치료는 그렇게 이루어졌다.

"하나님을 사랑하는 자 곧 그 뜻대로 부르심을 입은 자들에게는 모든 것이 합력하여 선을 이루신다(롬8:28)."

고 하는 말씀이 진리임을 나는 또 한 번 실감하였다. 나는 두어 달 후 그 교회에서 다시 예배를 드린 다음, 점심 식사가 나오기를 기다리면서 마주 앉은 한 목사님에게, "요즘 영빈 어머니 교회에 잘 나옵니까?"고 물었더니, 주방을 가리키면서 "식사 준비하는 중입니다."라고 대답했다. 나는 그 말을 듣고, 놀라운 축복의 변화가 그분과 그 가정에 일어나고 있음을 짐작할 수 있었다. 그분은 효성여대를 졸업한 꽤나 깔끔한 미인으로 믿기 전에는 교회 주방에 들어가서 점심준비를 한다는 것을 상상도 못했을 텐데, 하나님의 놀라운 은혜를 입고 완전히 새사람이 된 것임을 알 수 있었다.

그 가정은 남편이 빚보증을 섰다가 잘못되어 집을 날리는 바람에 할 수 없이 그 해 가을에 그 자모의 친정이 있는 대구로 이사를 갔다. 그러고, 한 5년쯤 지난 뒤 어느 해 스승의 날 밤에 우리 집으로 전화가 왔다. 아내가 바꾼 전화기에서, "선생님, 수현이를 기억하세요?"란 말을 들었을 때, 나는 잃었던 누이라도 찾은 듯 기뻤다. "영빈 어머니, 수현이 뿐만 아니라, 수민(가명)이도 잊지 않고 있어요. 하나님께서 그 어려움을 통해서 구원하신 가정을 내가 어찌 잊겠소."라고 하였더니, 그분은 스승의 날만 되면 내 생각을 하며 주님께 감사드리고, 나를 위해 늘 기도한다고 말했다. 나 역시 주님께서 나를 심부름꾼으로 해서 구원하신 많은 분들을 위해 일괄 기도할 때면 그 가족을 떠올리게 된다. 그때 그 성도님은, 성서신학교에 다니며, 복음을 전하는 게 더할 수 없는 기쁨이라고 말했다. 또 그 완고하신 우상 숭배자였던 할머니까지 온 가족이 주님께 돌아와 신앙생활을 잘 하고 있으며, 경제적으로도 그 남편 조 덕연(가명) 씨는 당시 쌍방울 야구단 감독을 맡게 되었고, 집도 다시 사서 행복하게 산다고 말했다. 하나님께서는 생병이 나게 해서라도 당신 품으로 돌아오게 하시는 좋으신 아버지이시다.

전 가족이 아무 어려움 없이 주님께 돌아오는 경우도 종종 있었다. 그 한 예로 주 상돈(가명) 어린이의 가정을 들 수 있다. 2학년인 상돈은 그 부모님의 늦둥이였다. 동대문시장 포목상인 그분들은 맏아들을 장가들여 한 집에서 사는데, 아직 아기를 갖지 않은 며느리가 그 막내 시동생의 학교 뒷바라지를 하고 있었다. 주 군은 학교생활을 즐겁게 하는 가운데 곧 교회도 잘 다니게 되었다. 그 부모님은, 그 늦둥이가 담임교사의 사랑을 받으며 학교생활을 즐겁게 하고 있음에 감사하다는 말을 며느리 편에 전해오기도 했다. 그러면서 그분들은, 내가 주 군 편에 보내주는, 그리스도인 명사들이 하나님께서 그들의 인생에 어떻게 역사하셨는가를 쓴 신앙서적들을 잘 읽었다. 나는, 그런 간증 책을 비롯하여 기독교적인 교육, 문학, 교양서적, 전도용 소책자들, 전도에 관한 설교집 등 300여 권의 책을 비치하고, 해마다 학부모들에게 그 책들을 빌려주어 읽게 함으로써 스스로 기독교를 이해하고 판단하여 돌아오도록 돕는 일을 해왔다. 책을 보내주면 주 군 부모님은, 여러 자녀들과 며느리 등 전 가족은 물론, 이모네 가족에게도 읽게 한다더니, 그 해 여름 그 이모네 가족까지 교회에 다 나가게 했다. 그것은 마치 땅콩 줄기를 뽑으면 땅콩이 무더기로 달려 올라오는 것과 같아서, 그럴 때 전도자의 기쁨과 감사함은 이루 말할 수 없이 크다. 천하보다 귀한 생명들이 무더기로 돌아오는 것을 볼 때마다 나는, '참으로 지혜로운 복 받은 분들이구나.' 생각하면서, 무엇보다 이런 놀라운 구원의 은혜를 베풀어주신 하나님께 뜨거운 감사와 기쁨으로 찬양을 드리게 된다.

나는, 그대가 앞에 소개한 두 가정이 구원받게 된 과정 대강의 이야기를 읽으면서 하나님의 놀라운 은혜를 깊이 깨닫게 되었을 줄 믿는다. 하나님께서 사랑하시는 그대에게 그분의 사자로서 내가 다시 한 번 복음을 들려드리니, 깊이 묵상해보기 바란다.

"주님의 인애와 사람들에게 하신 놀라운 일로 여호와께 감사하라. 주께서 목마른 영혼을 만족케 하시며, 주린 영혼을 좋은 것으로 채워주시기 때문이다. 사람이 사망의 그늘에 앉으며 곤고의 쇠사슬에 매임은 하나님의 말씀을 거역하며 지존자의 뜻을 멸시하기 때문이다....여호와의 인자하심과 인생에게 행하신 기이한 일을 인하여 그를 찬송하라(시107:8~15)."

내 사랑하는 그대여, 나는 교사요 시인이요 목사란 깨끗한 이름의 명예를 걸고 부탁하는데, 가족과 함께 주 예수를 믿어서 영생의 소망을 안고 환희에 찬 삶을 살기 바란다. 내가 그대에게 이처럼 호소하는 것은, 오직 하나님께서 그대를 지극히 사랑하심과 당신의 품으로 돌아오기를 간절히 바라고 계심을 알기 때문이다.

 *시의 벤치*

참 오랜만에 쳐다보는 하늘/ 대지의 저울판 위에 올라/ 체중을 달아 본다./ 카펫보다 부드러운 푹신함/ 발걸음마다 찍히는/ 체중의 눈금/ 삽상한 숲의 공기 속으로/ 빠져 나가는 내공만큼/ 가벼워지는 지방질의 도시,/ 볼 수 있는 눈만 있다면/ 떨어지는 바늘의/ 눈금 수치도 보이리라./ 살랑살랑 꽃잎처럼/ 날려가는 콘크리트 빌딩들,/ 붕붕 소리 내며 끓는 햇살/ 달아오르는 기류에/ 민들레 씨앗보다 가볍게/ 하늘로 날아가는 도시, 배추흰나비 날개를 타고/ 날아가는 도시가/ 볼 수 있는 눈에는 보이리라.   - 최 진연, 「대지의 저울판 위에 올라」

52. 전신 루머치스를 고쳐주신 하나님

　나는 어느 교회의 중등 1,2부 설교를 맡았다가 그해 6월 말로 사역을 못하게 되었다. 믿음의 덕을 위해 그 교회 이름도 그 이유도 밝히지 않겠으나, 하나님은 내가 설교하지 못하게 됨으로 큰 손해를 보셨음에 틀림없다. 나는 핸드릭슨과 메튜 헨리 등의 영문 주석을 비롯한 주석서들을 참고하면서 기도로써 성령의 도우심을 받아 중학생 수준에 맞게 설교 준비를 철저히 하여 단에 섰다. 그런 준비 후에 나를 도구로 사용하시는 성령의 역사를 느끼면서 말씀을 힘 있게 선포할 때 학생들의 흐릿하던 눈빛이 반짝이기 시작했다. 몇 달간의 내 설교에 귀가 열린 학생들이 전도하기 시작해서 새 신자가 매주 4,5명씩 한창 불어나는 때에 나는 영문도 모르고 그 자리를 물러나게 되었다. 큰 손해를 보신 하나님께서 그 잘못이 누구에게 있는지를 잘 아실 것이다.

　그 때부터 갑자기 할 일을 잃은 나는 내게 주신 신유은사를 다시 쓰게 해달라고 눈물로 기도하기 시작했다. 연말 연초에 교역자 이동이 있는데, 중간에 일을 못하게 되니 다른 교회로 일자리를 구해서 옮겨가기도 어려웠기 때문이다. 교육관 지하의 예배당은 주일에도 오전에는 비어 있어서 거기서 기도가 끝나면 혼자서 피아노를 치면서 30분 이상 마음껏 찬양을 드렸다. 나는 학생들이 예배드리는 시간에 기도와 찬양이라도 드리지 않고는 견딜 수 없었다. 그렇게 몇 주를 지나다가 성가대원으로 봉사하기로 했다. 찬양 드리는 것은 누구도 시기하거나 막지 못할 것이므로 자원한 것이다. 사실 나는 지금까지 목회자라기보다 자비량自備糧 전도자로 일해 왔고, 평신도일 때 성가대에서 테너로 찬양을 해왔기에 망설일 이유가 없었다. 목사가 성가대에 서자 많은 대원들과 예배드리는 수많은 성도들 모두가 나를 이상한 눈으로 보는 듯했으나, 나는 전혀 개의치 않았다. 성가를 오직 하나님께 불러드리는 것이기 때문이다. 장로 집사 등 대부분 직분을 가진 남성으로만 구성된 금요일 밤 성가대원으로도 자원 봉사했다. 내가 들어가자 테너 성부가 한층 더 살아났기 때문인지 대원들 모두가 기뻐하였다.

그런 계기로 나는, 하나님께서 찬양 받으시기를 얼마나 기뻐하시는가를 새삼스레 깊이 깨닫게 되었다. 찬양 받기 위해 당신의 백성들을 지었다고 하시는 하나님께서(사43:21), "이스라엘의 찬양 중에 거하시는(시22:3)"것을 깊이 깨달은 나는 찬양 불러드리기를 더욱 기뻐하게 되었다. 또 설교를 못하게 된 당시 찬양은 내게 큰 위로가 되었다. 그렇게 하는 동안 나도 모르게 여러 곡을 외워 부르게 되어 두 시간 이상 악보를 보지 않고 메들리로 가사를 끝 절까지 외워 부를 수 있게 되었다. 찬송가를 많이 외워 부르니까 자동차 운전을 하면서도, 어두운 데서도, 기도드리다가도 찬송을 자유로이 부를 수 있어 좋다.

이듬해는, 여전히 11시 예배에 성가대원으로 봉사한 뒤, 교회의 요청에 따라 오후의 영어예배를 도왔다. 설교는 외국에서 살던 목사님이 맡고, 나는 사회와 축도를 맡았다. 영어 공부를 특별히 하지 않았으나 고등학교 때 영어로 소설을 읽고 편지를 쓰던 실력이 일부 남아 있었고, 그간에도 영문 주석서들을 꾸준히 보아온 것이 도움이 되었다. 종암교회 집사 시절, 우간다에서 온 크리스토퍼 목사님과 교제하며 익혔던 것과 학교에서 영어지도를 위한 회화 연수 받은 것도 도움이 되어 영어로 축도를 하거나 외국인 형제자매들과 의사소통하는 데는 큰 어려움이 없었다.

한편 나는 여전히 신유은사를 다시 쓸 수 있는 기회를 달라고 계속 기도하고 있었다. 나는 그 은사를 다시 사용해서라도 주님의 교회를 위해 열심히 봉사하고 싶었다. 드디어 내 기도를 들으신 하나님께서 그 은사를 사용할 기회를 주셨다.

2월 어느 주일 예배와 식사를 끝냈을 때 프란체스코 내외가 다가오더니 눈물을 글썽이면서 내게 고통을 호소했다. 남편은 고통을 참지 못해 얼굴을 일그러뜨리면서 겨우 말했다. 전신의 뼈마디가 바늘로 쑤시는 것처럼 몹시 아프다terrible pain고 했다. 그 아내는 남편이 너무 아파서 잠을 2시간도 자지 못하면서 일을 해야 한다고 말했다. 병원에서는 전신 루머치스로 치료를 오래 받아야 된다는데, 의료보험의 혜택을 받을 수 없는 그들은 엄청난 치료비 때문에 아예 치료받을 생각도 못한 채 고통 속에 벌써 한 달을 지났다고 했다. 그 딱한 이야기를 들으니 그 형제 내외가 너무 불쌍했다. 나는 그에게, "너는 예수가 너의 구주이심을 믿느냐? 주님이 너를 고쳐주실 줄 믿느냐?"고 물어보았다. 신유는 믿는 자에게만 베푸시는 하나님의 특별한 은혜이기 때문이다. 예수님도 환자들이 당신께 와서 고쳐주시기를 원할 때면, 먼저 "네가 믿느냐?"고 물어보셨고, 믿음을 확인한 다음에 "네 믿음대로 되어라.""네 믿음이 너를 구원하였다."며 고쳐주셨다. 그래서 믿음을 확인하려는 내 물음에 그들은, "그렇다. 예수님은 나의 구주이시고, 나를 고쳐주실 줄 믿는다."라고 대답했다.

"그럼 됐다. 걱정하지 마라."고 한 뒤 나는 그의 머리에 손을 얹고 간절히 기도해주었다. 그 내외는 그 다음 주일 예배를 마치자마자 내게 달려오더니 기쁜 얼굴로 내 두 손을 잡고 마구 흔들어대면서 "목사님, 감사합니다. 대단히 감사합니다."를 연발하였다.

그 형제는 기도 받은 지난주일 저녁부터 고통이 없어졌으며 잠을 편히 자게 되었다고 했다. 이제는 이렇게 완전히 나았다고 말하면서 펄떡펄떡 뛰기도 하고, 팔다리를 굽혔다 폈다 하여 보이면 서 마치 어린애처럼 기뻐서 어쩔 줄 몰라 하였다. 할렐루야!

하나님께서 고쳐주지 않으셨다면, 잠도 못자면서 날마다 12시간 이나 일을 해야 하는 그 형제자매를 그 고통에서 누가 구원해줄 수 있었겠는가. 나는 그 내외에게, "내게 감사하지 말라. 하나님 이 하신 일이니 하나님께 감사하라."고 말한 뒤 그들과 함께 감사 의 기도를 드렸다. 그들은 그때 눈물을 줄줄 흘리면서 하나님께 감사드렸다.

이제 그 형제자매는 교회 밖으로, 믿음 밖으로 내쫓는다고 해도 쫓겨나지 않을 것이다. 하나님께서 살아 역사하심을 체험함으로써 하나님을 확신하게 된 때문이다. 그들은 참으로 복된 사람들이다.

그 다음 주일 예배 시간에 설교하기에 앞서 그에게 5분간의 간 증 기회를 주었더니, 그의 간증을 듣고 그와 함께 아파하던 필리 핀 근로자 30여 명의 형제자매들은 물론, 온 회중이 큰 은혜를 받 으면서 주님께 영광을 돌리며 기뻐했다.

나의 *질부를 고통에서 구원해주신 일*도 있었다. 프란체스코 형제 를 고치고 두어 주 지난 3월 첫째 주일 나의 생질 내외가 딸아이 들을 데리고 내가 늘 기도하고 찬송 드리는 영어 예배실로 나를 찾아왔다. 그제 조카가 전화를 했기에 교회로 오랬더니 찾아온 것 이다. 그의 처 곧 내 질부는 전신이 아파서 견디지 못해 한다면서 내가 기도해주기를 원한다고 했다. 질부는 고통 때문에 오만상을 다 찡그린 채 조카의 겨드랑이에 안긴 자세로 예배당에 들어왔다. 예배와 식사가 끝난 뒤, 나는 나와 함께 기도하는 신 집사님과 함 께 조카 내외를 따로 만났다. 신 집사님은 고급 기술직 공무원이 면서 중등부교사로 충성하던, 내가 이유도 모른 채 중등부를 떠나 게 될 때 안타까워하던 교사들 중의 한 분으로 나를 늘 찾아와서 기도로 돕고 있었다.

우리는 하나님께서 함께 하심을 바라는 기도를 먼저 드린 후 질부의 병에 관한 이야기부터 들어봤다. 모 대학병원에 2주간 입원했으나 병명조차 모른 채 퇴원했다고 한다. 병세를 들어보니 전신 루머치스 비슷했으나, 프란체스코 형제의 경우와 달리, 뼈마디뿐만 아니라 전신의 살도 바늘로 찌르듯 아파서 견딜 수 없다면서 울었다. 당시 육군 소령인 조카는 사관학교 입학 기념으로 성경을 사준 내 전도로 신앙을 갖게 되었다. 그는 졸업 후 임관 되어서도 병사들에게 복음을 전하고, 군인교회를 도우면서 신앙생활을 열심히 했다. 그렇던 그가 결혼 후 신앙생활을 차츰 잘 하지 못하게 되는 듯했다. 그런 소문을 들어온 내 짐작으로는 그 가정에 신앙적인 문제가 있을 것 같았다. 나는 여느 환자들의 경우와 같이 조카 내외에게도 신유기도 전에 그 신앙 상태부터 점검해보았다.

"너 솔직하게 주님 앞에서 내가 묻는 말에 대답하기 바란다. 십일조 생활 잘 하였느냐?"는 물음에 조카는, 부끄러워서인지 좀 망설이다가 "잘 못했습니다."라고 대답했다. "그럼, 주일은 성수하고 있느냐?"라는 물음에도 용맹스런 군 지휘관답지 않게 기운 빠진 소리로 "빠질 때가 더 많았습니다."라고 대답했다.

십일조생활을 못한 원인을 물었을 때 질부가 반대했기 때문이라고 말했다. 불교 가정에서 자란 질부는, 남편이 주일에 교회에 나가는 것조차 매우 못 마땅히 여겨서 자주 빠지게 했던 모양이다. 질부는 조카의 그런 말에 아무 대꾸도 못하고 아파 죽겠다는 표정을 지으며 눈물만 흘리고 있었다. 나는 신앙 상태를 점검한 다음 조카를 우선 꾸짖었다. 그의 말은, 마치 아담이 선악과를 따먹은 죄를 하나님께서 그에게 주신 여자가 과일을 주어서 먹었을 뿐이라며 그 책임을 하와에게 전가하는 것과 흡사했기 때문이다. 가족의 신앙을 책임져야 할 가장으로서 자신의 신앙을 견고히 지키지 못한 것을 아내 탓으로 돌리느냐고 몹시 꾸짖었다.

그 다음에 질부를 꾸짖었다. 교회에 저 안 나가는 것도 용납될 수 없는 일인데, 제 남편의 신앙생활을 방해하고 있으니 주님께 매를 맞을 수밖에 없지 않느냐고 호통을 쳤다. "아무리 시대가 바뀌었다 해도 남편의 뜻을 따르는 게 네 도리가 아니냐? 또 남편과 함께 해주지는 못할망정 왜 그렇게 복된 신앙의 길을 막느냐? 네 남편의 장래를 망치려고 작정이라도 한 게냐?"고 꾸짖었다.

"하나님께서 너희 내외를 사랑하시기 때문에 질부 네게 사랑의 채찍을 드신 것이다. 너희가 먼저 회개하지 않으면 기도해도 소용이 없다."고 회개기도부터 시켰다. 그들이 눈물을 흘리며 진심으로 회개함을 본 나는, 사죄와 간구의 기도를 해주었다.

"사랑의 하나님, 이 아이들의 회개를 받으신 줄 믿고 감사를 드립니다. 남편 노릇을 제대로 하지 못한 아들을 용서해주신 줄 믿습니다. 아내로서 남편을 위해 기도해주지는 못할망정 신앙생활에 방해꾼 노릇을 한 질부의 잘못도 다 용서해주신 줄 믿습니다. 또한 종의 기도를 늘 들어 응답해주심을 감사하오며, 이제도 우리 주 예수 그리스도의 피 공로를 의지해서 손을 얹어 기도하오니, 질부를 깨끗이 고쳐주소서. 의사가 고치지 못하는 병을 주님께서 고쳐주지 않으시면 당신의 자녀들이 어디로 가겠습니까? 이제 이들이 신앙생활을 잘 할 줄 믿사오니, 당신의 영광을 보게 하옵소서."라고 한 뒤 주님의 이름으로 기도를 마쳤다. 그리고는,

"이제부터 하나님께서 기뻐하시는 삶을 살아야 한다. 너희가 진정으로 회개를 했다면 행동으로 그 열매를 맺어 보여드려야 한다. 그리고 하나님께서 너희를 고쳐주신 줄 믿어라. 주님께서 이 기도를 받으신 줄 믿으면 너희가 낫고, 믿지 않으면 낫지 않을 것이다. 나은 줄로 믿느냐?"고 확인했다. "아멘. 예, 믿습니다."라고 시인했다. 주님께서 이렇게 말씀하셨다.

"그러므로 내가 너희에게 말한다. 무엇이든지 기도하고 구한 것은 받은 줄로 믿으라. 그리하면 너희에게 그대로 되리라(막11:24)."

너나없이 어리석어서 이렇게 하나님의 매를 맞아야 깨닫고 돌이키게 되는 것이다. 더러는 매를 맞으면서도 잘못을 깨닫지 못해 돌이키지 않으니 참으로 어리석은 자들이라 할 것이다. 그 어리석음 때문에 영영 하나님 품으로 돌아오지 못한다.

그렇게 기도를 마치고 나니, 맏딸 예진이가 축농증으로 병원을 계속 다니는데도 낫지 않는다고 했다. 나는 만 5세란 내 손녀가 되는 그 아이에게, "예진인 교회에 잘 다니지?"하고 은근히 신앙생활하기를 요구했더니, "네. 잘 다니고 있어요."라고 똑똑하게 대답했다. 나는 웃으면서 그 아이를 무릎에 안고,

"하나님 아버지, 하나님을 잘 믿는 예진이의 콧병을 깨끗이 낫게 해주세요. 꼭 고쳐주실 줄 믿고 예수님의 이름으로 기도드렸어요."라고 기도했더니, 저도 "아멘."하고 화답했다.

그런데, 조카가 또 주문을 했다. 그는, 우리나라가 미국에서 수입하는 군수물자 일체를 검수하는 중요한 임무를 띠고 앞으로 3년간 주미한국대사관에 상주하면서 일할 사람을 뽑는데, 중령 한 사람과 그가 경합 중이라고 했다. 그 인선이 지금 장관 결재 단계에 있으니 기도해달라는 것이었다. 계급은 저가 낮지만 시험 성적은 더 우수한 상태라고 말했다. 나는 그 문제를 놓고 다시 기도해준 다음 질부가 완전히 낫고 그 일이 결정될 때까지 여기 와서 함께 기도하자고 말해서 보냈더니, 그 다음 주일 오후에도 다시 왔다.

그런데, 질부가 지난주와 달리 남편의 팔을 잡는 정도로만 부축을 받으면서 걸어 들어왔다. 할렐루야! 하나님께서 고쳐주신 것을 단번에 알 수 있었다. 예배와 식사 후에 물어봤더니 견딜 수 없이 심하던 통증이 지난주일 저녁때부터 멎기 시작하더니 이제는 거의 없어졌다고 했다.

나는 그들이 주님의 영광을 위한 삶을 살아야 한다는 것을 다시 강조했다. 그 가운데 제일은 주일을 거룩히 지켜 예배드리는 것이고, 주님의 구원의 은혜에 늘 감사한 마음으로 하나님의 것 곧 십의 일조를 도적질하지 말고 온전히 드리며(말3:8~10), 교회에서 교사, 성가대원 등 어느 분야든 몸으로 봉사하라고 일렀다. 그리고 복음을 이웃들에게 전하는 등 신앙생활을 잘 하게 해달라는 기도를 드리면서 그렇게 실천하면 곧 나을 것이라고 일러주었다. 그렇게 살겠다는 그들의 다짐을 받고 나서 함께 기도를 드렸다. 조카 가족은 그 다음 주에도 우리 교회로 나왔는데, 질부는 완전히 나았다고 했다.

3월 넷째 주일에 오더니, 미국 가는 것이 조카로 결정되었고, 딸아이의 축농증도 깨끗이 나았다고 말하면서 조카 내외는 기쁨으로 들떠 있었다. 한 달 동안에 여러 가지 중요한 기도 응답을 한꺼번에 받았으니 그럴 수밖에 없었을 것이다.

조카는 그의 가족과 함께 그해 4월 둘째 주에 출국하여 3년간 미국 한인교회에서 고등부 교사로 헌신하면서 그 임무를 잘 마친 다음 2001년 귀국했다. 수송부대장 시절 그의 예하 부대 교회의 주일 낮 예배에 말씀을 전한 나는, 담임목사님과 두 하사관 집사님들과의 대화로써, 조카 내외가 그 교회 집사로서 충성하고 있음을 알고 기뻤으며, 그 장래를 주님께서 열어주실 줄 믿었다.

"여호와는 너를 지키시는 자라, 여호와께서 네 그늘이 되시나니 낮의 해가 너를 상하게 하지 아니하며 밤에 달이 너를 해하지 아니 하리라(시121:5,6)."

조카는 대령 때 집사 안수를 받았으며, 그 무렵 질부가 기도원에 가서 방언 은사를 받고 왔다며 기뻐하던 일이 기억난다.

그는 이라크 파병을 위해 1년 전에 쿠웨이트에 파견되어 미군 당국과 조율하였으며, 한미연합사령부 요직에서 일하는 등 뛰어난 능력이나 경력에도 불구하고 장군 승진에 실패했다. 그 원인이, 그 후배가 국회 국방위원장이란 동기생이 먼저 별을 다는 것을 보았을 때 그의 실망이 컸었다. 나는 그때 이 나라에 정의가 실종되고 부정부패가 만연함에 다시 한 번 분노를 느끼면서 조카에게 "하나님께서 네게 더 좋은 길을 예배하고 계실 것이니 상심하지 말거라. 하나님은 이번 일을 기억하시고 너를 더 크게 사용하실 것이다."라고 격려해주었다. 그때 나는 그가 제대 후 새로운 삶을 위해 공부를 더 하는 게 어떻겠느냐는 내 조언에 따라 어느 대학원에서 물류학을 전공하는 공부를 시작했다. 그 이년 뒤 별을 달게 된 그는 물류관계 박사학위를 받았는데, 그의 학위논문이 그 학계에 가장 우수한 것으로 평가받았다고 하며, 몇 해 전 수송사령관을 끝으로 전역해서 지금은 대학의 겸임교수로 일하고 있다.

 시의 벤치

내 사랑은 곧 돌아오리라,/ 그 먼 곳에서./
떠나기 전에 남긴 언약/ 해와 달과 별들이 들은 대로/
나무와 풀과 꽃과 짐승들/
이 세상 모두가 다 들은 대로/
그는 곧 돌아오리라./ 목숨 걸고 나를/
불구덩이에서 구해낸/ 불길 같은 그 사랑이 내게로/
그를 곧 돌아오게 하리라./ 떠나 있어도 여전히/
 함께 있는 그/ 영원히 이사하지 않을/
우리의 거처를 마련하고/ 그 곳 일을 다 마치는 날/
이 세상 모두가 들은 대로/ 그는 곧 돌아오리라./
폭풍우 지난 아침 햇살처럼/ 풀꽃 같은 내게로/
그 먼 곳에서 돌아오리라.
　　　　　　　- 최 진연, 「내 사랑은 곧 돌아오리라」

53. 천식과 축농증을 고쳐주신 하나님

전기 교회의 영어예배에는 외국 근로자 30여 명과 영어 설교를 듣기 원하는 학생들, 외국에 살다가 온 교인 등 보통 60여 명이 참석하는데, 예배 후 그들에게 점심식사로 빵과 우유, 김밥, 과일, 삶은 달걀, 닭튀김, 때로는 중국요리, 피자 등의 다양한 음식이 제공되었다. 그것은 온전히 그 부서를 맡은 네 여 집사님들의 헌신으로 이루어지고 있었다.

그중에 피부 관리 전문 업소 사장인 김 백영(가명) 집사님은, 삼성의료원 성형외과 과장인 송 박사님의 아내로 그 부서를 위해 말없이 헌신하는데, 그 모습이 참으로 귀해보였다. 송 박사가 뉴욕 의과대학 교수로 있을 때 피부병 특효약을 개발하여 그 곳 제약회사에서 생산 판매하고 있는데, 김 집사님은 그 약품을 들여와 피부 관리를 해주는 사업을 하고 있었다.

김 집사님은 남편의 후원을 받으면서 그 업체 수입의 일부로 그 예배당 강단의 꽃꽂이나 점심식사를 비롯한 그 부서에 필요한 모든 물질적 부담을 혼자서 도맡고 있었다. 아마 매주일 당시 금액으로 최소 2십만 원 이상 부담하고 있는 것 같았다.

그 부서에서 몸으로 하는 봉사는, 그 업소 원장을 맡고 있는 박정화(가명) 집사님과 그 직장 동료인 정 집사님, 조 집사님이 협력하고 있었다. 박 집사님과 그 남편 정 세문(가명) 집사님 내외는, 내가 그 교회를 떠나면서 학교도 퇴임하게 되어 얼마 안 되는 공무원연금으로 살아가게 될 내 형편을 알고 내가 십여 년간 개인적으로 보내주던 주 선교사님의 선교비를 내 대신 보내주기로 한, 내가 늘 기도해주는 분들이기도 하다.

특히 김 집사님은, 경제적 부담을 크게 감당하고 있을 뿐 아니라, 성가대가 없는 그 부서의 예배 때 특별 찬양으로도 하나님께 영광을 돌려드리는 분이었다. 그분은 자신이 피아노 반주를 하면서, 곱고 부드러우면서도 약간 허스키하고 물기가 스민 듯이 느껴지는 독특한 목소리로 흑인 영가풍의 성가를 부르는데, 입술로만 부르는 게 아니라 영혼으로 불러서, 우리 듣는 사람의 영혼을 흔드는 큰 감동의 은혜를 끼치고 있었다. 나는 지금까지 그분의 성가보다 더 은혜로운 찬양을 들어본 기억이 없다. 김 집사님은, 어머니가 한국인이고 아버지는 흑인이어서 흑인영가풍의 노래를 잘 불렀던 것 같았다.

그런데, 그 김 집사님이 기관지 천식으로 심한 고통을 받고 있었다. 송 박사를 따라 서울에 와서 살면서부터 오염된 공기 때문에 그 병을 얻은 것 같다고 하였다. 당시 서울의 공기는 세계에서 멕시코시티 다음으로 나쁘다고 평가되었다. 김 집사님이 기침을 심하게 하는 모습은 너무 고통스러워 보였다. 얼굴이 새빨갛게 되면서 숨이 막힐 듯이 심하게 기침하는 모습을 볼라치면 그 천식의 원인이라는 서울의 공기 오염이 내 탓이라도 되는 듯이 미안하고 안타까운 마음마저 들었다. 그 때문에 찬양을 드리는 데에도 지장을 받아서, 그 예배의 회중 모두를 더욱 안타깝게 했을 것이다.

남편이 유명한 의사인데, 병원치료를 왜 안 받아 봤겠는가. 하지만 아마도 의술로는 잘 치료되지 않는 모양이었다. 그래서 나는 김 집사님에게 안수기도를 해주고 싶었으나, 의학을 한 그분들이 신유神癒를 믿지 않을까봐 미루어왔다.

그런데, 프란체스코 형제의 간증을 들은 김 집사님이 내게 스스

로 기도를 청하는 게 아닌가. 나는 먼저 그분을 위해 나 혼자서 가끔 기도해왔음을 말한 뒤,

"김 집사님, 하나님께서 집사님을 얼마나 사랑하시는가를 아십니까?"고 물었다. 집사님은,

"네, 저 대신에 독생자 예수님을 십자가에 못 박으실 만큼 저를 사랑하십니다."라고 정확히 대답했다. 그 신앙고백을 들은 나는, 주님께서 믿음의 기도를 반드시 응답하신다고 약속하신 성경말씀 몇 군데를 함께 찾아가면서 김 집사님으로 하여금 읽게 했다.

"구하라, 그러면 너희에게 주실 것이요, 찾으라, 그러면 찾을 것이요, 문을 두드리라, 그러면 너희에게 열릴 것이니(마7:7)" "예수께서 저희에게 이르시되, 하나님을 믿으라. 내가 진실로 너희에게 이르노니, 누구든지 이 산더러 들리어 바다에 던져지라 하며 그 말하는 것이 이룰 줄 믿고 마음에 의심하지 아니하면 그대로 되리라. 그러므로 내가 너희에게 말하노니, 무엇이든지 기도하고 구하는 것은 받은 줄로 믿으라. 그리하면 너희에게 그대로 되리라(막11:22~24)."

또 나는 하나님의 무한한 사랑과 전능하심을 들어 그 신실하심을 믿도록 도와주었다.

"하나님은 인생이 아니시니 식언치 않으시고 인자가 아니시니 후회하지 않으신다. 어찌 그 말씀하신 바를 행치 않으시며, 하신 말씀을 실행치 않으시랴(민23:19)" "이스라엘(신자들)의 지존자至尊者는 거짓이나 변개함이 없으시니 그는 사람이 아니시므로 결코 변개치 아니하신다(삼상15:29)."

하나님은 믿음이 없는 자에게는 치료의 은혜를 절대로 베풀어주지 않으시므로 말씀으로 확신을 갖게 한 다음 나는 간절히 기도해주었다. 그러고 두세 주 지난 어느 주일, 평소 말이 없는 김 집사님이 내게 살며시 다가오더니, 목사님, 감사해요. 하나님께서 제 천식을 고쳐주셨나 봐요. 목사님께서 기도해주신 뒤로 기침이 나

지 않아요."라고 말했다. 그 말을 듣고 보니, 그 즈음 그 심한 기침 소리를 한 번도 듣지 못한 것 같았다.

매주 적지 않은 물질로 헌신하며 찬양으로 영광을 돌리는 당신의 귀한 따님을 아버지이신 하나님께서 어찌 고쳐주지 아니 하시겠는가. 김 집사님의 천식 기침소리는 그 후 다시는 들을 수 없게 되었다. 할렐루야!

우리 성도가 원하는 것이 있으면서도 받지 못하는 것은 진실한 마음으로 간절히 구하지 않기 때문이고, 구하여도 받지 못하는 것은 주님의 영광을 위해서가 아니라 자기의 정욕을 위해서 쓰려고 잘못 구하기 때문이라고 말씀하고 있다(약4:2~3).

그런데, 교회도 인간 집단이기에 거기에도 잘못은 나타나지 않을 수 없는 듯하다. 특히 사탄의 역사는 성령의 지배를 받지 않는 육신적인 교역자敎役者를 통해서 나타나는 것을 볼 수 있었다.

하나님께서 나와 신 집사님을 도구로 영어예배부에서 행하시는 신유은사에 대한 사탄의 방해가 시작되었다. 그 놀라운 치료의 역사가 계속되자 그 부서의 외국인 심방 담당으로 새로 온 여전도사가 사탄의 도구가 되어 방해함으로 중단할 수밖에 없었다. 그미는 내가 설교를 담당했을 때 중등부 운영을 맡았던 사람이다. 천사의 얼굴을 한 사탄을 누가 당하랴? 교회의 책임자는 잘도 넘어간다. 주 예수님의 이름으로 싸우면 이길 수 있는 걸 알지만, 누군가 다치고 상처를 입게 될 것이므로 교회의 평화를 위해 시시비비는 주님께 맡기고 또 조용히 물러나주기로 했다. 마치 블레셋 족속에게 우물을 거듭 빼앗기면서 옮겨가는 이삭처럼(창26).

나는 〈행복한 예배〉로 옮겨 지능이 썩 낮은 장애인 30여 명이 드리는 그 예배에 축도를 해주며, 그 영혼들을 위해 기도하고 그들을 위로하는 일을 몇 달 동안 도와주었다.

이 홍형(가명) 장로님 내외분은 외면하기 쉬운 그 부서를 맡아 열심히 섬기고 있었다. 어떤 성도들보다 따뜻한 섬김의 손길을 많이 필요로 하는 그 부서의 형제자매들을 그 내외분은 담당 전도사님과 몇 분의 교사님들과 함께 묵묵히 몸으로, 기도로, 물질로 잘 섬기고 있었다. 영어예배부의 집사님들이나 이 장로님 내외분을 보면서 나는, 영적으로 순결한 헌신적인 성도들은, 하나님의 일을 돕기는커녕 오히려 방해꾼 노릇만 하는 육신적인 교역자보다 장차 주님으로부터 더 큰 상급을 받으리라는 확신을 가지게 되었다.

그런데, 장애인가족 가운데 고1년생인 정 정오(가명) 군은 심한 축농증 환자였다. 덩치는 다 큰 학생이 코에 축농증 특유의 푸른 빛을 띤 누런 농膿을 늘 달고 다니는 모습이 매우 측은해보였다.

나는 어느 주일 예배 후 그에게 다가가 머리에 가만히 손을 얹고 말없이 잠시 기도해주었다. 하나님께서 그 불쌍한 정 군을 반드시 고쳐주실 줄 믿고 그에게 말도 하지 않은 채 잠시 속으로 간절히 기도드린 것이다. 그런데, 하나님께서 그 뒤부터 그의 코에서 그 농을 다시 볼 수 없게 하셨다. 하나님께서 당신과 나 외에 그 학생 자신도 알지 못하게 아름다운 일을 해주신 것이다. 할렐루야!

한편 나는, 하나님께서 학교에서도 나를 도구로 삼아 계속 일하시는 것을 보며 기뻐하였다. 학교에서 이루어지는 신앙적인 활동에 관한 것은 그 이야기 거리가 너무 많아서 다음 기회에 따로 쓸 생각이지만, 다만 여기서 극적인 사건 한 가지만 소개하려 한다.

내가 담임한 반의 한 가난한 집 어린이도 항상 코에 축농증의 농을 달고 다녔다. 그 농은 썩는 냄새가 나고 추해 보여서 여자아이들이 그 애 옆자리에는 누구도 앉으려고 하지를 않았다. 나는 여름 방학을 한 주간 앞두고 그 어린이를 위해 반 아이들과 함께 기도하기로 작정했다.

그때 아이들과 약속하기를, 우리가 기도해서 그 친구의 축농증이 나으면 하나님이 계시다는 것을 확실히 믿고 교회에 더 잘 다닐 것이며, 또 그 사실을 가족들에게도 알리기로 했다. 그 반대로 최 정훈(가명)의 축농증이 낫지 않으면 "하나님은 없다"고 생각하고 교회에 다니지 말자고 약속하였다. 이것은 대단히 위험한 믿음의 큰 도박이었다. 그러나 나는, 하나님께서 천진한 어린이들과 나의 기도를 반드시 들어주실 줄 믿었기 때문에 그 도박을 주저 없이 내 사랑하는 어린 천사들의 믿음을 위해 제의할 수 있었다. 나는 그 중대한 약속을 한 후 아침 한 끼씩 금식하며 기도하기 시작했다. 만일에 하나님께서 고쳐주지 않으시면 그 어린이들에게 "하나님은 없다"는 불신앙을 심어주게 되어 그들을 지옥 불에 들어가게 만들 것이므로 그 기도에서 반드시 승리해야 했었다. 또 나는, 우선 그 어린이가 축농증이 낫게 되어 반 어린이들의 따돌림을 받지 않게 되기를 원했고, 하나님께서 영광 받으시기를 원했기 때문이다.

기도의 마지막 씨름은, 종업식 날 직전의 금요일 밤에 있었다. 그 밤의 기도 끝에 하나님께서 내게 깨끗이 고쳐주신다는 확신을 주셨다. 그 기도를 마쳤을 때 내 마음 속 깊은 곳으로부터 하나님께서 주신 기쁨과 감사와 평화가 솟아나 나를 충만하게 하셨다.

최 군은 등교를 반에서 제일 일찍 하는 편이었다. 그 다음 날 (토) 나는 등교하여 내게 인사하는 최 군의 코를 살펴보았다. 과연 그 콧구멍에 말벌 두 마리가 막 머리를 디밀고 들어가는 모양으로 늘 달려 있던 그 푸른빛이 도는 누르께한 농이 없었다. 나는 너무나 놀랍고 기쁘고 감사했다. 하나님께서 살아계심과 예수님이 그리스도라는 내 말을 반 어린이들에게 확실하게 증명해보이신 하나님께 뜨거운 감사를 드렸다. 내가 그에게 다가가, "정훈아, 너 코가 언제부터 안 나오더냐?"고 물었을 때 순진하기 이를 데 없는 최 군은, "몰라요. 자고 일어났더니 안 나오던데요."라고 말하고는 씩 웃었다. "이젠 숨쉬기가 좋으냐?"고 물었더니, "예, 좋아요."라며 정말 좋아서 싱글벙글 웃는 것이 참 사랑스러웠다. 축농증만 아니라면, 친구들과 잘 어울리며, 운동도 잘하고 학습에도 별로 나무랄 데가 없는 씩씩하고 천진스런 개구쟁이였다. 전에는 농이 콧구멍을 메우고 있어서 항상 입을 헤벌리고 헉헉거리며 숨을 입으로 쉬느라 무척 힘들어 보였는데, 그날부터는 전혀 그런 모습을 볼 수 없게 되어 내가 다 시원했다. 나는 하나님께서 최 군의 병을 고쳐주신 것을 확신하고 기뻐하면서도 어린이들에게는 말하지 않았다. 주일을 지난 다음 종업식이 있는 월요일에 극적으로 말할 생각이었다.

주일날 교회에서나 월요일 아침에도 그 아이의 코 밑에는 그 '말벌'이 보이지 않았다. 그 월요일은 이른 아침부터 교실이 더욱 시끌시끌하였다. 종업식이 시작되기 전에 나는 아이들을 각자의 자리에 조용히 앉히고, 최 군을 자기 자리에서 일어서도록 했다. 그 아이의 자리는 교실 한가운데 있었다. 나는 반 아이들에게,

"자, 모두 정훈이의 코를 보아요. 무엇이 있습니까?"라고 말했다. 그 말이 떨어지기가 무섭게 아이들은 우르르 최 군 자리로 몰려들어 코를 쳐다보며 저마다 놀라는 표정을 지었다. 눈을 동그랗게 뜨고 한동안 입을 다물지 못한 채 그 아이와 나를 번갈아 보더니 저마다,

"선생님, 아무것도 없어요." "선생님, 코가 안 나왔어요."

"선생님, 하나님이 정훈 코를 고쳐주셨나 봐요."

라고 감격한 어조로 한마디씩 하였다. 부반장이란 감투 때문에 내 설득을 못 이겨 최 군 옆자리에 앉게 된 똑똑한 여자 친구가,

"선생님, 정훈이 코가 토요일 날도 안 나왔고요, 어제 주일날도

안 나오는 걸 봤어요."라고 말하는 게 아닌가. 그 말에 아이들은 "그래? 그게 정말이야?"라면서 더욱 놀랐다. 모두들 신기하고 놀랍다는 표정을 지으며 야단들이었다. 어떤 아이들은 손뼉을 치기도 했다. 나는 그제야 아이들을 다 제 자리에 돌아가 조용히 앉게 한 다음 다시 입을 열었다.

"자, 어린이 여러분, 이젠 우리가 어떻게 해야 되지요?"하고 어린이들을 가만히 살펴보고만 있었다. 4학년인 그 어린이들은 내가 어떤 대답을 원하는지를 금방 알아차렸다. 부모님의 믿음이 좋고 아버지가 외과 의사인 준이가 먼저 친구들이 잘 들으라는 듯이 큰 소리로 외쳤다.

"선생님, 하나님께서 정훈일 고쳐주시는 걸 봤으니까, 하나님을 더 잘 믿어야 돼요." 이에 나는 다시 말을 이었다.

"예, 그래요. 다른 사람은 어떻게 생각합니까?"

"교회에 더 잘 다녀야 돼요." "하나님이 정훈이를 고쳐주신 것을 약속대로 엄마 아빠께 말씀드려야 돼요."

라고 내가 기대한 대답을 다 해주었다. 나는, 어린이들에게 내가 말하는 대로 따라 큰 소리로 외치자고 말했다. 아이들은 목청껏 나를 따라, "하나님, 감사합니다. 하나님, 정훈이를 고쳐주셔서 고맙습니다. 하나님, 우리 기도를 들어주셔서 감사합니다. 교회에 잘 다니겠습니다. 정훈이를 고쳐주신 하나님을 엄마 아빠도 믿게 해주세요. 하나님, 방학 때도 건강하게 잘 지켜주세요. 예수님 이름으로 기도드렸습니다. 아멘" 이라고 한 목소리로 따라 기도하게 했다. 이어서 나는 칠판에, "하나님께서 우리의 기도를 들으시고 최 정훈 어린이의 축농증을 고쳐주셨습니다."라 쓴 뒤 각자 알림장에 그것을 써 가져가서 약속대로 엄마 아빠께 잘 설명해드리라고 말했다.

하나님께서는 내가 학교를 떠나 교회의 일만 하려고 하였으나,

그 길을 한사코 막으셨다. 학교에서 이렇게 당신의 일을 하면서 목회를 돕고, 또 글을 써서 영광 드리라는 것인 듯했다.

하나님의 자녀인 그대여, 하나님께서 이렇게 우리의 기도를 들어주시며, 환희와 소망을 주시는 것을 늘 보면서 살아온 내가 그대에게 어떻게 그분을 믿으라고 말하지 않을 수 있겠는가.

하나님을 부인하는 악인에게 구주 예수님을 믿게 하면 악인은 구원을 받지만, 믿지 않으면 자기 죄 값에 죽을 것이며, 그 죽음의 책임은 그 신자에게는 없다. 그러나 전하지 않아 죽게 되면, 그 악인은 자기 죄 값에 죽음(지옥에 감)을 당하지만 그 죽음의 책임을 전하지 않은 신자에게도 묻는다고 하셨다(겔33장). 그러므로 나는 그대에게 이 복음을 전하며, 지혜 있는 자가 되기를 바란다.

"지혜 있는 자는 궁창의 빛과 같이 빛날 것이요, 많은 사람들을 옳은 데로 돌아오게 한 자는 별과 같이 영원토록 빛나리라(단12:3)"

 *시의 벤치*

나는 더러 길가에서 파는 떡을 사 먹네./ 집에 돌아와 그 말을 하며 식사를 않거나/ 조금밖에 먹지 않으면, 아내는/ 얼굴을 찡그리면서 말하네./ 오가는 사람들의 발길 먼지가 다 앉았을/ 그걸 어떻게 사먹을 수 있느냐고,/ 다른 것은 다 깔끔하고 깨끗한 양반이/ 그걸 사먹다니 이해가 안 된다며 혀를 차네./ 그러나 족히 예순을 넘은 듯한/ 떡장수 아주머니가 지하철 출입구 계단 아래서/ 쭈그리고 앉아 비닐을 씌운 떡 대야를/ 물색없이 내려다보다가 행인을 쳐다보는 눈빛에/ 나는 포로가 되어 손 내밀고 떡을 사네./ 아내 말대로 떡집보다 비위생적일지 모르나/ 집에서 미리 작은 비닐봉지에 싸온 듯/ 최선의 위생 상태로 팔고 있었음을 강조한/ 나는 떡이 아주 맛있었다고 말하고,/ 어둠에 불 켜지듯 환해지던 그 얼굴 떠올리며/ 나는 말하네, 출출한 때의 요기로/ 길가에서 파는 흰 인절미는 훌륭하다고.   — 최 진연, 「길가에서 파는 떡」

54. 귀신을 쫓아내주신 하나님

주님께서 이 땅에서 하신 일을 세 가지로 요약할 수 있다.

하나님께서 우리를 얼마나 사랑하고 구원하기를 원하시는가를 알리고 가르쳐서 제자 삼으신 일, 각색 병을 고치시고 귀신을 쫓아내주시는 등 모든 약한 것들을 고쳐주신 일, 당신이 구주이심을 말씀과 기적으로 믿게 하시다가 대속代贖의 제물이 되신 일이다.

변개할 줄 모르는 주님께서 하신 약속을 다시 한 번 보자.

"...나를 믿는 자는 나의 하는 일을 저희도 할 것이요 또한 이보다 더 큰 일도 하리니, 내가 아버지께로 가기 때문이다. 너희가 내 이름으로 무엇을 구하든지 내가 시행하리니, ...내 이름으로 무엇이든지 내게 구하면 내가 시행하리라(요14:12~14)."

"너희는 온 천하에 다니며 만민에게 복음을 전파하라. 믿고 세례를 받는 사람은 구원을 얻을 것이요, 믿지 않는 사람은 정죄를 받으리라. 믿는 자들에게는 이런 표적이 따르리니, 곧 저희가 내 이름으로 귀신을 쫓아내며,...병든 사람에게 손을 얹으면(기도하면) 나을 것이라, 하시더라(막16:15~18)."

이런 약속대로 주님은, 승천하신 뒤에도 사도들을 통해서 각색 병을 고치고, 귀신을 쫓아내는 등의 일을 여전히 하셨다. 사도시대뿐만 아니라 지금도, 그리고 앞으로도 주님께서 재림하시는 날까지 성령의 역사로 신실한 믿음의 자녀들을 통해서 그 사역을 계속하시리라 믿는다.

앞에서 이야기했듯이 믿음에는 예수님을 구주로 믿어 천국에 가게 되는 일반적 믿음과 하나님의 기적을 일으키는 능력의 믿음이 있다. 능력 있는 믿음은, 전자는 물론 후자까지 포함하는 것이다. 구원 얻어 천국에 가게 하는 믿음도 하나님의 은혜로 주어지는 것이지만(엡2:8), 후자는, 천국구원은 물론 받기를 갈망하는 사람들에게만 특별히 주시는 은혜의 선물이 은사恩賜이다(고전12: 9).

　여기서 믿음이란 어떤 것인가를 좀 명확히 설명해야 하겠다.
　믿음은 사람의 신념과 다르다. 신념이라고 할 믿음은 자기에게서 나오는 것이다. 참 믿음은, 마음을 굳게 먹는 나의 의義에 근거하는 게 아니다. 자가발전의 믿음을 골백번 고백해도 그것은 하나님을 감동하지 못한다. 집어먹은 마음으로 "믿습니다, 믿습니다."는 믿음은 상황에 따라 변한다. 베드로를 비롯한 제자들은 죽음의 자리에까지라도 예수님을 따라가겠다고 했으나, 주님이 체포되자 다 도망쳤다. 그 믿음의 기반이 자기에게 근거한 탓이다.
　그러나 기적을 일으키는 능력 있는 믿음은 하나님께서 주시는 것으로 하나님께 근거한다. 나를 절대적으로 사랑하시는 내 아버지로서, 못 하실 일이 없으신 전지전능하신 하나님을 완전무결하게 신뢰하는 고백에서 출발한다. 나를 살리기 위해 아드님을 죽음에 내어주시기까지 사랑하시는 절대적 사랑의 하나님, 전지전능하셔서 못하실 일이 없으신 시실하신 나의 아버지이신 하나님에 대한 전적인 신뢰를 고백하고, 그 소원을 이루어주실 줄 믿고 맡기는 것이 믿음이다. 어머니 품속의 어린아이의 마음이다.
　그런 믿음의 예를 한번 보자. 성경에는 페르시아 왕 아하수에로의 유대출신 왕비 에스더가 3일 금식기도 후 "죽으면 죽으리라."면서 부르지도 않는 왕 앞에 나아간다. 이 때 왕이 홀을 내치면, 시종들이 왕을 시해弑害하려는 자로 간주, 즉시 체포하여 처형하게 된다. 에스더는, 이 사실을 알면서도 악한 총리 하만이 왕의 페르시아제국 전역의 유대인들을 몰살하려는 음모를 왕에게 알려서 자기 민족을 구하려고 자기의 목숨을 하나님께 맡기고 왕에게 나아간 것이다. 그 결과 하나님께서 왕의 마음을 움직여 환영을 받게 하셨으며, 하만을 죽이고 유대 백성들을 구해주셨다(에4~9장).

능력 있는 믿음이란 이렇게 하나님 아버지께 목숨까지도 맡기는 절대 신뢰이다. 신자에게는 어떤 경우에도 절망이나 불안이 있을 수 없다. 하나님은 자녀들이 당신의 말씀대로 당신을 온전히 믿고 맡기는 기도를 드리면 어려움에서 구해주시기 때문이다.

"믿음이 없이는 기쁘시게 못하나니, 하나님께 나아가는 자는 반드시 그분이 계신 것과 또한 그분은 자기를 찾는 자들에게 상주시는 분이심을 믿어야 한다(히11:6)."

라는 말씀대로 우리는 하나님을 완전 신뢰해야 한다. 하나님은 당신을 먼지만큼도 의심 않는 전적 신뢰를 보고 기적을 베풀어주신다. 그러므로 하나님의 신실하심을 그분의 말씀을 들어 신뢰하는 고백의 기도를 충분히 함으로써 자기 마음을 하나님께 대한 절대적 신뢰로 완전히 채우고, 그 끝에 간절한 소원을 아뢰면 족하다. 또 아뢴 것을 이미 이뤄주신 줄 믿어야 한다. 주님께서, "너희가 악한 아비일지라도 생선을 달라는 자식에게 뱀을 주며, 알을 달라는데 전갈을 주겠느냐. 하물며 너희 천부일까 보냐(마7:10)."라고 하나님의 신실하심을 말씀하셨다. 또 "무엇이든지 기도하고 구한 것은 받은 줄로 믿어라. 그리하면 그대로 되리라(막11:24)."고 말씀하셨다.

사도들에 의해 온갖 기적이 계속된 것도 사망 권세를 이기시고 부활 승천하심을 본 제자들이 주님을 완전히 신뢰하게 되었기 때문이다. 초대교회 때 제자들이 병 고치는 것은 일도 아니었다. 사도 베드로가 길을 갈 때 몰려드는 각색 환자들을 길가에 놓아 그 그림자가 스치게만 해도 다 나았고(행5:15), 사도 바울이 없을 때 그가 천막을 만들 때 쓰던 땀수건이나 앞치마를 환자에게 얹기만 해도 온갖 병이 낫는 놀라운 일이 일어났다(행19:12). 또 죽은 자들을 살리신 예수님처럼 베드로는 죽은 다비다(행9:36~43)를, 바울은 밤이 깊도록 3층 창틀에 걸터앉아 설교를 들을 때 졸다가 떨어져 죽은 청년 유두고를 예수님께서 보내주신 성령의 능력으로 살려내었다(행20:9~12). 이런 놀라운 기적의 일들은 모두 주님에 대한 전적인 신뢰가 맺은 성령 역사의 열매들이었다.

귀신을 쫓아내는 것도 그러하였다. 주님께서 전도 여행을 보낼 때 당신의 권능으로 제자들이 귀신을 쫓아낼 수 있게 하셨다. 주님의 승천 뒤에도 그 놀라운 역사는 계속되었다. 전도자 빌립 집사님이 기도하니까, 이런 일이 일어났다.
"많은 사람들에게 붙어 있던 더러운 귀신들이 크게 소리를 지르며 나가고, 또 많은 중풍병자와 앉은뱅이가 나으니, 그 도시(사마리아)에 큰 기쁨이 있었다(행8:7~8)."
사도 바울과 실라 두 사람이 빌립보 지방에서 전도하며 다닐 때 귀신들린 한 여종이, "이 사람들은 지극히 높으신 하나님의 종으로 구원의 길을 너희에게 전하는 자"라면서 따라다니며 전도를 방해하였다. 참다못한 바울이 그 악령에게, "예수 그리스도의 이름으로 명하노니, 그에게서 나오라 하니 즉시 나왔다(행16:18)."

내가 겪었던 하나님의 이런 역사를 하나 소개하겠다.
내가 6학년을 담임한 어느 해, 한 신우회원 자매님이 담임한 옆 반의 부반장 어린이가 귀신에게 시달리고 있었다. 어느 토요일에 수업을 하고 있는데, 그 자매님이 겁에 질린 얼굴로 내게 뛰어왔다. 다른 날은 그 애 어머니가 양호실에 늘 대기하고 있었는데, 그날은 학교에 오지 않았다면서 그 자매님은 내게 뛰어온 것이다.
그 어린이는 책상에 얼굴을 댄 채 거품을 약간 물고 몇 초 동안 정신을 잃었다가 곧 깨어나는 정도로 가벼운 경련을 하루에도 여러 번 일으킨다고 했다. 그러나 그날따라 교실 바닥에 쓰러졌으니, 그 자매님이 얼마나 놀랐겠는가. 그러나 그 상태가 그리 심한 것 같지 않았다. 보통 때보다 오래 걸렸다지만 곧 정신이 들어서 일으켜 제 자리에 앉았다. 간질은 그렇게 자주 발작하지 않는데, 자주 발작하는 그 아이의 증세는, 간질에 의한 것이 아니고, 귀신에 의한 것으로 판단되었다. 성경에 나오는, "불에도 넘어지고 물에도 넘어지게 하는 귀신 들린 아이(마17장)"의 증상과 아주 흡사했다.

그래서 나는 그 아이의 집에 가서 예배를 드려주기로 했다. 신우회원들에게 급히 알려서 사정이 되는 회원 5명과 함께 그 애 집을 찾아갔다. 어머니가 일을 보고 돌아와 대학에 다닌다는 두 누나와 함께 기다리고 있었다. 예배 전에 나는, 어느 큰 교회의 권사님이라는 그 자모님에게 집안에 신앙적인 문제가 없는지 물어보았다. 그 권사님은, 그 애 아빠가 집사 직분을 받은 지 오래지만 낚시와 술, 친구를 좋아해서 친구들과 어울려 낚시 가고 노느라 주일 예배에 빠지는 날이 더 많아 큰 걱정이라 했다. 사업에도 실패를 거듭해서 반지하인 집에 세 들어 살고 있었다. 네 딸의 막내로 얻은 그 아들이 아버지의 우상이란 점을 생각할 때 그 아버지 때문에 아이가 고통당하는 것으로 판단되었다.

예배를 드리려고 고교생인 두 누나와 그 애가 왔을 때 내가 그 악한 귀신을 내쫓으려고 아이를 주목하자 즉시 쓰러져 경련을 일으켰다. 내가 그 애 머리에 손을 얹은 뒤 모두 함께 통성으로 뜨겁게 기도하고 났더니, 아이는 정상으로 돌아와 있었다.

우리는, 예수님께서 수로보니게 여인의 딸에게서 귀신을 쫓아내주신 말씀(막7:24이하)으로 은혜를 나누었다. 나는, "아빠가 회개하고 신앙생활을 잘 해야 나을 것이다."라며 예배를 마쳤다.

그 애는, 아빠 때문에 하나님께서 부리시는 악령(삼상16:14, 15)

에게 시달리면서 정신과의사가 주는 약을 먹느라 한 달 동안 이중의 고통을 받고 있었다. 어머니 홍 권사님은 내 말대로 이튿날 주일 10시 30분에 전 가족을 데리고 우리 교회로 나왔다. 나는 그 아빠에게 아들을 잃지 않으려거든 신앙생활 잘 하라고 충고하여 다짐을 받았다. 그리고 그분을 위한 사죄의 기도부터 드린 뒤 귀신을 내쫓아 달라고 그 가족과 함께 간절히 기도드렸다.

그런데, 그날 저녁에 홍 권사님한테서 전화가 왔다.

"목사님, 우리 아들이 오늘 하루 종일 한 번도 발작을 하지 않았어요. 목사님, 너무나 감사해요."라고 내게 감사했다. 나는,

"권사님, 그렇습니까? 참 감사한 일이네요. 그러나 그 일을 하나님께서 하셨으니 내게 감사하지 마시고, 하나님께 감사드리세요."라고 말했다. 그 아이는 그날부터 깨끗이 나았다. 그 아빠가 회개하고 신앙생활을 잘 하겠다고 돌이켰으므로 고쳐주신 것이다.

홍 권사님은 그 다음 주일 예배에 남편, 아들과 함께 참석하여 하나님의 은혜에 감사하는 헌금을 드리고, 우리 믿음의 식구들을 위해 고기도 사 와서 그 주일 점심 식탁을 풍성하게 해주었다.

이처럼 하나님은 지금도 그 옛날과 다름없이 당신을 전적으로 신뢰하고 의지하는 기도를 들어주심으로 병을 고치시고 귀신을 쫓아내며, 우리 삶의 어려운 문제들을 풀어주신다.

여기서 알아야 할 것은, 모든 병을 하나님께서 직접 기적으로만 고쳐주시는 것은 아니라는 점이다. 내 큰아들의 경우를 보자.

그 아들은 '96년 9월 어느 주일 봉사하던 갈보리교회의 장애인 예배 때 쓰러져서 병원에 실려 갔다. 그 아들은 십여 년 전 집에서 한번 쓰러진 일이 있었다. 그때 신촌 세브란스병원에서 병명조차 알려주지 않고 "이 약만 먹으면 괜찮다."기에 그 약을 먹고 다 나은 줄 알았다. 군에서도 한번 쓰러졌다는 것을 입원 후에야 말

해서 알았다. 본인이나 아비가 모르는 사이에 종양이 자라서 발작을 일으킨 것이다. 나는, 당장 수술을 해도 늦었다는 의사에게 하나님께 기도부터 해봐야 되겠다며 한 달만 미뤄달라고 부탁했다. 모든 일에 우선 하나님의 도우심을 청하는 게 내 삶의 방식이고, 또 주님께서 직접 수술해주시기를 바라서였다. 아들을 퇴원시킨 나는 아내와 함께 매일 아침저녁 금식하며 새벽과 저녁에 집중적으로 기도했다. 낮에는 아이들을 가르치느라 함께 식사를 하면서 방과 후 틈틈이 기도했다.

기도 시작 후 20일 되는 날 밤, 주님께서 계시의 선명한 꿈 한 컷을 보여주셨다. 속을 먹칠한 듯이 새까만 긴 새장 속에서 꿈에도 사탄이라고 직감되는 새까만 새가 뒤쪽 구멍으로 도망치듯이 날아나갔다. 온 깃털에 기름을 바른 듯이 윤이 자르르 흐르는 새가 새까만 어둠 속으로 사라지는 것이었다. 나는, 주님께서 깨끗이 고쳐주신 줄 믿고 기뻐하며 아들을 다시 입원시켜 사진을 찍어보았다. 그러나 내 믿음과 달리 종양은 없어지지 않았다. 그때 나는 처음엔 좀 서운했다. 그러나 나는 곧 그렇게 된 것을 하나님의 뜻으로 받아들였다. 그리고 주님께서 의사의 손을 빌어 고쳐주실 것이라고 믿었다. 왜냐하면, 내가 치료비를 감당 못할 만큼 가난한 사람이 아니며, 의사가 고칠 수 없는 질병도 아니므로 하나님께서 이 사회 질서 안에 허락하신 병원의 의사를 통해서 고쳐주시는 것도 하나님의 치료 방법이라고 생각했기 때문이다.

내 아들은 6시간 넘게 수술을 받았으나, 하나님은 다른 사람들처럼 몇 번씩 재수술을 받지 않게 단번에 깨끗이 고쳐주신 줄 알았다. 아들은 이듬해 결혼하여 내게 아주 잘 생긴 손녀와 손자 남매를 안겨주었고, 섬기는 교회 곁에 자기 집을 사서 가족과 함께 행복하게 살면서 안수집사가 되어 주일학교 부장으로 헌신하고 있다. 그런데, 아들은 2009년 신촌 세브란스병원에서 재수술을 받아야 했다. 첫 수술 때 종양 세포를 완전히 제거하지 않았기 때문이라고 했다. 최근 의사는 완치되었다면서 3급장애자 신분도 해지하겠다고 했다. 나는, 하나님께서 의사를 통해 고쳐주시되, 더 큰 믿음 주시려고 무쇠를 강철로 만들 듯 아들을 연단하신 것으로 생각한다. 성경에 이렇게 말씀하고 있기 때문이다.

"우리가 환난 중에도 즐거워하나니, 환난은 인내를 인내는 소망을 이루는 줄 앎이니라(롬5:3,4)." "고난당한 것이 내게 유익이라, 이로 인하여 내가 주님의 말씀을 배웠나이다(시119:71)."

인생에 형통만 있다면 사람이 교만해져서 파멸의 길을 가기 쉽기 때문에 불신자들의 형통은 저주일 수 있다.

아무튼 하나님은 뇌종양이란 병을 통해서 아들은 물론 우리 가족의 믿음을 더 견고하게 연단하고 성숙시키는 기회를 주셨다.

그대는 신실하신 하나님께서 신뢰하는 기도를 들어주시는 아버지이심을 알았을 것이다.

 *시의 벤치*

나는 날마다 찬양하지 않을 수 없네./ 내가 누리는 평안과 기쁨이 내게/ 내가 누리는 행복한 삶이 내게/ 춤추며 노래하지 않을 수 없게 하네.// 나는 날마다 감사하지 않을 수 없네./ 내 죄 값에 죽었다가 부활하신/ 주님을 믿어 영생하게 하심이 내게/ 기뻐하며 찬양하지 않을 수 없게 하네.// 나는 날마다 자랑하지 않을 수 없네./ 당신의 아들로 귀히 여기시고/ 내 인생의 짐을 져주시는 사랑이/ 감사하며 찬양하지 않을 수 없게 하네.// 나는 날마다 기뻐하지 않을 수 없네./ 고통과 환난을 축복으로 바꾸시며/ 보호하고 채워주시는 큰 은혜가/ 손뼉 치며 찬양하지 않을 수 없게 하네.
            - 최 진연, 「나는 날마다」

55. 통곡하여도 때는 늦으리

교만한 자를 낮추시는 하나님(욥40:11~12, 삼하22:28)께서,

"교만은 패망의 선봉이요 넘어짐의 앞잡이다(잠16:18,18:12)."

라고 지혜의 왕 솔로몬을 통해서 말씀하셨다. '교만'한 사람은 구원받기 어렵다. "사람들은 자기를 사랑하며 돈을 사랑하며 자랑하며 교만하며 모독하며 부모를 거역하며 감사하지 않으며 거룩하지 않으며 무정하고 화해하지 않으며 비방하며 절제하지 못하며 사나우며 선한 것을 좋아하지 않으며 배신하며 조급하며 자만하며 쾌락을 하나님보다 더 사랑하며... (딤후3:1~5)"

이런 말세의 현상으로서 교만하여 패망한 사람들을 우리는 흔히 본다. 성경 속의 인물로서 사울 왕이 그 대표적인 보기가 될 것이다. 하나님께서 왕으로 선택하실 때 그는 매우 겸손한 사람이었다. 그러나 그는 왕이 된 뒤 교만해져서 일찍이 이집트를 탈출해서 가나안으로 가는 이스라엘민족을 공격한 아말렉 족속과 그 육축까지 진멸하라는 하나님의 명령을 순종하지 않았다. 전승 잔치를 버리려고 살찐 우양牛羊들을 남겼고, 아말렉 왕 아각도 살려두었다. 뿐만 아니라, 하나님께서 싸워주심으로 그 전쟁에서 승리한 것을 망각한 채 그 은혜를 저버리고, 자기의 전술 전략과 군사력으로 이긴 것으로 착각하여 자기를 높이는 전승 기념비를 세웠다.

이렇게 하나님의 말씀을 그대로 행치 않은 사울은, 하나님의 버림을 받아 성령이 그를 떠나자 악령이 그 속에 들어갔다. 그 때문에 골리앗을 죽여 블레셋을 쳐부순 그 나라의 일등 공신이자 사위

인 다윗을 죽이려다가 결국 블레셋과의 전쟁에서 전사, 왕위를 다윗에게 물려주게 된다(삼상15~31장).

우리는 하나님 앞에 참으로 겸손해야 한다. 교만하고 어리석은 자는 그 마음에 말하기를, '하나님은 없다.'고 한다(시14:1). 저를 지으신 하나님이 없다고 하는 자는 멸망한다. 나는 지하철에서 기독교와 참된 인생의 도리를 알리기 위해 이 책의 글 일부를 인쇄해서 젊은이들을 중심으로 나눠 주어왔다. 주님의 재림과 심판의 징조가 너무도 선명하게 나타나고 있기 때문이다.

그런데 교만한 자들은 내가 이야기를 꺼낼 기회조차 주지 않고 거절한다. 그들의 교만은 세상을 살아가는 데도 결코 득이 되지 않겠지만, 그들을 영원한 패망에 이르게 할 것이다. 예수 그리스도를 믿지 않고는 누구도 천국에 갈 수 없기 때문이다. 내 글을 받아 읽는 겸손한 사람들은 세상에서도 환영받을 것이지만, 천국에서 환영받을 가능성이 크다. 내 글을 읽음으로써 예수님을 구주로 믿어 하나님의 품으로 돌아올 기회를 잡았기 때문이다. 나는 그들이 내 글을 받아 읽고 믿음의 길을 선택해주기를 늘 기도하고 있다. 물론 이 메일로 읽는 분들을 위해서도 늘 기도하고 있다.

교만함을 생각하니 앞에서 언급한 나의 동료 생각이 또 난다. 그 선친이 교회를 셋이나 세운 장로님이었다는 그는 호인으로 보이지만 하나님 앞에서 그 교만과 완고함은 나무꼬챙이 같았다. 사람이나 나무나 모든 생물은 생명이 있을 때는 부드러우나 죽으면 딱딱해진다. 영적으로 죽은 사람도 그러하다. 나는 그를 돌이키려고 기도하며 책을 빌려주고 경고도 했으나 듣지 않았다. 헤어져서 십여 년이 지난 뒤 들리는 바에 의하면, 청소년 때부터 속을 많이 썩이던 그의 외아들이 집을 나가 소식이 없으며, 하나님을 믿던 그를 절간에 데리고 다니던 그의 부인은 위암으로 3년간 앓으면서 그를 빚더미 위에 올려놓은 뒤 죽었고, 그는 집 한 칸 없이 혼자

남았다는 것이다. 그는 그 훌륭한 부모님의 믿음의 유산을 물려받지 않고 그분들의 간절한 소원을 거역함으로써 불행을 자초한 것이다. 나와 동갑인 그가 생존해 있다면 비참한 삶을 살 것이라 생각된다. 영적 교만이 이런 무서운 결과를 가져온 것이다. 하나님께서 그의 생명을 거두기 전에 이제라도 돌이키면 다행이지만, 그 교만으로 끝까지 뻗댄다면 영원한 패망을 면치 못할 것이니 얼마나 가슴 아픈 일인가. 하나님은 오래 참으시지만, 호리도 만홀히 여김을 받지 않는 엄위하신 분이시다(갈6:7).

주님께서 천국을 이해하기 쉽게 늘 비유로 말씀해주셨는데, 교만한 한 부자에 관한 비유를 들어보자. 그 부자는 대궐 같은 집에서 비단옷을 입고 산해진미를 먹으며 날마다 연락을 즐기며 살았다. 수단방법을 가리지 않고 재산을 모아 가난으로 고통 받는 이웃들을 외면한 채 대물림이나 일삼는 악덕 재벌 같은 자였던 모양이다. "하나님이 어디 있어? 천국을 누가 가봤다더냐?"하면서 하나님을 두려워하지 않는 자들의 대표가 될 부자이다. 그는 성경에 이름이 없다. 그런 자들은 영생의 생명책에 그 이름이 없다는 것을 암시하신 듯하다.
한편, 그 부잣집 앞에는 나사로란 거지가 그 집에서 버리는 음식들을 주워 먹으면서 살고 있었다. 그는 온 몸에 종기가 나서 개들이 그 헌데를 핥는 불쌍한 사람이다. 그 부자는 집 밖에 나와 나사로를 볼라치면 자기 집 앞에 얼쩡거린다고 막대로 내쫓기가 일쑤였다. 하나님은 그 많은 재산을 쌓느라 악을 저지르며, 그 불쌍한 사람을 치료해주거나 먹이고 입히지 못할망정 학대하는 그 부자를 보고 계신다. 하나님은 공정한 심판을 위해 cctv로 녹화하는 이상으로 우리의 삶을 개인별로 다 기록하고 계실 것이다.
라틴 말에 "메멘토 모리(Memento Mori)"-"죽음을 생각하라"는 말이 있다. 어느 교황은 사람들이 자기에게 인사를 할 때마다 이 말을 해달라고 부탁했다고 한다. 죽음이 다가온다는 사실을 늘 잊지 않고 살기 위해서였다. 이스라엘의 사울 왕처럼 하나님의 버림을 받은 사람이(삼상15:23, 26) 아니라면, 영적 존재로서 죽음과 그다음 세계를 생각하게 될 것이다.

죽음을 생각하지 않고 산 그 부자도 나사로도 죽었다. 어느 날, 그 부자가 지옥의 불구덩이에서 천국을 바라보았는데, 거기에 거지였던 나사로가 비단옷을 입고 믿음의 조상 아브라함과 함께 있는 게 아닌가! 그는 천국을 향해 목이 터져라 소리를 질렀다.

"아버지 아브라함이여, 나를 긍휼히 여기사 나사로를 보내어 그 손가락 끝에 물을 찍어 내 혀를 서늘하게 해주소서. 내가 이 불꽃 가운데서 견딜 수 없나이다."라고. 이에 아브라함이,

"얘야, 너는 살았을 때에 네 좋은 것을 받았고 나사로는 고난을 받았다는 것을 기억해라. 이제 저는 여기서 위로를 받고 너는 거기서 고통을 받는다. 또 너희와 우리 사이에 큰 구렁이 있어 여기서 너희에게 건너가거나 거기서 우리에게 건너 올 수도 없다."

고 했다. 지옥불구덩이에 떨어진 그 부자가 다시 외쳤다.

"그러면, 아브라함 아버지여, 나사로를 내 아버지 집에 보내어 내 형제 다섯에게 말하게 해서 저희로 이 고통 받는 곳에 오지 않게 해주소서."라고 청했다. 이에 아브라함이, "모세와 선지자들이 있으니, 그들에게 들어야 한다."고 했다. 이 말은, 그들을 통해서 하나님께서 하신 말씀대로 예수를 믿어야 구원받는다는 뜻이다.

"누구든지 주의 이름을 부르는 자는 구원을 얻는다(행2:21, 롬10:13)."

고 성경에 말씀하고 있다. 또 성경에 말씀하시기를,

"너희는 여호와를 만날 만한 때에 찾으라. 가까이 있을 때에 그를 부르라. 악인은 그 길을, 불의한 자는 그 생각을 버리고 여호와께로 돌아오라(사55:6~7)" 고 하시는 등 선지자들을 통해 말씀해주셨다. 아브라함

의 이 대답에 그 부자는 이렇게 간청했다.

"그렇지 않습니다. 아브라함 아버지여, 만일 죽은 자에게서 나사로가 가서 말하면 회개하고 믿을 것입니다."

이에 다시 아브라함은 대답했다.

"모세와 선지자들에게 듣지 않는 자는 죽었다 살아난 자가 가서 권해도 듣지 않는단다(눅16:19~31)."

이 비유로 주님께서 우리에게 하시려는 말씀의 뜻이 무엇일까?

무엇보다 천국과 지옥이 있음을 분명히 말씀하신 것이다. 주님은 그 사실을 직접으로도 많이 말씀하셨다(마19:24, 눅4:43, 마14:41~ 42, 계시록 전체 등). 이 비유의 또 다른 교훈은, 비유 속의 부자처럼 하나님을 부인하는 교만과 어리석음으로 살지 말라는 것이다. 성경에 밝히 말씀해주셨는데도 하나님을 부인하고 천국과 심판이 없다며, 고통 받는 이웃들을 외면한 채 살다가는 지옥에 떨어지게 되니, 예수님을 구주로 믿고 선하게 살라는 말씀이다.

나는, 그대가 하나님의 사랑을 잊지 말기를 다시 한 번 환기하고자 한다. 그대를 살리기 위해 십자가十字架에 못 박혀 죽으신 예수 그리스도를 모른다고 하지 않기를 바란다. 그대가 장차 심판대 앞에서 심판의 주主 Load이신 성자 하나님을 뵙게 될 때 그분께서 그대를 모른다고 하시지 않게 하려면 지금 그대가 그분을 모른다고 하지 않아야 한다. 그대가 여기서 예수 그리스도를 부인하면, 장차 주님께서도 그대를 부인한다고 말씀하셨다(마10:33, 요13:38). "예수님은 나의 구주이십니다."라는 신앙고백을 하고, 주님께서 성령님을 보내어 세우신 교회를 통하여 형제자매들과 함께 하나님께 예배드리며, 성경말씀대로 사는 것만이 저 부자와 같이 불구덩이에 떨어지지 않는 유일한 길이다. 만일 그대가 그대를 사랑하시는 예수님의 사자使者로서 필자가 들려주는 이 경고를 무시하고 하나님께 돌아오지 않는다면, 그대는 저 부자처럼 영원히 고통의 형벌의 삶을 살 각오를 해야 한다. 나는, 누군지 모르지만 하나님의 자녀인 그대를 내 형제요 자매로서 사랑하기 때문에 냉혹하지만 이 말을 해주지 않을 수 없다. 주님께서 들려주신 이 비유 속의 부자처럼 지옥 불에 던져진 뒤에 통한의 후회를 하며 통곡을 한대도 전혀 쓸 데 없기 때문이다. 그때는 이미 돌이킬 수 없기 때문이다. 심판 주이신 예수님은 이 비유로써 바로 그 점을 말씀하고 있다. 이 땅에 살 때, 기회가 주어졌을 때 그 구원의 기회를 놓치지 말라는 것이다. 예수님은 이렇게도 말씀하셨다.

"천국은 침노를 당하하나니, 침노하는 자의 것이다(마11:12."

흔히 말하듯이 죽음에는 순서가 없다. 그대가 아직 젊다고 생각하는가? 영원한 시간 속에 젊고 늙음은 무의미하다. 더구나 우리는 인도로 뛰어든 차에 치어 비명횡사하는 시대에 살고 있다. 특히 우리국민은 한 생명을 천하보다 귀하게 여기라는 성경말씀과 역행하여 삶으로 비명횡사가 많은 나라다. 한 해에 교통사고 사상자가 15000명이 넘고, 산업재해 사망자만 2000명이 넘는 통계가 그것을 말해준다. 자살자 14000명을 포함한 다른 원인의 사상자까지 합하면 한 해에 약5만 명의 사상자가 발생한다고 한다. 이는 무엇보다 물신주의物神主義와 불의한 이기주의가 우리사회를 지배하고 있기 때문이라 생각된다. 이런 나라에 살고 있기 때문에 죽음에는 순서가 없다는 말이 진리처럼 여겨진다.

본디 생명은 하나님의 것이고 내 것이 아님을 알아야 한다. 누가 이 땅에 태어나고 싶어 태어나며 죽고 싶어 죽는 사람이 있는가? 이 하나만으로도 우리의 생명은 오는 데가 있고 가는 데가 있는, 내 것이 아님을 알 수 있지 않은가? 그러므로 나의 생명은 내 것이 아니라 하나님의 것인 줄 알고 생명의 바른 길을 가야 한다.

"나는 길이요 진리요 생명이니 나로 말미암지 아니하고는 아버지께로 올 자가 없다(요14:6)."

고 하신 예수님의 말씀을 한번 다시 명심하고 지금 믿기로 결단하기 바란다. 그 결단과 실행은 그대에게 영원한 가치를 지닌 최고의 선택이 될 것이다. 천국출생만이 인생성공이기 때문이다.

그대가 하나님의 부르심과 경고를 무시한 채 그분의 사랑의 품으로 돌아오지 않는 것은 그대의 자유이지만, 그 선택은 방 한 마리가 불속으로 날아 들어가는 것보다 어리석은 것이다. 나방은 불타버림으로써 생이 끝나지만, 영적 존재인 인간에게는 죽음 다음에 천국 또는 지옥이란 곳의 영원한 삶을 살게 되기 때문이다. 이것은, 누누이 살펴본 바와 같이 살아 역사하시는 하나님께서 말씀하시는 바이고, 우리의 영적 선험으로도 알고 있는 것이다. 할머니께서 "돌아가셨다.", "할아버지께서 곧 돌아가실 듯하다."는 등 우리의 말도 이를 증명하고 있다. '돌아간다.'는 것은, 온 곳이 있음을 우리가 선험적으로 알고 있기 때문에 그렇게 말하는 것이다.

앞에서도 여러 번 말했지만, 불멸하는 영적 존재인 인간 영혼은 신자의 영생과 불신자의 영벌로 이어지는데, 그 선택은 오로지 그대 자신에게 달렸다. 하나님께서 복된 선택을 이렇게 촉구하신다.

"내가 오늘날 복과 저주를 너희 앞에 두나니, 너희 하나님 여호와의 명령을 들으면 복을 받고, … 너희 하나님 여호와의 명령을 듣지 아니하면 저주를 받는다(신11:26~28)."

여기 복이란 이 세상에 살 때 필요한 육신적인 복도 뜻하지만, 그에 비교할 수 없이 중요한 믿음의 복을 받아 영생함을 뜻한다. 저주 역시 가장 큰 저주는 지옥에 가게 되는 것이다. 영생과 영벌이 하나님의 택하심과 예정 가운데 부르심도 중요하지만, 그 부르심을 깨닫고 하나님 품으로 돌아오는 것은 각자의 선택에 달려 있다는 점을 거듭거듭 강조하지 않을 수 없다.

저 부자가 얼마나 통한의 후회를 하게 되었으면, 아직 이 세상에 살고 있는 그의 5형제들은 자기처럼 고통의 지옥에 오지 않도록 나사로를 보내어 말하게 해달라고 아브라함에게 호소했겠는가. 행여 그대가 아직도 믿음을 선택하지 않고 있다면, 그대야말로 저 5형제 중의 하나 같은 존재가 아니겠는가. 예수님을 믿어야 산다는데도 듣지 않는 사람은, 죽은 사람 나사로가 와서 전한다 해도 듣지 않을 자라니, 그런 완고하고 교만한 자는 지옥에 갈 저주를 이미 받은 사람이다(요3:18).

그대여, 제발 돌이킬 수 없는 저주를 선택하는 어리석은 자가 되지 말라. 신랑을 맞는 열 처녀 비유에서 본 지혜로운 다섯 처녀처럼 주님이 오시면 언제라도 맞이할 수 있게 신앙생활을 잘 해서 천국 잔치에 참여하는 영광을 누리게 되기를 간절히 호소한다.

"보라 지금은 은혜 받을 때요, 보라 지금은 구원의 날이로다(고후6:2)." "너희는 여호와를 만날 만한 때에 찾으라. 가까이 계실 때에 그를 부르라...그리하면 그가 긍휼히 여기시리라(사55:6)."

이런 말씀대로 지금은 하나님께서 그대 가까이서 부르시는 구원받을 절호의 기회이다. 지옥을 향한 발걸음을 천국으로 향하게 180도 방향 전환하는 게 믿음이고, 교회에 나감으로 실행된다.

예수님께서 십자가를 지신 목적을 다시 한 번 들어보자.

"이는(십자가에 못 박힘) 저를 믿는 자마다 멸망치 않고 영생을 얻게 하려 함이다. 하나님이 세상을 이처럼 사랑하사 독생자를 주셨으니, 이는 누구든지 저(예수님)를 믿는 자마다 멸망하지 않고 영생을 얻게 하려 하심이다(요3:15~16)."

우주의 왕이신 하나님의 자녀가 되는 엄청난 특권을 누리는 길은 내 죄 값에 죽으신 예수님을 구주로 믿고 마음에 모시고 사는 것뿐이다. 이웃집 아이가 아무리 잘나도 나를 '엄마, 아빠'라고 부르지 않으므로 내 아이가 될 수 없듯이, 하나님을 '아버지'라고 부르지 않으면 그를 당신의 자녀로 인정하지 않으신다. 비록 나사로처럼 어렵게 살지라도 하나님을 '아버지'로, 예수를 구주로 믿으면 하나님의 자녀로서 천국에서 살 권세를 주신다(요1:12).

"여호와의 말씀에, 나의 삶을 두고 맹세하지만, 나는 악인이 죽는 것을 기뻐하지 아니하고, 그 악한 길에서 돌이켜 떠나서 사는 것을 기뻐한다(겔33:11)." 여기 악인은 하나님을 믿지 않는 자를 뜻한다.

그대여, 행여나 나중에 믿겠다고 미루지 말라. 쓰레기통에 버릴 시든 꽃송이 같은 인생이 되었을 때 돌아온다면 구원은 받을지라도 영광의 면류관(벧전5:4)은 없다. 31살의 늦은 나이에 돌아온 내 경험으로 하는 말인데, 늦게 돌아올수록 후회만 는다. 나는, 하나님의 자녀인 형제자매로서 그대가 구원의 기쁨 속에 살다가 함께 천국에서 영생하기를 원하므로 믿음의 결단을 호소하지 않을 수 없다. 할렐루야! 성 삼위 하나님의 은총이 그대에게 임하시기를!

졸문을 끝까지 읽어주심에 깊은 감사를 드린다.

 시의 벤치

소우주의 하나 은하계 직경은 10만 광년/
그 안에 태양 크기의 별만 1천억 개쯤/ 대우주에는
은하계 같은 소우주가 1천억 개쯤/ 추정할 뿐 그 크기를
정확히 알 수 없다네./ 이 대우주를 만드시고 그 속에
은하계와/ 은하계 속의 작은 별무리 태양계를, 또/
그 속에 우주의 좁쌀알 같은 지구와 그 속에/
인간 생육에 알맞게 만물을 만드시고/ 맨 나중에
바이러스 같은 인간을 만드신/ 창조주 하나님, 그 우주보다
광대하신/ 당신을 닮은 인간 자녀로 창조하시고/
아빠, 아버지라 부르게 하셨으니,/
오! 황감하고 황홀하여라,/
그 영광의 사랑, 우주적 기적이여//
                    – 최 진연, 「우주적 기적」

신앙에세이집

길을 묻는 영혼들을 위하여

저 자   최 진연

발행자   김 순종

초판발행   2004년 07월 25일

3쇄 발행   2019년 12월 10일

발행처   좋은글배달부

초판등록   서울시 종로구 김상옥로30,

　　　　　　1312호(기독교연합회관)

3쇄 등록 및 연락처

　　　16910 경기도 용인시 기흥구

　　　　　　마북로124-9, 106-1202

　　　☎ 070-8818-1007, 010-4092-6141

　　　E-mail : poetchoi@naver.com

ISBN   89-955572-0-6

책값은 바코드 상단에 있습니다.